이토록 쉬운
IT 인프라 기초

이토록 쉬운
IT 인프라 기초

조판 1쇄 발행 2025년 04월 01일
조판 2쇄 발행 2025년 12월 15일

지은이 장두환
편집 김은숙, 강민철

발행인 한창훈
발행처 루비페이퍼 등록 2013년 11월 6일 (제 385-2013-000053호)
주소 경기도 부천시 길주로 252 1804호
전화 032_322_6754 팩스 031_8039_4526
홈페이지 www.RubyPaper.co.kr
ISBN 979-11-93083-28-4

- 이 책은 저작권법에 따라 보호받는 저작물이므로 무단 전재와 무단 복제를 금하며,
  이 책 내용의 전부 또는 일부를 이용하려면 저작권자와 루비페이퍼의 서면 동의를 받아야 합니다.

- 책값은 뒤표지에 있습니다.

- 잘못된 책은 구입처에서 교환해 드리며, 관련 법령에 따라서 환불해 드립니다.
  단, 제품 훼손 시 환불이 불가능합니다.

저자의 말

우리는 스마트폰으로 쿠팡과 같은 쇼핑 앱, 유튜브나 넷플릭스와 같은 영상 스트리밍 앱, 금융 앱, 커뮤니티 앱 등 다양한 앱을 사용합니다. 사용자가 스마트폰에서 앱을 실행하고 기능을 선택할 때마다 각기 다른 화면이 나타납니다. 즉, 사용자 요청에 따라 앱이 보여주는 결과가 달라집니다.

PC에서 브라우저를 통해 접속하는 인터넷 사이트도 마찬가지입니다. 네이버나 구글과 같은 포털 사이트에 접속해 키워드를 입력하고, 검색 버튼을 누르면 검색 결과가 눈앞에 펼쳐집니다. 쇼핑 사이트에서 아이디와 비밀번호를 입력해 로그인하고, 장바구니를 클릭하면 담아뒀던 상품들이 화면에 나타납니다. 마찬가지로 PC에서도 사용자가 조작하는 방식에 맞춰 화면이 달라지는 것입니다.

어떻게 이런 일이 가능할까요? 많은 이유가 있겠지만 가장 기본적인 건, 다양한 스마트폰 앱과 웹사이트들이 서버 – 클라이언트 구조로 되어 있기 때문입니다. 우리가 인터넷을 연결해 사용하는 모든 앱과 웹사이트들은 서버 – 클라이언트 구조로 운영됩니다. 앱과 서비스를 개발하는 개발자들도 이러한 구조에서 서버쪽에 해당하는 기능을 코딩하고, 클라이언트쪽에 해당하는 기능을 코딩합니다. 전자는 백엔드, 후자는 프런트엔드라고 부릅니다. 그럼 이쯤에서 궁금증이 생깁니다. '서버는 뭐고, 클라이언트는 또 뭐지?'

저는 이러한 기본적인 IT 궁금증을 해결해드리기 위해 책을 썼습니다. 우리가 일상 생활에서 숨쉬듯 자연스럽게 사용하는 많은 앱과 웹 서비스들이 어떻게 동작하는지 책을 통해 명확하게 이해할 수 있습니다. 그리고 그 지식이 기반이 되어야 실력 있는 개발자로 성장할 수 있겠죠? 그리고 백엔드 개발자, 프런트엔드 개발자라는 직무를 수행하기 위한 기초 지식들을 이 책에서 자세히 알려드리려고 합니다.

이 책은 '온라인 IT 강의 플랫폼, 인프런'에서 진행하고 있는 〈롱런하는 슈퍼 개발자가 되기 위한 필수 지식, IT 인프라 기초 총정리〉 강의를 정리했습니다. 최대한 쉽게 전달하기 위해 IT 비전공자인 수강생을 데려다 놓고 옆에서 가르치는 형태로 만든 강의입니다. 책에서도 독자 여러분이 제 앞에 있다고 생각하고 최대한 쉬운 개념 위주로 설명합니다. 또 IT 비전공자라도 쉽게 이해할 수 있도록 눈높이를 확 낮추려고 노력했습니다. 평소 인터넷 검색을 통해 접한 다양한 블로그나 웹사이트에서 발견한 개념, 유튜브에서 접한 지식이 이해가 되지 않았다면 이 책을 읽어보세요. 그리고 나서 다시 블로그나 유튜브의 동영상을 보면 이해가 술술 잘될 것입니다.

IT 분야의 개발자 직무로 취업을 준비하고 있는 학생, 이제 막 개발자로 취업한 신입 개발자, IT 전공이 아닌데 회사에서 IT 관리자 업무를 맡게 된 새내기 직장인들이 이 책을 통해 IT 인프라 기초 지식을 탄탄히 쌓기를 바랍니다. 그리고 직장에서 승승장구하는 토대를 마련하는 데 조금이나마 보탬이 될 수 있다면 더할 나위 없이 기쁠 것 같습니다. 그럼 누구나 쉽게 이해하는 IT 인프라 기초를 함께 공부해볼까요?

저자 **장두환**

목차

CHAPTER 01 서버

1.1 서버와 클라이언트   12
    개념부터 확실히! 서버와 클라이언트   12

1.2 서버의 종류와 역할   16
    역할에 따라 다르게 존재하는 서버의 종류   16
    정적 콘텐츠 vs 동적 콘텐츠   17
    웹 서버   20
    애플리케이션 서버   21
    데이터베이스 서버   22
    리버스 프록시 서버   23
    포워드 프록시 서버   25

1.3 서버 하드웨어   29
    서버 하드웨어 폼팩터   29
    1U 서버   30
    2U 서버   31
    4U 서버   32
    8U 서버   33
    서버 하드웨어 유형   34

1.4 서버 소프트웨어   39
    오픈소스 소프트웨어 vs 상용 소프트웨어   39
    서버 소프트웨어: OS   41
    웹 서버, 애플리케이션 서버, 기타 서버   47

CHAPTER 02 네트워크

2.1 네트워크 개념	52
2.2 네트워크 방식	54
회선 교환 방식	54
패킷 교환 방식	56
2.3 네트워크 프로토콜과 계층	58
네트워크 프로토콜	58
네트워크 계층	60
네트워크에서 데이터 전송 방식	62
2.4 네트워크 기기	65
L1(1계층): 물리 계층	65
L2(2계층): 데이터 링크 계층	68
L3(3계층): 네트워크 계층	72
L4(4계층): 트랜스포트 계층	76
L7(7계층): 애플리케이션 계층	83
2.5 네트워크 형태	87
LAN, 근거리 통신망	87
WAN, 원거리 통신망	89
DMZ, 비무장지대	91
VPN, 가상 사설망	95

목차

CHAPTER 03 스토리지

3.1 스토리지 개념 · 100
    스토리지와 저장 장치 · 100
    스토리지의 데이터 저장 방식 · 102

3.2 스토리지 종류 및 유형 · 107
    스토리지 종류 · 108
    스토리지 유형 · 113

3.3 백업 · 119
    백업 개념 및 방식 · 119
    백업 하드웨어와 소프트웨어 · 125

CHAPTER 04 데이터베이스

4.1 데이터베이스 개념 · 130
    DBMS · 131
    관계형 데이터베이스 · 133
    RDBMS · 135

4.2 데이터베이스 종류 · 137
    오픈소스 RDBMS vs 상용 RDBMS · 137
    NoSQL DB · 138

목차

CHAPTER 05 온프레미스

5.1 온프레미스와 3-Tier 아키텍처   146
- 온프레미스 개념: 데이터센터와 전산실   146
- 3-Tier 아키텍처   147
- 가상화 기술이 필요한 이유   148

5.2 IT 인프라 가상화 기술   148

5.3 HCI와 SDDC   167
- HCI   168
- SDDC   173

CHAPTER 06 클라우드 컴퓨팅

6.1 클라우드 컴퓨팅 개념   178
- 클라우드 컴퓨팅의 기본 개념과 탄생   178
- 호스팅 vs 클라우드 컴퓨팅   180

6.2 클라우드 컴퓨팅 종류   183
- CSP의 대표적인 클라우드 컴퓨팅 서비스   183
- 기업에서 사용하는 다섯 가지 클라우드 컴퓨팅 방식   186

6.3 컨테이너   190
- VM vs 컨테이너   191
- 도커와 쿠버네티스   193

목차

CHAPTER 07 개발 방법론 및 모델

7.1 워터폴 방법론과 모놀리식 아키텍처 모델 … 200
- 워터폴 방법론 … 200
- 모놀리식 아키텍처 모델 … 200

7.2 애자일 방법론과 마이크로서비스 아키텍처 모델 … 203
- 애자일 방법론 … 203

7.3 DevOps와 CI/CD … 206
- DevOps … 206
- CI/CD … 209

7.4 Low Code와 No Code … 211
- Low Code … 212
- No Code … 213
- Low Code, No Code의 미래 … 215

CHAPTER 08 IT 인프라 운영 기술

8.1 고가용성 … 220
- IT 인프라의 다양한 장애 요소 … 220
- 대표적인 고가용성 기술: Active/Active, Active/Standby … 223

8.2 모니터링 … 227
- 모니터링 도구 … 227
- 옵저버빌리티 도구 … 235

8.3 자동화 … 241
- IaC … 242
- AIOps … 244

CHAPTER 09
IT 인프라 보안

9.1 엔드포인트 보안	248
악성코드 종류	248
대표적인 엔드포인트 보안 소프트웨어 AV	251
알려져 있지 않은 위협을 탐지하는 EDR	253
9.2 네트워크 보안	256
방화벽	256
IDS와 IPS	257
방화벽, IDS, IPS 비교	257
9.3 접근제어	260
RBAC	260
NAC	262
9.4 IAM	264
ABAC	264
IAM	265
9.5 제로 트러스트	270
제로 트러스트 보안 모델의 필수 요소	272
일반적인 보안 모델과 제로 트러스트 보안 모델 비교	273
제로 트러스트 보안 모델의 작동 방식	274

목차

CHAPTER 10 AI 인프라

10.1 AI 인프라 핵심 구성 요소, GPU — 278
    병렬 컴퓨팅을 위한 GPU — 278
    순차 컴퓨팅 vs 병렬 컴퓨팅 — 286

10.2 AI 서비스 개발 환경 — 286
    AI 서비스 개발을 위한 소프트웨어 — 286
    AI 서비스 개발을 위한 플랫폼 — 287

10.3 자체 AI 서비스 개발 과정 — 290
    데이터셋 준비 — 290
    AI 모델 생성 — 291
    파인 튜닝 — 293

CHAPTER 11 부록 슬기로운 IT 장애 대처 방법

11.1 IT 운영자와 개발자의 커뮤니케이션 — 298

11.2 장애 발생 시 해결 방안 도출 — 303

1.1 서버와 클라이언트

개념부터 확실히! 서버와 클라이언트

서버(Server)를 사전에서 찾아보면 '섬기는 사람, 서비스를 제공하는 사람'이라는 뜻을 가집니다. 쉽게 말해, 서버는 다른 사람을 위해 무언가를 주는 역할을 한다는 거죠. 다음의 그림처럼 서버 컴퓨터라고 부르기도 합니다. IT 인프라에서 말하는 서버란, 자신이 가진 **어떤 것을 다른 누군가에게 제공하는 컴퓨터**라고 생각하면 됩니다.

그렇다면 '누군가'는 무엇을 뜻할까요? 서버가 서비스를 주는 대상, 그 서비스를 받아 혜택을 누리는 대상을 말합니다. IT 인프라에서는 보통 **클라이언트**(Client)라고 부릅니다.

그림 1-1 서버 컴퓨터

클라이언트는 사전적으로 '의뢰인, 고객'이라는 의미를 갖습니다. 의뢰인은 무언가를 요청하는 사람이고, 고객은 그 요청의 결과물을 받는 사람입니다. 즉, 클라이언트 컴퓨터는 **서버 컴퓨터에게 어떤 것을 요청하고, 그 결과물을 받는 컴퓨터**를 말합니다.

일반적으로 IT 인프라에서는 컴퓨터라는 단어를 생략하고 서버와 클라이언트라고 합니다. 그런데 왜 굳이 서버 컴퓨터, 클라이언트 컴퓨터라고 썼을까요? 그 이유는 바로 하나

그림 1-2 클라이언트 컴퓨터

의 컴퓨터가 서버가 될 수도 있고, 클라이언트가 될 수도 있기 때문입니다. 다시 말해, 같은 컴퓨터라도 상황에 따라 서버 역할을 할 수도 있고, 클라이언트 역할을 할 수도 있습니다.

넓은 개념에서 서버든 클라이언트든 결국 컴퓨터라는 큰 틀 안에 있다는 점만 이해하면 됩니다. 똑같은 컴퓨터라도 어떤 역할을 하느냐에 따라 서버와 클라이언트로 나뉜다고 생각하면 되는 거죠. 이제 서버와 클라이언트의 개념이 좀 더 명확해졌죠?

1.1 서버와 클라이언트

개념부터 확실히! 서버와 클라이언트

서버(Server)를 사전에서 찾아보면 '섬기는 사람, 서비스를 제공하는 사람'이라는 뜻을 가집니다. 쉽게 말해, 서버는 다른 사람을 위해 무언가를 주는 역할을 한다는 거죠. 다음의 그림처럼 서버 컴퓨터라고 부르기도 합니다. IT 인프라에서 말하는 서버란, 자신이 가진 **어떤 것을 다른 누군가에게 제공하는 컴퓨터**라고 생각하면 됩니다.

그림 1-1 서버 컴퓨터

그렇다면 '누군가'는 무엇을 뜻할까요? 서버가 서비스를 주는 대상, 그 서비스를 받아 혜택을 누리는 대상을 말합니다. IT 인프라에서는 보통 **클라이언트**(Client)라고 부릅니다.

클라이언트는 사전적으로 '의뢰인, 고객'이라는 의미를 갖습니다. 의뢰인은 무언가를 요청하는 사람이고, 고객은 그 요청의 결과물을 받는 사람입니다. 즉, 클라이언트 컴퓨터는 **서버 컴퓨터에게 어떤 것을 요청하고, 그 결과물을 받는 컴퓨터**를 말합니다.

일반적으로 IT 인프라에서는 컴퓨터라는 단어를 생략하고 서버와 클라이언트라고 합니다. 그런데 왜 굳이 서버 컴퓨터, 클라이언트 컴퓨터라고 썼을까요? 그 이유는 바로 하나

그림 1-2 클라이언트 컴퓨터

의 컴퓨터가 서버가 될 수도 있고, 클라이언트가 될 수도 있기 때문입니다. 다시 말해, 같은 컴퓨터라도 상황에 따라 서버 역할을 할 수도 있고, 클라이언트 역할을 할 수도 있습니다.

넓은 개념에서 서버든 클라이언트든 결국 컴퓨터라는 큰 틀 안에 있다는 점만 이해하면 됩니다. 똑같은 컴퓨터라도 어떤 역할을 하느냐에 따라 서버와 클라이언트로 나뉜다고 생각하면 되는 거죠. 이제 서버와 클라이언트의 개념이 좀 더 명확해졌죠?

그럼 이번에는 앞서 클라이언트의 정의에서 언급한 '어떤 것'을 생각해봅시다. 서버는 이 '어떤 것'을 가진 컴퓨터이고, 클라이언트는 이 '어떤 것'이 필요해서 서버에게 달라고 요청하는 컴퓨터입니다.

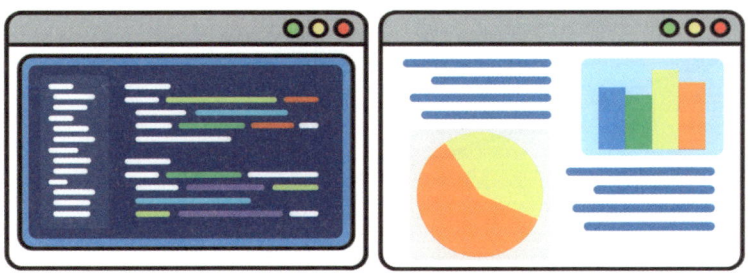

그림 1-3 서버 컴퓨터에서 가지고 있다가 클라이언트 컴퓨터로 보내는 콘텐츠

우리가 컴퓨터를 사용할 때 어떤 일들을 하는지 생각해보면, 이 '어떤 것'의 의미를 금세 눈치챌 수 있을 겁니다. 컴퓨터로 웹사이트에 접속해서 정보를 검색하고, 쇼핑도 하고, 업무를 보기도 하며, 게임도 즐기죠. 이 '어떤 것'은 바로 컴퓨터에서 할 수 있는 다양한 일들, 즉 우리가 컴퓨터 화면을 통해 접하는 모든 것을 뜻합니다. IT 인프라에서는 이것들을 **콘텐츠**(Contents)라고 부릅니다. 콘텐츠는 **디지털 방식으로 최종 사용자에게 제공되는 정보나 그 내용물**을 뜻합니다. 우리가 PC(Personal Computer)라는 클라이언트 기기를 통해 접하는 것들이 바로 이 콘텐츠입니다.

그럼, 이제 정리를 해보겠습니다. 서버는 자신이 가진 콘텐츠를 클라이언트에게 제공하는 컴퓨터이고, 클라이언트는 그 콘텐츠를 보기 위해 서버에게 요청하는 컴퓨터입니다. 서버는 클라이언트로부터 콘텐츠를 요청받지 않으면, 콘텐츠를 보여주지 않습니다. 반대로 클라이언트도 서버에게 콘텐츠를 요청해야만 그 콘텐츠를 볼 수 있습니다. 이렇게 서버와 클라이언트는 상호작용하는 관계를 갖습니다. 콘텐츠의 종류에 대해서는 뒤에서 더 자세히 다루겠습니다.

그림 1-4를 보면 클라이언트 컴퓨터 3대가 서버 컴퓨터에게 '프로그램 좀 줄래?'라며 요청하고 있습니다. 여기서 **프로그램**이란, 컴퓨터가 실행하는 명령어들의 모음으로 쉽게 설명하면 **컴퓨터가 이해할 수 있는 언어로 만들어진 결과물**입니다. 우리가 컴퓨터에서 실행하고 조작할 수 있는 것이 바로 프로그램입니다. 그래서 프로그램도 하나의 콘텐츠라고 할 수 있습니다.

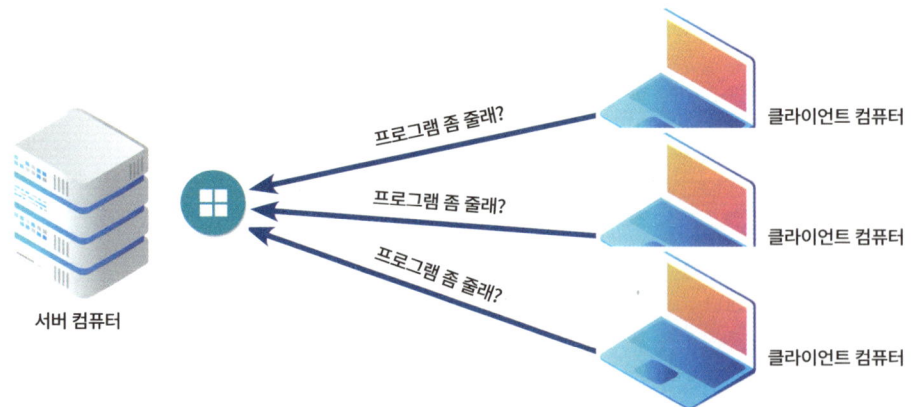

그림 1-4 클라이언트 컴퓨터가 서버 컴퓨터에 콘텐츠를 요청하는 모습

클라이언트 컴퓨터가 A라는 프로그램을 달라는 요청을 보내면, 서버 컴퓨터는 자신이 가진 것 중에서 A 프로그램이 있는지 찾아봅니다. 오호, A 프로그램이 있네요? 서버 컴퓨터는 A 프로그램을 클라이언트 컴퓨터에 제공합니다. 그래서 클라이언트 컴퓨터는 A 프로그램을 사용할 수 있게 됩니다.

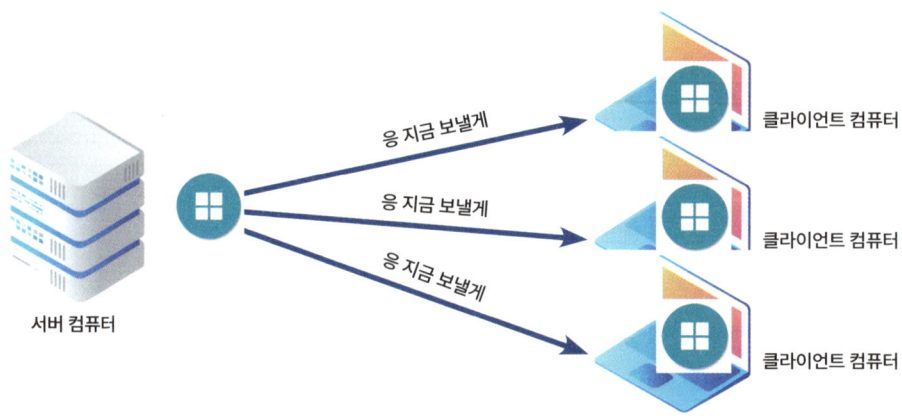

그림 1-5 서버 컴퓨터가 클라이언트 컴퓨터에 콘텐츠를 제공하는 모습

이번에는 다른 예를 들어볼까요? 만약 네이버 홈페이지에 접속하고 싶다면, 먼저 PC를 켜고 크롬 같은 웹 브라우저를 실행한 다음, 주소창에 www.naver.com을 입력합니다. 그러면 웹 브라우저 화면이 네이버 페이지로 바뀝니다. 이 상황을 서버와 클라이언트 컴퓨터의 역할에 적용해봅시다.

PC에서 크롬 브라우저를 열고 주소창에 www.naver.com을 입력하는 행위는, 클라이언트 컴퓨터가 서버 컴퓨터에게 '네이버 홈페이지에 접속하고 싶어'라고 요청하는 겁니다. 이 요청이 네이버 홈페이지를 가지고 있는 서버에 전달됩니다. 요청을 받은 서버는 자신이 가지고 있는 네이버 홈페이지라는 콘텐츠를 클라이언트 컴퓨터에 전달해줍니다. 그제서야 클라이언트 컴퓨터는 네이버 홈페이지에 접속할 수 있게 됩니다. 즉, 클라이언트가 네이버 홈페이지라는 콘텐츠를 서버에게 요청하고, 서버는 그 요청을 받아들여 결과물을 클라이언트에게 전달한 것입니다.

우리가 사용하는 대부분의 서비스는 모두 이 서버와 클라이언트 구조로 이루어져 있습니다. 이를테면 여러분이 스마트폰이나 PC에서 인터넷을 통해 어떤 서비스를 이용하려면, 스마트폰이나 PC는 클라이언트가 되고, 서버는 이 클라이언트에서 보낸 요청을 받아서 결과물을 돌려주는 역할을 합니다.

이렇게 한번 생각해볼까요? 스마트폰으로 은행 앱을 실행해서 내 계좌 잔액을 확인하려고 할 때, 화면에 잔액이 나타납니다. 이건 스마트폰이라는 클라이언트가 은행 서버에 '내 계좌 잔액 얼마 남았어?'라고 물어본 거죠. 그 질문을 받은 서버는 '네 계좌 잔액은 이만큼이야!'라고 대답해준 거고요. 그래서 스마트폰 화면에 잔액이 나타나게 됩니다.

다른 예를 들면 PC에서 크롬 브라우저를 열고 구글에 접속한 다음 'IT 인프라의 정의'를 검색했을 때, 화면에는 'IT 인프라의 정의'와 관련된 여러 정보가 나옵니다. 이건 PC라는 클라이언트가 구글 서버에게 'IT 인프라의 정의에 대해 알려줘'라고 요청한 것입니다. 그러면 구글 서버는 자신이 가지고 있는 관련 정보를 PC에 보여줍니다.

서버와 클라이언트의 역할은 그림 1-6과 같이 정리할 수 있습니다. 서버 컴퓨터, 즉 서버는 프로그램을 가지고 있다가 클라이언트가 '이 프로그램 좀 달라'고 요청하면, 그 프로그램을 보내주는 역할을 합니다. 반대로 클라이언트 컴퓨터, 즉 클라이언트는 서버에 응용 프로그램을 요청한 다음, 서버가 보내준 프로그램을 받아서 실행합니다.

서버 컴퓨터:
응용 프로그램을 가지고 있다가
클라이언트 컴퓨터에서 요청하면 보냄

클라이언트 컴퓨터:
서버 컴퓨터에 응용 프로그램을
요청한 뒤 서버에서 보내주면 실행

그림 1-6 서버와 클라이언트의 역할

> **핵심 개념 정리**
>
> - **서버**: 프로그램을 가지고 있는 컴퓨터로, 클라이언트가 원하는 프로그램을 요청하면 프로그램을 찾아 클라이언트에게 전달함.
> - **클라이언트**: 서버에게 프로그램을 달라고 요청하는 컴퓨터로, 서버가 프로그램을 보내줘야 클라이언트에서는 프로그램을 실행함.

1.2 서버의 종류와 역할

역할에 따라 다르게 존재하는 서버의 종류

서버의 종류는 매우 다양하며 서로 다른 역할을 수행합니다. 이는 앞으로 우리가 공부해야 할 서버의 종류가 많다는 것을 의미하기도 합니다. 하지만 지금은 기초 단계이니 필수로 알아야 할 대표적인 서버 몇 개만 다루겠습니다.

우리가 사용하는 앱(Application)과 서비스는 전부 서버에서 운영됩니다. 그리고 앱과 서비스를 웹에서 실행하는 애플리케이션을 **웹 애플리케이션**이라고 부릅니다. 웹 애플리케이션은 하나의 서버에서 운영할 수도 있습니다. 하지만 규모가 커지면서 제공하는 기능도 늘어나고, 접속자들이 많아지면 서버 하나만으로는 안정적으로 운영하기가 어렵습니다.

예를 들어, 은행 앱을 사용해서 급하게 돈을 이체해야 하는데 앱이 작동하지 않고 오류가 난다면 정말 큰일이죠. 이런 문제가 생기지 않도록 웹 애플리케이션을 안정적으로 운영할 수 있는 여러 방법이 연구되었습니다. 그중 가장 많이 사용하는 방법은 웹 애플리케이션을 운영하는 서버들을 역할별로 나누는 것입니다.

그림 1-7과 같이 웹 애플리케이션을 운영하는 대표적인 서버들이 있습니다. 웹 서버, 애플리케이션 서버, DB 서버, 리버스 프록시 서버, 포워드 프록시 서버 등 이 서버들은 각자 다른 역할을 맡아서 웹 애플리케이션이 안정적으로 운영될 수 있도록 도와줍니다. 지금부터는 여기서 제시한 다섯 가지 서버를 하나씩 살펴보고자 합니다. 그 전에 짚고 넘어가야 할 중요한 개념이 있습니다. 바로 정적 콘텐츠와 동적 콘텐츠입니다.

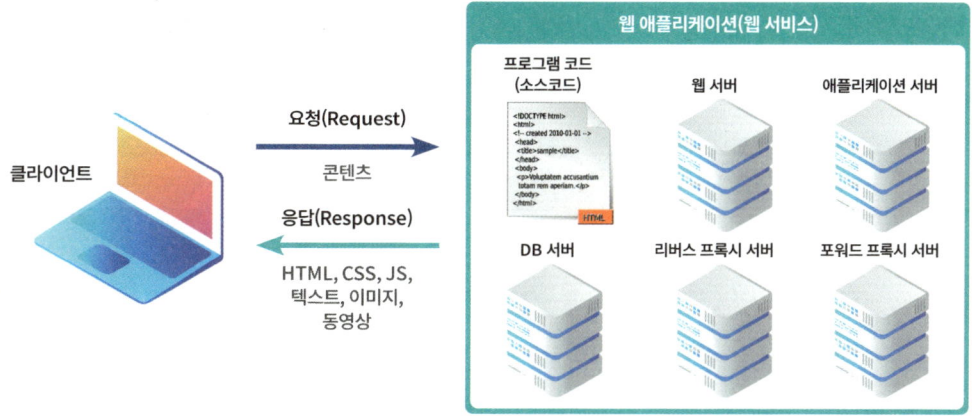

그림 1-7 웹 애플리케이션을 운영하기 위해 필요한 대표적인 서버들

정적 콘텐츠 vs 동적 콘텐츠

정적 콘텐츠에서 '정적'이란, 영어로는 'Static'이고, 한자로는 '靜的'입니다. 즉, 시간이 지나도 변하지 않는 상태를 뜻합니다. 그리고 변하지 않는 상태의 콘텐츠를 정적 콘텐츠라고 부릅니다. 정적 콘텐츠는 텍스트, 이미지, 동영상처럼 이미 만들어진 그대로의 변하지 않는 속성을 가지고 있습니다. 또한 HTML, CSS, JavaScript 같은 소스 코드도 정적 콘텐츠에 포함됩니다.

한 예로 정적 콘텐츠를 가진 서버가 있다고 가정하겠습니다. 클라이언트는 이 서버에게 '정적 콘텐츠 좀 줄래?'라고 요청하면, 서버는 클라이언트가 요청한 정적 콘텐츠를 찾아서 보내줍니다. 그림 1-8과 같은 고양이 이미지를 서버에 요청했다면, 서버는 고양이 이미지를 찾아 클라이언트에게 보내주는 것이죠. 누군가 언제든지 고양이 이미지를 요청하면, 서버는 똑같은 고양이 이미지를 보내준다고 생각하면 됩니다. 정리하자면 정적 콘텐츠는 항상 동일하게 보여지는 콘텐츠입니다.

그림 1-8 정적 콘텐츠 예시

동적 콘텐츠의 '동적'은 영어로 'Dynamic', 한자로 '動的'이라 쓰며, 정적과 반대로 시간 흐름에 따라 변하는 상태를 뜻합니다. 동적 콘텐츠와 정적 콘텐츠의 차이는 누가, 언제, 어떻게 서버에 콘텐츠를 요청했느냐에 따라 서버가 클라이언트에게 전달하는 내용이 달라진다는 점입니다.

예를 들어 그림 1-9의 왼쪽 이미지를 보면 쇼핑몰에서 구매할 물건을 장바구니에 담을 때마다 화면이 달라지는 걸 알 수 있습니다. 현재 담긴 물건과 추가로 구매할 물건을 담고 나면 최종 지불할 금액과 구매 물건의 개수가 달라집니다.

기상청의 날씨 예보는 시간이 지나면서 변합니다. 현재 날씨는 흐린 상태를 나타내지만 시간마다 비가 오는지, 맑은지에 따라 예보 화면을 계속 업데이트해줘야 합니다. 이는 일별, 주별로 다르게 보여집니다.

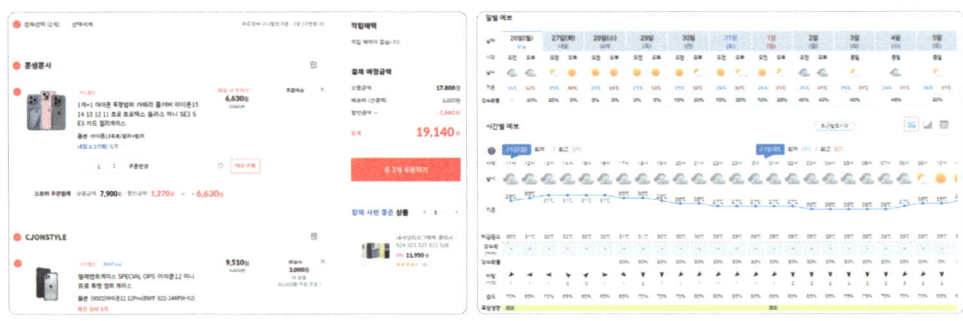

그림 1-9 동적 콘텐츠 예시

이처럼 동적 콘텐츠는 시간 흐름에 따라 그리고 누가, 언제, 어떤 행동을 하는가에 따라 달라지는 콘텐츠이며, 나만을 위한 맞춤 정보라고 할 수 있습니다.

그림 1-10은 유튜브의 첫 화면입니다. 하지만 지금 유튜브 앱이나 홈페이지에 접속해보면 이 그림과 다른 섬네일과 영상 목록이 나타날 것입니다. 그 이유는 접속자인 클라이언트가 유튜브에서 검색한 기록, 시청한 동영상, 알고리즘에 따라 다르게 구성되기 때문입니다. 또한 오늘 접속한 화면과 내일 접속한 화면도 달라집니다. 이러한 섬네일도 동적 콘텐츠에 속합니다. 하지만 유튜브 화면 왼쪽에 있는 '홈', 'Shorts', '구독', '인기 급상승' 등 카테고리 메뉴는 언제, 누가 접속하더라도 변하지 않습니다. 이런 것들은 정적 콘텐츠라고 볼 수 있습니다.

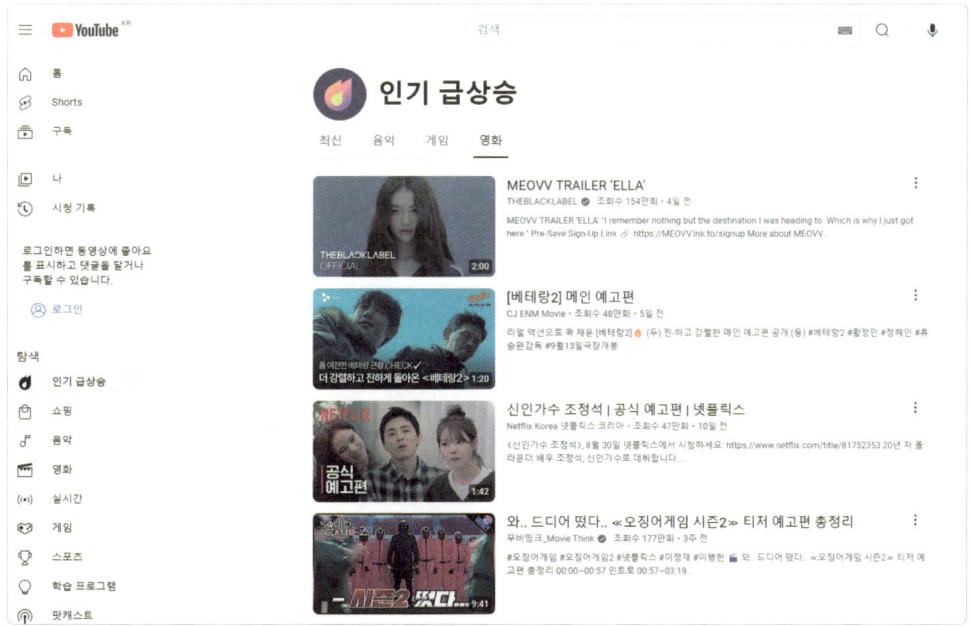

그림 1-10 정적 콘텐츠와 동적 콘텐츠 예시

만약 특정 동영상을 클릭해서 처음부터 끝까지 쭉 시청했다면, 이건 정적 콘텐츠를 본 거라고 할 수 있습니다. 그런데 동영상을 시청하다가 중간에 멈추고 유튜브 화면을 끄더라도 다시 그 동영상을 클릭하면 아까 봤던 지점부터 다시 시작하죠? 이건 동적 콘텐츠를 본 것입니다. 왜냐하면 똑같은 동영상 파일이지만 서버는 클라이언트 행동에 따라 동영상의 중간부터 재생해주었기 때문입니다. 즉, 동영상 파일 자체는 정적 콘텐츠가 맞지만, 클라이언트 행동을 바탕으로 중간부터 재생했다면 동적 콘텐츠가 됩니다.

웹 서버

지금부터는 웹 애플리케이션을 운영하기 위해 필요한 대표적인 서버들을 살펴보겠습니다. 먼저 살펴볼 것은 웹 서버입니다.

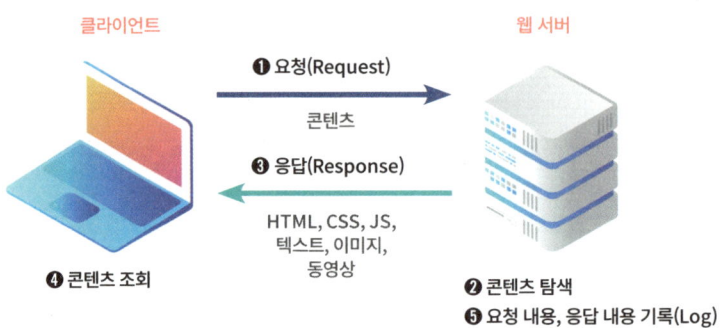

그림 1-11 웹 서버의 역할

웹 서버(Web Server)는 정적 콘텐츠를 보관하고 있다가, 클라이언트가 요청하면 그 콘텐츠를 전달하는 역할을 합니다. 그림 1-11의 순서대로 클라이언트와 웹 서버는 각자 맡은 일을 합니다. ❶클라이언트가 보고 싶은 콘텐츠를 웹 서버에 요청하면, ❷웹 서버는 자신이 가진 정적 콘텐츠 중에서 클라이언트가 요청한 것이 있는지 찾아봅니다. 그리고 ❸그 콘텐츠를 발견하면 클라이언트에게 전달해줍니다. 그러면 ❹클라이언트는 자신이 요청했던 콘텐츠를 웹 서버로부터 받아서 볼 수 있게 됩니다.

그런 다음 ❺웹 서버는 '클라이언트가 어떤 내용을 요청했는지', 그리고 '자신이 클라이언트에게 어떤 콘텐츠를 전달해줬는지'를 기록으로 남기는데, 이를 **로그**(Log)라고 부릅니다. IT 업계에서는 흔히 '로그를 남긴다'라고 표현합니다.

애플리케이션 서버

애플리케이션 서버(Application Server)는 **웹 애플리케이션 서버**(Web Application Server)라고도 불리며, 그림 1-12와 같은 역할을 수행합니다.

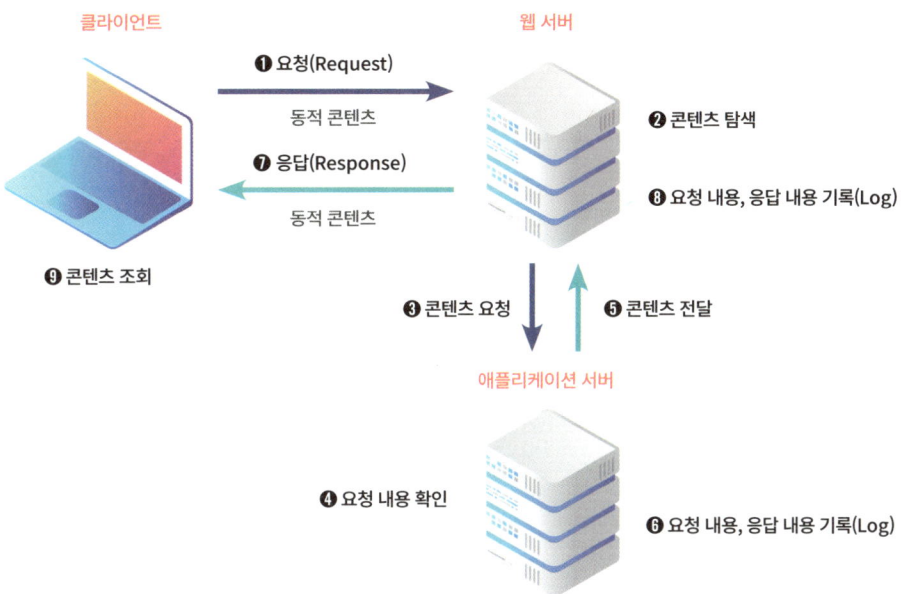

그림 1-12 애플리케이션 서버의 역할

이 그림의 순서를 하나씩 따라가 보면, 우선 ❶클라이언트는 웹 서버에 동적 콘텐츠를 요청합니다. 그런데 웹 서버에는 동적 콘텐츠가 없고, 애플리케이션 서버가 이를 갖고 있는 상황입니다. 그래서 ❷웹 서버는 클라이언트의 요청을 받고 나서 자신에게 해당 콘텐츠가 없다는 것을 확인한 후, ❸애플리케이션 서버에게 동적 콘텐츠를 요청합니다.

그러면 ❹애플리케이션 서버는 웹 서버가 요청한 동적 콘텐츠가 있는지 확인하고, ❺그 콘텐츠를 웹 서버에 전달합니다. 이 과정에서 ❻애플리케이션 서버는 '웹 서버가 이런 콘텐츠를 요청했고, 그걸 찾아서 전달해줬다'라는 내용을 로그로 남깁니다.

이제 ❼웹 서버는 애플리케이션 서버에게 받은 동적 콘텐츠를 클라이언트에게 전달합니다. 마찬가지로 ❽'클라이언트가 이런 요청을 했고, 그걸 애플리케이션 서버에서 받아서 전달해줬다'라는 내용을 로그로 남깁니다. 이렇게 해서 ❾클라이언트는 처음 웹 서버에 요청했던 동적 콘텐츠를 비로소 받아서 볼 수 있습니다.

데이터베이스 서버

데이터베이스 서버(Database Server)는 보통 줄여서 **DB 서버**(DB Server)라고 부릅니다. 4장에서 데이터베이스가 정확히 무엇인지, 어떤 역할을 하는지 자세히 다룰 예정이니 지금은 간단히 DB 서버의 개념 정도만 살펴보겠습니다.

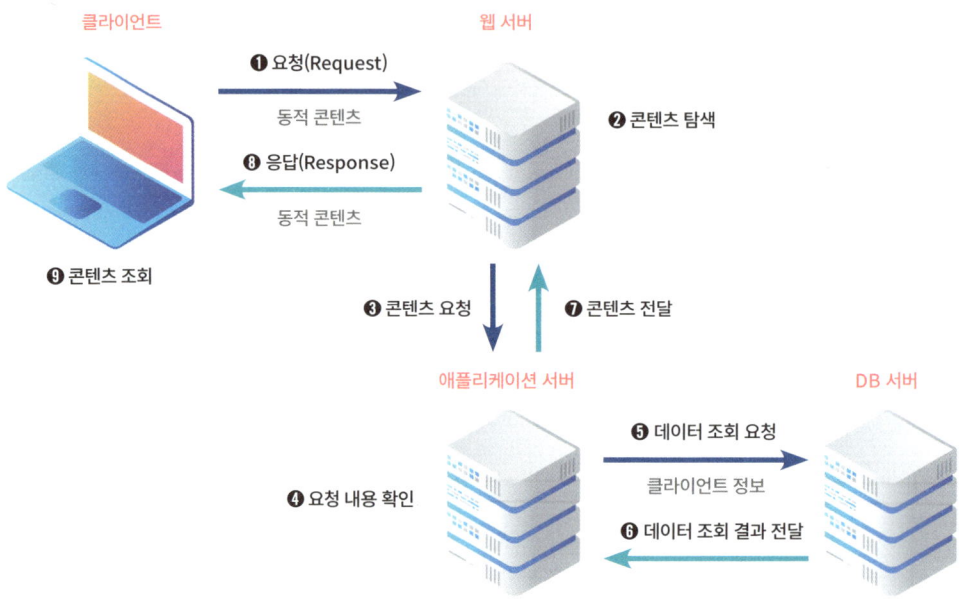

그림 1-13 데이터베이스 서버의 역할

몇 가지 가정을 해봅시다. 개발팀에 A라는 연구원이 새로 입사했습니다. 개발팀에는 신규 입사자들을 위한 '회사 생활 가이드'라는 콘텐츠가 두 종류 있습니다. 하나는 신입 직원용이고, 다른 하나는 경력 직원용입니다. 그리고 상사는 A에게 회사 업무 시스템에 접속해서 개발팀의 신규 입사자 대상 '회사 생활 가이드' 동영상을 찾아보라고 지시합니다.

이제 A 연구원은 PC를 켜고 회사 업무 시스템에 접속해 개발팀의 신규 입사자 대상 회사 생활 가이드를 클릭합니다. 이것이 그림 1-13의 ❶클라이언트가 웹 서버에 동적 콘텐츠를 요청하는 상황입니다. 앞서 설명한 것처럼 ❷, ❸웹 서버는 자신에게 없는 동적 콘텐츠를 애플리케이션 서버에 요청합니다. 그러면 ❹애플리케이션 서버는 자신이 가진 동적 콘텐츠 중에서 신규 입사자 대상 회사 생활 가이드 동영상을 찾습니다.

그런데 여기서 문제가 생깁니다. 애플리케이션 서버가 가진 동영상이 너무 많다는 점이죠. 개발팀뿐만 아니라 영업팀, 마케팅팀, 재무팀 등 각 팀별의 회사 생활 가이드 동영상이 있으며, 이 영상들은 신입 직원용과 경력 직원용으로 나뉘어져 있습니다.

그럼 이 상황에서 애플리케이션 서버는 어떻게 할까요? 애플리케이션 서버는 웹 서버가 요청한 개발팀의 신규 입사자 대상 회사 생활 가이드라는 동영상을 찾아서 웹 서버에 바로 전달해줄 수 없습니다. 왜냐면 웹 서버에 요청한 A라는 사람이 정말 개발팀의 신입 직원이 맞는지 애플리케이션 서버가 직접 판단할 수 없기 때문이죠.

자신의 능력만으로는 웹 서버의 요청을 해결할 수 없다고 판단한 애플리케이션 서버는 DB 서버에 도움을 요청합니다. 이것이 ❺개발팀에 새로 입사한 A 직원이 있는지 확인해달라는 조회입니다.

그럼 DB 서버는 자신이 가진 인사정보 데이터에서 A의 정보를 찾습니다. A의 정보를 발견한 뒤, ❻애플리케이션 서버에게 'A는 개발팀에 새로 입사한 신입 직원이 맞다'는 결과를 알려줍니다. 그제서야 ❼애플리케이션 서버는 개발팀 신입 직원을 위한 신규 입사자 대상 회사 생활 가이드 동영상을 웹 서버에 전달합니다.

❽웹 서버는 전달받은 동영상을 클라이언트 A에게 전달하고, ❾결국 A는 그 동영상을 볼 수 있습니다. 이렇게 DB 서버는 자신이 가지고 있는 정보 중에서 클라이언트나 다른 서버들이 요청한 정보가 있는지를 확인하고, 그 결과를 알려주는 역할을 합니다. 이게 바로 데이터베이스의 중요한 역할 중 하나인 **데이터 조회**라는 개념입니다.

▶ 참고로 그림 1-13에는 로그 기록 과정이 생략되었습니다. 서버의 역할을 설명할 때 자주 반복되기 때문에 앞으로 나올 그림에 로그가 없더라도 생략된 것으로 이해하면 됩니다.

리버스 프록시 서버

이번에 다룰 리버스 프록시 서버의 이름은 조금 생소할 수 있습니다. 먼저 리버스(Reverse)는 '순서나 방향을 뒤집다, 거꾸로 하다'라는 의미를 갖습니다. 그리고 프록시(Proxy)는 '대리인, 대신'이라는 뜻입니다. 두 가지 뜻을 조합해보면, **리버스 프록시 서버**는 웹 서버의 요청을 잠시 가지고 있다가 리버스 프록시 서버 뒤에 있는 애플리케이션 서버들의 상태를 살펴보고, 어느 애플리케이션 서버가 요청을 처리할지 정해서 웹 서버에 전달하는 역할을 합니다.

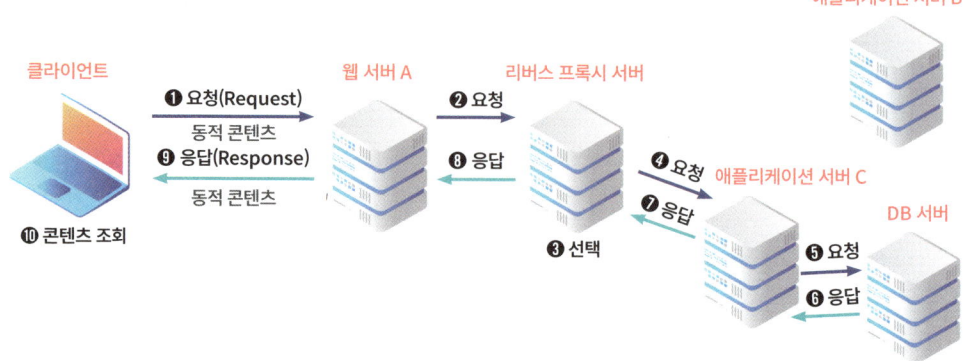

그림 1-14 리버스 프록시 서버의 역할

그림 1-14를 보면, 리버스 프록시 서버 뒤에 애플리케이션 서버 B와 C가 있습니다. 리버스 프록시 서버는 웹 서버 A의 동적 콘텐츠 반환 요청을 받으면, 애플리케이션 서버들이 얼마나 바쁜지 상태를 먼저 확인합니다. 만약 지금 애플리케이션 서버 B가 너무 바빠서 요청을 처리할 수 없다고 판단되면, 리버스 프록시 서버는 이 요청을 애플리케이션 서버 C에게 보냅니다.

결과적으로 웹 서버 A의 동적 콘텐츠 요청은 리버스 프록시 서버로 인해 애플리케이션 C에게 가게 되고요. 애플리케이션 서버 C는 이 요청을 받아서 클라이언트 정보를 DB 서버에 확인한 후, 알맞은 동적 콘텐츠를 찾아서 리버스 프록시 서버에 전달하고, 이게 다시 웹 서버 A로 전달됩니다. 그럼 웹 서버 A는 클라이언트에게 콘텐츠를 전달하고, 클라이언트는 요청한 콘텐츠를 볼 수 있게 되는 구조입니다.

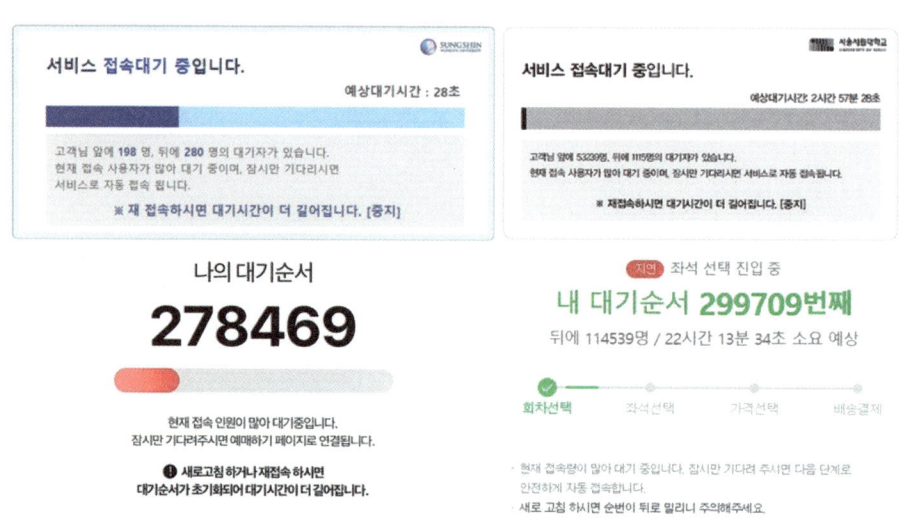

그림 1-15 수강 신청과 티켓 예매 서비스 화면

대학교 수강 신청을 예로 들어 보겠습니다. 인기가 많은 수업을 신청하려면 강의당 좌석 수는 한정되어 있어 경쟁이 무척 치열합니다. 그래서 수강 신청 시간이 되자마자 학사 시스템에 접속하면, 너무 많은 학생들이 동시에 접속해서 시스템이 멈추거나 오류가 나는 경험을 한 번쯤 겪어봤을 겁니다.

그런데 만약 이 학사 시스템 앞에 리버스 프록시 서버가 있다면 어떨까요? 수강 신청이 시작되는 9시 정각에 학사 시스템에 접속하면, '수강 신청 대기 중입니다. 대기 순서 349번' 같은 화면이 뜹니다. 그리고 시간이 지나면서 대기 순서가 점점 줄어들죠. 드디어 대기 순서가 0에 도달하면 학사 시스템에 접속할 수 있습니다.

또 다른 예로 유명 가수의 콘서트 티켓을 구매하려 할 때 티켓 오픈 시간에 맞춰 사이트에 접속하면 어떤 화면을 보게 되나요? '대기 순서 102,030번째' 같은 무시무시한 숫자가 나타나지 않았나요? 이런 대기 화면도 웹 서버와 애플리케이션 서버 앞에 리버스 프록시 서버가 있기 때문입니다. 리버스 프록시 서버가 몰려드는 클라이언트 요청을 잠시 가지고 있다가, 뒤에 있는 애플리케이션 서버들이 요청을 처리할 준비가 되면 그때 요청을 전달해줍니다. 이렇게 해서 시스템이 다운되거나 접속 불가 상태가 되는 걸 방지하는 거죠. 이 역할을 부하 분산이라고 합니다.

포워드 프록시 서버

포워드(Forward)는 '앞으로' 또는 '앞쪽으로'라는 뜻입니다. **포워드 프록시 서버**는 클라이언트와 웹 서버 사이에 위치해서, 클라이언트의 정보(클라이언트가 어떤 기기이고, 어디서 접속했는지 등)를 숨긴 채 클라이언트의 요청만 웹 서버에 전달합니다. 그럼 웹 서버는 자신에게 콘텐츠를 요청한 기기는 포워드 프록시 서버라고 인식하기 때문에 클라이언트가 안전하게 보호되는 효과가 생깁니다. 그리고 포워드 프록시 서버는 **캐시 서버**라고도 부르는데요.

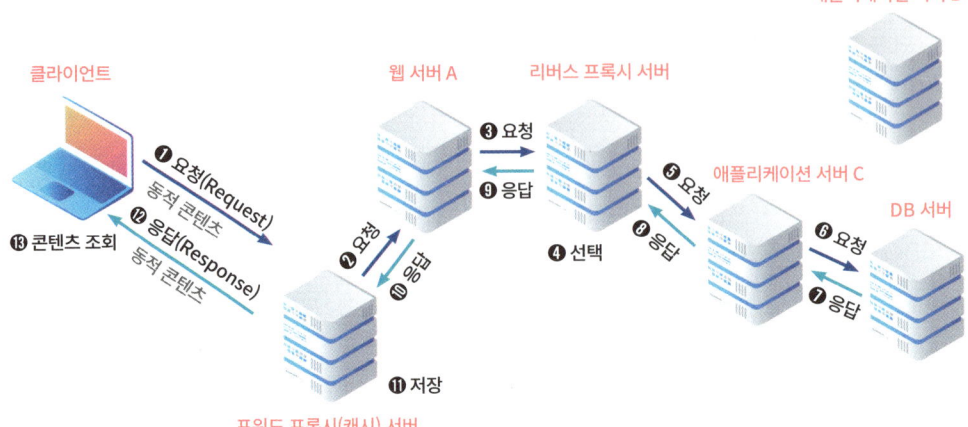

그림 1-16 포워드 프록시 서버(캐시 서버)의 역할

그림 1-16에서 전체적인 요청과 응답 과정, 즉 클라이언트가 요청한 콘텐츠를 DB 서버에서 확인하고, 애플리케이션 서버 C에서 찾는 과정은 리버스 프록시 서버와 크게 다르지 않습니다. 단지 웹 서버 A 앞에 포워드 프록시 서버가 추가됐을 뿐이죠.

그림 1-17 포워드 프록시 서버(캐시 서버)의 전달 과정

그런데 시간이 좀 흐른 뒤에 클라이언트가 똑같은 콘텐츠를 다시 요청했다고 가정해볼게요. 여기서부터는 프로세스가 엄청 줄어듭니다. 그림 1-17을 보면, 클라이언트의 요청을 받은 포워드 프록시(캐시) 서버는 클라이언트의 요청을 웹 서버 A에 전달하지 않고, 바로 클라이언트에게 콘텐츠를 전달합니다.

그림 1-16으로 돌아가봅시다. 포워드 프록시 서버는 애플리케이션 서버 C → 리버스 프록시 서버 → 웹 서버 A를 거쳐 자신에게 온 콘텐츠를 저장해둡니다. 그래서 포워드 프록시 서버는 클라이언트가 요청한 콘텐츠를 이미 가지고 있는 것이고요. 이 때문에 클라이언트의 요청이 다시 애플리케이션 서버 C까지 갈 필요 없이, 포워드 프록시 서버가 바로 그 콘텐츠를 클라이언트에게 전달할 수 있는 것입니다.

이 과정에서 중요한 점은, '포워드 프록시 서버가 클라이언트가 요청한 콘텐츠를 미리 저장해두었다'는 것입니다. 그래서 클라이언트가 동일한 콘텐츠를 다시 요청할 때는 애플리케이션 서버와 DB 서버를 거치지 않고, 포워드 프록시 서버가 바로 결과를 전달해줄 수 있습니다. 덕분에 포워드 프록시 서버를 사용하면 동일한 데이터를 다시 조회할 때 훨씬 더 빠르게 처리할 수 있답니다.

예를 들어, 본사는 한국에 있고 지사는 미국에 있는 어느 회사의 개발팀 직원의 업무를 생각해보겠습니다. 이 직원은 미국 지사의 업무 시스템에서 특정 콘텐츠를 조회하기 위해 미국의 서버에 접속해야 합니다. 그런데 한국에서 미국 서버에 접속하려면 아무래도 속도가 느릴 수밖에 없습니다. 하지만 다음에 동일한 콘텐츠를 다시 조회하려 할 때는, 미국 지사의 서버에 접속할 필요 없이 한국에 있는 포워드 프록시 서버에서 바로 콘텐츠를 받을 수 있습니다. 처음에 미국 서버에서 콘텐츠를 요청했을 때, 한국의 포워드 프록시 서버가 그 콘텐츠를 받아서 클라이언트에게 전달하기 전에 미리 저장했기 때문입니다. 그래서 클라이언트가 두 번째, 세 번째 콘텐츠를 요청할 때는 처음보다 훨씬 더 빠르게 처리할 수 있는 것이죠.

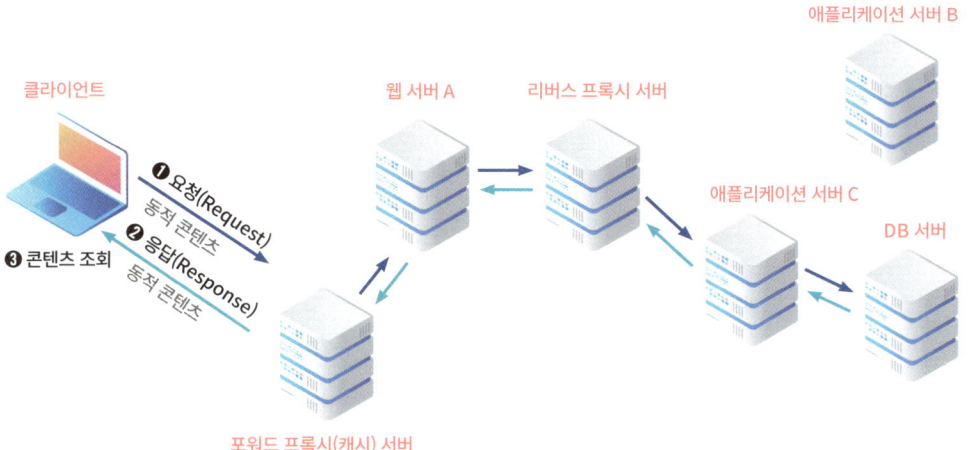

그림 1-18 클라이언트의 요청을 수행하기 위해 다양한 서버들끼리 서로 통신함

지금까지 서버의 종류와 각 서버들이 어떤 역할을 하는지 알아보았습니다. 간단히 정리해보면, 다양한 역할을 수행하는 여러 종류의 서버가 있고, 이 서버들은 클라이언트의 요청을 처리하기 위해 서로 통신하면서 데이터를 주고받습니다.

그렇다면 우리가 사용하는 다양한 서비스를 제공하는 기업은 이렇게 많은 서버들을 다 구비해놓고 서비스를 운영하는 걸까요? 꼭 그렇지는 않습니다. 제공하는 기능이 몇 가지밖에 없고, 접속자가 많지 않은, 작은 규모의 서비스라면 하나의 서버가 여러 역할을 동시에 수행할 수도 있습니다. 높은 성능을 가진 서버 하나에 포워드 프록시 서버, 웹 서버, 리버스 프록시 서버 역할을 모두 맡길 수도 있고, 웹 서버와 애플리케이션 서버 역할을 함께 수행하게 하거나, 애플리케이션 서버와 데이터베이스 서버 역할을 한 서버에서 동시에 처리할 수도 있습니다. 이처럼 서버의 역할은 서비스를 어떻게 구성하는가에 따라 달라집니다.

보통 처음에 서비스를 막 시작할 때는 소수의 서버에서 여러 가지 역할을 동시에 수행하게 됩니다. 그러다가 서비스가 성장하고 규모가 커지면, 안정성을 위해 더 많은 서버를 두고 각각의 서버가 개별적인 역할을 맡도록 구성하는 것이 일반적입니다.

> **퀴즈** / 다음 중 서버의 역할에 대한 설명으로 잘못된 것은?
>
> ① **웹 서버**: 정적 콘텐츠를 클라이언트에게 전달하는 서버
> ② **애플리케이션 서버**: 동적 콘텐츠를 클라이언트에게 전달하는 서버
> ③ **데이터베이스 서버**: 클라이언트의 요청을 보다 세밀하게 처리하기 위해 애플리케이션의 데이터를 저장하고 관리하는 서버
> ④ **리버스 프록시 서버**: 웹 서버와 애플리케이션 서버 대신 클라이언트의 요청을 받아서 직접 처리한 뒤 결과를 클라이언트에게 전달해주는 서버
> ⑤ **포워드 프록시 서버**: 일명 캐시 서버로, 클라이언트의 반복적인 요청을 빠르게 처리해줄 수 있는 서버
>
> **정답**
> ④번: 리버스 프록시 서버는 클라이언트의 요청을 직접 처리하는 것이 아니고, 어떤 애플리케이션 서버에게 이 요청을 전달할지 판단해서 그 애플리케이션 서버에게 클라이언트의 요청을 전달하는 역할을 합니다.

1.3 서버 하드웨어

서버는 어떻게 생겼을까요? 물론 요즘은 클라우드가 대세라서 개발자들이 실제 물리적인 서버를 만질 일이 많지 않습니다. 하지만 기업의 IT 인프라를 관리해야 하는 상황이거나, 사용하는 클라우드의 IT 인프라가 실제로 어떻게 생겼는지 아는 것도 중요합니다. 클라우드는 6장에서 더 자세히 다룹니다.

이번 절에서는 서버 하드웨어의 형태인 폼팩터와, 그 종류를 살펴보고 과거부터 지금까지 사용해온 서버의 유형도 함께 알아보겠습니다.

서버 하드웨어 폼팩터

폼팩터(Form Factor)는 제품의 물리적인 외형을 뜻합니다. 앞서 살펴본 다양한 종류의 서버들이 실제로 어떻게 생겼는지 하나씩 살펴보겠습니다.

먼저 알아볼 서버 폼팩터는 **랙 마운트형 서버**입니다. 보통 줄여서 **랙 서버**라고 합니다. 그림 1-19 왼쪽 이미지가 바로 서버 랙(Rack)입니다. 일반적으로 랙의 높이는 1,800mm~2,100mm, 폭은 600mm, 깊이는 1,000mm~1,200mm 정도이며 보통 성인 남성 키보다 좀 더 큰 커다란 철제 선반으로 구성되어 있습니다.

그림 1-19 랙 마운트형 서버(출처: Dell Technologies, HPE, Lenovo, Techly)

그림 1-19 오른쪽 이미지처럼 선반 안에 납작한 하드웨어들을 밀어 넣는 형태로 사용하는데요. 이처럼 하나의 서버 랙에는 여러 개의 서버를 꽂을 수 있습니다. 그럼 이제부터 이 랙에 들어갈 서버의 종류에 대해 하나씩 알아봅시다.

1U 서버

1U 서버에서 U는 Unit의 약자입니다. 1U 서버의 높이는 1.75인치(44.45mm)이고, 폭은 19인치(482.6mm)입니다. 앞서 본 서버 랙의 폭이 600mm였으니 여유 있게 들어갈 수 있습니다. 현재 출시되는 모든 서버는 이렇게 높이와 폭이 정해져 있습니다. 그러니까 어느 제조사에서 만들더라도 1U 서버면 높이가 1.75인치, 폭이 19인치로 똑같다는 뜻입니다. 그래서 1U 서버는 랙 서버 중에서 가장 얇은 서버라고 보면 됩니다.

그림 1-20 1U 서버(출처: HPE)

1U 크기의 서버는 높이가 겨우 1.75인치에 불과하지만 그림 1-20처럼 폭이 넓고, 깊이는 폭보다 더 깊기 때문에 꽤 덩치가 큰 컴퓨터입니다. 서버 내부를 보면, 전체 면적의 약 2/3를 차지하는 서버 전용 메인보드가 있고, 그 메인보드에는 서버용 프로세서(CPU) 두 개와 메모리, 그리고 각종 연결 포트들이 자리 잡고 있습니다.

1U 서버는 보통 프로세서를 한 개 사용하지만 (그림 1-20처럼) 두 개를 사용하는 서버도 있답니다. 이 프로세서의 수량에 따라 1소켓 서버, 2소켓 서버라고 불립니다. 우리가 집이나 회사에서 쓰는 데스크톱 PC와 비교하면, 부품이 좀 더 많을 뿐 크게 다르지 않습니다. 그리고 서버 앞쪽에는 각종 부품에서 발생하는 열을 식혀줄 팬과 배기구, 그리고 저장 장치를 꽂을 수 있는 디스크 베이가 자리 잡고 있습니다.

2U 서버

2U 서버는 1U 서버보다 높이가 2배인, 3.5인치(88.9mm)의 높이를 가진 서버입니다. 폭은 1U 서버와 똑같지만 높이만 약간 더 높은 서버로, 내부 공간이 1U 서버보다 더 넉넉합니다. 그래서 1U 서버보다 더 많은 디스크를 장착할 수 있고, 열을 식힐 수 있는 공간도 더 여유가

있어서, 좀 더 고성능의 부품을 사용할 수 있습니다. 그래서 보통 2U 서버가 1U 서버보다 사양이 더 높고, 저장 공간도 더 충분한 편입니다. 2U 서버는 CPU를 두 개 장착하는 2소켓 서버가 많습니다.

그림 1-21 2U 서버(출처: HPE)

2U 서버는 랙 서버의 표준 폼팩터입니다. 가장 흔하게 사용되는 랙 서버 폼팩터가 바로 이 2U 서버입니다. 그래서 누군가 '랙 서버 하나 새로 사자'라고 한다면, '아, 2U 서버를 사라는 뜻이구나'라고 이해해도 된답니다.

4U 서버

이름으로 예상되는 것처럼 **4U 서버**의 높이는 2U 서버의 2배입니다. 물론 폭은 같습니다. 그보다 내부 공간이 더 넓으니 더 많은 부품을 꽂을 수 있다는 장점이 있습니다.

이를테면 CPU를 두 개 장착하는 건 2U 서버와 같지만, 4U 서버에는 추가로 여러 개의 GPU 카드를 꽂을 수 있습니다. 또, 2U 서버의 메인보드보다 더 크고, 부품이 더 촘촘하게 배치된 메인보드를 사용할 수 있는데요. CPU를 최대 네 개까지 장착할 수 있는 메인보드가 장착된 **4소켓 서버**도 있습니다. 당연하게도 4U 서버는 2U 서버보다 메모리와 디스크를 더 많이 꽂을 수 있으니 훨씬 더 높을 성능을 냅니다.

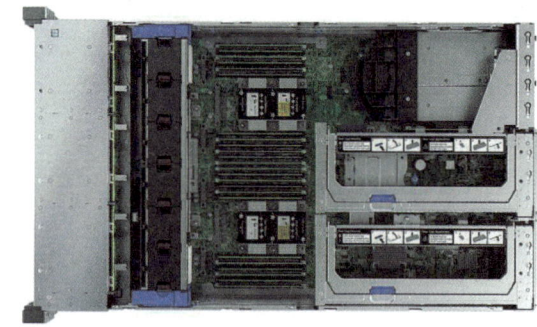

그림 1-22 4U 서버(출처: HPE)

8U 서버

일반적인 전산실이나 데이터센터에서 볼 수 있는 랙 서버는 보통 최대 4U 서버입니다. 하지만 최근에는 6U나 8U 서버도 사용되고 있습니다. 앞서 4U 서버에는 GPU 카드를 여러 개 꽂을 수 있다고 했죠? 최근 발전 중인 ChatGPT 같은 생성형 AI 기반 서비스를 개발하려면, 성능이 좋은 GPU가 많이 필요합니다. 그런데 이런 고성능 GPU는 그만큼 발열이 엄청납니다. 따라서 GPU가 과열되지 않도록 큰 히트싱크(heatsink)가 GPU 위에 장착되는데, 이 때문에 높은 성능을 내는 GPU일수록 크기가 커질 수밖에 없습니다.

서버 내부의 공간이 넉넉해야 열을 잘 배출할 수 있는 공간도 생기고, 팬 같은 냉각 시스템도 더 많이 장착할 수 있습니다. 그래서 고성능 GPU를 장착하려면 4U보다 더 넓은 내부 공간이 필요합니다. 일반적으로 8U 서버는 대부분 이런 고성능 GPU를 여러 개 장착해서 사용합니다. 이런 서버를 **GPU 서버**라고 부르며, 주로 AI 연구에 사용됩니다. 이러한 AI 연구에 고성능 GPU가 필요한 이유는 10장에서 더 자세히 다루겠습니다.

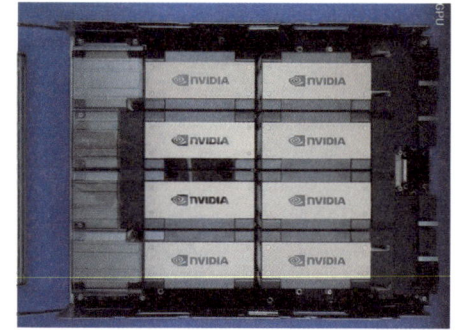

그림 1-23 8U GPU 서버(출처: Dell Technologies)

블레이드 서버

보통 기업의 전산실이나 데이터센터(규모가 아주 큰 전산실)에서 가장 많이 볼 수 있는 서버 폼팩터는 앞서 소개한 랙 서버입니다. 전산실의 내부 공간은 **상면**이라고 하는데, 서버 랙이 설치될 수 있는 공간을 말합니다. 그런데 이 상면의 크기는 건물 크기에 따라 정해져 있어서, 설치할 수 있는 랙의 수가 건물의 크기에 제한된다는 단점이 있습니다. 그래서 공간을 더 절약하면서도 더 많은 서버를 설치할 수 있게 만든 폼팩터가 바로 **블레이드 서버**입니다.

그림 1-24 블레이드 서버(출처: HPE)

블레이드(Blade)는 칼날이라는 뜻으로, 두께가 얇은 서버라는 느낌을 줍니다. 실제로 블레이드 서버의 높이는 1U 서버보다 더 낮은 약 30mm 정도입니다. 그리고 랙 서버처럼 가로로 넣는 게 아니라, 세로로 세워서 **인클로저**라는 큰 케이스에 마치 칼날처럼 꽂는 형태로 장착합니다. 그래서 한정된 공간에 랙 서버보다 더 많은 서버를 설치할 수 있으므로 집적도가 더 높습니다.

하지만 블레이드 서버는 랙 서버와 달리, 개별적으로 독립된 전원 공급 장치가 없습니다. 블레이드 서버는 하나의 큰 인클로저에 설치된 전원 공급 장치가 모든 블레이드 서버에 전원을 통합 공급하는 방식입니다. 예를 들어, 하나의 랙 마운트에 2U 서버 다섯 개가 설치되어 있다면, 그중 한 서버의 전원에 문제가 생겨도 나머지 네 개의 서버는 그대로 작동할 수 있습니다. 각 서버가 독립된 전원 공급 장치를 가지고 있기 때문이죠. 하지만 블레이드 서버의 인클로저에 있는 전원 공급 장치에 문제가 생기면 해당 인클로저에 설치된 모든 블레이드 서버에 영향이 미칩니다.

따라서 블레이드 서버는 랙 서버와 비교했을 때, 제한된 공간에 더 많은 서버를 설치할 수 있는 고밀도, 고집적 서버 폼팩터라는 장점이 있지만, 공용 전원 공급 구조이므로 전원 공급 시스템에 더 많은 신경을 써야 하는 단점을 갖습니다. 그리고 한정된 공간에 많은 서버를 설치하기 때문에 더 높은 성능의 시스템을 갖출 수 있지만 그만큼 더 많은 비용이 필요합니다. 그래서 IT 예산이 넉넉하고 규모가 큰 대기업에서 블레이드 서버를 활용하고 있습니다.

타워형 서버

타워형 서버는 우리가 익숙하게 봐왔던 데스크톱 PC와 비슷한 형태로, **워크스테이션**(Workstation)이라고 부르기도 합니다. 일반적인 데스크톱 PC보다 훨씬 고사양의 부품을 장착한 컴퓨터지만, 서버 용도로도 사용될 수 있는 폼팩터라고 생각하면 됩니다. 주로 자체 전산실이 없는 소규모 기업이나 연구소, 사무실에서 많이 사용합니다.

그림 1-25 타워형 서버(출처: Lenovo)

서버 하드웨어 유형

앞서 서버 하드웨어의 폼팩터에 대해 알아보았습니다. 그런데 서버 하드웨어를 구분하는 기준에는 폼팩터 외에도 한 가지가 더 있습니다. 바로 서버 하드웨어의 **유형**입니다. 이제부터 어떤 유형의 서버들이 있는지 하나하나 살펴보겠습니다.

메인프레임

첫 번째로 알아볼 서버 하드웨어 유형은 **메인프레임**(Mainframe)입니다. 이는 1964년에 미국의 IBM에서 만든, 인구 통계 자료나 금융 정보, 군사 정보 같은 대량의 데이터를 처리하기 위해 탄생한 거대한 컴퓨터입니다. 그림 1-26을 보면 아주 오래전에 사용하던 거대한 컴퓨터라는 걸 단번에 알 수 있습니다. 메인프레임은 서버의 시초 격이라고 할 수 있습니다.

그림 1-26 과거의 메인프레임(출처: 위키백과)

메인프레임은 지금도 여전히 사용되고 있습니다. 주로 공공기관이나 금융권에서 많이 사용하는데, 오래전부터 메인프레임을 써온 곳들은 여전히 중요한 서버 시스템으로 사용하고 있습니다. 높이가 2m에 달하는 아주 거대한 서버입니다.

그림 1-27 최근의 메인프레임(출처: IBM)

누군가는 '랙 마운트에도 여러 대의 서버와, 네트워크, 스토리지 기기들이 설치되어 있는데, 그럼 랙 마운트도 하나의 메인프레임 같은 거대한 시스템이 될 수 있는 것이 아닐까?'라고 생각할 수 있습니다. 그렇다면 메인프레임과 랙 마운트 서버에는 어떤 차이가 있을까요?

가장 큰 차이로 메인프레임은 하나의 거대한 하드웨어에 서버, 네트워크, 스토리지가 모두 통합된 시스템이라는 점입니다. 반면에 랙 마운트는 각각 독립된 랙 서버와 네트워크, 스토리지 기기들이 설치된 것입니다. 즉, 메인프레임은 하나의 시스템으로 통합되어 관리되지만, 랙 마운트는 각각 개별적으로 관리되는 독립적인 시스템이라는 차이가 있습니다. 그래서 메인프레임이 각각 다른 장비로 구성된 하나의 랙보다 더 높은 성능을 발휘함은 물론, 통합 관리가 가능하다는 장점이 있습니다. 하지만 그만큼 가격이 비싸다는 단점도 있습니다.

UNIX

UNIX는 여러 사용자가 동시에 하나의 시스템에 접근해 각자의 업무를 처리할 수 있는, 다중 작업 환경을 지원하기 위해 탄생한 서버입니다. 메인프레임처럼 강력한 성능의 단일 시스템을 제공하는 메인프레임의 경량화 버전이라고 할 수 있죠.

메인프레임은 대규모 통계, 금융, 군사 정보 같은 데이터 처리를 위해 탄생했지만, 이는 하드웨어 제조사가 제공하는 소프트웨어와 운영체제에 종속되는 문제가 생겼습니다(메인프레임 제조사에서 만든 소프트웨어만 사용해야 한다는 거죠). 대학교나 연구 기관에서는 원하는 형태의 다중 작업 환경을 구현하는 데 많은 어려움이 생겼고, 다양한 하드웨어에서 잘 작동하는 표준 운영체제(OS, Operating System)가 필요했습니다. 이것을 해결하기 위해 만들어진 것이 바로 UNIX입니다.

그림 1-28 UNIX(출처: IBM)

x86 서버

x86 서버에서 'x86'은 x86 프로세서를 가리킵니다. 우리가 데스크톱 PC나 노트북에서 사용하는 Intel, AMD의 프로세서, CPU가 바로 이 x86 아키텍처 기반입니다. x86 아키텍처를 사용해 만들어진 서버 전용 OS를 탑재한 서버가 바로 x86 서버입니다.

그림 1-29 x86 서버(출처: HPE)

1980년대 후반부터 개인용 PC가 보급되면서, Intel이 개발한 x86 아키텍처 기반의 CPU가 널리 퍼졌습니다. 그 결과 개인들은 물론 기업들도 자연스럽게 Intel CPU와 x86 아키텍처에 익숙해졌습니다. x86 아키텍처 기반의 프로세서는 여러 하드웨어 제조사들이 가져다 써서 자신만의 시스템을 제조할 수 있는 개방적인 형태였기 때문에 그 인기는 높아져갔습니다.

게다가 x86 프로세서는 비교적 저렴한 가격에 높은 성능을 제공할 수 있어서 많은 서버 하드웨어 제조사들이 Intel의 서버 전용 프로세서를 사용해 자신들만의 서버를 만들고, 기업들에게 보급하기 시작했습니다. 그래서 x86 서버는 중소기업부터 대기업까지 널리 사용되는, 사실상 **서버의 표준**이 되었습니다. 앞서 설명한 랙 서버와 블레이드 서버도 대부분 x86 서버라고 봐도 무방합니다.

x86 서버가 표준으로 자리 잡았다는 건 그림 1-30의 차트를 보면 알 수 있습니다. 2022년 2분기에 발표한 글로벌 시장조사기관 IDC의 예측치를 보면, 전체 서버 매출에서 x86 서버가 차지하는 비중이 훨씬 크다는 것을 알 수 있습니다.

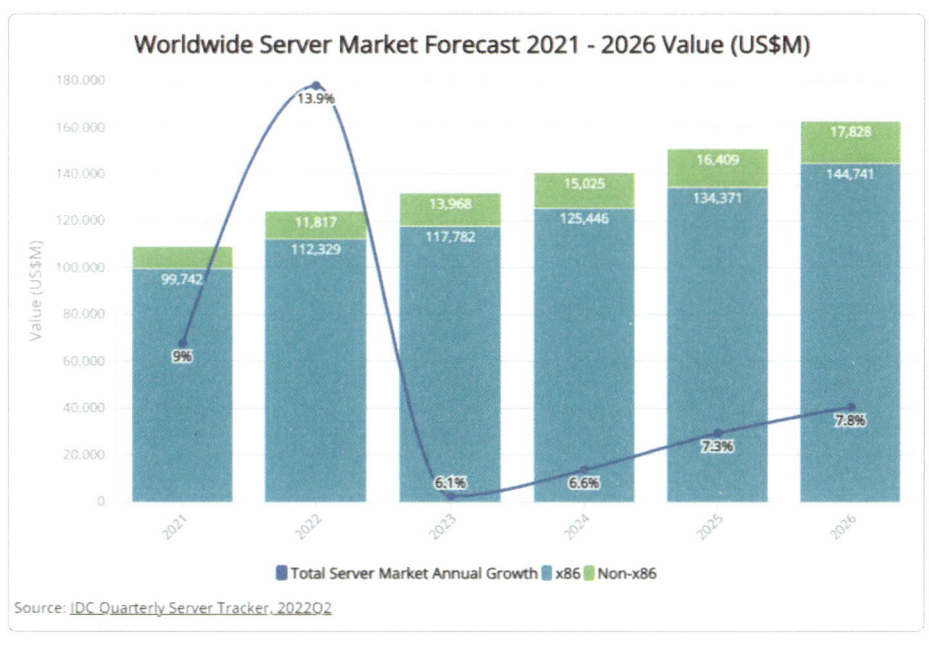

그림 1-30 글로벌 x86 vs Non-x86 서버 매출 예측치(출처: IDC)

이런 추세는 국내에서도 크게 다르지 않습니다. 2023년 3월에 글로벌 시장조사기관 IDC에서 발표한 국내 서버 시장 전망 차트를 보면, x86 서버의 점유율이 2022년 기준으로 93%가 넘는 걸 알 수 있습니다. 그래서 'x86 서버가 대세다!'라고 하는 겁니다.

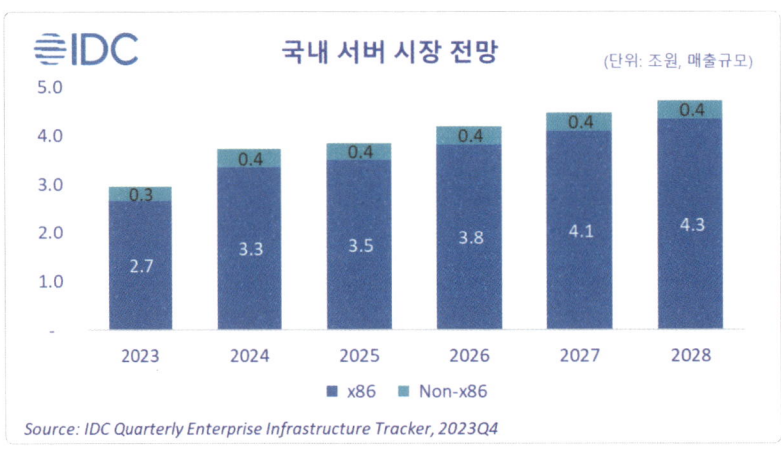

그림 1-31 국내 x86 vs Non-x86 서버 매출 예측치(출처: IDC)

핵심 개념 정리

- **랙 서버**: 커다란 랙에 가로로 밀어 넣어서 사용하는 가장 보편적인 형태의 서버 하드웨어 폼팩터. 크기에 따라 1U, 2U, 4U 등으로 분류.

- **블레이드 서버**: 칼날처럼 세로로 세워서 거대한 인클로저에 꽂는 형태의 서버 하드웨어 폼팩터. 랙 서버와 달리 인클로저에 장착된 모든 서버들을 하나의 전원 장치로 관리.

- **타워형 서버(워크스테이션)**: 데스크톱 PC 형태의 서버.

- **메인프레임**: 1964년에 탄생해서 현재까지 사용되는, 군사 정보 및 국가 통계 자료, 금융 자료 처리에 활용되는 거대 서버.

- **UNIX**: 메인프레임을 경량화한 서버로 메인프레임 제조사의 종속성에서 탈피하고 다중 작업 환경을 구현하기 위해 만들어진 서버.

- **x86 서버**: Intel과 AMD가 제조하는 x86 아키텍처 기반 프로세서를 장착한, 현재 가장 대중적으로 사용되는 서버.

1.4 서버 소프트웨어

앞서 서버 하드웨어의 폼팩터와 유형에 대해 알아봤습니다. 이번에는 서버 소프트웨어에 대해서 알아볼 차례입니다. 결국 우리가 직접 다루고 운영하는 건 소프트웨어이니 더 중요한 개념일지도 모릅니다. 그럼 서버 소프트웨어에는 어떤 종류가 있는지 하나씩 살펴봅시다.

오픈소스 소프트웨어 vs 상용 소프트웨어

오픈소스 소프트웨어

서버 소프트웨어는 크게 두 가지 유형으로 나뉩니다. 바로 **오픈소스 소프트웨어**와 **상용 소프트웨어**입니다. 오픈소스(Open Source)는 말 그대로 소스코드가 공개되어 있다는 뜻으로, 누구나 소프트웨어의 소스코드를 수정하고, 추가 개발해서 다시 재배포할 수 있는 소프트웨어입니다. 간단히 말해, 공짜로 사용할 수 있는 소프트웨어랍니다.

하지만 모든 오픈소스 소프트웨어가 무료인 것은 아닙니다. 오픈소스라는 건 소스코드가 공개되어 있다는 것일 뿐, 반드시 무료라는 의미는 아닙니다. 일반적으로는 공개된 소스코드를 활용해 기능을 추가하거나 수정해서 유료로 재판매하는 등의 2차 창작이 허용된 소프트웨어를 뜻합니다. 무료로 제공되지만 소스코드가 공개되어 있지 않아 내가 마음대로 수정할 수 없는 **프리웨어**와는 다른 개념입니다.

다음은 대표적인 오픈소스 소프트웨어의 로고들을 모아둔 이미지입니다. 개발자를 위한 오픈소스부터 IT 인프라 운영 업무에 활용되는 오픈소스 소프트웨어들도 많은데, 이런 소프트웨어들은 모두 소스코드가 공개되어 있어서, 누구나 자유롭게 다운로드하고 수정, 개량 후 재배포할 수 있습니다. 이 덕분에 오픈소스 소프트웨어를 다루는 사람들이 늘어날 수 있었고, 더 많은 사람이 소스코드를 발전시켜 왔다는 것이 가장 큰 특징입니다.

그림 1-32 다양한 종류의 오픈소스 소프트웨어(출처: 공개 SW 포털)

하지만 반대로 소프트웨어에 문제가 생겼을 때 이를 책임지고 해결해줄 의무가 있는 사람이 없다는 단점도 있습니다. 어떤 개발자가 애정을 가지고 문제를 해결해주면 좋겠지만, 그렇지 않으면 그 문제가 그대로 방치될 수도 있습니다. 특히, 소스코드를 다루는 개발자가 적은 오픈소스 소프트웨어라면 문제가 발생했을 때 해결되기까지 시간이 오래 걸릴 수 있습니다.

상용 소프트웨어

이번에는 오픈소스 소프트웨어의 반대 개념인 **상용 소프트웨어**를 봅시다. 상용 소프트웨어는 판매를 목적으로 만들어진 소프트웨어로, **커머셜**(Commercial) **소프트웨어**라고도 합니다. 쉽게 말해, 돈 주고 사서 사용하는 소프트웨어입니다.

Microsoft Windows 11 OS, 업무 필수 소프트웨어인 Microsoft Office, 국내의 대표 상용 소프트웨어인 한컴 오피스도 모두 여기에 포함됩니다. 또, 이미지 및 영상 편집 도구로 유명한 Adobe Photoshop과 Premiere Pro, 그리고 기업에서 주로 사용하는 상용 데이터베이스 관리 소프트웨어인 Oracle Database도 있습니다. 이외에도 수많은 상용 소프트웨어들이 있으며, 개인이나 기업에서 일정 비용을 지불하고 사용하는 경우도 많습니다.

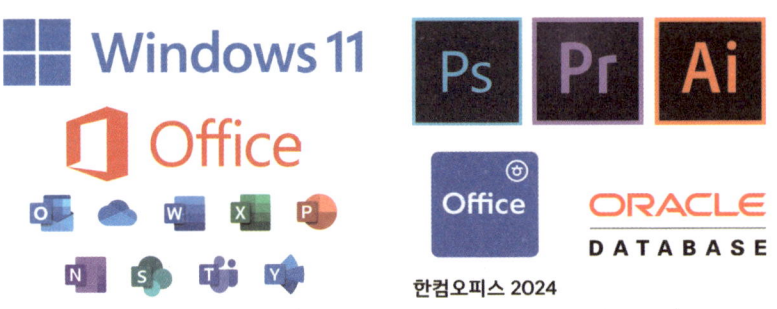

그림 1-33 대표적인 상용 소프트웨어(출처: Microsoft, Adobe, 한글과컴퓨터, Oracle)

그렇다면 상용 소프트웨어와 오픈소스 소프트웨어의 가장 큰 차이는 무엇일까요? 바로 **소스코드 관리 주체**입니다 상용 소프트웨어는 일반적으로 소프트웨어 제조사가 소스코드를 관리하고, 이 소스코드는 공개되지 않습니다. 따라서 소프트웨어에 문제가 생기면 그 문제를 해결하는 책임은 소프트웨어를 만든 제조사에게 있습니다. 그래서 상용 소프트웨어는 제조사가 책임지고 문제를 해결해줍니다. 이게 오픈소스 소프트웨어와의 가장 큰 차이입니다.

하지만 오픈소스 소프트웨어는 좀 다릅니다. 물론 처음 소프트웨어를 만든 개발자나 기업, 기관, 재단 같은 소프트웨어를 관리하는 주체가 있긴 합니다. 그래서 문제가 발생했을 때 그들에게 고쳐달라고 요청할 수는 있겠지만, 그들이 반드시 문제를 해결해야 할 의무는 없다고 봐야 합니다. 만약 개발자나 기관에서 소프트웨어를 계속 발전시키고자 하는 의지가 있다면 문제 해결에 적극적이겠지만, 그렇지 않다면 결국 누군가가 해결할 때까지 기다릴 수밖에 없습니다.

하지만 오픈소스 소프트웨어에 대한 문제 해결과 지속적인 기술 지원을 제공하는 기업들이 많습니다. 이런 기업에서 제공하는 오픈소스 소프트웨어를 사용하고, 그들의 유료 기술 지원 서비스를 이용하는 고객이라면, 오픈소스 소프트웨어라도 문제를 해결해달라고 요구할 수 있는 권리가 생깁니다. 소프트웨어 비즈니스 트렌드는 이런 식으로 오픈소스 기반 소프트웨어에 유료 기술 지원을 판매하는 형태로 발전해가고 있습니다.

정리하면, 오픈소스 소프트웨어는 소스코드가 공개되어 있어서 누구나 수정하고 가공한 후 재판매할 수 있는 소프트웨어입니다. 반면, 상용 소프트웨어는 소스코드가 공개되어 있지 않고, 제조사에서 관리하며 유료로 판매하는 소프트웨어라고 보면 됩니다.

서버 소프트웨어: OS

계속해서 알아볼 서버 소프트웨어는 **OS(Operating System), 운영체제**입니다. OS는 하드웨어를 제어하고, 가진 자원을 활용해 다양한 소프트웨어를 구동시키며, 컴퓨터를 사용하게 해주는 기본적인 소프트웨어입니다. 우리가 사용하는 모든 PC에는 OS가 탑재되어 있습니다. 사용자는 PC를 부팅하고, OS에 로그인한 다음, OS에서 돌아가는 다양한 소프트웨어를 사용합니다.

한번 생각해볼까요? 회사에서 일할 때 PC의 전원을 켜고, Windows OS에 로그인한 다음 인터넷 브라우저를 열거나, 엑셀이나 파워포인트를 실행해서 일을 하잖아요? 만약 개발자라면, 맥북에서 macOS에 로그인하고 개발 도구를 실행해서 코딩을 하겠죠. Windows와 macOS는 대표적인 PC OS인데요, 서버에도 이와 비슷한 용도의 OS가 있습니다.

IBM z/OS

IBM z/OS는 IBM 메인프레임에서 사용하는 전용 OS입니다. 2001년에 출시되었고, IBM 메인프레임의 강력한 하드웨어 자원을 활용해 다양한 메인프레임 전용 소프트웨어를 구동할 수 있습니다.

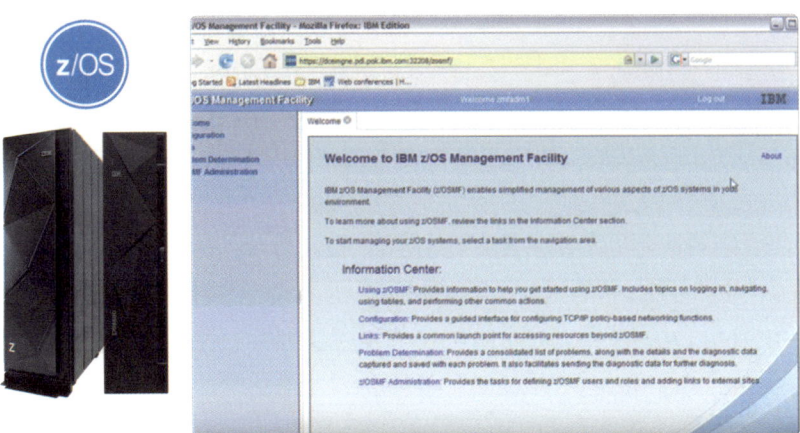

그림 1-34 Mainframe OS, IBM z/OS(출처: IBM)

UNIX OS

UNIX OS는 메인프레임의 경량화 버전인 UNIX 시스템을 구동하기 위한 전용 운영체제입니다. 재미있는 점은, 하드웨어 제조사별로 전용 UNIX OS가 있다는 것입니다. 예를 들어, IBM의 UNIX 시스템인 Power 시스템에는 AIX라는 OS가 사용되고, HP에서 만든 UNIX 시스템인 Itanium 시리즈에는 HP-UX라는 전용 OS가 있습니다.

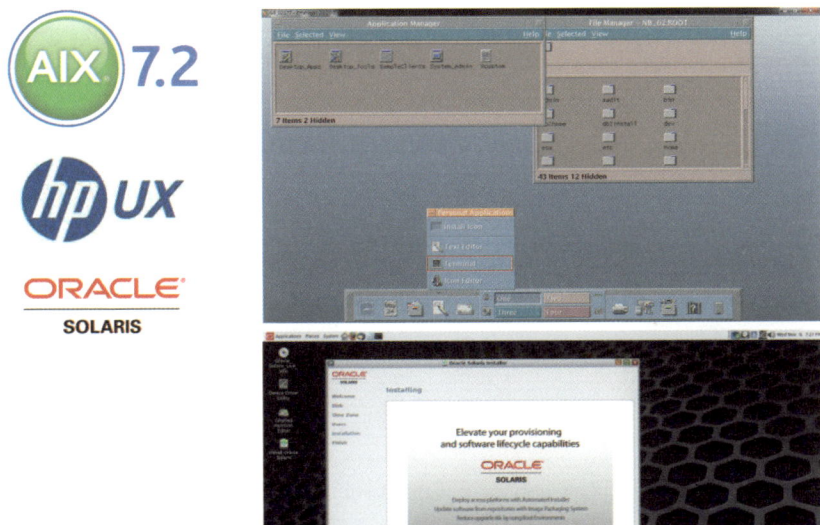

그림 1-35 다양한 UNIX OS(출처: IBM, HPE, Oracle)

또, **Solaris**라는 OS가 있는데, Sun Microsystems라는 회사에서 만든 Sparc 시스템의 UNIX 하드웨어 전용 OS입니다. 그런데 2010년에 Oracle이라는 기업이 Sun Microsystems를 인수하면서, 지금은 **Oracle Solaris**로 부릅니다. 이 Solaris는 UNIX OS 중에서 가장 점유율이 높고 대중적인 운영체제라고 할 수 있습니다.

Linux

x86 서버에서 가장 널리 사용되는 운영체제는 바로 **Linux**입니다. Linux는 오픈소스 소프트웨어로, 누구나 자유롭게 코드를 수정하고 재배포할 수 있습니다. 그래서 정말 많은 Linux 배포판들이 존재하는데, 그중에서도 일반적으로 많이 사용하는 오픈소스 Linux 배포판이 그림 1-36에서 볼 수 있는 **데비안**(Debian), **우분투**(Ubuntu), **센트OS**(CentOS)입니다.

그림 1-36 대표적인 Linux 배포판(출처: Debian, Ubuntu, CentOS)

데비안은 1993년에 출시된 운영체제로, 당시 개발자가 본인의 여자친구 이름(Debra)에서 이름을 따와 데비안(Debian)으로 지었다고 합니다. 데비안은 개인 사용자의 서버용 OS로 많이 활용되며 Linux OS의 선구자 격이지만, 기업 시장에서 많이 활용되는 편은 아닙니다.

우분투는 2004년에 영국의 Ubuntu 재단에서 출시한 운영체제입니다. 사용하기 편리한 UI/UX 덕분에 개인 사용자들에게 인기가 많습니다. 우분투는 데비안에서 사용하는 apt 명령어를 그대로 이어받아 소프트웨어 설치, 관리, 제거가 편리하다는 특징이 있습니다. 그래서 Linux에 대한 지식이 많지 않은 사람들도 쉽게 이용할 수 있다는 평가를 받습니다. get apt로 시작하는 명령어 등 Linux를 다뤄봤다면 금세 익숙해질 수 있습니다. 최근 AI 덕분에 널리 활용되는 Python을 구동하는 Linux로 우분투의 인기가 높아졌고, 우분투 서버 OS도 많이 사용되는 편입니다.

끝으로 센트OS는 Community Enterprise Operating System의 약자로, 2004년 CentOS 커뮤니티에서 탄생했습니다. 앞서 소개한 데비안이나 우분투보다 기업 서버 OS로 더 많이 사용되고 있습니다. 사실 기업 전용 Linux로는 Red Hat이라는 기업에서 만든 유료 소프트웨어 **RHEL**(Red Hat Enterprise Linux)이 가장 유명합니다. 센트OS는 이 RHEL과 최대한 비슷하게 만든 Linux입니다. 센트OS는 이미 기업 환경에서 Red Hat이 충분히 검증한 소스코드와 기능들을 바탕으로 만들어졌기 때문에 기업에서 사용하기 안성맞춤입니다. 대부분의 서버 엔지니어들도 센트OS를 기본으로 다룹니다.

> 여기서 잠깐! / 센트OS의 중단 이슈
>
> 2024년 6월 30일 이후 센트OS 커뮤니티에서 최신 버전인 **CentOS Linux 7**의 기술 지원을 종료하기로 결정했습니다. 2024년 6월 30일 이후로는 센트OS의 업데이트가 제공되지 않는다는 의미입니다. 기업에서 사용하는 OS는 안정성이 가장 중요하기 때문에, 보안 패치와 같은 지속적인 업데이트가 중단된다면 그 OS는 못 씁니다. 보안과 안정성에 큰 문제가 생길 수 있거든요. 그래서 많은 기업들이 센트OS를 다른 Linux로 변경하거나, 변경할 계획을 세우고 있는 상황이랍니다.
>
> 물론 6월 30일 이후로도 센트OS를 사용할 수는 있습니다. 하지만 더 이상의 업데이트가 제공되지 않습니다. 이 OS 업데이트의 상당 부분은 기능적인 측면보다는 보안 취약점을 제거하는 보안 업데이트가 많은데요. OS는 서버에서 가장 중요한 역할을 하는 핵심 소프트웨어인데, 이 소프트웨어에 보안 취약점이 생긴다면 그 서버에서 구동되는 다양한 소프트웨어들 역시 해커들의 공격에 노출될 수 있습니다. 그래서 많은 기업들이 센트OS의 대안을 찾고 있습니다.

RHEL과 SLE

Red Hat은 2000년에 오픈소스인 Linux를 가져다가 개량해 RHEL을 출시했습니다. RHEL 자체는 자유롭게 다운로드해서 사용할 수 있는데, 만약 기술 지원이 필요하다면 연간 구독 형태의 유료 기술 지원 라이선스를 구매해야 합니다. 이런 비즈니스 모델 덕분에 Red Hat은 연간 1조 원이 넘는 매출을 올리는 거대 IT 기업으로 성장했고, 현재 RHEL은 기업에서 사용하는 Linux 중 가장 안정적인 OS로 평가받고 있습니다. 또한, Red Hat은 현재 Linux를 비롯한 오픈소스 진영에 가장 많이 투자하고 있는 기업 중 하나로, 2019년에는 메인프레임과 UNIX 시스템으로 유명한 IBM에 인수되었습니다.

SUSE Linux는 SUSE라는 기업에서 출시한 Linux로, 역시 무료로 다운로드해서 사용할 수 있습니다. RHEL처럼 유료 기술 지원 라이선스가 포함된 **SLES**(SUSE Linux Enterprise Server)라는 Linux도 있습니다. 그리고 **openSUSE**라는, SUSE가 운영하는 커뮤니티에서 탄생한 Linux 배포판도 있습니다.

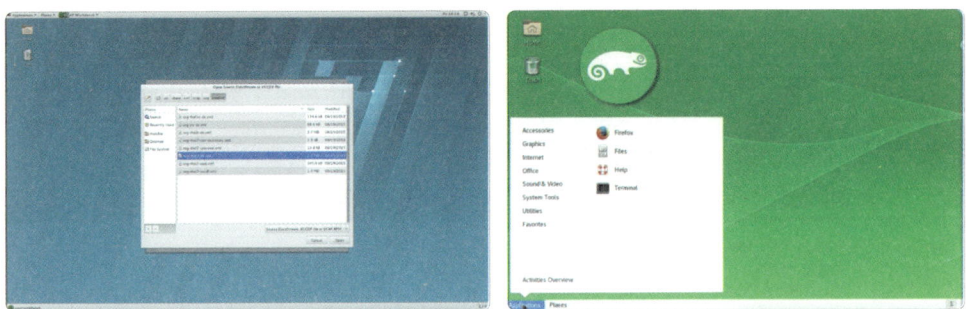

그림 1-37 대표적인 상용 Linux, RHEL과 SLE(출처: Red Hat, SUSE)

openSUSE는 1996년에 출시된, 역사가 오래된 Linux로 많은 사용자들에게 사랑받고 있습니다. 그리고 2000년에 출시된 SLES는 기업 시장에서 널리 인정받고 있는 Linux입니다. 사실 기업 환경에서는 RHEL이 대세이긴 하지만 기업의 핵심 소프트웨어인 **ERP**(Enterprise Resource Planning) 중에서도 가장 유명한 독일 SAP의 SAP ERP가 가장 많이 운영되고 있는 Linux가 바로 SLES일 정도입니다. 그리고 우분투와 마찬가지로 상용 데스크톱 배포판인 SLED(SUSE Linux Enterprise Desktop)도 판매되고 있습니다.

Windows Server

PC OS 시장에서 매우 높은 점유율을 기록하고 있는 Microsoft에서는 서버 전용 OS도 제공합니다. 바로 Microsoft Windows Server입니다. 이 OS의 특징은 PC Windows와 UI/UX가 매우 흡사하다는 점입니다. 그래서 Windows를 사용해본 사람이라면 쉽게 적응할 수 있습니다. 그런데 Linux와는 달리 Microsoft Windows Server는 오픈소스가 아니라 소스코드가 공개되지 않은 유료 상용 소프트웨어입니다. Microsoft가 제공하는 다양한 서버용 소프트웨어를 사용하려면 꼭 필요한 서버 OS라고 할 수 있습니다.

Microsoft는 2000년에 첫 버전인 Windows Server 2000을 출시했고, 현재는 2021년에 출시된 Windows Server 2022가 최신 버전입니다. 대략 3~4년에 한 번씩 대대적인 업그레이드를 해오고 있습니다.

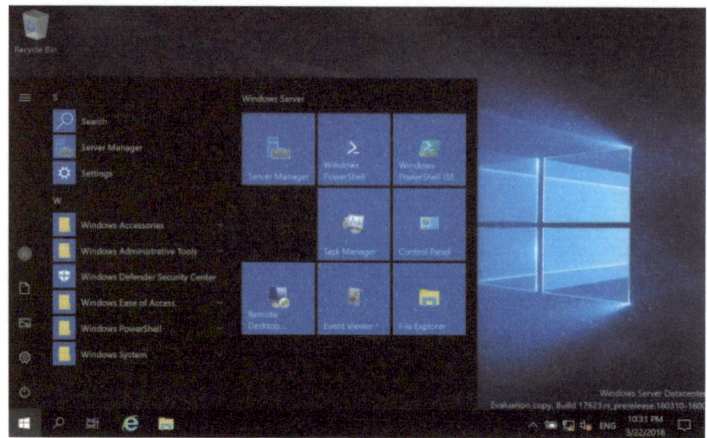

그림 1-38 Microsoft Windows Server(출처: Microsoft)

Windows Server가 출시된 이후로, x86 서버 OS 시장에서는 줄곧 Windows Server가 Linux보다 높은 점유율을 기록해왔습니다. 그런데 이 추세가 변했습니다. 과거의 자료를 바탕으로 보면 국내의 경우, 2016년에 Linux가 점유율을 역전한 것을 알 수 있습니다. 이 추세는 계속 이어져왔는데, 최근 전 세계 x86 서버 OS 시장 점유율은 Windows Server가 40%~45%, Linux가 50%~55% 정도 차지하고 있는 것으로 전문가들은 예측하고 있습니다.

IDC	2013년	2014년	2015년	2016년(예상)
Microsoft	62.2%	57.7%	52.8%	49.4%
Linux	37.6%	42.0%	47.0%	50.4%
기타	0.2%	0.3%	0.2%	0.2%

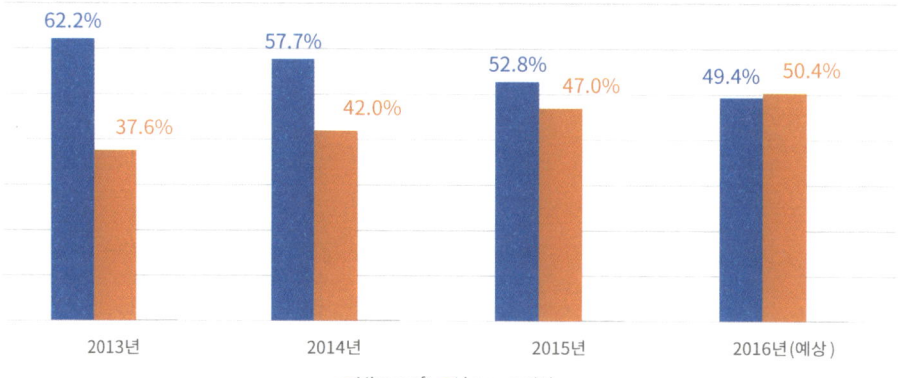

그림 1-39 국내 x86 서버 OS 시장 규모(출처: IDC)

웹 서버, 애플리케이션 서버, 기타 서버

웹 서버 소프트웨어

서버 OS에 대해 알아봤으니, 이제 그 OS 위에서 돌아가는 다른 소프트웨어들도 살펴보겠습니다. 먼저 알아볼 것은 **웹 서버 소프트웨어**입니다. 서버 하드웨어에 OS를 설치하고, 그 위에 웹 서버 소프트웨어를 설치하면 그 서버는 웹 서버가 됩니다. 즉, 서버가 웹 서버 역할을 할 수 있게 도와주는 소프트웨어입니다.

그림 1-40 대표적인 웹 서버 소프트웨어(출처: Apache, Nginx, Microsoft)

대표적인 웹 서버 소프트웨어는 아파치(Apache) 재단에서 만든 오픈소스 웹 서버 소프트웨어인 **Apache HTTP Server**와 최근 널리 사용되는 오픈소스 웹 서버 소프트웨어인 **NginX**입니다. 그리고 Windows Server에서 구동되는 웹 서버 소프트웨어인 **Microsoft IIS**(Internet Information Services)가 있습니다. 개발자들이 자주 접하게 될 웹 서버는 Apache HTTP Server 아니면 NginX일 가능성이 높습니다.

애플리케이션 서버

웹 서버와 마찬가지로 애플리케이션 서버에도 오픈소스가 있습니다. 대표적인 오픈소스 애플리케이션 서버로는 **아파치 톰캣**(Apache Tomcat)과 **와일드플라이**(WildFly)입니다. 와일드플라이는 원래 제이보스(Jboss)라는 커뮤니티에서 만든 Jboss AS(Application Server)에서 시작되었는데, 1999년에 시작된 이 프로젝트는 2004년에 Red Hat에 인수되면서 Jboss EAP(Enterprise Application Platform)라는 이름으로 변경되었고, 커뮤니티 버전은 WildFly로 부르게 되었습니다.

그림 1-41 대표적인 애플리케이션 서버 소프트웨어(출처: Apache, Wildfly, Red Hat, IBM, Oracle, 티맥스소프트)

이외에도 유명한 상용 애플리케이션 서버로는 IBM의 웹스피어(WebSphere), Oracle의 웹로직(Weblogic), 그리고 국내 기업 티맥스소프트의 제우스(JEUS)가 있습니다. 그리고 Windows Server는 앞서 소개했던 웹 서버인 IIS가 애플리케이션 서버 역할도 수행하고 있습니다.

파일 서버 소프트웨어와 메일 서버 소프트웨어

마지막으로 알아볼 서버 소프트웨어는 **파일 서버 소프트웨어**와 **메일 서버 소프트웨어**입니다. 파일 서버 소프트웨어는 **FTP 기능**을 제공합니다. FTP는 File Transfer Protocol의 약자로, 서버와 클라이언트 간에 파일을 주고받을 수 있는 규칙 혹은 약속을 의미합니다. FTP 기능을 서버가 수행할 수 있게 해주는 파일 서버 소프트웨어로는 FileZilla가 가장 유명합니다.

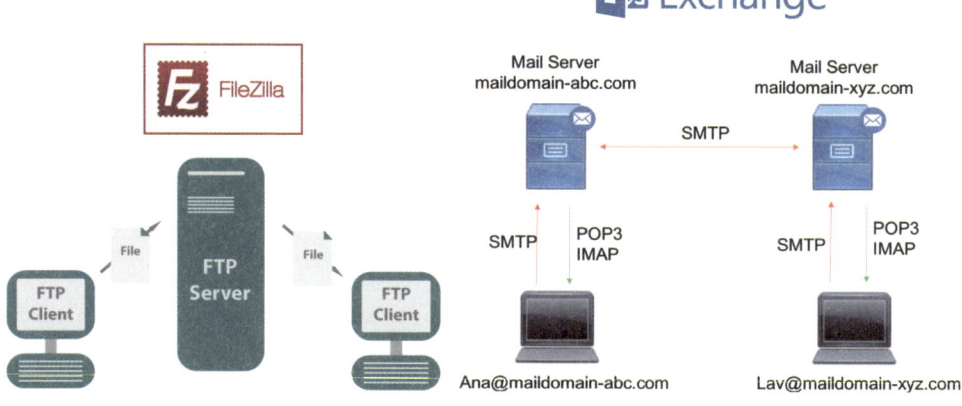

그림 1-42 기타 서버 소프트웨어, 파일 서버와 메일 서버(출처: Filezilla, Microsoft)

메일 서버 소프트웨어는 서버가 이메일을 주고받을 수 있도록 만들어주는 역할을 합니다. 이메일을 주고받기 위해서는 SMTP 기능이 필요합니다. SMTP는 Simple Mail Transfer Protocol의 약자로, 메일을 주고받는 규칙입니다. 우리가 흔히 사용하는 네이버, 구글 메일 같은 이메일 서비스는 웹메일 서비스로 SMTP 기능을 제공합니다.

그런데 이러한 웹메일 서비스에서 발급받은 이메일 주소의 도메인은 @naver.com, @gmail.com처럼 웹메일 서비스를 제공하는 회사의 도메인을 사용해야 합니다. 이런 도메인 말고 우리 회사만의 고유한 메일 서비스를 구축하고 싶다면 어떻게 해야 할까요? 예를 들어, 메일 주소의 도메인을 @abc.co.kr이나 @itcompany.com처럼요. 이럴 때 SMTP 기능을 제공하는 메일 서버를 구축해야 합니다. 물론 이런 기능을 제공해주는 웹메일 서비스 기업들이 있지만, 외부 도움 없이 자체적으로 메일 서비스를 구축하고 싶을 때는 SMTP 소프트웨어를 사용해 메일 서버를 만들어야 합니다.

메일 서버는 SMTP 외에도 IMAP(Internet Message Access Protocol)과 POP3(Post Office Protocol Version 3) 기능을 제공해 수신된 메일을 분류하고 관리할 수 있도록 해줍니다. 대표적인 상용 메일 서버 소프트웨어로는 **Microsoft Exchange Server**가 있습니다.

> **용어 정리**
>
> - **HTTP(HyperText Transfer Protocol)**: 클라이언트와 서버가 통신하기 위해 만들어진 기본적인 프로토콜로, 클라이언트가 서버에 HTML로 만들어진 웹페이지를 요청하면 서버가 응답해 HTML로 만들어진 웹페이지를 클라이언트에게 제공.
> - **SMTP(Simple Mail Transfer Protocol)**: 이메일을 주고받을 수 있게 해주는 프로토콜.
> - **FTP(File Transfer Protocol)**: 서버와 클라이언트가 서로 파일을 주고받게 해주는 프로토콜.

지금까지 서버와 클라이언트, 그리고 서버 하드웨어와 소프트웨어에 대해 자세히 알아보았습니다. 사실 서버와 클라이언트의 역할만 확실히 이해해도 이번 장의 절반은 이해했다고 볼 수 있습니다. 그만큼 서버와 클라이언트는 IT 인프라와 그 위에서 운영되는 다양한 웹 서비스 및 애플리케이션의 핵심 개념입니다. 서버와 소프트웨어의 종류는 이 핵심 개념을 보충하기 위한 내용이라고 봐도 좋습니다.

> **? 퀴즈** / 다음 설명에서 ○○에 들어갈 단어는 무엇일까요?
>
> ① 오픈소스 소프트웨어는 ○○○○가 공개되어 누구나 가져다가 수정 후 재배포 혹은 판매할 수 있는 소프트웨어이다.
>
> ② 상용 소프트웨어는 소스코드가 공개되지 않은, ○○로 구매하는 소프트웨어를 의미한다.
>
> ③ z/OS는 ○○○○○ 전용 OS이며, UNIX OS는 UNIX 전용 OS이다.
>
> ④ ○○○ 서버는 Linux OS에서 가장 보편적으로 쓰이며, 무료로 사용할 수 있는 커뮤니티 Linux와 기업에서 유료로 기술 지원을 제공하는 상용 Linux로 구분된다.
>
> **정답**
> ①번: 소스코드 / ②번: 유료 / ③번: 메인프레임 / ④번: x86

CHAPTER

02

네트워크

클라이언트는 어떻게 서버에 요청을 보낼 수 있을까요? 또 그 요청을 받은 서버들은 어떻게 다시 클라이언트에게 콘텐츠를 전달할까요? 이 모든 과정이 가능했던 이유는, 바로 네트워크로 연결되었기 때문입니다. 서버와 클라이언트, 그리고 서버와 서버들은 모두 네트워크로 연결되어 있습니다. 이번에는 네트워크가 무엇인지, 그리고 어떻게 작동하는지 자세히 알아보겠습니다.

2.1_ 네트워크 개념

2.2_ 네트워크 방식

2.3_ 네트워크 프로토콜과 계층

2.4_ 네트워크 기기

2.5_ 네트워크 형태

2.1 네트워크 개념

네트워크는 Net(그물)와 Work(일)의 합성어입니다. 여기서 말하는 네트워크는 그물을 짜는 행위가 아닌, 그물처럼 연결된 상태를 의미합니다. IT 네트워크의 시작은 1960년대로 거슬러 올라갑니다. 다음의 사진을 보면 그 시절 데이터센터의 주류는 (1장에서 다룬 적 있는) **메인프레임**이라는 것을 알 수 있습니다. 이는 통계 자료 같은 대량의 데이터를 처리하기 위해 사용되었고, 메인프레임에 단말기, 즉 사람이 데이터를 입력할 수 있는 기계를 전화선으로 연결했습니다.

그림 2-1 1960년대 데이터센터 내부 모습(출처: 위키백과)

1960년대의 메인프레임은 대규모 데이터를 처리할 수 있는 아주 강력한 서버였습니다. 그런데 한 대의 단말기만 연결해 작업을 한다면 메인프레임의 높은 성능이 좀 아까울 것 같은 생각이 듭니다. 그래서 다수의 단말기를 메인프레임에 연결해 동시에 많은 사람이 메인프레임의 성능을 활용할 수 있도록 하는 시분할 시스템(TSS, Time Sharing System)이 개발됩니다. 이렇게 해서 여러 사람이 동시에 작업을 할 수 있게 되었습니다.

시분할 시스템은 메인프레임의 처리 능력을 시간 단위로 나누어, 여러 사용자가 마치 동시에 컴퓨터를 사용하고 있는 것처럼 느끼게 해줍니다. 이때 사용자는 **텔레타입**이나 **터미널**이라고 불리는 입력/출력 장치인 단말기를 사용해 메인프레임에 접속합니다. 그리고 이 단말기들은 전화선으로 메인프레임에 연결되었습니다. 이처럼 여러 대의 단말기와 메인프레임을 연결한 전화선이 바로 IT 네트워크의 시작이었습니다.

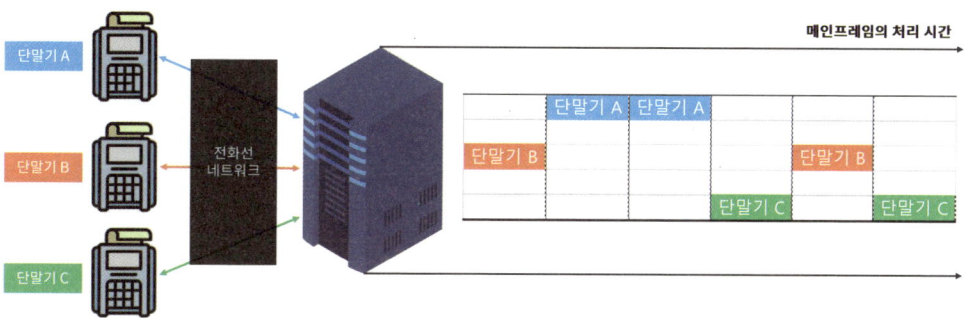

그림 2-2 메인프레임과 연결된 단말기

이 그림을 보면, 메인프레임에 3대의 단말기가 연결되어 있습니다. 사용자들은 메인프레임에 접속해 동시에 작업을 하고 있는 것처럼 느낄 수 있지만, 사실 메인프레임은 단말기들의 요청을 순차적으로 처리합니다. 시분할 시스템, 즉, 단말기들이 요청한 각 작업에 일정한 시간을 배정해 순서대로 처리함으로, 마치 여러 작업이 동시에 처리되는 것처럼 보입니다. 사용자 입장에서는 메인프레임의 작업 처리 속도가 매우 빨라서 동시에 작업을 하고 있는 것처럼 느껴지지만, 사실 메인프레임이 동시에 다수의 작업을 처리하는 것은 아닙니다.

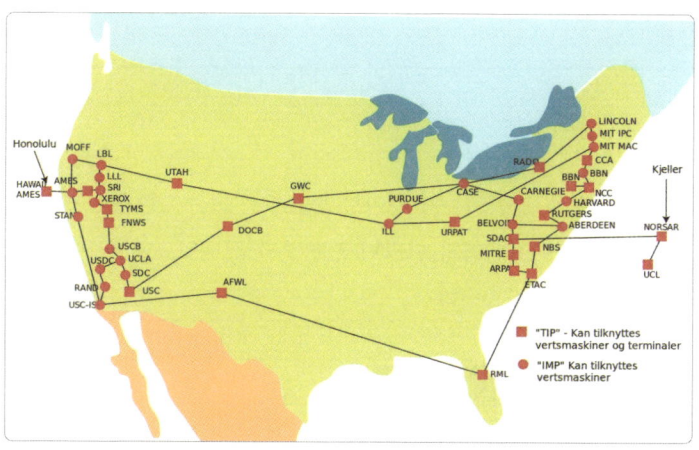

그림 2-3 ARPANET(출처: 브리태니커 백과사전)

메인프레임과 단말기로 연결된 작은 네트워크들이 모여, 점점 더 큰 네트워크가 형성되었습니다. 그 시초가 바로 **ARPANET**(Advanced Research Projects Agency Network)입니다. 이는 **DARPA**(Defense Advanced Research Projects Agency)라는 미국 국방성의 연구 개발 부문을 담당하는 방위 고등 연구 계획국에서 만든 네트워크입니다. 그림 2-3처럼 미국 각 지역에 흩어져 있는 대학교와 기관의 연구원들이 자신들의 연구 결과물을 서로 손쉽게 주고받으며 협업할 수 있도록 만든 네트워크입니다.

ARPANET은 미국 전역의 작은 네트워크들을 하나로 연결한 거대한 네트워크로, 패킷 교환 방식을 처음으로 사용했습니다. 비록 1990년에 프로젝트는 종료되었지만, 이 프로젝트에서 사용된 다양한 기술 덕분에 현재의 인터넷이 존재할 수 있게 되었습니다. 따라서 ARPANET은 인터넷의 시초라고 할 수 있습니다.

핵심 개념 정리

- **네트워크**: IT 기기들이 그물처럼 촘촘히 연결된 상태.
- **네트워크의 시작**: 데이터를 처리할 메인프레임과 데이터를 입력할 단말기를 전화선으로 연결한 것에서 시작됨. 이후 미국 DARPA에서 미국 전역의 연구원들을 위한 대규모 네트워크 프로젝트 ARPANET이 탄생, 이는 인터넷의 시초가 됨.

2.2 네트워크 방식

회선 교환 방식

이번에는 네트워크에서 데이터가 어떻게 전송되는지 알아보겠습니다. **회선 교환 방식**(Circuit Exchange Method)은 앞서 소개한 메인프레임과 단말기로 연결된 네트워크에서 데이터를 전송하던 방식을 떠올리면 쉽게 이해할 수 있습니다.

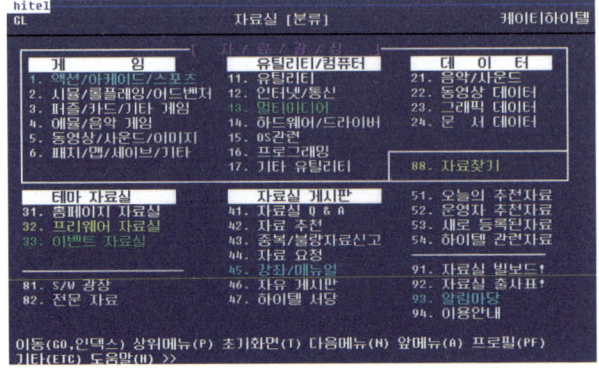

그림 2-4 PC 통신 초기 접속 화면(출처: 케이티하이텔)

이때 중요한 것은 **전화선**으로 연결되었다는 점입니다. 지금은 거의 사라졌지만 과거 유선 전화의 경우, 통화하고 있는 양쪽 사람을 연결한 전화선이 1:1로 연결된 네트워크였습니다. 그래서 중간에 다른 누군가가 그 회선에 침범할 수 없었습니다.

1990년대 초, 집에서 모뎀으로 **PC 통신**을 해봤던 분들은 이 방식을 경험해봤을 겁니다. 당시 모뎀이 사용한 네트워크가 바로 전화선이었는데, 집에서 유선 전화망을 이용해 PC 통신을 하고 있을 때 수화기를 귀에 대면 '삐삐삐삐 치익' 하는 특유의 소리가 들리곤 했습니다. 이것은 집의 전화선이 모뎀을 통해 컴퓨터와 PC 통신 서비스를 제공하는 서버가 연결되는 소리였습니다. 그리고 컴퓨터에서 PC 통신 서비스를 중단하지 않는 한, 집에서 전화를 사용할 수 없었습니다.

회선 교환 방식 네트워크가 바로 이런 식입니다. 그림 2-5와 같이 단말기 1이 단말기 5에 데이터를 보내기 위해서는 이 둘 사이에 1:1로 연결된 네트워크 회선이 필요합니다. 단말기 1과 단말기 5가 서로 연결되어 데이터를 주고받기 시작하면, 다른 단말기들은 이 둘을 연결한 네트워크 회선에 간섭할 수 없습니다. 즉, 이 네트워크 회선은 단말기 1과 단말기 5만 사용할 수 있습니다. 그리고 단말기 1과 단말기 5 사이의 데이터 전송이 완료되어야만 다른 단말기가 네트워크 회선을 사용할 수 있게 됩니다.

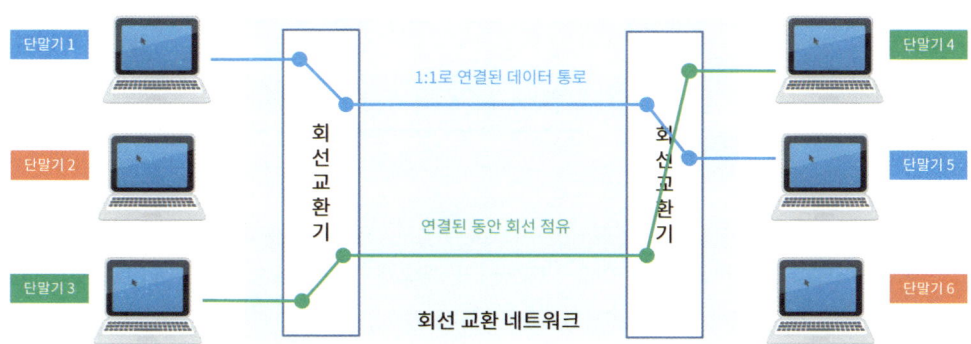

그림 2-5 회선 교환 방식 네트워크 개념도

이 방식은 대량의 데이터를 많은 사람이나 단말기에게 전송하는 데 한계가 있었습니다. 또, 데이터를 전송하는 도중 네트워크 회선에 문제가 생겨 전송이 중단되면, 처음부터 다시 데이터를 전송해야 하는 단점도 있었습니다.

패킷 교환 방식

앞서 살펴본 회선 교환 방식의 단점을 해결하기 위해 나온 것이 바로 **패킷 교환 방식**(Packet Exchange Method)입니다. 이는 현재 가장 널리 사용되고 있는 네트워크상에서 데이터를 전송하는 방식입니다. 앞서 설명한 인터넷의 시초라고 할 수 있는 ARPANET이 패킷 교환 방식을 처음 사용했습니다. 이 패킷 교환 방식을 이해하기 전에, 먼저 패킷과 헤더라는 개념부터 짚어보겠습니다.

패킷 교환 방식은 데이터를 **패킷**이라는 작은 단위로 나누고, 여기에 **헤더**라는 정보를 붙여 데이터를 교환하는 방식입니다. 패킷은 우편으로 보낼 수 있는 소포라고 생각하면 쉽습니다. 그리고 헤더는 이 소포를 어디로 보낼지, 받는 사람의 이름, 주소, 연락처 정보가 적힌 송장이라고 보면 됩니다. 그러니까 패킷은 택배 물품이고, 헤더는 송장인 것입니다.

그래서 그림 2-6과 같이, 패킷 교환 방식에서 데이터를 전송할 때는 하나의 데이터를 아주 작은 패킷으로 나누고, 그 패킷에 헤더를 붙여서 전송합니다. 보낼 데이터는 패킷이고, 이 패킷은 헤더에 적힌 주소로 보내진다는 의미입니다.

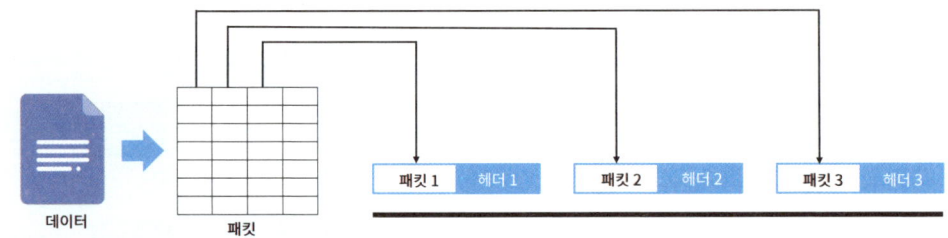

그림 2-6 패킷과 헤더

그럼 이제 패킷 교환 방식 네트워크에서 데이터가 어떻게 전송되는지 알아볼까요? 그림 2-7처럼 단말기 1이 단말기 5에 데이터를 보낸다고 가정해보겠습니다. 단말기 1이 보낼 데이터는 네 개의 패킷으로 나누어 전송되는데, 패킷 1부터 패킷 4까지 차례대로 패킷 교환기를 거쳐 단말기 5로 전달됩니다. 여기서 회선 교환 방식과 다른 두 가지가 있습니다.

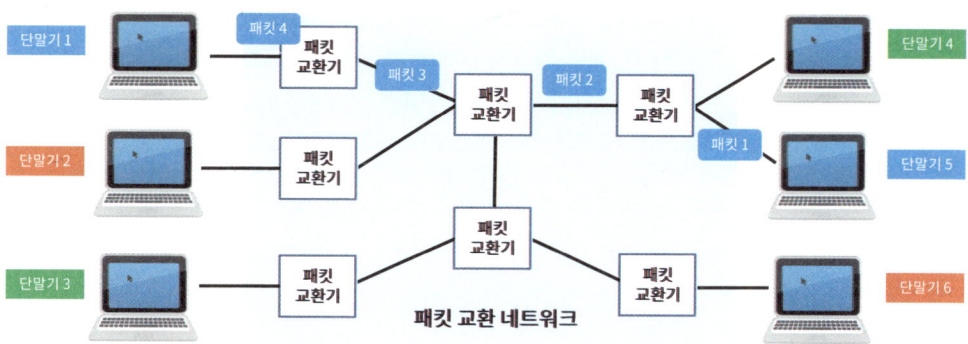

그림 2-7 패킷 교환 방식 네트워크 개념도 1

첫 번째 차이점은 **회선을 공유할 수 있다는 것**입니다. 회선 교환 방식에서는 데이터를 주고받는 단말기들이 1:1로 연결되어 그 네트워크 회선에 다른 단말기가 끼어들 수 없었습니다. 그래서 회선을 효율적으로 사용하기 어려웠지만, 패킷 교환 방식에서는 회선을 공유할 수 있어 동시에 여러 단말기가 하나의 회선을 사용해 패킷을 주고받을 수 있습니다.

두 번째 차이점은 **문제가 생겼을 때 처리 방법**입니다. 만약 패킷을 전송하는 도중 네트워크에 문제가 생겨 특정 패킷이 유실된다면, 유실된 패킷만 다시 보내면 됩니다. 반면에 회선 교환 방식에서는 데이터 전송 중에 문제가 생기면 처음부터 다시 데이터를 전송해야 해서 시간이 오래 걸렸지만, 패킷 교환 방식에서는 이미 전송된 패킷은 그대로 둔 채, 중간에 유실된 패킷만 다시 보내면 되기 때문에 데이터 전송 시간이 훨씬 단축됩니다.

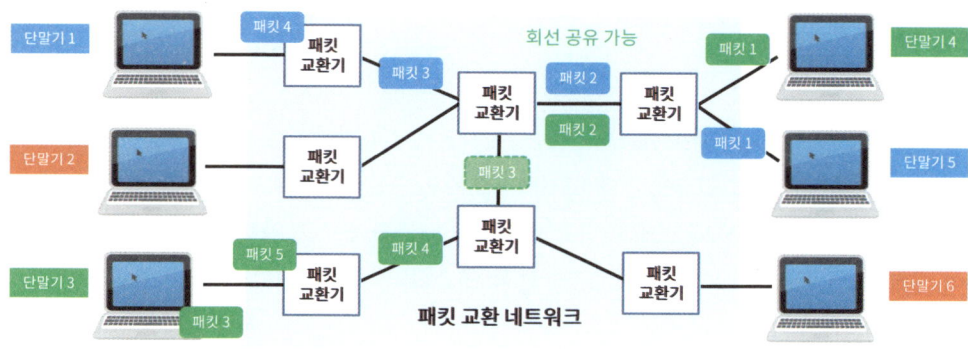

그림 2-8 패킷 교환 방식 네트워크 개념도 2

쇼핑몰의 배송 과정을 비유해보겠습니다. 어느 쇼핑몰에서 티셔츠, 바지, 신발을 구매했다고 합시다. 보통 쇼핑몰에서는 이 세 개의 상품을 한꺼번에 배송해줍니다. 그런데 만약 세 개의 상품을 각기 다른 판매자에게서 구매했다면, 각 판매자는 따로따로 물건을 보낼 것입니다. 그런데 중간에 배송 사고가 생겨서 티셔츠가 분실되었다면, 쇼핑몰에서는 어떻게 조치할까요? 티셔츠, 바지, 신발 세 개를 모두 다시 보내지 않고, 분실된 티셔츠만 따로 보내줍니다. 이게 바로 패킷 교환 방식의 핵심입니다.

> **퀴즈** / 다음 설명에서 ○○에 들어갈 단어는 무엇일까요?
>
> ① 회선 교환 방식은 ○○○처럼 데이터를 주고받을 양쪽 당사자, 단말기가 서로 1:1로 연결되어 있으며, 네트워크에 문제가 생겨 데이터가 전송 중 유실되면 처음부터 다시 데이터를 전송해야 한다.
>
> ② 패킷 교환 방식이란, 데이터를 ○○이라는 작은 단위로 쪼갠 다음 어디로 누구에게 보낼지에 대한 정보를 담은 ○○를 붙여 데이터를 전송하고, 네트워크에 문제가 생겨 데이터가 전송 중 유실되면 유실된 ○○만 전송한다.
>
> **정답**
> ①번: 전화선 / ②번: 패킷, 헤더, 패킷

2.3 네트워크 프로토콜과 계층

네트워크 프로토콜

과거에는 네트워크에서 데이터를 주고받는 기기가 서버와 단말기뿐이었습니다. 하지만 점차 기술이 발전하면서 네트워크에서 데이터를 전송하고 수신하는 기기의 종류가 늘어났습니다. 지금 우리 주변만 둘러봐도 노트북, 공유기, TV, 스마트폰, 스마트워치 등 다양한 전자기기들이 네트워크를 통해 데이터를 서로 주고받을 수 있습니다.

그런데 데이터를 주고받을 때, 각 기기마다 전송 방식이 다르면 어떻게 될까요? 서로 데이터를 주고받을 수 없을 것입니다. 스마트폰은 스마트폰끼리만, 노트북은 노트북끼리만 데이터를 전송할 수 있다면 많이 불편할 겁니다. 그래서 네트워크에서 데이터를 전송하고 수신하는 기기의 종류가 많아지더라도, 모든 기기가 서로 데이터를 주고받을 수 있도록 **규칙**이 생겼습니다. 이 규칙을 **프로토콜**(Protocol)이라고 부릅니다.

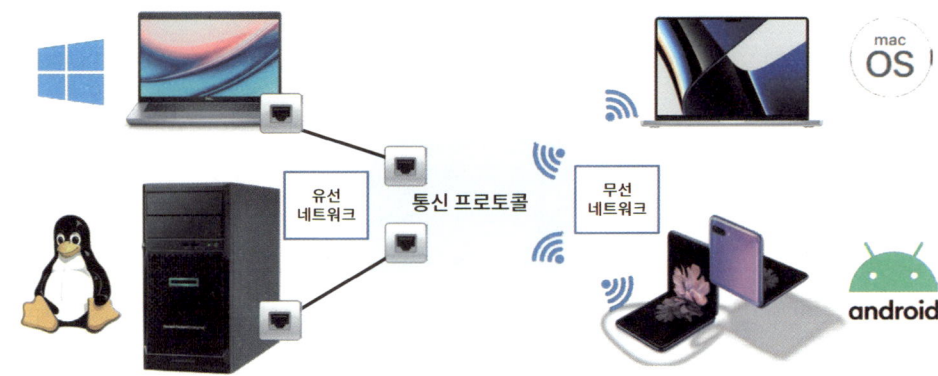

그림 2-9 다양한 종류의 기기들이 데이터를 주고받을 수 있게 하는 통신 프로토콜

이 그림처럼 유선 네트워크를 사용하고 있는 PC와 노트북도, 무선 네트워크를 사용하는 스마트폰과 맥북도 서로 데이터를 주고받을 수 있습니다. 네 종류의 서로 다른 기기들이지만 **동일한 네트워크 프로토콜**을 사용해 통신하기 때문입니다.

한 가지 예를 더 들자면, 인터넷에서 특정 사이트에 접속할 때 주소창에 https://로 시작하는 걸 확인할 수 있습니다. 여기서 **HTTPS**는 Hypertext Transfer Protocol Secure의 약자로, 웹 서버와 웹 브라우저가 패킷을 교환할 때 사용하는 프로토콜, 즉 약속을 의미합니다. 초기에는 HTTP로 시작했지만, 최근에는 보안이 강화된 HTTPS를 주로 사용합니다. 만약 인터넷에서 특정 사이트에 접속했을 때, 주소가 http://로 시작한다면 그 사이트는 보안상 안전하지 않다고 볼 수 있습니다.

네트워크 프로토콜에는 HTTP 외에도 DNS, FTP, SSL/TLS, TCP, UDP, SNMP, IEEE, ARP 등 다양합니다. 각 프로토콜마다 전달하는 데이터의 유형과 사용처, 그리고 데이터 전송 방식이 조금씩 다른데, 이 주제는 나중에 네트워크 분야에 대해 더 깊이 공부할 때 접하게 될 것입니다. 일단 우리는 기초 단계이니 여러 기기가 네트워크에서 데이터를 주고받을 수 있도록 만들어진 약속이 프로토콜이며, 대표적인 네트워크 프로토콜로 HTTP가 있다는 것만 기억해도 좋습니다.

네트워크 계층

네트워크에서 가장 중요한 개념은 바로 **네트워크 계층**입니다. 계층(Layer)은 네트워크에서 통신이 발생하는 단계를 의미하며, 네트워크에서 데이터는 계층별로 처리된다는 특징이 있습니다. 즉, 한 계층에서 처리가 완료된 데이터는 다음 계층으로 전달되어 차례대로 처리된다는 것이 기본 개념입니다.

다음 그림과 함께 생각해봅시다. 사용자는 PC에서 구글에 접속한 다음, 'IT 인프라'를 키워드로 검색합니다. 그러면 사용자가 입력한 키워드 데이터는 패킷으로 분할되고, 이 패킷은 구글 서버로 전송됩니다. 구글 서버는 이 패킷을 받은 후, 누가 보낸 패킷인지 확인하고 받은 패킷을 결합해 사용자가 입력한 키워드로 복원한 뒤 검색을 실행합니다. 이 모든 과정은 차례대로, 즉 **계층별**로 처리됩니다.

그림 2-10 네트워크 계층 개념도

그런데 개념도 중간에 '같은 계층에서 처리'라는 문구가 있습니다. 이는 패킷을 송신, 수신하는 과정이 같은 계층에서 처리되고 수신지와 송신지 확인도 같은 계층에서 처리된다는 뜻입니다. 조금 더 자세히 살펴보겠습니다.

TCP/IP 참조 모델

계속 설명해온 것처럼 네트워크 계층은 네트워크 프로토콜의 통신 구조를 계층별로 나눈 개념입니다. 여기에는 대표적으로 두 가지 모델이 있습니다. 첫 번째는 **TCP/IP 참조 모델**인데, 1970년대 ARPANET을 개발한 DARPA에서 만들어졌습니다. 이 모델은 4개의 계층으로 구성되는데, 각 계층이 어떤 이름을 가지고 있고, 무슨 역할을 하는지는 그림 2-11을 참조하기 바랍니다.

계층	계층 이름	역할
4계층	애플리케이션 계층	사용자에게 애플리케이션 제공
3계층	트랜스포트 계층	애플리케이션 식별 및 통신 제어
2계층	인터넷 계층	다른 네트워크에 있는 단말기와의 연결을 관리
1계층	링크 계층	같은 네트워크에 있는 단말기와의 연결을 관리

그림 2-11 TCP/IP 참조 모델

OSI 7 참조 모델

두 번째는 현재 가장 널리 사용되는 모델인 **OSI 7 참조 모델**입니다. 이는 1984년에 국제 표준화 기구(ISO)에서 개발한 모델로, 7개의 계층으로 이루어져 있으며 TCP/IP 모델을 좀 더 세부적으로 나눈 것이라고 볼 수 있습니다. OSI 7 참조 모델의 계층 이름과 역할은 다음 그림을 통해 확인하세요.

계층	계층 이름	역할
7계층	애플리케이션 계층	사용자에게 애플리케이션 제공
6계층	프리젠테이션 계층	애플리케이션 데이터를 통신 가능한 방식으로 변환
5계층	세션 계층	애플리케이션 데이터를 송신하기 위한 논리적 통신 회선(세션)을 관리
4계층	트랜스포트 계층	애플리케이션 식별 및 통신 제어
3계층	네트워크 계층	다른 네트워크에 있는 단말기와의 연결을 관리
2계층	데이터링크 계층	같은 네트워크에 있는 단말기와의 연결을 관리
1계층	물리 계층	디지털 데이터를 전파로 변환해 네트워크 기기로 전송

그림 2-12 OSI 7 참조 모델

업계에서는 OSI 7계층 모델의 계층 중에서 주로 1~4계층과 7계층을 사용합니다. 네트워크와 관련된 용어를 다룰 때는 주로 이 5개 계층을 접하게 됩니다. 참고로 OSI 7계층 모델을 **OSI 7 Layer**라고 하고, 주로 사용하는 5개 계층을 **L1, L2, L3, L4, L7**로 줄여서 부르기도 합니다.

TCP/IP 참조 모델		OSI 7 참조 모델		주요 사용하는 5계층 모델	
계층	계층 이름	계층	계층 이름	계층	계층 이름
4계층	애플리케이션 계층	7계층	애플리케이션 계층	7계층	애플리케이션 계층
		6계층	프리젠테이션 계층		
		5계층	세션 계층		
3계층	트랜스포트 계층	4계층	트랜스포트 계층	4계층	트랜스포트 계층
2계층	인터넷 계층	3계층	네트워크 계층	3계층	네트워크 계층
1계층	링크 계층	2계층	데이터링크 계층	2계층	데이터링크 계층
		1계층	물리 계층	1계층	물리 계층

그림 2-13 업계에서 주로 사용하는 5계층 모델

여기서 하나 더 알아두면 좋은 개념이 **PDU**인데요. PDU는 Protocol Data Unit의 약자로 네트워크 계층에서 처리하는 데이터의 단위를 의미합니다. 앞서 네트워크에서 전송되는 작은 단위의 데이터를 패킷이라고 설명했는데, 사실 이 패킷은 L3에서 처리하는 데이터 단위입니다. PDU는 페이로드(Payload)와 헤더(Header)로 나뉘는데 헤더는 (앞서 설명한 것처럼) 송장 같은 개념이며, 페이로드는 네트워크 계층에서 처리되는 데이터 그 자체를 뜻합니다. 그래서 L3에서 처리되는 PDU는 패킷이고, 이 패킷은 L3 페이로드와 헤더로 구성됩니다.

주요 사용하는 5계층 모델			5계층 모델의 PDU	
계층	계층 이름		계층	PDU
7계층	애플리케이션 계층		7계층	데이터
4계층	트랜스포트 계층		4계층	TCP, UDP
3계층	네트워크 계층		3계층	패킷
2계층	데이터링크 계층		2계층	프레임
1계층	물리 계층		1계층	비트

그림 2-14 5계층 모델의 PDU

네트워크에서 데이터 전송 방식

5계층 모델의 PDU, 즉 데이터가 네트워크에서 전송되는 방식에도 몇 가지 종류가 있습니다. 이 방식을 알아야 네트워크 계층별로 존재하는 네트워크 기기들이 어떤 역할을 하는지 확실하게 이해할 수 있습니다. 네트워크에서 데이터가 어떻게 전송되는지 간단히 살펴보겠습니다.

브로드캐스트와 유니캐스트

먼저 알아볼 것은 **브로드캐스트**(Broadcast)입니다. 그림 2-15의 왼쪽 이미지를 보면, 브로드캐스트는 네트워크로 연결된 모든 기기마다 동시에 데이터를 전송하는 방식입니다. 연결된 기기들은 데이터의 전송을 거부할 수 없습니다. 이를테면 아파트나 건물의 안내 방송이나, 학교의 공지 사항을 모두가 들을 수밖에 없는 것과 비슷합니다. 이렇게 모든 기기에 데이터를 전송하는 방식이 브로드캐스트입니다.

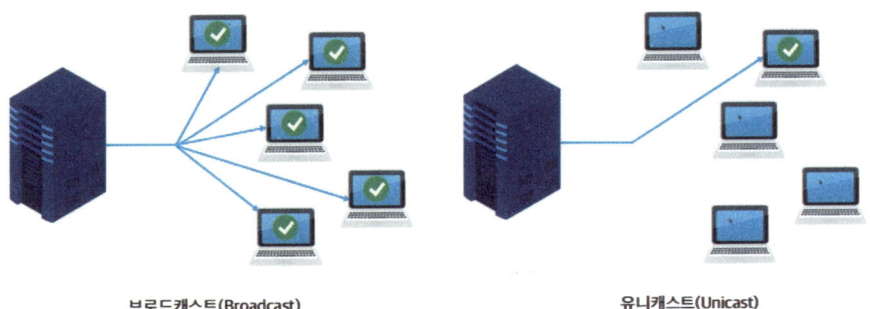

브로드캐스트(Broadcast)   유니캐스트(Unicast)

그림 2-15 브로드캐스트와 유니캐스트

하지만 브로드캐스트 방식은 데이터를 받는 입장에서는 원하지 않는 데이터를 받게 되니까 좀 불편할 수 있습니다. 데이터를 보내는 쪽도 마찬가지로 원하는 상대가 아닌 기기에게 데이터가 전달될 수 있습니다. 그래서 원하는 기기에게만 데이터를 보내는 방식이 필요했고, 이는 **유니캐스트**(Unicast)의 탄생으로 이어집니다. 예를 들어 학교에서 선생님이 한 학생에게만 교무실에서 잠깐 이야기하자고 말하는 상황을 떠올려볼 수 있습니다. 유니캐스트는 그림 2-15의 오른쪽 이미지처럼, 내가 데이터를 보내고 싶은 상대방이 1:1로 연결된 방식입니다. 이 기술 덕분에 네트워크에 있는 다른 기기들은 원하지 않는 데이터를 받지 않습니다.

멀티캐스트와 애니캐스트

반면 하나의 기기가 아닌 여러 기기에 데이터를 동시에 보내고 싶은 경우도 생길 것입니다. 이럴 때 **멀티캐스트**(Multicast) 방식을 사용하면 됩니다. 그림 2-16처럼 멀티캐스트는 1:N으로 데이터를 전송하며, 유니캐스트처럼 원하는 기기에만 데이터를 보내는 방식은 같지만 동시에 여러 기기에 데이터를 보낼 수 있습니다.

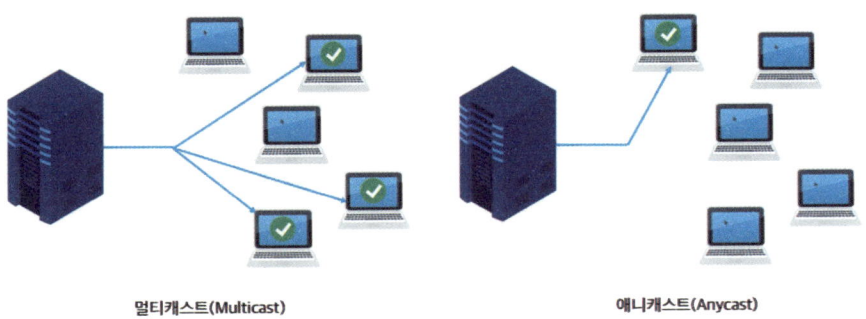

멀티캐스트(Multicast)   애니캐스트(Anycast)

그림 2-16 멀티캐스트와 애니캐스트

마지막으로 알아볼 데이터 전송 방식은 **애니캐스트**(Anycast)입니다. 송신자와 네트워크로 연결된 다양한 수신자 중 현재 '데이터를 받을 수 있는 상태'이면서 '가장 가까운 위치에 있는' 수신자에게 데이터를 보내는 방식입니다. 이 방식은 서버의 부하 분산, 즉 한 서버로 너무 많은 클라이언트의 요청이 전달되어 서버가 도저히 처리할 수 없는 상황에 이르렀을 때, 자동으로 다른 서버에 데이터를 전달합니다.

만약 A 서버에 클라이언트의 요청을 계속 전달하면, 언젠가 A 서버는 자신의 능력을 초과하는 클라이언트의 요청을 받게 되어 결국 문제가 생기겠죠? 결과적으로 A 서버의 서비스는 중단되는 상황이 발생할지도 모릅니다 그래서 이런 경우를 방지하기 위해 A 서버에서 클라이언트의 요청을 받다가 해당 서버에서 더 이상 요청을 감당할 수 없게 되면, 자동으로 다른 B, C 서버로 요청이 전달되는 방식이 애니캐스트입니다.

퀴즈 / 다음 중 잘못된 설명은 무엇일까요?

① 네트워크에는 데이터를 주고받을 수 있는 규칙인 프로토콜이 존재하며, 대표적인 프로토콜은 HTTP이다.

② 네트워크에서 데이터는 계층별로 처리되며, 이는 하나의 계층에서 처리가 완료되면 다음 계층으로 데이터가 전달되어 차례대로 처리된다는 것을 의미한다.

③ 대표적인 네트워크 계층 모델로 TCP/IP 4계층 모델과 OSI 7계층 모델이 있다. OSI 7계층 모델은 업계 표준이며, 7개 계층 중 주로 5개 계층이 많이 사용된다.

④ 각 계층별로 처리하는 데이터의 단위는 PDU이며, PDU는 데이터 자체인 페이로드와 데이터를 어디로 보낼지에 대한 정보를 담은 헤더로 구성된다.

⑤ 네트워크에서 데이터 전송 방식 중, 기기 상태에 따라 자동으로 다른 기기로 데이터를 전달해 부하를 분산시켜주는 방식은 멀티캐스트이다.

정답
⑤번: 다른 기기로 데이터를 자동으로 전달해 기기의 부하를 분산시켜주는 것은 애니캐스트입니다.

2.4 네트워크 기기

네트워크의 각 계층마다 동작하는 네트워크 기기들은 서로 다 다릅니다. 한 가지 눈여겨볼 점은, 더 높은 계층에서 동작하는 네트워크 기기는 하위 계층의 기능들의 일부를 포함하고 있다는 것입니다. 그림 2-17과 같이 L1(1계층)에서 동작하는 네트워크 기기의 기능을 L2(2계층)나 L3(3계층)의 기기들도 가지고 있습니다. L2 스위치의 기능은 L3 스위치에도 있고, L4 스위치도 가지고 있죠. 하지만 상위 계층의 네트워크 기기들이 하위 계층의 네트워크 기기의 기능을 전부 가지고 있는 것은 아님을 기억해주세요.

계층	계층 이름	PDU	NIC	Hub	AP	L2 Switch	Router	L3 Switch	L4 Switch	Firewall	L7 Load Balanceer	WAF
7계층	애플리케이션 계층	데이터									●	●
4계층	트랜스포트 계층	TCP, UDP							●	●	●	●
3계층	네트워크 계층	패킷					●	●	●	●	●	●
2계층	데이터링크 계층	프레임			●	●	●	●	●	●	●	●
1계층	물리 계층	비트	●	●	●	●	●	●	●	●	●	●

그림 2-17 각 계층별로 동작하는 네트워크 기기 예시

그럼에도 업계에서는 각 계층별로 네트워크 기기를 구분해서 사용하는 경우가 있습니다. 그 이유는 네트워크 기기의 역할을 계층별로 한정 지어, 좀 더 안정적으로 동작하기 위해서입니다.

다음으로 각 계층마다 동작하는 네트워크 기기의 종류와, 그 기기들이 데이터를 어떻게 전송하는지 하나씩 알아봅시다.

L1(1계층): 물리 계층

NIC

L1은 **물리 계층**이라고도 합니다. 단어 그대로, 서버와 서버, 서버와 클라이언트, 또는 클라이언트끼리 물리적으로 연결되어 통신할 수 있는 계층입니다. 이 계층에서 동작하는 기기

의 핵심은 네트워크에 접속할 수 있게 해준다는 점입니다. 이러한 기기를 **NIC**라고 부르는데, Network Interface Card 또는 Network Interface Controller의 약자랍니다.

NIC는 우리가 사용하는 데스크톱, 노트북, 스마트폰 같은 다양한 IT 기기에서 네트워크에 접속해 인터넷을 사용할 수 있게 해주는 장치입니다. NIC 장치는 유선 NIC와 무선 NIC로 나뉩니다.

유선 NIC는 데스크톱, 서버의 메인보드에 장착하거나, USB 포트에 연결하는 형태가 있습니다. **무선 NIC**는 데스크톱 USB 포트에 연결하는 것뿐만 아니라, 노트북 메인보드에 장착하는 형태, 그리고 스마트폰처럼 아주 작은 기기 내부에 칩으로 내장된 형태가 있습니다.

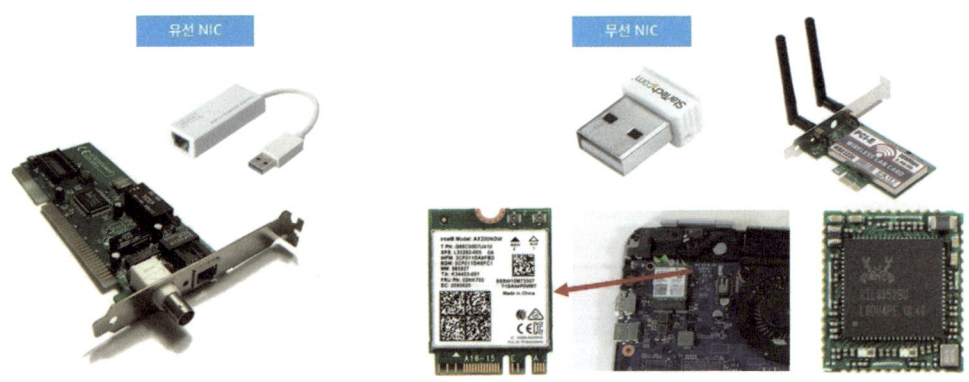

그림 2-18 NIC(출처: 위키백과, Digitus, Lenovo, HP, StarTech, Realtek, Iocrest)

이렇게 NIC가 장착된 기기는 네트워크에 접속할 수 있습니다. 데스크톱의 경우, 대부분 메인보드에 유선 NIC가 내장되어 있어서 흔히 랜선이라고 하는 케이블을 통해 유선 네트워크에 연결합니다. 반면, 노트북은 내장된 무선 NIC를 통해 무선 네트워크에 접속합니다.

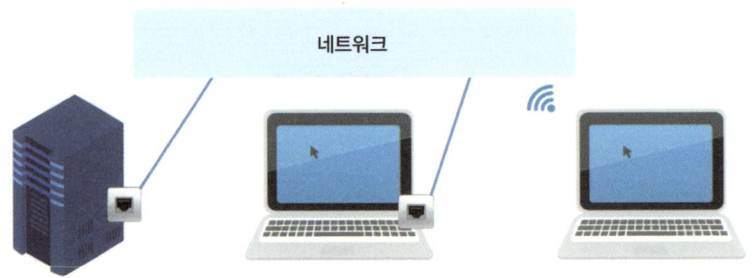

그림 2-19 NIC가 장착된 PC 네트워크 연결 예시

서버의 경우 조금 더 특수한 NIC를 쓰는데, 여러 개의 네트워크 케이블을 연결할 수 있는 포트(Port)가 달린 NIC를 장착해서 사용합니다. 또 노트북의 경우 유선 네트워크 케이블을 연결할 수 있는 포트가 없다면, USB 포트에 연결 가능한 NIC를 사용할 수도 있습니다. NIC 덕분에 다양한 IT 기기와 서버가 네트워크에 접속할 수 있습니다.

허브

L1에서 동작하는 또 다른 기기는 바로 **허브**(Hub)입니다. 허브는 그림 2-20의 왼쪽 이미지처럼 여러 개의 유선 네트워크 포트가 장착된 기기입니다. 이 허브와 여러 대의 PC를 유선 네트워크 케이블로 연결하면, 이 PC들은 서로 데이터를 주고받을 수 있는 상태, 즉 **통신 가능한 상태**가 됩니다.

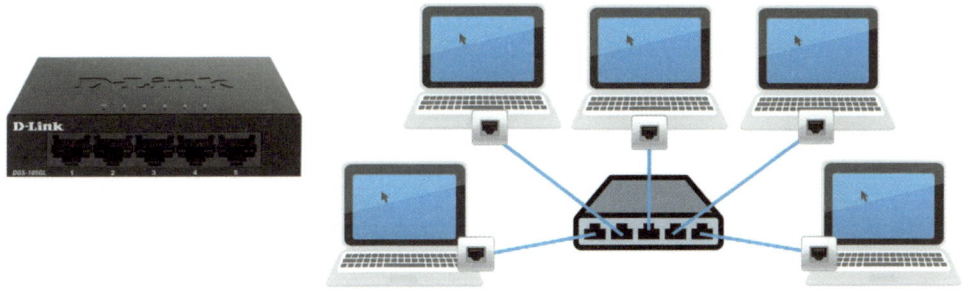

그림 2-20 허브(출처: D-Link)

허브의 작동 방식은 조금 독특합니다. 허브는 유선 네트워크 케이블로 연결된 PC에서 받은 데이터를 **복사**해서 허브와 연결된 다른 모든 PC로 보냅니다. 예를 들어 허브에 1번~5번까지 5대의 PC가 연결된 경우, 1번 PC가 5번 PC에 데이터를 보내면 2번, 3번, 4번 PC도 그 데이터를 똑같이 받게 됩니다. 즉, **브로드캐스트 방식으로 데이터를 전송**합니다. 그래서 같은 네트워크, 허브에 연결되어 있다면 내가 원하든 원하지 않든 무조건 데이터를 수신하게 됩니다.

이렇게 허브는 브로드캐스트 방식으로 데이터를 전송하기 때문에 연결된 PC들이 네트워크 대역폭을 나눠서 사용합니다. 그래서 허브에 연결된 PC가 많을수록 네트워크 성능이 떨어집니다. 예를 들어 100Mbps급 네트워크 회선에 PC 5대를 허브에 연결했다면, 각 PC의 최대 네트워크 대역폭은 (100Mbps를 5대가 나눠서 사용하므로) 20Mbps를 사용할 수밖에 없습니다.

▶ 대역폭(Bandwidth)이란, 네트워크 회선이 초당 처리할 수 있는 비트의 양, bps(bit per second)를 의미합니다.

AP

이번에 알아볼 L1에서 동작하는 기기는 **AP**(Access Point)입니다. 흔히 무선 AP라고 부르는데, 회사 사무실, 공공시설, 지하철 등에서 천장이나 벽에 설치되어 무선 네트워크 서비스를 제공합니다. 외부에서 유선으로 들어오는 네트워크 회선을 AP에 연결하면, AP는 이 유선 신호를 무선 전파로 변환해서 안테나를 통해 송출합니다. 그러면 무선 NIC가 있는 PC나 스마트폰이 AP가 송출하는 무선 신호에 접속해 인터넷을 사용할 수 있습니다.

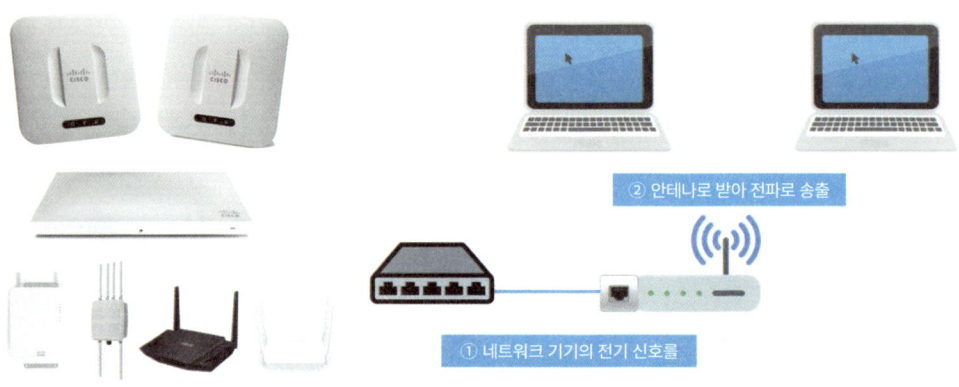

그림 2-21 AP(출처: Cisco, Asus, Mercusys)

집에서 사용하는 **유무선 공유기**도 AP의 역할을 합니다. 다만, 공유기는 AP 기능 외에도 여러 가지 추가 기능이 있어서 일반적으로 AP라고 부르진 않습니다. 일단 AP는 유선 네트워크 신호를 무선 전파로 바꿔 송출하는 기능을 가진 장치라는 점만 잘 기억해두세요.

L2(2계층): 데이터 링크 계층

MAC 주소의 개념

L2는 앞서 살펴본 NIC가 탑재된 다양한 유형의 서버와 클라이언트 기기가 서로 연결된 상태에서 데이터를 주고받을 수 있는 계층입니다. 데이터를 주고받기 위해선 먼저 데이터 수신지의 주소를 알아야 합니다. 그래서 L2에서는 기기들의 고유한 주소를 가지고 있고, 이 주소를 바탕으로 데이터를 전달합니다. 그 주소가 바로 MAC 주소입니다.

MAC은 Media Access Control의 약자로, 일반적으로 **MAC 주소**라고 합니다. 이 MAC 주소는 서버나 컴퓨터 같은 단말기들이 서로 데이터를 전송하기 위해 사용하는 물리적 주소입니다. NIC에 내장되어 있어서, 그 기기만의 고유번호, 식별번호 같은 역할을 합니다. 수신지 주소가 명확하므로 네트워크를 통해 데이터를 정확하게 전달할 수 있습니다.

MAC 주소는 NIC가 가지고 있기 때문에, NIC가 장착된 단말기들은 모두 자신만의 고유한 MAC 주소가 있는 셈입니다. 다음 그림처럼 노트북, 서버, 스마트폰 이미지 위에 표시된 주소가 바로 MAC 주소의 예시입니다.

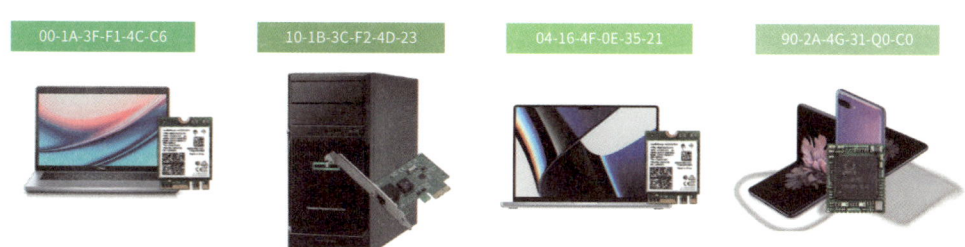

그림 2-22 단말기들이 가진 MAC 주소 예시

이더넷 프로토콜의 의미

L2 계층에서 기기들은 MAC 주소를 보고 네트워크를 통해 데이터를 주고받습니다. 그런데 서로 다른 유형의 단말기들이 어떻게 데이터를 주고받을 수 있을까요? 여기에는 하나의 약속, 규칙, 즉 프로토콜이 있습니다. 바로 **이더넷**(Ethernet) **프로토콜**입니다.

이더넷 프로토콜은 1980년대에 상용화되어, 서버나 PC 같은 단말기들이 네트워크에서 데이터를 주고받기 위한 대표적인 프로토콜입니다. 근거리 통신망인 LAN(Local Area Network)을 구성하기 위해 만들어진 네트워크 기술 규격이기도 합니다. 이 프로토콜을 통해 데이터를 전달하려면 단말기를 네트워크 기기와 케이블로 연결해야 하는데, 이때 사용하는 케이블이 바로 **UTP**(Unshielded Twisted Pair) **케이블**입니다.

UTP는 전기가 통할 수 있도록 특별히 차폐되지 않은, 절연체로 보호되지 않은 두 가닥의 전선을 꼬아서 만든 케이블을 의미하는데, 흔히 랜선이나 랜 케이블이라고 부르는 것이 바로 UTP 케이블입니다. 이 케이블은 **LAN**을 구성하기 위해 이더넷 네트워크에서 사용되기 때문에 랜선이라고 부릅니다. LAN에 대해서는 2.5절에서 상세히 다룹니다.

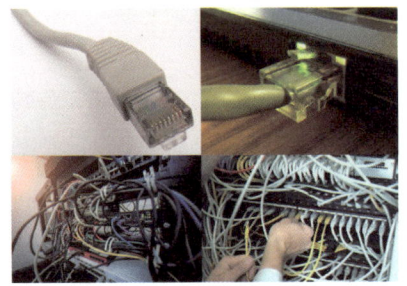

UTP Catecory	전송 속도	최대 길이	케이블 유형	용도
CAT1	최대 1Mbps	알려지지 않음	Twisted Pair	오래된 전화선
CAT2	최대 4Mbps	알려지지 않음	Twisted Pair	토큰링 네트워크
CAT3	최대 10Mbps	100m	Twisted Pair	토큰링 네트워크
CAT4	최대 16Mbps	100m	Twisted Pair	토큰링 네트워크
CAT5	최대 100Mbps	100m	Twisted Pair	이더넷 네트워크
CAT5e	최대 1Gbps	100m	Twisted Pair	이더넷, 기가비트 이더넷
CAT6	최대 10Gbps	100m	Twisted Pair	기가비트 이더넷
CAT6a	최대 10Gbps	100m	Twisted Pair	기가비트 이더넷
CAT7	최대 10Gbps	100m	Twisted Pair	기가비트 이더넷
CAT8	최대 40Gbps	30m	Twisted Pair	기가비트 이더넷

그림 2-23 이더넷 네트워크와 UTP 케이블(출처: 위키백과)

그림 2-23의 오른쪽 표를 보면 UTP 카테고리가 CAT1에서 CAT8까지 있습니다. 숫자가 높을수록 최근에 나온 유형이고, 최대 데이터 전송 속도가 더 높습니다. 예를 들어 CAT8은 최대 40Gbps까지 전송 가능합니다. 현재 가정에 공급되는 인터넷 회선 속도가 최대 1Gbps이니, 집에서 사용하는 UTP 케이블에는 CAT5e 이상이 적혀 있어야 합니다.

L2 스위치

이제 L2에서 동작하는 네트워크 기기에 대해 알아볼까요? 그림 2-24 왼쪽 상단에 있는 기기를 **L2 스위치**(Switch)라고 합니다. L2 스위치는 데이터를 보낼 송신자와 받을 수신자가 명확하게 1:1로 연결되어 데이터를 주고받을 수 있습니다. 쉽게 말해, 내가 어디로 데이터를 보낼지 알려주면 L2 스위치가 그 데이터를 받아서 적절한 경로를 찾아서 보내주는 역할을 합니다. 이 과정을 **스위칭**(Switching)이라고 하며, L2 스위치는 데이터를 스위칭하는 기기라고도 합니다.

L2 스위치가 경로를 선택해 데이터를 전송하면, 그 데이터는 정확하게 목적지 기기, 즉 수신자에게 전달됩니다. 앞서 이러한 데이터 전송 방식을 유니캐스트라고 설명했습니다. 만약 데이터를 여러 기기에게 동시에 보내야 한다면, 멀티캐스트 방식을 사용할 수 있습니다. L1의 허브는 브로드캐스트로 연결된 모든 기기에 데이터를 전송했지만, **L2 스위치는 유니캐스트나 멀티캐스트 방식을 사용**해 데이터를 특정 기기에만 보낼 수 있습니다. 물론, 브로드캐스트로 연결된 모든 기기에 데이터를 보내는 것도 가능합니다.

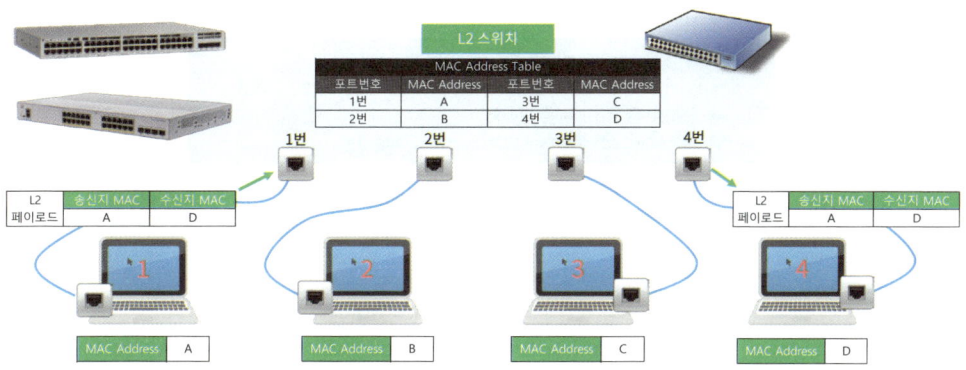

그림 2-24 L2 스위치의 데이터 전송 방법(출처: Cisco)

L2 스위치는 L1에서 살펴봤던 허브처럼 여러 개의 포트가 있는 네트워크 기기입니다. L2 스위치에 UTP 케이블로 연결된 PC들은 서로 통신할 수 있게 됩니다. 그림 2-24에서 이 통신 과정을 좀 더 자세히 들여다보겠습니다. 먼저 1번 노트북의 MAC 주소는 A이고, 차례대로 2, 3, 4번의 노트북과 각각의 MAC 주소 B, C, D가 적혀 있습니다.

1번 노트북에서 4번 노트북으로 데이터를 전송하려고 합니다. 이 데이터는 L2 페이로드와 헤더로 구성된 프레임이라는 PDU로, 헤더에는 송신지 MAC 주소인 A와 수신지 MAC 주소인 D가 적혀 있습니다. 1번 노트북은 이 데이터를 L2 스위치의 1번 포트로 보냅니다.

그림 2-24의 중앙에 있는 표처럼 L2 스위치는 **MAC Address Table**을 가지고 있습니다. 이 테이블에는 포트 번호와 MAC 주소가 기록되어 있는데, 1번 포트의 MAC 주소는 A, 4번 포트의 MAC 주소는 D가 적혀 있습니다. 그래서 1번 노트북이 데이터를 L2 스위치의 1번 포트로 보낸 것입니다.

이제 L2 스위치는 1번 노트북이 보낸 데이터의 헤더를 확인합니다. 수신지의 MAC 주소가 D로 되어 있습니다. 그러면 L2 스위치는 MAC Address Table에서 MAC 주소 D와 연결된 포트가 4번 포트라는 걸 확인하고, 4번 포트와 연결된 4번 노트북에 이 데이터를 전송합니다. 이렇게 해서 1번 노트북에서 보낸 데이터가 정확하게 4번 노트북에 전달됩니다.

그림 2-25 다양한 크기와 포트 수를 가진 L2 스위치(출처: Cisco)

정리하자면, L2 스위치는 연결된 단말기들이 주고받는 데이터의 송신지와 수신지의 MAC 주소를 확인하고 MAC Address Table과 대조합니다. 그다음 해당 포트로 데이터를 보내어 최종적으로 수신지의 MAC 주소를 가진 단말기로 데이터를 전달합니다. L2 스위치는 직접 연결된 단말기들이 서로 통신할 수 있는 환경을 만들어주는 중요한 네트워크 기기입니다.

L3(3계층): 네트워크 계층

이제 L3, **네트워크 계층**에 대해 알아볼 차례입니다. L3는 L2처럼 데이터를 주고받는 계층이지만, 좀 더 세밀하고 멀리까지 데이터를 전송할 수 있습니다. L2는 근거리 통신망, 그러니까 스위치로 연결된 같은 네트워크 안에서 단말기들이 데이터를 주고받는 구간이라면, L3는 원거리 통신망을 통해 더 멀리 데이터를 보낼 수 있는 계층입니다. 예를 들어, 사내 L2 스위치에 연결된 내 PC에서 다른 회사 L2 스위치에 연결된 PC로 데이터를 전송할 수 있다는 뜻이죠. 이게 어떻게 가능할까요?

IP 주소의 개념

앞서 L2 계층의 기기들은 MAC 주소를 사용한다고 했던 것을 기억하나요? L3에서는 다른 주소를 사용하는데, 바로 **IP 주소**(IP Address)입니다. IP는 Internet Protocol의 약자로, 서로 다른 네트워크에 있는 기기들이 데이터를 주고받기 위해 사용하는 논리적 주소입니다. MAC 주소는 NIC에 내장된 물리적 주소였지만, IP 주소는 논리적, 즉 가상의 주소입니다. 이 주소는 서버나 단말기에 설치된 OS에서 생성됩니다. 그래서 물리적 주소인 MAC 주소는 변하지 않지만, 논리적 주소인 IP 주소는 변할 수 있습니다.

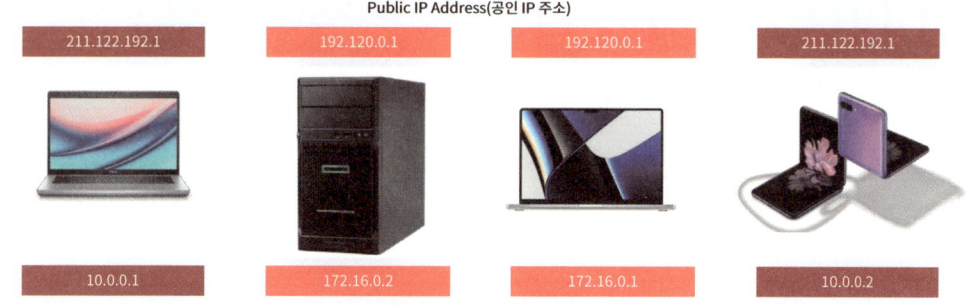

그림 2-26 여러 기기의 IP 주소 예시

그림 2-26처럼 IP 주소는 크게 두 가지로 나뉩니다. 공인 IP 주소(Public IP Address)와 사설 IP 주소(Private IP Address)입니다. **공인 IP**는 내부의 같은 네트워크에 연결된 기기가 외부의 다른 네트워크에 있는 기기와 통신할 때 사용하는 주소로, 마치 아파트의 단지명과 같습니다. **사설 IP**는 같은 네트워크에 연결된 기기들끼리 통신할 때 사용하는 주소로, 아파트의 동, 호수에 해당됩니다.

예를 들어, 내가 가야 할 목적지가 ABC캐슬이라는 아파트의 103동 2106호라면, ABC캐슬이 공인 IP, 103동 2106호가 사설 IP에 해당됩니다.

라우터

L3에서 동작하는 네트워크 기기는 **라우터**(Router)입니다. 네트워크에서 데이터를 보낼 때 가장 적합한 경로를 선택하는 작업을 라우팅(Routing)이라고 하는데, 라우터는 이 라우팅을 담당하는 기기라고 생각하면 돼요. 라우터가 데이터를 전송하는 방식은 L2 스위치와 크게 다르지 않답니다.

L2 스위치에 MAC Address Table이 있는 것처럼 라우터는 Routing Table을 가지고 있습니다. 이 테이블에는 데이터를 어느 라우터로 보내야 하는지에 대한 정보가 담겨 있으며, 라우터는 이를 바탕으로 데이터를 전송합니다.

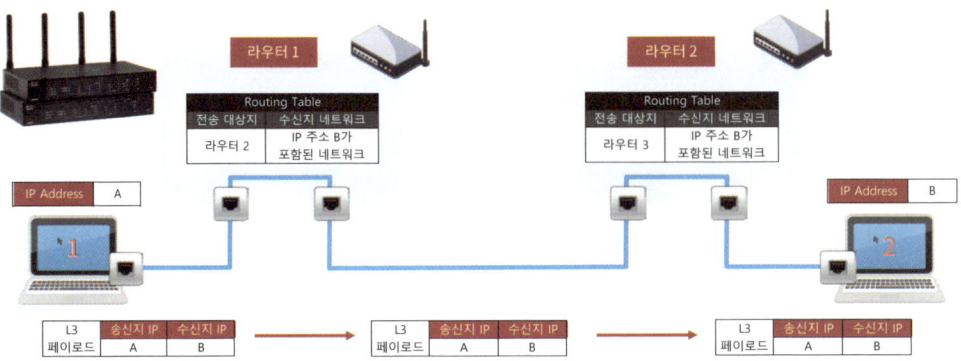

그림 2-27 라우터의 데이터 전송 방법(출처: Cisco)

그림과 함께 하나씩 살펴봅시다. IP 주소 A를 가진 노트북은 사내 1번 PC이고, 이 PC가 속한 네트워크는 1번입니다. 그리고 IP 주소 B를 가진 노트북은 회사 외부에 있는 2번 PC이고, 2번 네트워크에 속해 있습니다. 1번과 2번 네트워크는 각각 L2 스위치로 연결된 네트워크입니다. (그림 2-27에서는 L2 스위치가 생략되어 있지만 실제로는 존재한다고 가정합니다.) 이 상황에서 1번 PC에서 2번 PC로 데이터를 전송한다면, 라우터는 어떻게 작동할까요?

먼저 1번 PC가 데이터를 1번 네트워크의 L2 스위치로 보냅니다. 1번 네트워크의 L2 스위치는 이 데이터를 라우터 1번으로 전달합니다. 그다음 라우터 1번은 데이터 헤더를 확인하고, 이 데이터가 IP 주소 B가 포함된 네트워크로 보낸다는 것을 인식합니다. 라우터 1번은 데이터를 라우터 2번으로 보냅니다. 라우터 2번은 자신이 가진 Routing Table을 확인한 후, 이 데이터를 IP 주소 B가 속한 네트워크로 전달합니다. 그러면 2번 네트워크의 L2 스위치가 이 데이터를 받아 MAC Address Table을 참고해, 헤더에 기록된 IP 주소 B에 해당하는 MAC 주소를 가진 2번 PC로 데이터를 전송합니다.

즉, 라우터는 IP 주소를 기반으로 데이터를 받을 단말기가 속한 네트워크의 라우터로 데이터를 보내는 역할을 합니다. 라우터가 전달받은 데이터는 L2 스위치를 거쳐 최종적으로 단말기에 전송됩니다. 여기서 중요한 점은, L2에서는 MAC 주소를 보고, L3에서는 IP 주소를 보고 데이터를 전송한다는 것입니다.

또한, 라우터는 브로드캐스트, 유니캐스트, 멀티캐스트 방식 외에도 애니캐스트 방식으로 데이터를 전송할 수 있습니다. 애니캐스트는 네트워크상에서 데이터를 받을 수 있는 가장 가까운 기기로 데이터를 자동으로 전송하는 방식입니다. 예를 들어, 현재 특정 서버가 너무 많은 클라이언트 요청을 받아서 부하가 걸렸다면, 라우터는 애니캐스트 방식을 사용해 다른 서버가 있는 네트워크로 데이터를 보내고, 그 네트워크의 라우터가 다시 L2 스위치로, L2 스위치가 해당 서버로 데이터를 전달해 클라이언트 요청을 처리하게 합니다. 이렇게 해서 서버의 부하를 분산시킬 수 있습니다.

L3 스위치

L3 계층에서 작동하는 스위치를 **L3 스위치**라고 합니다. 이는 L2 스위치에 라우터의 일부 기능이 더해진 스위치라고 생각하면 됩니다. 라우터는 주로 라우팅이라는 역할에 집중해, 기업에서는 더 많은 기기를 연결해서 사용해야 할 때가 많습니다. 그래서 포트가 여러 개 달린 스위치에 라우팅 기능을 추가한 L3 스위치를 사용하기도 합니다. 물론 전문적인 라우터에 비해 L3 스위치의 라우팅 기능이 조금 부족하지만 여러 기기를 한 번에 연결하면서도 라우팅이 필요한 상황에서는 유용하게 쓰입니다.

그림 2-28 다양한 크기와 포트 수를 가진 L3 스위치(출처: Cisco)

정리하자면, L3는 IP 주소를 기반으로 서로 다른 네트워크의 기기들이 통신할 수 있게 도와주는 계층입니다. 이 계층에서는 서로 다른 네트워크를 연결해주고, 데이터를 전송할 때 가장 효율적인 경로를 선택하는 라우팅을 제공하는 라우터가 있습니다. 또, L2 스위치에 라우터의 일부 기능을 추가한 L3 스위치가 있다는 것도 기억해둬야 합니다.

L4(4계층): 트랜스포트 계층

L4는 **트랜스포트**(Transport), **전송 계층**이라고 합니다. 여기서는 L3 계층에서 사용되는 IP 주소에 더해, 데이터를 보낸 송신지와 받을 수신지의 **포트 번호**까지 참고해서 데이터 전송을 제어할 수 있습니다. 여기서 말하는 포트 번호는 일반적으로 (L2나 L3 스위치 장비에 있는) UTP 케이블을 꽂는 물리적인 포트의 번호가 아닙니다. 데이터를 실제 사용하는 프로그램이나 서비스, 애플리케이션이 무엇인지 식별하기 위한 논리적인 포트 번호로, 소프트웨어에서 생성하는 포트 번호라고 생각해야 합니다.

L2와 L3가 서로 통신하는 기기를 연결하는 데 중점을 둔다면, L4는 이 기기와 연결된 단말기나 서버에서 구동되는 애플리케이션에 데이터를 전달하는 데 초점을 맞추고 있습니다. 따라서 L4에서는 데이터를 그저 기기에 보내는 게 아니라, 그 기기 안에서 실행 중인 특정 프로그램이나 서비스에 정확히 보냅니다.

이를 위해 L4에서는 TCP와 UDP라는 프로토콜을 사용하는데, 이 두 프로토콜이 무엇이고, 어떤 특징을 가지고 있는지 알아보겠습니다.

TCP와 UDP

다음 그림처럼 **TCP**(Transmission Control Protocol)는 데이터를 주고받기 전에 양쪽 기기들이 통신할 준비가 되었는지 먼저 확인합니다. 그리고 송신지 기기에서 데이터를 보내면, 수신지 기기가 잘 받았는지, 못 받았는지를 송신지 기기에 알려줍니다. 이렇게 해서 송신지 기기는 내가 보낸 데이터가 잘 도착했는지 혹은 못 받았는지를 알게 됩니다. 만약 받지 못했다면, 다시 데이터를 전송합니다. 이 과정을 **3-Way Handshake**라고 합니다.

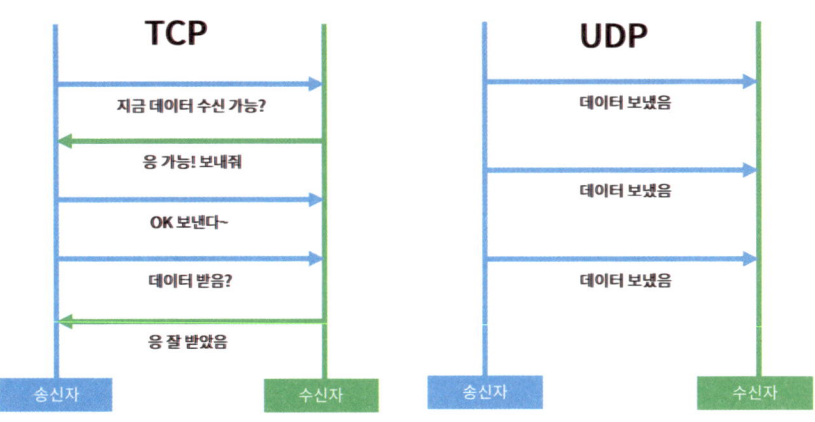

그림 2-29 TCP와 UDP의 작동 방식 비교

그리고 TCP에서는 데이터를 작은 단위로 쪼갠 패킷에 번호를 매겨서 전송합니다. 그런데 네트워크 상태에 따라 송신지에서 보낸 순서대로 패킷이 도착하지 않을 수도 있는데, 이때 TCP는 이 패킷을 원래 순서대로 다시 맞춰서, 송신지에서 보낸 그대로 수신지 기기에 전달합니다. 이를 데이터의 일관성을 유지한다고 표현합니다.

그다음 **UDP**(User Datagram Protocol)는 데이터를 주고받기 전에 연결 상태를 확인하지 않고, 바로 데이터를 전송합니다. 그래서 TCP보다 데이터 전송 속도가 빠르다는 장점이 있습니다. 하지만 네트워크 상태가 좋지 않으면 패킷이 손실될 수도 있고, 이 경우 UDP는 패킷이 손실됐다고 송신지에 알려주지 않습니다. 그러니 송신지도 패킷을 다시 보내지 않게 되고, 그래서 패킷의 일부가 누락될 수 있습니다.

또한, UDP는 패킷이 순서대로 도착하지 않더라도 TCP처럼 재조합하지 않습니다. 수신지 기기가 데이터를 사용하는 애플리케이션에서 그 상태 그대로 패킷을 조합해 데이터를 만들어야 합니다. 그래서 데이터의 일관성이 보장되지 않는다는 단점이 있죠. 하지만 통신 상태를 확인하거나, 패킷 수신 여부를 확인하는 과정이 없으니 데이터 전송 속도 자체는 TCP보다 빠르다는 것이 UDP의 장점입니다.

프로토콜 종류	TCP	UDP
연결 방식	연결형 서비스 (패킷 교환 방식)	비연결형 서비스 (데이터그램 방식)
전송 순서	전송 순서 보장	전송 순서 변동 가능
수신 여부 확인	확인함	확인 안 함
통신 방식	1:1	1:1 또는 1:N 또는 N:N
신뢰성	높음	낮음
전송 속도	느림	빠름

그림 2-30 TCP와 UDP의 특징 비교

그렇다면 이 두 프로토콜이 어디에 주로 사용될까요? 먼저 TCP는 데이터의 신뢰성이 중요한 상황에서 많이 쓰입니다. 예를 들어, 이메일을 보내거나, 웹 페이지를 조회하거나, 파일을 전송할 때 사용됩니다. 예컨대 중요한 파일을 첨부해서 이메일로 보냈는데, 파일이 제대로 전달되지 않았다면 큰일이잖아요? 그래서 TCP는 이런 경우에 신뢰성을 보장하기 위해 사용됩니다.

반면, UDP는 실시간 스트리밍, 온라인 게임, 음성 및 비디오 통신 등에서 주로 사용됩니다. 여기서는 빠른 전송이 더 중요하기 때문입니다. 예를 들어, 우리가 넷플릭스에서 영화를 볼 때, 네트워크 상태가 안 좋으면 화질이 나빠지는데, 그건 영상 데이터의 일부가 누락되었기 때문입니다. 하지만 영상이 끊기지 않고 계속 재생되니 시청 자체에는 큰 문제가 없습니다. 이런 식으로 UDP는 데이터가 조금 손실되더라도 빠르게 전송하는 게 중요한 상황에 잘 맞는 프로토콜입니다.

L4 스위치

L4에서 활약하는 네트워크 장비로는 **L4 스위치**가 있습니다. L4 스위치는 TCP/UDP를 활용해 데이터를 주고받는데, 중요한 포인트가 하나 더 있답니다. 바로 IP 주소뿐만 아니라 포트 번호까지 살펴서 트래픽을 관리할 수 있다는 점입니다.

트래픽은 일정 시간 동안 서버와 클라이언트가 주고받는 데이터의 양을 의미합니다. L4 스위치는 이 데이터 흐름을 관리할 수 있어서 클라이언트가 보내는 요청을 서버로 바로 넘길지, 아니면 살짝 지연시켜서 넘길지를 결정할 수 있습니다. 그래서 L4 스위치는 데이터를 보낼 때 헤더에 담긴 포트 번호를 보고 그 데이터가 어떤 애플리케이션에서 나온 것인지 파악한 다음, 해당 애플리케이션에 정확히 데이터를 전달해줍니다. 이렇게 트래픽을 똑똑하게 관리하고, 데이터 흐름을 조절해주는 것이 L4 스위치의 강점이라고 볼 수 있습니다.

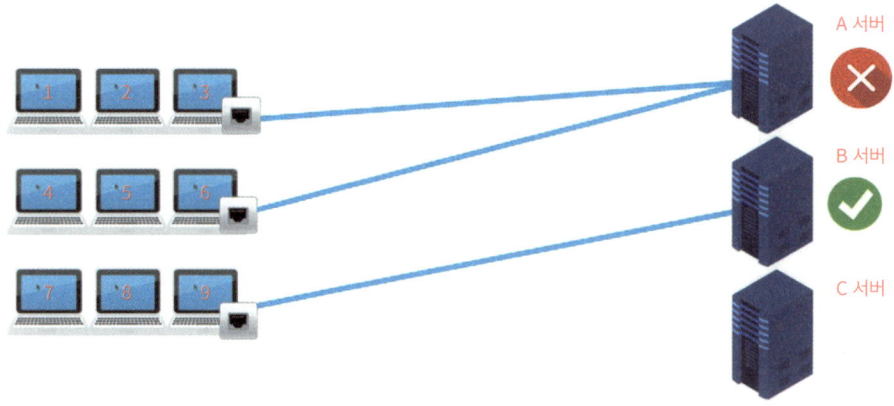

그림 2–31 L4에서 클라이언트와 서버 통신 시 특정 서버에 트래픽이 몰려 장애가 발생함

그림 2-31처럼 9대의 클라이언트와 3대의 서버가 있습니다. 각 서버는 최대 3대의 클라이언트 요청을 처리할 수 있는 능력을 갖추고 있습니다. 만약 1번~6번까지의 클라이언트가 모두 A 서버에 요청을 보내면 어떻게 될까요? A 서버는 너무 많은 요청을 받아서 결국 과부하가 걸리고 말 것입니다. 즉, 요청을 제대로 처리하지 못하게 되는 상황에 놓입니다. 나머지 서버 중에서 B 서버는 7번~9번 클라이언트의 요청을 처리 중이며, C 서버는 통신이 없는 상태입니다.

이런 상황에서 L4 스위치가 필요합니다. L4 스위치가 하는 중요한 일 중 하나가 바로 **로드밸런싱**입니다. 이는 부하 분산으로, 여러 서버로 클라이언트의 트래픽을 골고루 나눠 보내는 기능을 의미합니다. 예를 들어, 그림 2-32와 같이 9대의 클라이언트 요청이 L4 스위치로 들어오고 있습니다. 그럼 L4 스위치는 받은 요청을 바로 서버에 보내지 않고 어떤 서버가 여유가 있는지를 살펴본 다음, 가장 적합한 서버로 클라이언트의 요청을 보내줍니다.

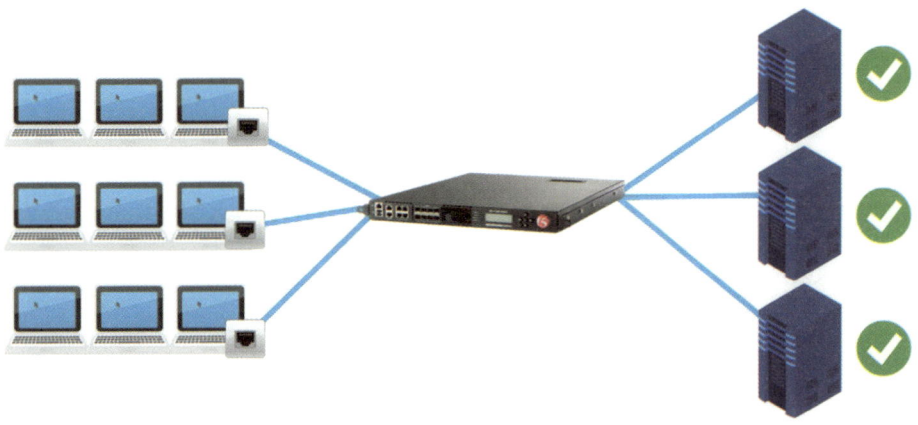

그림 2-32 L4 스위치의 로드밸런싱 기능을 통해 클라이언트의 요청을 서버들이 문제없이 처리함

A 서버와 B 서버가 이미 3대씩 클라이언트 요청을 처리하고 있어서 꽉 찼는데, 또 다른 3대의 클라이언트가 요청을 보내왔다고 가정해봅시다. 이때 L4 스위치는 이 새로운 요청을 이미 바쁜 A나 B 서버로 보내지 않고, 다소 여유 있는 C 서버에 보내줍니다. 이렇게 하면 각 서버가 너무 많은 요청을 받지 않고, 골고루 나눠서 처리할 수 있게 됩니다.

만약 A, B, C 서버가 모두 바빠서 더 이상 새로운 요청을 받을 수 없는 상태라면, 그때 L4 스위치는 클라이언트의 요청을 서버로 바로 보내지 않고 잠시 가지고 있습니다. 그러다가 서버 중 하나가 작업을 마치고 여유가 생기면, 그때 요청을 보냅니다. 이렇게 L4 스위치가 중간에서 조율하니, 서버에서는 과부하로 다운되는 일 없이 클라이언트의 요청을 안정적으로 처리할 수 있게 됩니다.

방화벽

L4 스위치 외에 또 다른 중요한 네트워크 트래픽 제어 방법으로는 어떤 데이터가 네트워크를 통과할 수 있는지, 아니면 차단해야 하는지를 결정하는 것입니다. 이 역할을 담당하는 네트워크 기기가 **방화벽**(Firewall)입니다.

방화벽은 자신이 설정한 정책에 따라 특정 트래픽을 허용할지, 아니면 차단할지를 결정합니다. 다음 그림은 두 대의 노트북이 서로 데이터를 주고받으려는 상황입니다. 왼쪽에 있는 1번 노트북이 오른쪽에 있는 2번 노트북으로 데이터를 보내려고 하는데, 이 데이터에는 송신지와 수신지의 포트 번호와 IP 주소가 포함되어 있습니다.

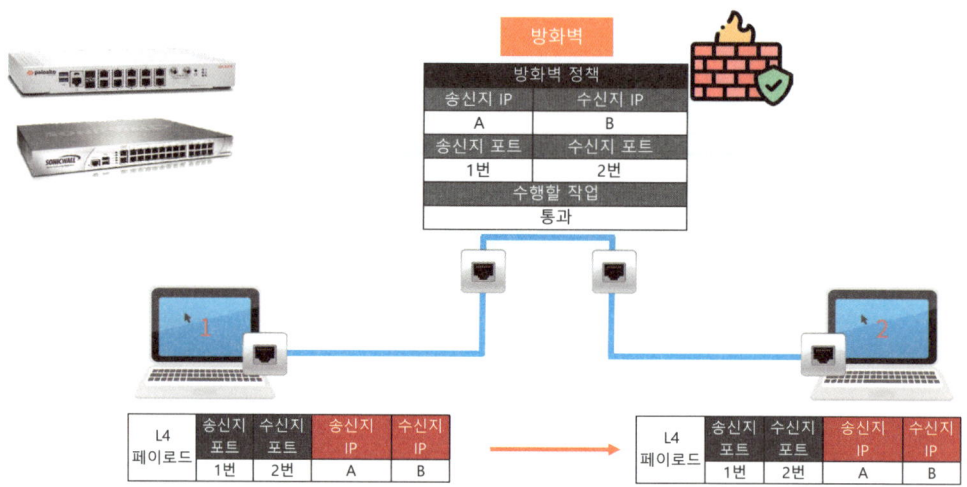

그림 2-33 정책에 따라 통신을 허용하는 방화벽의 트래픽 제어 방식(출처: Paloalto Networks, Sonicwall)

이 데이터가 방화벽에 도달하면, 방화벽은 자신이 설정해둔 정책을 확인합니다. 예를 들어, 방화벽 정책에 '송신지 포트가 1번, 수신지 포트가 2번이고, 송신지 IP가 A, 수신지 IP가 B인 경우에는 통과를 허용한다'라는 규칙이 있으면, 방화벽은 이 데이터를 통과시키고 데이터는 2번 노트북으로 안전하게 전달됩니다.

이처럼 방화벽은 네트워크상에서 데이터를 허용할지, 차단할지를 결정해 네트워크를 보호하는 중요한 역할을 합니다. 이는 인터넷에서 안전하게 통신하기 위해 필수 기기입니다.

다른 예로 그림 2-34를 보면, 1번 노트북이 데이터를 보내는데 이 데이터 패킷에 붙어 있는 헤더를 보면 송신지 포트는 1번, 수신지 포트는 3번, 송신지 IP 주소는 A, 수신지 IP 주소는 C로 되어 있습니다.

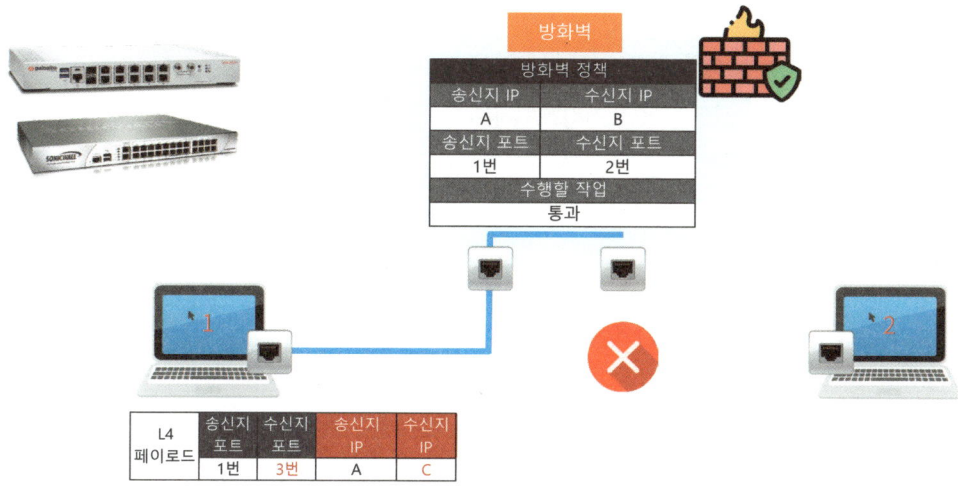

그림 2-34 정책에 따라 트래픽을 차단하는 방화벽의 트래픽 제어 방식(출처: Paloalto Networks, Sonicwall)

이 데이터를 받은 방화벽은 어떻게 처리할까요? 방화벽은 자신이 설정해둔 정책을 먼저 확인합니다. 그런데 방화벽 정책에 수신지 포트가 3번이고, 수신지 IP 주소가 C인 데이터를 통과시키라는 규칙이 없습니다. 그렇다면 방화벽은 이 데이터를 차단합니다. 결국 1번 노트북에서 보낸 데이터는 2번 노트북에 도착하지 못하게 됩니다. 이처럼 방화벽은 설정된 규칙에 따라 어떤 데이터가 네트워크를 통과할 수 있는지, 어떤 데이터를 차단할지 판단합니다.

방화벽 정책을 설정할 때 주로 사용하는 방식에는 블랙리스트와 화이트리스트가 있습니다. 블랙리스트 방식은 특정 IP 주소나 포트 번호를 차단하고 그 외의 트래픽은 모두 허용하며, 반면 화이트리스트 방식은 허용된 IP 주소나 포트 번호만 통과시키고 나머지는 모두 차단합니다.

그림 2-35 방화벽이 트래픽을 제어하는 두 가지 방식, 블랙리스트와 화이트리스트

쉽게 말해, 블랙리스트는 '이 녀석만 차단하고 나머지는 모두 통과시켜'라는 개념이고, 화이트리스트는 '이 녀석만 통과시키고 나머지는 모두 차단해'라는 개념입니다. 그래서 상황에 따라 어떤 방식을 선택하는 것이 나을지 결정해야 합니다. 만약 차단해야 할 대상이 많지 않다면 블랙리스트 방식을 사용하는 게 좋고, 허용해야 할 대상이 적다면 화이트리스트 방식이 더 적합하겠죠?

사실 방화벽은 기본적으로 정책에 따라 트래픽을 관리하는 단순한 역할을 합니다. 물론 방화벽에는 이 외에도 다양한 기능이 있지만, 지금은 이 정도만 기억해도 충분합니다. 네트워크 보안을 지키는 방화벽의 핵심 개념은 바로 이 정책 관리입니다.

그림 2-36 로드밸런서인 L4 스위치와 트래픽을 차단하는 방화벽(출처: F5 Networks, A10 Networks, Fortinet, 안랩)

정리하자면, L4 계층에서는 TCP/UDP 프로토콜을 사용해 데이터를 전송합니다. 이 계층에서 중요한 역할을 하는 네트워크 기기로는 로드밸런서를 제공하는 L4 스위치, 그리고 트래픽을 관리하고 보호하기 위해 사용하는 방화벽이 있습니다. L4 스위치는 서버의 부하를 분산시켜주고, 방화벽은 설정된 정책에 따라 트래픽을 허용하거나 차단하는 역할을 합니다. 이렇게 L4 계층에서는 데이터를 효율적으로 전송하고, 네트워크 보안을 강화하는 기기들이 주로 사용됩니다.

L7(7계층): 애플리케이션 계층

이제 OSI 7계층 모델의 최상위 계층, L7에 대해 알아볼 차례입니다. L7은 **애플리케이션 계층**으로, 사용자가 직접 사용하는 애플리케이션을 다룬다는 의미로 **사용자 계층**이라고도 합니다. 앞서 L4에서는 IP 주소와 포트 번호를 참고해 트래픽을 관리한다고 했는데, L7에서는 이보다 더 많은 프로토콜을 참고해 트래픽을 세밀하게 제어할 수 있습니다.

L7에서는 IP 주소와 포트 번호뿐만 아니라, URL, 쿠키 정보 같은 다양한 요소를 참고해 사용자가 어떤 애플리케이션에서 어떤 콘텐츠를 주고받고 있는지 파악할 수 있습니다. 이러한 정보들을 바탕으로 트래픽을 더 세밀하게 관리하는 계층이라고 볼 수 있습니다. L7 덕분에 네트워크는 단순히 데이터를 보내고 받는 것뿐만 아니라, 그 데이터의 내용을 이해하고 제어할 수 있게 됩니다.

L7 스위치

L7에서 작동하는 대표적인 기기는 바로 **L7 스위치**입니다. L4 스위치처럼 트래픽의 부하를 분산하는 역할을 합니다. 그런데 L7 스위치는 이걸 더 똑똑하게 해낸다는 차이점이 있습니다. L4 스위치는 단순히 IP 주소와 포트 번호만 보고 데이터를 나눠주는 반면에, L7 스위치는 사용자가 어떤 콘텐츠를 요청했는지도 고려해서 트래픽을 조절합니다.

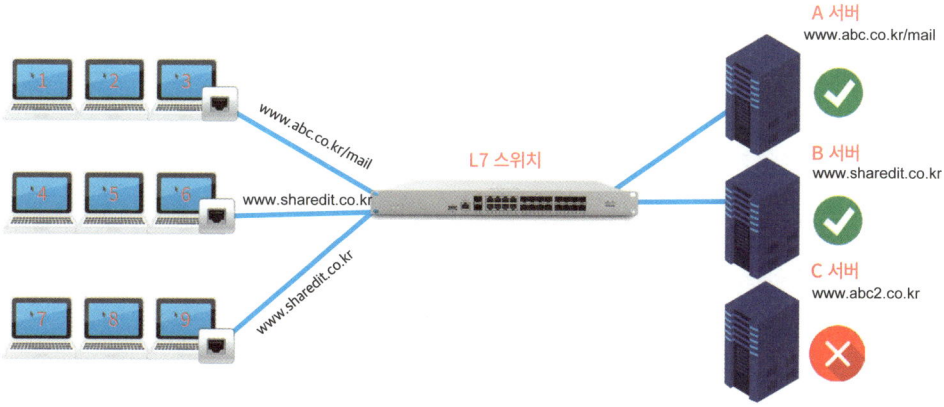

그림 2-37 L7에서 동작하는 네트워크 기기 1: L7 스위치(출처: Cisco)

이런 상황을 상상해볼까요? 그림 2-37과 같이 클라이언트 9대와, 서버 A, B, C 3대가 있다고 해봅시다. 클라이언트 1번~3번은 www.abc.co.kr/mail URL에 접속하려고 합니다. 이 URL은 A 서버에서 메일 서비스를 운영하는 곳입니다. 이때 L7 스위치는 클라이언트들이 요청한 URL을 보고, 정확하게 A 서버로 요청을 전달합니다.

또 클라이언트 4번~9번은 www.sharedit.co.kr 사이트에 접속하려는 요청을 보내려고 합니다. 이 경우 L7 스위치는 B 서버가 해당 사이트를 운영하고 있다는 걸 알고, 모든 요청을 B 서버로 보냅니다. 마지막 C 서버는 www.abc2.co.kr 사이트를 운영하고 있지만, 만약 이 사이트에 대한 요청이 없다면 C 서버는 그냥 쉬게 되는 것입니다.

그리고 L7 스위치는 L4 스위치처럼 서버의 부하를 분산시킵니다. 이번에도 클라이언트의 요청이 너무 많아지면 어떻게 할까요? 바로 서버에 요청을 보내지 않고 잠시 보류합니다. 그리고 서버 중에서 요청을 처리할 준비가 된 서버가 나타나면, 그때 요청을 보내서 서버들이 더 효율적으로 일을 할 수 있게 도와줍니다. L7 스위치는 이런 식으로 더 세밀하고 똑똑하게 부하 분산을 해주는 기기입니다.

웹 방화벽

L7 스위치 외에도 L7 계층에서 동작하는 또 다른 중요한 기기가 바로 **웹 방화벽**(WAF, Web Application Firewall)입니다. 웹 방화벽도 L4 계층에서 동작하는 방화벽처럼 특정 정책에 따라 트래픽을 허용하거나 차단하는 역할을 맡습니다. 그런데 이 웹 방화벽은 L4 방화벽과는 조금 다릅니다.

L4 방화벽은 IP 주소와 포트 번호를 기준으로 트래픽을 판단하지만 웹 방화벽은 L7 스위치처럼 트래픽의 내용을 들여다볼 수 있습니다. 즉, 단순히 어디서 온 데이터인지만 확인하는 게 아니라, 그 데이터가 실제로 어떤 내용을 담고 있는지까지 분석할 수 있습니다. 그래서 더 정밀하게 트래픽을 허용하거나 차단할 수 있습니다.

예를 들어, 특정 웹사이트의 로그인 페이지로 들어오는 요청들 중에서 의심스러운 패턴을 가진 트래픽이 있다면 웹 방화벽은 그 내용을 분석해 자동으로 차단할 수 있습니다. 블랙리스트나 화이트리스트 방식으로 트래픽을 관리하는 것뿐만 아니라, 트래픽의 내용을 직접 보고 나쁜 트래픽은 막아내는 역할까지 해낼 수 있는 것이 웹 방화벽의 큰 특징입니다.

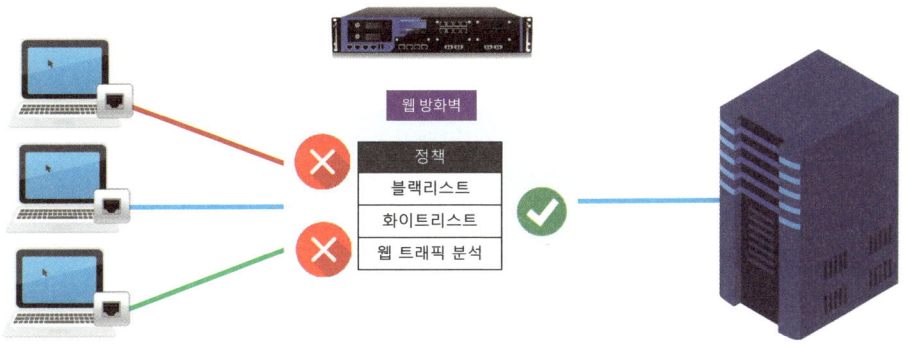

그림 2-38 L7에서 동작하는 네트워크 기기 2: 웹 방화벽(출처: 펜타시큐리티)

웹 방화벽은 클라이언트가 서버로 보내는 트래픽의 세부 내용을 철저히 분석해서 이 트래픽을 통과시킬지 말지를 판단하는 역할을 합니다. 그림 2-39의 웹 방화벽이 사용하는 정책을 보면, XSS와 SQL Injection 트래픽은 차단하고, 파일 업로드는 허용하는 방식입니다.

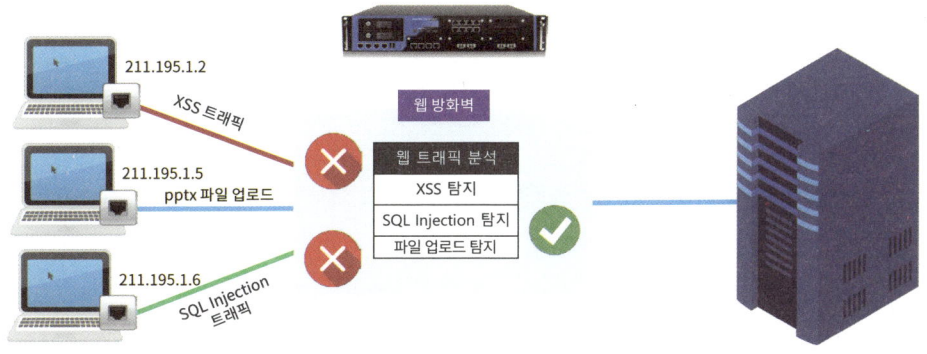

그림 2-39 웹 트래픽을 분석해서 차단하는 웹 방화벽(출처: 펜타시큐리티)

XSS는 Cross Site Scripting의 약자로, 해커가 웹페이지에 악성코드를 심어두고, 사용자가 게시글이나 배너를 클릭해 그 페이지에 접근하면 악성코드가 담긴 스크립트(특정 작업을 자동으로 수행하기 위해 작성된 코드의 모음)가 실행돼 사용자의 정보를 탈취하는 공격 유형입니다. 이러한 공격을 막아주는 게 웹 방화벽의 역할 중 하나입니다.

또 다른 대표적인 공격 방식인 **SQL Injection**은, 사용자가 로그인을 위해 입력해야 하는 아이디, 비밀번호나 검색 키워드 대신 SQL 구문을 입력해서 데이터베이스가 잘못된 명령을 실행하도록 만듭니다. 이 때문에 데이터베이스에 저장된 데이터가 노출되거나, 심지어 수정되거나 삭제될 수도 있습니다. 웹 방화벽은 이런 종류의 공격도 감지해서 차단할 수 있는 중요한 기능을 가지고 있습니다.

SQL Injection의 SQL이 무엇인지, 그리고 데이터베이스가 어떤 역할을 하는지에 대해서는 4장에서 다룰 예정입니다. 지금은 웹 방화벽이 이런 위험한 트래픽을 막아주는 역할을 한다는 점만 기억해도 충분합니다.

정리하면, L7은 OSI 7계층의 가장 상위 계층으로, 애플리케이션 간 트래픽을 관리하는 중요한 역할을 합니다. L7 스위치는 L4 스위치보다 훨씬 정밀하게 트래픽을 제어할 수 있는 기기이고, 웹 방화벽은 더욱 세부적인 정보를 바탕으로 다양한 웹 기반 공격을 차단하는 데 특화되어 있습니다. L7 계층에서는 이런 기기들이 애플리케이션 트래픽을 안전하게 관리하고 보호하는 역할을 합니다.

핵심 개념 정리

- 네트워크에서 데이터는 네트워크 프로토콜이라는 약속에 의해 전송됨.
- 네트워크에서 데이터는 계층별로 처리되며, 네트워크 프로토콜 통신 구조를 계층별로 나눈 OSI 7계층 참조 모델이 표준으로 사용됨.
- 업계에서는 주로 L1, L2, L3, L4, L7 5개 계층을 주로 다루며, 상위 계층에서 동작하는 기기는 하위 계층에서 동작하는 기기의 기능을 가지고 있음.
- L1은 물리적인 하드웨어 간의 연결을 담당함. L2는 같은 네트워크의 기기 연결을 MAC 주소로 관리하며, 대표적인 기기는 L2 스위치임.
- L3는 다른 네트워크 간의 연결을 IP 주소로 관리하며 대표적인 기기는 라우터임.
- L4는 트래픽을 IP 주소와 논리적 포트 번호를 참조해 제어하며, 트래픽 부하 분산을 위한 로드밸런서인 L4 스위치와 트래픽을 정책 기반으로 허용하고 통제하는 방화벽이 대표적인 기기임.
- L7은 최종 사용자의 애플리케이션 정보까지 참조해서 트래픽을 더욱 세밀하게 관리하며, 사용자의 콘텐츠를 고려해서 부하 분산을 해주는 L7 스위치, 콘텐츠 정보를 토대로 웹 트래픽을 허용하고 차단하는 웹 방화벽이 대표적인 기기임.

2.5 네트워크 형태

2.4절에서는 네트워크 계층과 기기들, 즉 우리가 사용하는 네트워크의 구성과 세부 요소들을 다뤘다면, 이번에는 이 네트워크의 구성 요소들이 동작하는 환경, 즉 우리가 집이나 사무실, 또는 특정 공간에서 사용하는 네트워크 환경에 대해 알아볼 차례입니다. 이를 네트워크의 형태라고 하는데 하나씩 차근차근 살펴보겠습니다.

LAN, 근거리 통신망

첫 번째로 알아볼 네트워크 형태는 LAN입니다. 2.4절에서 L2 계층과 관련된 내용을 다루면서 L2 스위치가 어떤 역할을 하는지 설명한 적이 있습니다. 이는 UTP 케이블로 서버와 단말기 등을 L2 스위치에 연결해 서로 통신할 수 있게 해주는 기기입니다. 이런 L2 스위치로 연결된 네트워크 환경을 **LAN**(Local Area Network), 즉 **근거리 통신망**이라고 부릅니다.

LAN을 가장 쉽게 접할 수 있는 곳은 PC방이나 사무실입니다. 같은 층이나 한 구역에 있는 PC와 각종 기기들이 하나의 L2 스위치에 연결되어 네트워크를 구성합니다. 이 네트워크에 속한 기기들은 서로 자유롭게 통신할 수 있습니다. PC방이나 사무실에서 가까운 프린터로 문서를 출력할 수 있는 이유는 PC와 프린터가 같은 LAN 네트워크에 연결되어 있기 때문입니다.

그림 2-40 우리가 쉽게 접할 수 있는 LAN 환경 예

그런데 회사에서 PC로 네트워크 프린터를 검색할 때 보면, 프린터의 MAC 주소가 아니라 IP 주소가 표시되는 걸 본 적이 있을 겁니다. 프린터 역시 자신과 연결된 PC의 IP 주소를 표시합니다. 여기서 흥미로운 점은, PC와 프린터는 IP 주소를 가지고 있지만 실제 PC가 프린터로 문서를 인쇄하라는 데이터를 전송할 때는 L2 스위치가 이 기기들의 MAC 주소를 기준으로 데이터를 전송한다는 것입니다.

즉, IP 주소를 가진 기기들은 외부 네트워크와 통신할 수 있는 상태지만, L2 스위치로만 연결된 LAN 환경에서는 IP 주소가 있어도 실제 데이터 전송에는 사용되지 않는다는 것입니다. 실제로는 MAC 주소를 기반으로 데이터를 주고받는 것이죠. 만약 이 LAN 환경에 라우터가 없다면 어떻게 될까요? L2 스위치로 연결된 기기들끼리만 통신할 수 있고, 외부 네트워크와의 연결은 불가능해집니다. 이런 환경을 **폐쇄망**이라고 부릅니다.

그림 2-41 L2 스위치로 연결된 PC와 프린터

1990년대 후반, PC방이 전국적으로 유행하면서 스타크래프트 열풍이 불었던 시기가 있었습니다. 필자도 그 당시 친구와 함께 동네 스타크래프트 대회에 나가 입상할 정도로 열심히 게임을 즐겼는데, 혹시 여러분도 PC방에서 친구들과 스타크래프트를 멀티 플레이로 해본 경험이 있나요? 그러면 이 LAN 옵션을 기억할 것입니다.

스타크래프트를 실행한 후, 메인 메뉴에서 멀티 플레이를 선택하고, 근거리 통신망(LAN) 옵션을 선택한 다음 방을 만들면 같은 PC방에 있는 친구들이 그 방에 들어와 함께 게임을 즐길 수 있었죠. 하지만 집에 있는 친구들은 이 방에 들어올 수 없었습니다. 왜 그랬을까요? 그 친구들은 다른 네트워크에 연결되어 있었기 때문입니다.

그림 2-42 대표적인 LAN 환경인 스타크래프트 멀티 플레이(출처: Blizzard, 한겨레)

WAN, 원거리 통신망

LAN을 이해했다면 이제 **WAN**(Wide Area Network)에 대해 알아볼 차례입니다. LAN에서 'L'은 Local로 근거리 통신망을 의미하는 반면에, WAN의 'W'는 Wide로 네트워크의 범위가 넓다는 의미로서, 즉 **원거리 통신망**을 뜻합니다.

LAN은 사무실처럼 같은 공간에서 L2 스위치로 연결된 네트워크입니다. 그렇다면 WAN은 무엇일까요? WAN은 우리 회사의 LAN과 다른 건물이나 다른 회사의 LAN을 연결해서 더 큰 네트워크를 형성한 것입니다. 서로 다른 네트워크를 하나로 묶어주는, 더 넓은 범위의 네트워크망이 바로 WAN입니다.

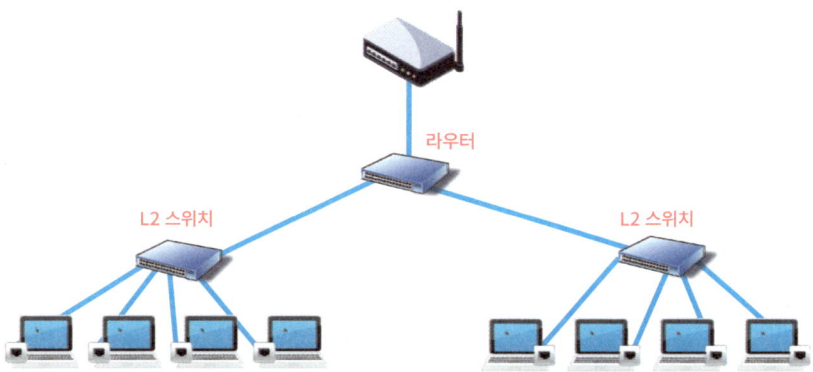

그림 2-43 L2 스위치로 구성된 LAN에 라우터를 연결한 네트워크 구성도 예시

네트워크 계층(L3)에서 동작하는 기기들 중에서 라우터가 서로 다른 네트워크를 연결해준다고 설명했던 것을 기억하나요? 이처럼 회사 내부와 외부 네트워크를 모두 포함하는 네트워크 환경은 그림 2-43처럼 구성할 수 있습니다. L2 스위치에 클라이언트 PC와 여러 기기들이 연결되고, 외부와 통신하려면 각 L2 스위치마다 라우터를 두어야 합니다. 하지만 이렇게 하면 라우터가 많이 필요하고, 네트워크 구성이 꽤 복잡해집니다.

그래서 조금 더 간편하게 구성할 수 있는 방법이 있습니다. 다수 기기가 연결된 여러 L2 스위치를 또 다른 상위 L2 스위치로 연결하는 겁니다. 이렇게 하면 라우터는 상위 L2 스위치에만 연결하면 되니, 라우터의 개수를 줄일 수 있고 네트워크 구성이 훨씬 간단해집니다. 이런 방식으로 네트워크 구성을 단순화하면 내부와 외부 네트워크 트래픽 흐름을 관리하기가 쉽습니다.

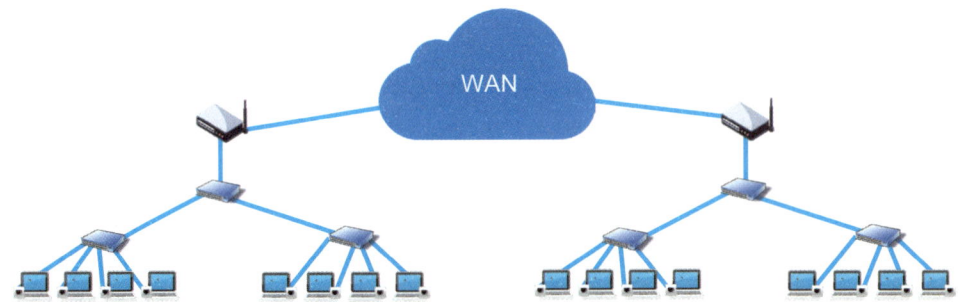

그림 2-44 라우터와 라우터를 연결한 원거리 네트워크, WAN 구성도 예시

WAN은 그림 2-43에서 봤던 네트워크에서 가장 상단에 있는 라우터들을 서로 연결한 것으로 생각하면 됩니다. 각 라우터에 연결된 L2 스위치와 그 밑에 있는 다른 L2 스위치들, 그리고 단말기들은 각각 하나의 LAN 환경을 이루고 있습니다. 그런데 이 LAN 환경들을 라우터를 통해 연결하면, 비록 물리적으로 거리가 떨어져 있더라도 마치 하나의 네트워크처럼 서로 통신할 수 있게 됩니다. 이렇게 서로 다른 LAN을 라우터로 연결해서 더 큰 네트워크를 만든 것이 바로 WAN입니다.

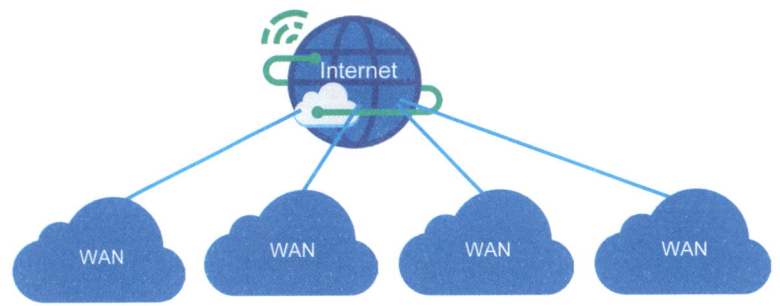

그림 2-45 인터넷, 매우 많은 WAN이 모인 거대한 네트워크

WAN이 여러 LAN 네트워크를 연결한 것이라면, 이 WAN들을 서로 연결해 더 큰 네트워크를 구성하면 아주 커다란 WAN이 되겠죠? 그게 인터넷(Internet)의 시초입니다. 앞서 네트워크 개념에서 미국 DARPA가 전국의 연구소 네트워크를 연결해 만든 커다란 네트워크를 소개한 적이 있습니다. 이 연구소들이 각각의 LAN을 이루고, 그 LAN들을 연결한 것이 지역별 WAN이 됩니다. 그리고 이 지역별 WAN들을 서로 연결하면, 미국 전역의 거대한 네트워크, 미국만을 위한 하나의 초대형 WAN이 되는 것입니다.

그림 2-46 전 세계의 WAN을 하나로 연결한 인터넷

이 미국의 초대형 WAN이 다른 나라들의 WAN과 연결되어 탄생한, 엄청나게 큰 네트워크가 바로 인터넷입니다. 우리가 인터넷에 접속해 전 세계의 웹사이트에 들어가려면, 브라우저의 주소창에 보통 'www'로 시작하는 주소를 입력해야 합니다. 예를 들어 그냥 naver.com이라고 입력해도 네이버로 연결되지만, 주소창을 다시 보면 www.naver.com으로 표시되는 걸 확인할 수 있습니다.

여기서 'www'는 World Wide Web의 약자입니다. 단어 그대로 전 세계를 아우르는 하나의 거대한 웹, 네트워크를 의미합니다. 이 거대한 인터넷이라는 통신망을 통해 전 세계에서 운영되는 다양한 사이트에 접속하고, 서로 정보를 주고받을 수 있는 공간이 바로 World Wide Web입니다. 다시 말해, 인터넷은 수많은 LAN과 WAN이 모여 형성된 아주 커다란 네트워크입니다.

DMZ, 비무장지대

기업에서 외부 고객을 대상으로 서비스를 운영할 때, 그 서비스는 당연히 인터넷을 통해 사용자들이 접속하게 됩니다. 그런데 만약 사용자들 중에 해커가 있다면 어떻게 될까요? 해커가 회사 서버를 해킹하면 서버에 저장된 데이터가 탈취될 위험이 생길 뿐만 아니라, 이 서버와 같은 네트워크에 연결된 회사 내부의 다른 기기들, 예를 들어 임직원들의 PC도 해커의 공격에 노출될 수 있습니다.

그래서 기업이 내부 직원뿐만 아니라 외부 고객을 대상으로 서비스를 운영할 때는 서비스를 운영하는 서버를 내부 네트워크(LAN)에 그대로 두지 않고, 별도의 안전한 공간에 두는 것이 중요합니다. 이 공간을 **DMZ**라고 부릅니다.

DMZ는 Demilitarized Zone, 즉 비무장지대라는 뜻입니다. 우리가 알고 있는 비무장지대는 남한과 북한 사이에 군사 활동을 하지 않기로 합의한 평화로운 지역이죠. 기업 네트워크에서의 DMZ도 이와 비슷한 개념입니다. 내부 네트워크와 외부 네트워크 사이에 위치한, 비교적 안전한 공간을 의미합니다. 이곳에 서버를 두고 외부 사용자를 위한 서비스를 운영합니다.

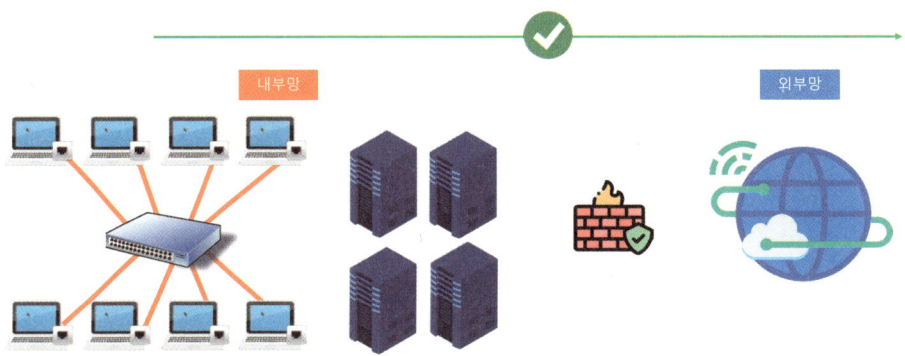

그림 2-47 내부망(내부 네트워크)에 서비스 운영 서버를 둔 네트워크 구성도 예시

그림 2-48을 보면 내부망과 DMZ 사이에 방화벽이 있고, DMZ와 외부망 사이에도 또 다른 방화벽이 설치되어 있습니다. 방화벽은 네트워크 트래픽을 정책에 따라 허용하거나 차단하는 역할을 하기 때문에, 이처럼 DMZ는 내부망과 외부망 사이에 방화벽으로 보호된 공간에 위치하게 됩니다. 이곳에 외부 사용자용 서버를 두면, 사용자는 DMZ에 있는 서버에만 접근할 수 있습니다.

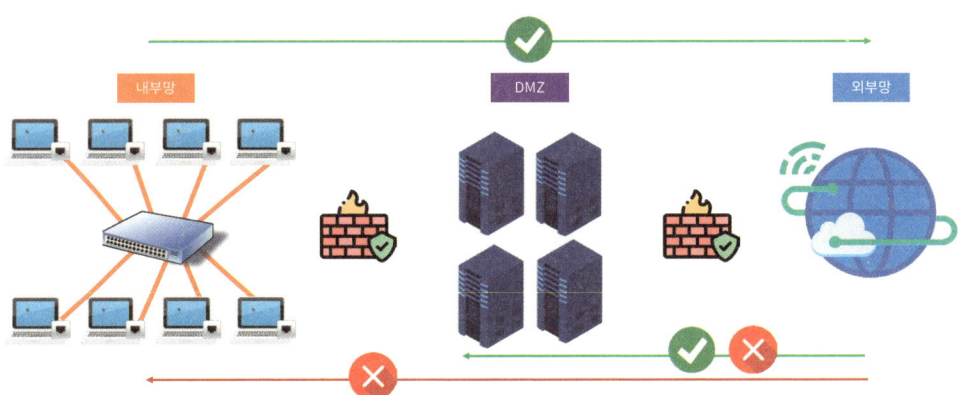

그림 2-48 기업의 일반적인 DMZ를 활용한 네트워크 구성도 예시

기업의 서비스 사용자들은 외부망, 즉 인터넷을 통해 DMZ의 서버에 접속할 수 있습니다. 그리고 DMZ 앞에 있는 방화벽은 정상적인 사용자 트래픽만 허용하고, 해커의 의심스러운 트래픽은 차단하게 됩니다. 그런데 만약 매우 능숙한 해커가 이 방화벽을 뚫고 DMZ에 있는 서버까지 침투하면 어떻게 될까요?

물론 이럴 경우 DMZ에 있는 서버의 데이터가 위험해질 수 있지만, 해커가 기업 내부의 PC나 기기들에 접근하려면 DMZ 뒤에 있는 또 다른 방화벽을 넘어야 합니다. 그런데 이 방화벽은 보통 성능이 매우 뛰어나고, 이 방화벽 너머에 있는 회사의 내부 네트워크는 추가적인 보안 솔루션까지 적용되어 있어서 뚫기가 상당히 어렵습니다. 그래서 내부 네트워크에 있는 기기들은 안전하게 보호됩니다.

또한 내부망에서 외부로 나가는 트래픽은 방화벽 정책에 따라 통과시킬 수 있기 때문에 직원들은 외부망, 즉 인터넷에도 접속할 수도 있습니다. 반면, 외부에서 내부로 들어오는 트래픽은 철저히 검토한 후 통과가 허용되기 때문에 내부 네트워크의 안전성을 확보할 수 있습니다.

DMZ에 고객을 위한 서비스를 운영하는 서버를 둘 때, 이 서버들은 내부망에 있는 것이 아니기 때문에 상대적으로 덜 안전하게 관리될 수 있습니다. 왜냐하면 DMZ를 보호하는 방화벽은 하나뿐이기 때문입니다. 그렇다고 이 서버들을 내부망에 둘 수도 없습니다. 이럴 때는 그림 2-49처럼 서비스 운영 서버 중에서 고객의 중요한 데이터를 처리하는 서버, 예를 들어 쇼핑몰에서 회원들의 개인정보나 주문, 결제 정보를 다루는 서버만을 내부망에 두는 방식으로 운영할 수 있습니다.

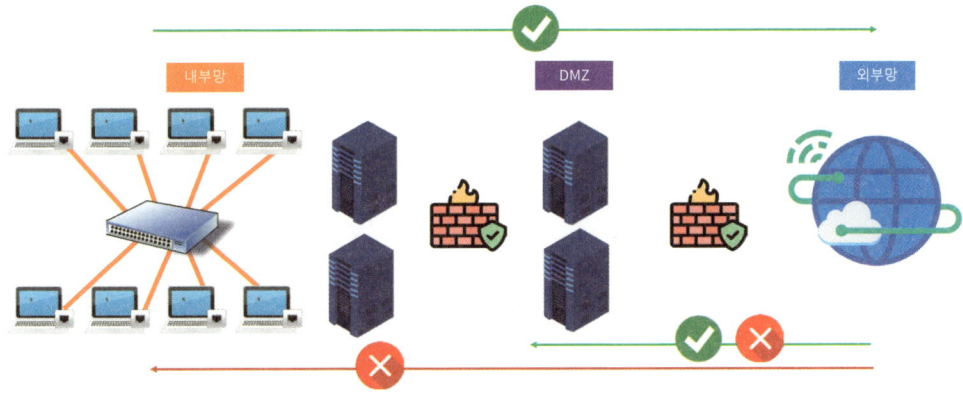

그림 2-49 보안이 한층 더 강화된 기업의 DMZ를 활용한 네트워크 구성도 예시

한 예로, 쇼핑몰 서비스를 구성하는 여러 서버 중 웹 서버는 DMZ에 두고, 회원들의 중요한 개인정보를 담고 있는 DB 서버는 내부망에 두는 방법도 있습니다. 그리고 DMZ에 있는 웹 서버가 내부망에 있는 DB 서버와 통신할 수 있도록, 내부망과 DMZ 사이의 방화벽 정책을 설정해 줍니다. 이렇게 하면, 만약 DMZ와 외부망 사이에 있는 방화벽이 해커에게 뚫려서 서비스 운영을 담당하는 웹 서버가 해킹되더라도, 회원들의 개인정보를 보관하고 있는 DB 서버는 내부망에 있어서 안전하게 보호할 수 있습니다.

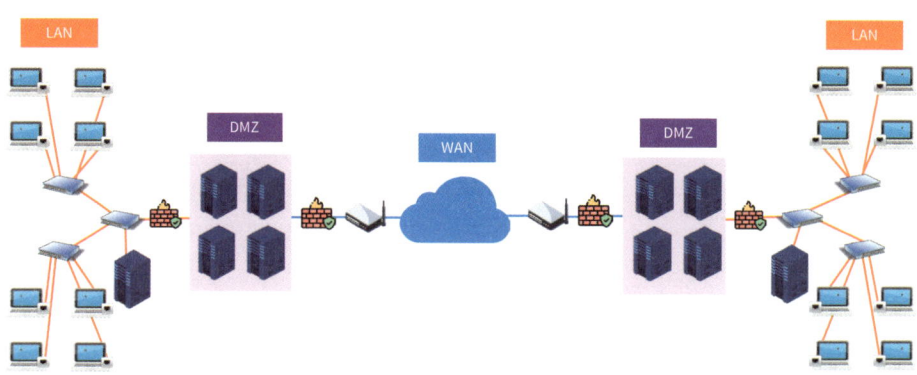

그림 2-50 일반적인 LAN, DMZ, WAN 구성도 예시

외부 사용자용 서비스를 운영하는 기업이라면, 그림 2-50처럼 네트워크를 구성할 수도 있습니다.

LAN → 방화벽 → DMZ → 방화벽 → 라우터 → WAN → 라우터 → 방화벽 → DMZ → 방화벽 → LAN

이 구조는 회사에서 사용하는 클라이언트와 서버를 보호하는 데 아주 중요한 역할을 합니다. 우리가 회사에서 사용하는 PC들도 이처럼 복잡한 네트워크 환경 속에서 안전하게 보호받으며, 인터넷을 통해 서비스를 제공하는 기업들도 이와 같은 방식으로 자신들의 서버와 임직원들의 PC, 그리고 중요한 데이터를 보호하기 위해 여러 기기를 사용해 네트워크를 구성합니다.

처음에는 조금 복잡하게 보일 수 있지만 각 네트워크 영역이 어떤 역할을 하는지, 그리고 그 안에서 사용하는 기기들이 어떤 기능을 수행하는지 이해했다면 기초 단계에서는 충분합니다.

VPN, 가상 사설망

보안과 관련된 또 다른 중요한 기술인 VPN에 대해 알아보겠습니다. **VPN**은 Virtual Private Network의 약자로, 가상 사설망이라는 뜻입니다. 그림 2-51과 함께 자세히 살펴보겠습니다.

VPN은 사용자 장치, 즉 클라이언트 기기에 설치되어 사용자가 주고받는 네트워크 트래픽을 암호화해서 안전하게 보호하는 역할을 합니다. 여기서 '트래픽을 암호화한다'는 건, VPN이 설치된 기기에서 송신하는 데이터의 내용이 암호화되어 누군가 중간에서 가로채더라도 그 내용을 알 수 없도록 보호된다는 의미입니다. 이 암호화된 데이터를 VPN 서버가 받아서 암호를 풀고, 사용자가 실제로 접속하려는 서버에 안전하게 전달해주는 거죠. 즉, 사용자의 데이터가 인터넷을 통해 이동하는 동안 VPN이 중간에서 그 데이터를 안전하게 지켜준다고 생각하면 됩니다.

그림 2-51 네트워크 보안의 대표적인 수단 중 하나인 VPN

좀 더 쉬운 예로, 연예인 A와 B가 해외 공연을 하기 위해 비행기를 타고 미국에 간다고 가정해봅시다. 먼저 A는 공항에 가서 티켓을 사고, 특정 항공사의 비행기를 타고 미국에 도착합니다. 이 과정에서 다른 승객들이나 공항 직원들에게 자신의 신분이 노출될 수도 있을 겁니다. 반면, B는 자신의 전용기를 이용했고, 전용기를 타고 내릴 때도 특별한 경호원들이 그를 둘러싸서 신분이 노출되지 않도록 철저히 보호해줍니다. 이 비유에서 A가 이용한 항공편이 일반 통신망이라면, B가 이용한 전용기는 바로 VPN이라고 할 수 있습니다.

사실 개인 사용자들이 VPN을 사용하는 흔한 이유 중 하나는 인터넷 접속 정보를 숨기기 위함입니다. 'Tunnel Bear'라는 개인 VPN 서비스를 들어본 적이 있나요? 이 서비스를 이용하면, 한국이 아닌 다른 나라에서 접속한 것처럼 위치를 속일 수 있습니다.

또한 TIDAL, XBOX, 넷플릭스 같은 서비스는 특정 지역에서만 제공되거나, 국가별로 서비스 요금이 다를 때가 있습니다. TIDAL은 한국에서 공식적으로 서비스가 제공되지 않기 때문에 접속이 불가능합니다. 그런데 Tunnel Bear VPN을 통해 미국 서버를 경유하면, 내가 미국에서 접속한 것으로 인식하고 서비스를 제공해줘요.

그림 2-52 자신의 접속 위치를 감출 수 있게 도와주는 VPN(출처: Tunnel Bear, Netflix)

이처럼 VPN은 네트워크 트래픽을 암호화해서 인터넷에서 나의 신분과 정보를 감추는 용도로도 활용할 수 있습니다.

▶ TIDAL: 대표적인 고음질 음원 스트리밍 서비스, 한국의 멜론, 지니뮤직과 유사한 형태이나 고음질 위주의 음원을 제공하는 것으로 유명합니다.

기업도 보안을 강화하기 위해 VPN을 사용합니다. 특히 기업에서는 트래픽과 통신 구간을 암호화해 외부 위협으로부터 데이터를 안전하게 보호하는 데 중점을 둡니다. VPN을 사용하면 인터넷 망에서 특정 기업만의 전용선을 만들어 통신할 수 있습니다. 말 그대로, 우리 회사만을 위한 전용 네트워크를 구축하는 셈입니다.

그림 2-53처럼 본사와 세 개의 지사가 있다고 가정해보겠습니다. 이때 본사와 각 지사 간에 VPN을 설정하면, 본사와 지사 1은 전용 네트워크를 통해서만 안전하게 통신할 수 있습니다. 지사 2나 3, 또는 외부의 어떤 사람도 이 네트워크에 접근할 수 없으며 본사와 지사 간의 통신은 안전하게 보호됩니다.

그림 2-53 기업에서 사용하는 VPN의 일반적인 용도

하지만 보안을 강화하는 대신, 통신 속도는 약간 느려질 수 있습니다. 트래픽을 보내는 쪽에서 데이터를 암호화하고, 받는 쪽에서는 이를 복호화하는 과정이 필요하기 때문입니다. 그래서 VPN을 사용하지 않을 때보다 통신 속도가 조금 느립니다. 보안을 위해 성능을 조금 희생하는 셈이지만, 최근에는 이러한 단점을 극복하기 위해 관련 기술들이 많이 발전되었습니다.

기업에서 VPN을 설정할 때는 두 가지 방법을 사용합니다. 첫 번째는 각 지점마다 VPN 장비를 설치하고 연결하는 방법이고, 두 번째는 한 곳에만 VPN 장비를 두고 다른 지점의 클라이언트 기기에는 VPN 소프트웨어를 설치해 연결하는 방법입니다.

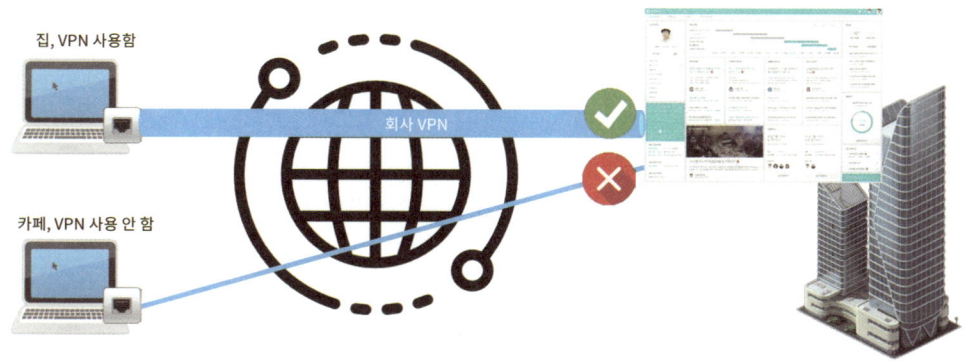

그림 2-54 기업의 대표적인 VPN 활용 사례(출처: 다우오피스)

그렇다면 기업들은 VPN을 어떻게 활용하고 있을까요? 일반적으로 기업에서는 내부망에서만 접속할 수 있는 다양한 시스템을 운영합니다. 예를 들어, 그룹웨어, ERP, CRM 같은 것들이 죠. 이런 서비스들은 회사 내부망에 연결된 상태에서만 접근할 수 있습니다. 그래서 대부분 직원들은 사무실에 출근해서 이런 내부 시스템을 사용하곤 합니다.

그런데 만약 재택근무를 하거나 외근 중에 카페나 협력사 사무실에서 이런 내부 시스템에 접속해야 할 상황이라면 어떻게 해야 할까요? 그냥 집이나 카페에서 인터넷을 통해 내부 시스템에 접속할 수 없을 것입니다. 보안을 위해 외부망에서의 접속을 차단해두었기 때문이죠.

이럴 때 회사에서 VPN을 사용하고 있다면, 그리고 직원들이 회사에서 제공한 VPN 소프트웨어를 PC에 설치했다면 어떻게 될까요? 직원들은 VPN 소프트웨어를 실행한 후, 이 가상 사설망을 통해 회사의 내부 시스템에 접속할 수 있게 됩니다. 물론 사무실에서 직접 내부망에 연결해서 사용하는 것보다는 속도가 약간 느릴 수 있습니다. 하지만 VPN을 사용하면 내부 시스템, 예를 들어 그룹웨어 서버 입장에서는 마치 직원의 PC가 회사 사무실에 있는 것처럼 인식합니다. 그래서 외부에서도 안전하게 내부 시스템에 접근할 수 있습니다.

> **[?] 퀴즈** / 다음 설명에서 잘못된 것은 무엇일까요?
>
> ① **LAN**: L2 스위치로 구성하는 근거리 통신망이다.
> ② **WAN**: L2 스위치 앞단에 라우터를 두고, 이 라우터를 연결한 원거리 통신망이다.
> ③ **인터넷**: 엄청나게 많은 WAN이 연결된 거대한 네트워크다.
> ④ **DMZ**: 기업에서 내부 서버와 클라이언트 기기를 보호하기 위해 별도의 장비를 두고 악성 트래픽을 검사, 차단하는 장비이다.
> ⑤ **VPN**: 보안을 강화하기 위해 사용하는 가상 사설망, 개인들은 자신의 인터넷 접속 정보를 감추기 위해, 기업들은 통신 구간을 보호하여 안전하게 내부 시스템에 접속하기 위해 사용한다.
>
> **정답**
> ④번: DMZ는 고객 서비스 운영 서버를 안전하게 보호하기 위한 별도의 공간으로, 외부에서 함부로 접근하지 못하도록 외부망과 DMZ 사이에 방화벽을 둡니다. 또 내부망에도 허가된 트래픽만 접근을 허용하기 위해 내부망과 DMZ 사이에 방화벽을 설치합니다.

지금까지 네트워크의 기초 개념부터 네트워크의 종류와 계층, 각 계층에서 활용되는 기기들, 그리고 다양한 네트워크 형태까지 살펴보았습니다. 다음 장에서는 네트워크가 데이터를 저장하고 관리하는 스토리지에 대해 자세히 알아보겠습니다.

CHAPTER

03

스토리지

만약 서버에 있는 디스크 용량이 꽉 차서 더 이상 데이터를 저장할 수 없다면 어떻게 해야 할까요? 새로운 서버를 추가하는 게 맞을까요? 또 여러 서버와 클라이언트가 같은 데이터를 함께 사용하고 싶다면 어떤 방법이 필요할까요? 이런 문제들을 해결해주는 것이 바로 스토리지입니다. 이번 장에서는 스토리지가 무엇인지, 어떤 기술과 무슨 용도로 활용하는지, 또 스토리지에 저장된 데이터를 안전하게 보호할 수 있는 방법에 대해 알아보겠습니다.

3.1 _ 스토리지 개념

3.2 _ 스토리지 종류 및 유형

3.3 _ 백업

3.1 스토리지 개념

스토리지와 저장 장치

스토리지는 여러 개의 **저장 장치**를 모아놓은 대용량 고속 저장 장비입니다. 서버나 클라이언트와 네트워크로 연결해서 사용하는데, 거대한 컴퓨터처럼 생겼지만 사실 데이터 저장과 관리에 특화된 장비라 저장 용량이 서버보다 훨씬 큽니다. CPU와 메모리도 갖추고 있어서 스토리지 서버라고 부르기도 하지만 일반적으로는 스토리지라고 합니다.

그림 3-1 대표적인 저장 장치 종류(출처: IBM, Toshiba, Seagate, Western Digital)

저장 장치는 컴퓨터에서 데이터를 저장하기 위한 비휘발성 기억 장치를 의미합니다. 여기서 '비휘발성' 단어에 주목해주세요. 일반적으로 휘발성은 액체가 기체로 변해 흩어지는 성질을 말하지만 IT에서는 좀 다르게 사용됩니다. IT에서 휘발성은 전기가 공급되어야 데이터를 저장할 수 있고, 전기가 끊기면 데이터도 사라진다는 의미를 갖습니다.

그런데 스토리지에 사용되는 저장 장치는 '비휘발성'입니다. 즉, 전기가 끊기더라도 이미 저장된 데이터는 사라지지 않습니다. 처음 데이터를 저장할 때는 당연히 전기가 필요하지만 일단 저장된 후에는 전기가 없어도 데이터는 그대로 남아 있습니다. 이게 바로 비휘발성 저장 장치의 특징입니다.

이런 비휘발성 저장 장치는 크게 네 가지 종류로 나눌 수 있는데, 각 특징을 간단히 살펴보겠습니다.

- **Tape**: 자기장을 사용해 데이터를 읽고 쓰는 기억 장치로, 주로 오랫동안 저장하고 관리해야 하는 데이터의 장기 보관 용도로 사용됩니다.

- **HDD**: Hard Disk Drive, 자기장을 사용해 금속 재질의 플래터에 데이터를 저장하는 3.5인치 크기의 기억 장치로, PC와 서버, 스토리지에 가장 보편적으로 사용되는 저장 장치입니다.
- **SATA SSD**: SATA 규격을 사용하는 Solid State Drive, 반도체를 사용하는 2.5인치 크기의 기억 장치로 HDD보다 성능이 뛰어납니다.
- **NVMe SSD**: PC나 서버의 메인보드에 있는 PCIe 규격을 사용하는 NVMe 프로토콜 기반의 SSD로 SATA SSD보다 성능이 뛰어나서 빠른 읽기/쓰기 속도를 필요로 하는 PC와 서버, 스토리지에 사용됩니다.

우리에게 HDD는 익숙한 장치입니다. 여전히 대용량 저장 장치로 많이 쓰이고 있습니다. 반면, SSD는 HDD보다 훨씬 빠른 속도와 작은 크기로 주목받았고, 특히 NVMe SSD가 등장하면서 최신 PC에서는 운영체제를 설치하는 저장 장치로 널리 사용되고 있습니다.

Dell PowerEdge 서버 : 디스크 베이 12개

Dell PowerStore 스토리지 : 디스크 베이 25개

그림 3-2 기업에서 주로 사용하는 스토리지 장비 예시(출처: Dell Technologies)

일반적으로 저장 장치의 용량당 가격은 Tape 〈 HDD 〈 SATA SSD 〈 NVMe SSD 순으로 비싸집니다. 그래서 기업에서는 보통 일반적인 애플리케이션에 사용할 스토리지의 저장 장치를 주로 HDD로 구성합니다. 하지만 정말 빠른 속도와 고성능이 필요한 애플리케이션이라면 SSD로 구성된 스토리지를 사용합니다. 이런 SSD로만 구성된 스토리지를 **올플래시**(All-Flash) **스토리지**라 하고, HDD와 SSD를 혼합해서 구성한 스토리지를 **하이브리드**(Hybrid) **스토리지**라고 합니다.

그림 3-2의 왼쪽 스토리지는 디스크 베이(Disk Bay)가 12개이며, 오른쪽 스토리지는 25개가 있습니다. 디스크 베이에는 HDD나 SSD를 장착할 수 있는데 저장 장치 하나의 용량이 4TB라면, 왼쪽 스토리지는 48TB, 오른쪽 스토리지는 100TB의 데이터를 저장할 수 있습니다. 만약 24TB 용량의 HDD를 사용하면 각각 288TB와 600TB의 어마어마한 저장 용량을 갖출 수 있습니다.

더 놀라운 건, 최근 출시되는 대용량 스토리지 중에서는 디스크 베이가 100개 이상인 제품들이 있다는 사실입니다. 이 경우 전체 저장 용량이 PB(Petabyte)에 이를 수 있으며, 여러 스토리지 장비를 서로 연결해 더 큰 저장 공간을 마련할 수도 있습니다.

▶ 1PB는 1,024TB이고, 1TB는 1,024GB입니다.

스토리지의 데이터 저장 방식

그럼 스토리지는 데이터를 어떻게 저장할까요? 크게 두 가지 방식으로 나뉘는데 먼저 알아볼 것은 **RAID**(Redundant Array of Inexpensive/Independent Disks)입니다. 이는 '비싸지 않은/독립적인 다수의 디스크 배열'이라는 의미로, 쉽게 말해 여러 개의 디스크를 하나로 묶어서 사용하는 저장 방식입니다.

RAID에는 여러 종류가 있지만, 지금은 그림 3-3에 나온 네 가지 RAID 방식만 기억해도 충분합니다. 그렇다면 이 네 가지 RAID 방식이 어떤 특징을 가지고 있는지 알아보겠습니다.

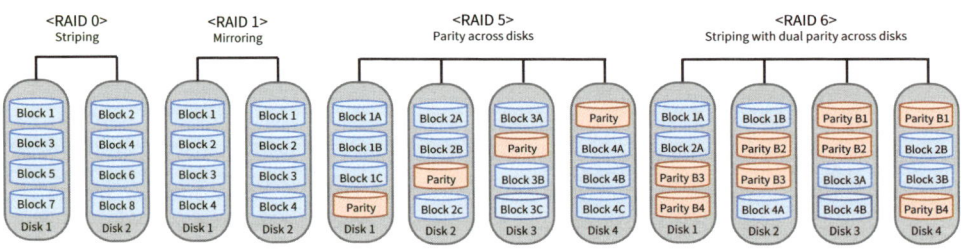

그림 3-3 RAID의 개념

RAID 0

먼저 알아볼 RAID 방식은 **RAID 0**입니다. 그림 3-4와 같이 디스크 두 개를 하나로 묶어 마치 하나의 디스크처럼 사용하는 방식인데, 데이터를 두 개의 디스크에 분산 저장합니다. 디스크에는 데이터를 저장하는 공간인 블록(Block)이 있는데, RAID 0에서는 이 블록에 데이터를 나눠서 저장합니다.

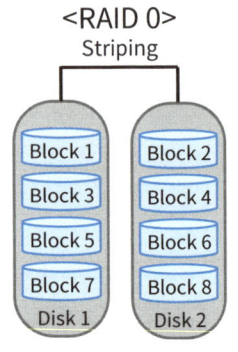

- 데이터를 여러 디스크에 분산 저장
- 같은 용량의 디스크로 구성
- 빠른 성능 / 장애 시 데이터 모두 손실됨

그림 3-4 RAID 0 방식

예를 들어, 1GB의 데이터를 저장하는 데에 1분이 걸린다고 가정해보겠습니다. RAID 0으로 디스크 두 개를 묶으면, 이 데이터를 두 디스크에 각각 500MB씩 나눠서 저장하게 됩니다. 500MB는 30초면 저장할 수 있겠죠? 그래서 RAID 0을 사용하면 1GB의 데이터를 저장하는 데 1분이 아닌 30초면 충분합니다. 이렇게 RAID 0은 데이터 저장 시간을 단축시켜 성능을 향상시키는 데 유용합니다. 단, 동일한 용량의 디스크가 짝수로 필요합니다.

하지만 RAID 0에는 심각한 단점이 있습니다. 디스크 두 개가 하나처럼 묶여 있기 때문에, 만약 이 중 하나의 디스크에 문제가 생기면 1GB의 데이터 전체가 손실될 수 있습니다. 성능을 높이는 대신 안정성을 포기하는 방식이라고 할 수 있습니다.

RAID 1

그림 3-5를 보면, RAID 1은 디스크 두 개를 사용하지만 RAID 0처럼 데이터를 분산 저장하지 않고, 디스크 1번과 2번에 똑같은 데이터를 저장하는 방식입니다. 예를 들어, 1GB의 데이터를 RAID 1로 묶은 스토리지에 저장하면 디스크 1번에 1GB, 디스크 2번에도 1GB가 저장됩니다. 즉, 총 2GB의 디스크 공간이 필요하지만 실제로는 1GB의 데이터만 저장합니다.

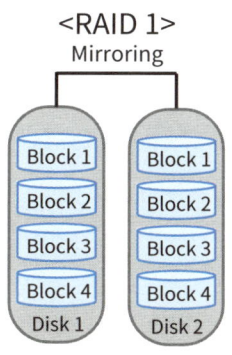

- 데이터를 다른 디스크에 동일하게 중복 저장
- 최소 2개 디스크 필요, 필요한 용량의 2배 준비
- 장애 대비에 유리하나 비용이 비쌈

그림 3-5 RAID 1 방식

이렇게 RAID 1을 구성하면, 두 개의 디스크 중 하나만 사용할 수 있는 것과 같습니다. 예를 들어, 10TB 용량의 디스크 두 개를 RAID 1로 묶으면, 20TB의 총 용량 중 실제로 사용할 수 있는 용량은 10TB가 됩니다. RAID 0처럼 성능을 높이는 방식이 아니기 때문에 성능 향상은 기대하기 어렵지만, 중요한 장점이 있습니다. 동일한 데이터를 두 디스크에 중복 저장하기 때문에, 만약 한 디스크에 문제가 생겨도 다른 디스크에 온전하게 저장된 데이터를 통해 복구할 수 있다는 점입니다.

이 방식은 데이터 안정성을 높이는 데 아주 유용합니다. 하지만 필요한 디스크 용량이 두 배로 늘어나기 때문에, 디스크를 더 많이 준비해야 한다는 점이 단점이 있습니다. 디스크를 더 많이 준비해야 한다는 건 그만큼 비용이 많이 드는 것을 의미합니다.

RAID 5

앞서 살펴본 RAID 0은 성능은 뛰어나지만 안정성이 약하고, RAID 1은 안정성은 뛰어나지만 비용이 많이 드는 단점이 있습니다. **RAID 5**는 이 두 가지 방식의 장점을 결합하고, 단점을 개선한 방식입니다.

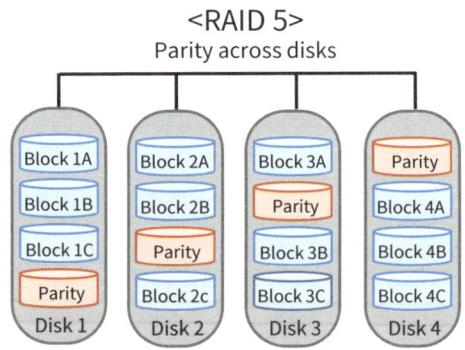

- 디스크마다 패러티 정보 저장
- 디스크 장애 시 패러티 정보를 토대로 복구 가능
- 최소 3개 디스크 필요, 보통 5개 이상 사용

그림 3-6 RAID 5 방식

RAID 5에서는 데이터를 저장하는 블록 외에 **패러티**(Parity)라는 정보를 저장하는 공간이 있습니다. 패러티는 데이터를 복구하는 데 필요한 정보인데, 만약 디스크에 장애가 발생하면 이 패러티 정보를 이용해 데이터를 복구할 수 있답니다.

RAID 5는 패러티를 활용해야 하기에 모든 블록에 데이터를 저장하지 않습니다. 그래서 디스크 용량을 100% 활용할 수는 없지만, 데이터를 분산 저장하는 방식이기 때문에 스토리지 성능이 향상됩니다. 패러티 덕분에 디스크에 장애가 발생해도 데이터를 복구할 수 있는 안정성이 추가됩니다.

그런데 RAID 5를 구성하려면 최소 세 개의 디스크가 필요합니다. 보통은 다섯 개 이상의 디스크를 사용해 더 안정적으로 구성하는 것이 일반적입니다. 성능과 안정성을 모두 고려한 방식이라 많은 기업에서 선호하는 RAID 방식 중 하나입니다.

RAID 6

마지막으로 살펴볼 **RAID 6**은 RAID 5와 비슷하지만 데이터를 더 안전하게 보호하기 위해 패리티 정보를 두 개 저장합니다. 이 덕분에 두 개의 디스크가 동시에 고장 나더라도 데이터를 복구할 수 있어서, 안정성에서는 RAID 5보다 더 강력한 편입니다.

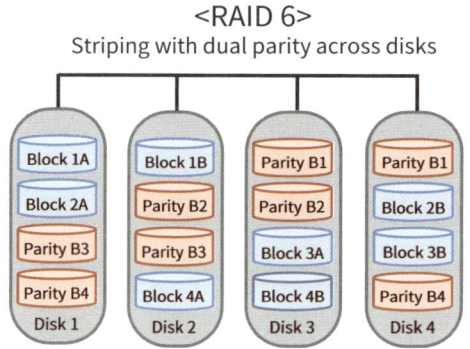

- RAID 5와 비슷하나 패러티 정보를 하나 더 저장
- RAID 5 구조에 데이터 복구 능력을 향상시킨 형태
- 그래서 성능은 RAID 5보다 조금 떨어짐
- 디스크 최소 4개 필요

그림 3-7 RAID 6 방식

물론 추가 패러티 때문에 데이터 저장 공간이 조금 줄어들고 성능도 약간 떨어질 수 있지만, 데이터의 안전이 가장 중요한 환경이라면 RAID 5보다 RAID 6이 훨씬 유용합니다. 이러한 RAID 6을 구성하려면 최소 네 개의 디스크가 필요하며, 데이터 안정성을 특히 중요하게 생각하는 곳에서 자주 사용되는 방식입니다.

RAID 1+0 방식

RAID의 여러 방식 중에는 RAID 0과 RAID 1을 조합한 **RAID 1+0**, 또는 **RAID 10**이라는 방식도 있습니다. 이 방식은 최소 네 개의 디스크가 필요합니다. 먼저 디스크 두 개를 RAID 1로 묶어서 데이터 안정성을 높인 다음, 이렇게 구성된 두 개의 RAID 1을 다시 RAID 0으로 묶는 방식입니다.

이렇게 하면 전체 네 개 디스크 중 절반인 두 개의 용량만 사용할 수 있지만, 데이터를 두 개의 디스크에 나누어 저장하니까 성능이 좋아지고, 나머지 두 개의 디스크에 데이터를 중복 저장하기 때문에 데이터 복구 능력도 향상됩니다. 특히 읽기 작업에서는 네 개의 디스크를 모두 활용할 수 있어서 읽기 속도가 매우 빠른 것이 특징입니다. 그래서 데이터를 자주 수정하지 않고 주로 조회하는 환경에 제격이랍니다.

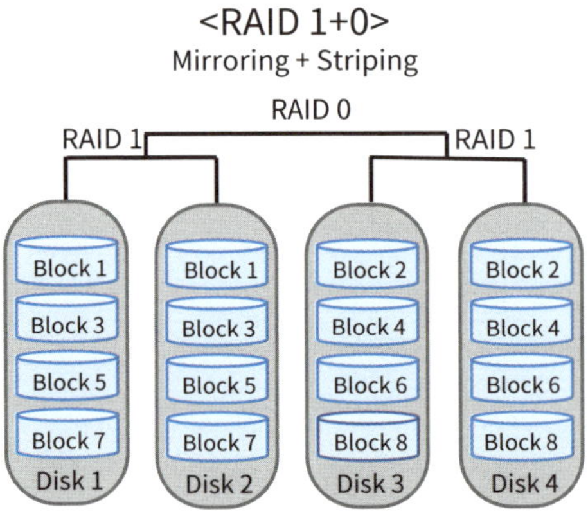

<RAID 1+0>
Mirroring + Striping

- RAID 0의 고성능 + RAID 1의 복구 능력을 합친 형태
- 쓰기는 디스크 2개 성능, 읽기는 디스크 4개 성능 발휘
- 전체 용량의 50%만 사용 가능
- 최소 4개 디스크 필요

그림 3-8 RAID 두 개를 혼합해서 사용하는 RAID 1+0

JBOD 방식

이번에 알아볼 데이터 저장 방식은 **JBOD**(Just a Bunch of Disks/Drives)인데요. RAID와는 달리, 여러 개의 디스크를 단순히 하나의 디스크처럼 묶어서 사용하는 방식입니다. 그래서 디스크의 용량이 동일할 필요도 없고, 필요할 때마다 디스크를 추가해서 묶어 사용할 수 있다는 점에서 관리가 편리하다는 장점이 있습니다.

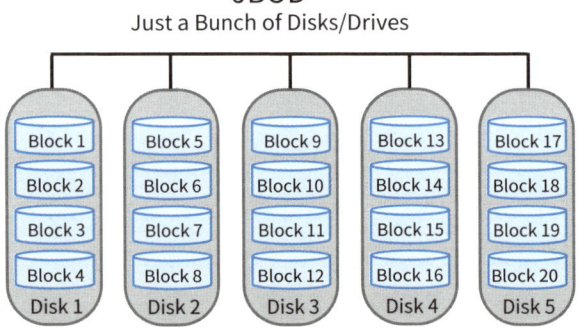

- JBOD로 연결하는 디스크의 용량이 같지 않아도 됨
- 디스크에 동시에 접근하지 않기 때문에 성능이 향상되지 않음
- 최초 구성한 스토리지 성능은 변하지 않으며, 용량만 늘어나는 형태
- RAID 0과는 달리, 디스크 장애 시 일부 복구 가능(최대 50%)

그림 3-9 또 다른 데이터 저장 방식, JBOD

하지만 JBOD는 RAID처럼 데이터를 분산 저장하지 않기 때문에, 디스크 수가 늘어나도 성능이 향상되지는 않습니다. 예를 들어, 두 개의 디스크를 JBOD로 묶고 1번 디스크의 데이터를 2번 디스크에 그대로 저장하면, 데이터 복구는 최대 50%까지 가능합니다. 하지만 RAID 5나 6처럼 패리티를 사용해 데이터를 보호하는 방식이 아니기 때문에, 디스크 자체의 데이터 복구 능력은 매우 떨어지는 편입니다.

일반적으로 JBOD는 스토리지 용량이 부족할 때 간편하게 용량을 늘리기 위해 사용하는 방식입니다. 관리가 편리하다는 장점은 있지만, 데이터 장애에 대비하는 용도로는 적합하지 않다는 점을 기억해두길 바랍니다.

> **? 퀴즈** / 다음의 설명 중 ○○에 들어갈 단어를 적어보세요.
>
> ① 스토리지는 ○○○○를 다수 장착할 수 있는 데이터 저장에 특화된 서버이며, 대표적인 ○○○○로 Tape, HDD, SATA SSD, NVMe SSD가 사용된다.
> ② Tape는 ○○○를 오랫동안 보관하기 위한 목적으로 사용되며, HDD는 가장 대중적인 저장 장치이다.
> ③ SSD는 HDD와 비교해 ○○이 훨씬 뛰어난 저장 장치로 HDD보다 가격이 비싸다.
> ④ 스토리지의 데이터 저장 방식으로는 ○○○○와 ○○○○가 있으며, 둘 다 다수의 디스크를 마치 하나의 디스크처럼 사용할 수 있게 해주는 기술이다.
>
> 정답
> ①번: 저장 장치, 저장 장치 / ②번: 데이터 / ③번: 성능 / ④번: RAID, JBOD

3.2 스토리지 종류 및 유형

서버와 마찬가지로 스토리지에도 종류가 있습니다. 크게 세 가지로 나뉘며, 저장되는 데이터 종류에 따라 각각 다른 스토리지 유형으로도 분류합니다.

스토리지 종류

DAS

먼저 알아볼 스토리지 종류는 **DAS**입니다. DAS는 Direct Attached Storage의 약자로, 말 그대로 클라이언트와 서버에 전용 케이블로 직접 연결되는 스토리지를 뜻합니다. 이 방식의 큰 장점은 바로 데이터 전송 속도가 빠르다는 것입니다. 스토리지와 연결된 서버에서 이 스토리지에 저장된 파일들을 관리하는 방식입니다.

PC에 새로운 SSD나 HDD를 추가하면 새로운 드라이브가 생깁니다. 그리고 그 드라이브의 파일 관리는 PC에서 하는데, DAS도 이와 비슷합니다. 주로 특정 애플리케이션을 운영하는 서버의 전용 스토리지로 많이 활용됩니다.

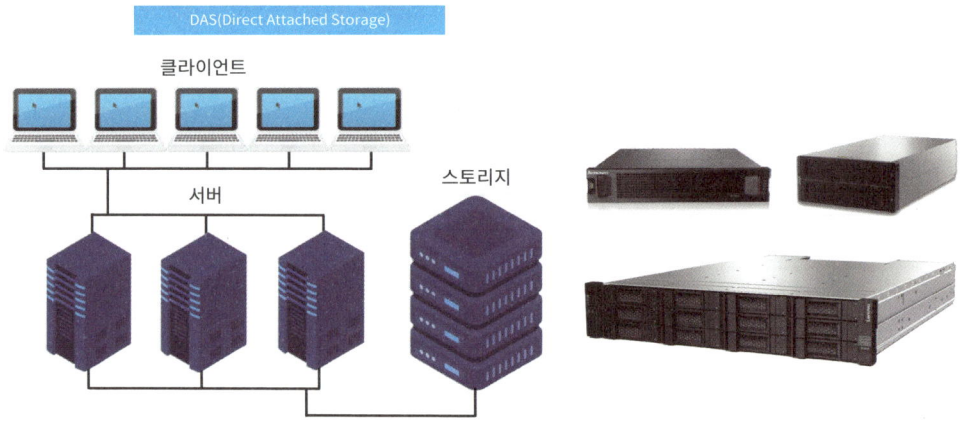

그림 3-10 스토리지에 클라이언트와 서버를 직접 연결해서 사용하는 DAS(출처: Lenovo)

NAS

다음으로 알아볼 스토리지 종류는 **NAS**입니다. NAS는 Network Attached Storage의 약자로, 이 스토리지는 이더넷 네트워크를 통해 연결됩니다. DAS와는 달리, NAS는 중간에 네트워크 스위치를 거쳐 여러 클라이언트와 서버들이 동시에 데이터를 공유하고 사용할 수 있다는 장점이 있습니다.

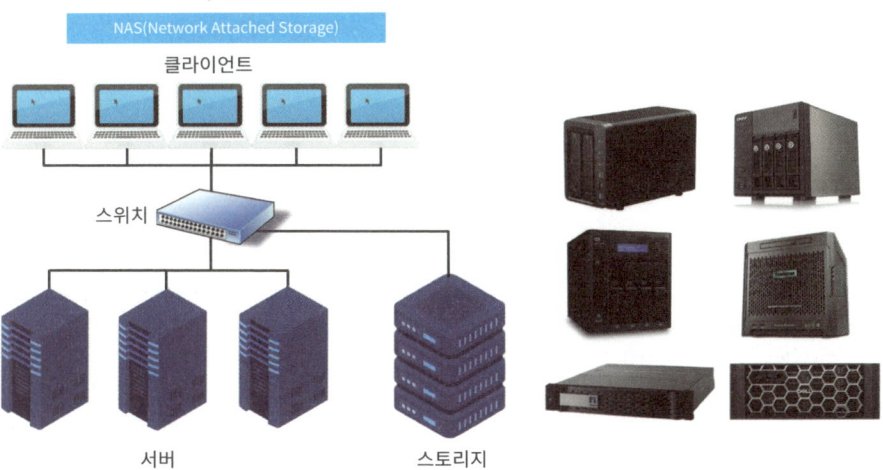

그림 3-11 클라이언트, 서버와 스토리지를 네트워크로 연결해 사용하는 NAS(출처: Synology, QNAP, HPE, Netapp, Dell Technologies)

그래서 NAS는 다수의 사용자가 함께 접근할 수 있는 스토리지라고 할 수 있습니다. 일반적으로 가정에서는 미디어 파일을 저장해두고 재생하는 용도로, 기업에서는 파일을 공유하는 목적으로 많이 사용하며 특히 대용량 영상 파일을 주로 다루는 사람들도 NAS를 많이 씁니다.

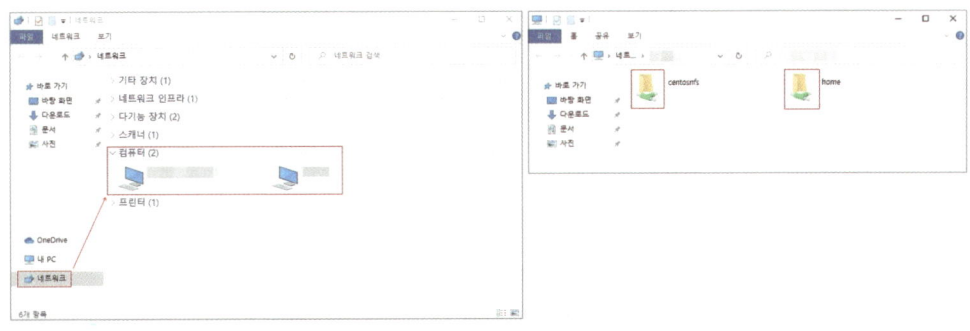

그림 3-12 NAS와 클라이언트가 연결된 상태

NAS는 자체 운영체제를 갖추고 있어서 하나의 독립적인 시스템처럼 동작합니다. 그래서 파일 관리는 스토리지와 연결된 클라이언트나 서버가 아닌 NAS 자체에서 직접 이루어집니다. 예를 들어, 클라이언트와 NAS를 연결하면 그림 3-12처럼 네트워크 드라이브로 표시됩니다. Windows 탐색기에서 '네트워크'를 클릭하면, NAS가 오른쪽 이미지처럼 나타납니다.

NAS가 이렇게 독립적으로 동작할 수 있는 이유는 바로 자체 운영체제로 관리되기 때문입니다. 그래서 NAS는 단순히 파일을 공유하는 것뿐만 아니라, 웹 서버처럼 특정 서버의 역할도 할 수 있는 다목적 스토리지로 활용할 수 있습니다.

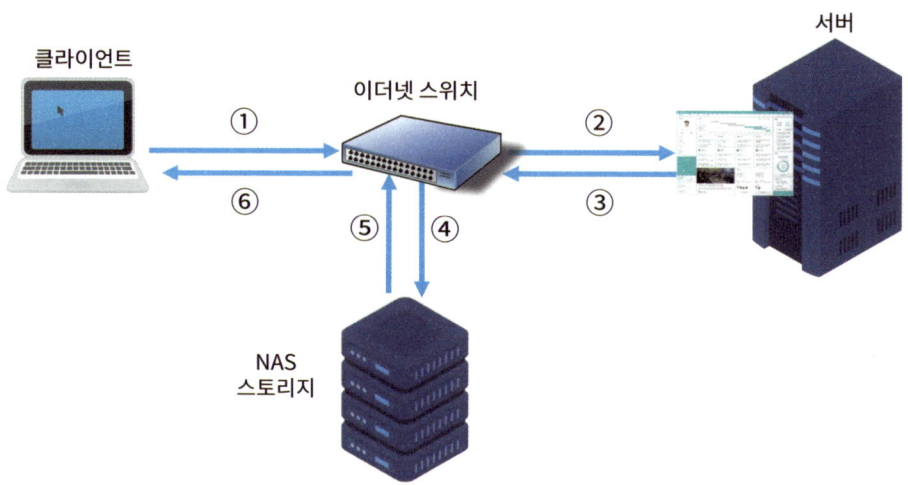

그림 3-13 네트워크로 파일을 전송하는 NAS

NAS는 네트워크로 연결되기 때문에 클라이언트와 서버, 그리고 스토리지를 서로 이어줄 스위치가 필요합니다. 그림 3-13처럼 클라이언트, 서버, 스토리지 사이에 스위치가 있고, 이들이 유선 또는 무선 네트워크로 연결되어 있다면 이 네트워크를 통해 파일이나 데이터를 주고받을 수 있게 됩니다.

예를 들어, 회사의 그룹웨어에 인사팀 직원 A가 접속해서 새로 입사한 영업팀 직원 B의 정보를 담은 파일을 조회한다고 가정해봅시다. 이 경우, 직원 A는 그룹웨어에 접속해 해당 파일을 보겠다는 요청을 서버에 보냅니다. 그런데 서버에 그 파일이 없네요? 그래서 서버는 직원 A의 요청을 처리하기 위해 NAS에 접속합니다. 서버가 NAS에 파일을 찾겠다는 요청을 스위치를 통해 NAS로 전달하면, NAS는 이 요청을 받은 다음 직원 B의 파일을 찾아서 직원 A의 PC로 보내주고요. 이 응답 역시 스위치를 거쳐서 전달됩니다.

이렇게 NAS는 모든 요청과 응답이 스위치를 거쳐야 하다 보니, 직접 케이블로 연결된 스토리지인 DAS보다 성능이 조금 떨어질 수밖에 없습니다. 그래서 NAS의 성능을 높이려면 스토리지 자체의 성능뿐만 아니라, 네트워크와 스위치의 성능도 중요합니다.

SAN

마지막으로 알아볼 스토리지는 SAN입니다. SAN은 Storage Area Network로, 스토리지를 위해 만들어진 고속 네트워크 규격입니다. DAS의 빠른 속도와 NAS의 네트워크를 활용한 데이터 공유라는 장점을 모두 가진 스토리지라고 할 수 있죠. 그래서 NAS보다는 좀 더 비싼 편입니다.

SAN 스토리지의 성능이 NAS보다 뛰어난 이유 중 하나는 SAN 스위치와 케이블 때문인데, NAS에 사용하는 이더넷 스위치 대신 훨씬 더 성능이 뛰어난 고가의 SAN 스위치를 사용합니다. 그리고 케이블도 NAS에서 사용하는 일반 UTP 케이블이 아니라, Fiber Channel이라고 불리는 광케이블을 사용해 데이터를 전송합니다. 그래서 SAN 스토리지를 구성하려면 NAS보다 훨씬 많은 비용이 들어가고, 그래서 주로 기업의 아주 중요한 시스템에서 SAN을 사용하고 있습니다.

그래서 SAN 스토리지는 속도도 빠르고 데이터 공유도 가능한데, 그만큼 비용도 많이 들어가는 고성능 스토리지라고 할 수 있습니다.

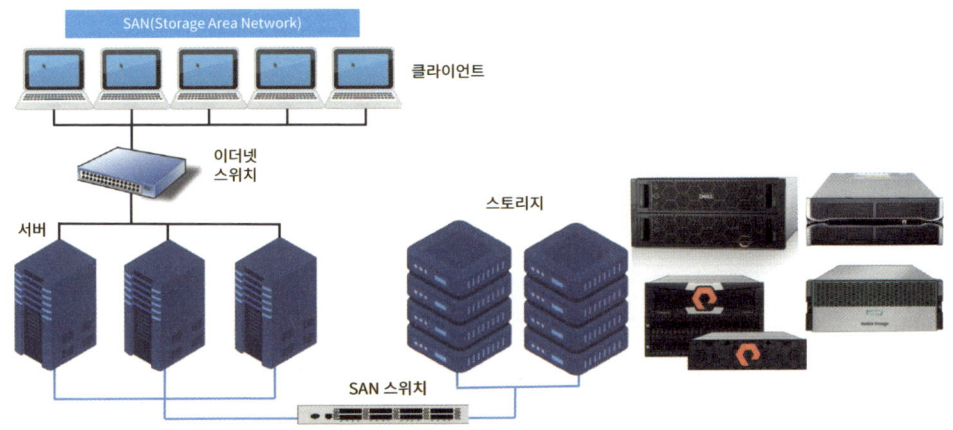

그림 3-14 매우 빠른 고속 네트워크로 동작하는 SAN(출처: Dell Technologies, Netapp, Pure Storage, HPE)

하지만 SAN 스토리지는 네트워크로 연결되어 있음에도 불구하고 NAS처럼 네트워크 드라이브로 보이지 않고, 오히려 DAS의 D: 드라이브처럼 동작합니다. 즉, SAN 스토리지는 서버와 전용으로 연결된 스토리지로 사용되고, 파일 관리도 SAN 스토리지 자체가 아닌 연결된 서버에서 담당합니다. 스토리지에 파일 시스템이 없고, 연결된 서버에서 디스크를 관리한다는 것입니다. 그래서 네트워크로 연결되었지만 실제 사용 방식은 DAS와 비슷합니다.

따라서 클라이언트 PC는 직접 SAN 스토리지에 접근해 데이터를 저장할 수 없습니다. NAS처럼 여러 기기가 동시에 접근할 수 있는 게 아니라, SAN 스토리지와 연결된 서버를 통해서만 데이터에 접근할 수 있기 때문입니다.

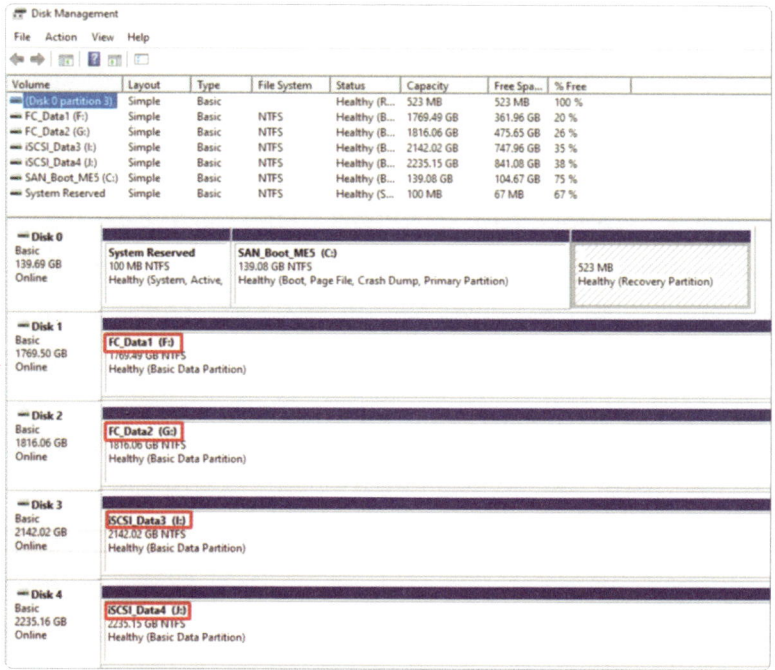

그림 3-15 SAN 스토리지와 서버가 연결된 상태 예시(출처: Dell Technologies)

한 예로, 그림 3-16처럼 클라이언트가 SAN 스토리지에 데이터를 저장하고 싶어 한다고 가정해보겠습니다. 이 상황에서 클라이언트는 서버와 UTP 케이블로 연결된 이더넷 스위치를 통해 서버에게 데이터를 저장해달라는 요청을 보냅니다. 서버는 이 요청을 받아들여 자신과 광케이블로 연결된 SAN 스위치를 통해 SAN 스토리지에 데이터 저장을 요청합니다. 그럼 SAN 스토리지는 데이터를 저장하고, 그 결과를 다시 SAN 스위치를 통해 서버에게 알려줍니다. 마지막으로 서버는 이더넷 스위치를 거쳐 클라이언트에게 데이터가 잘 저장되었다는 결과를 알려주게 됩니다.

여기서 중요한 점은, SAN 스위치는 일반적인 이더넷 스위치보다 속도가 훨씬 빠르다는 것입니다. 보통 우리가 많이 사용하는 이더넷 스위치는 1Gbps, 10Gbps 정도의 속도를 내지만, SAN 스위치는 8Gbps, 16Gbps, 32Gbps 정도로 훨씬 더 빠른 속도를 자랑합니다. 물론 이더넷 스위치도 기술이 발전해서 20Gbps, 40Gbps, 100Gbps를 지원하는 제품들이 있지만, 여전히 많은 기업에서는 1Gbps, 10Gbps 속도의 이더넷 스위치를 주로 사용하고 있습니다.

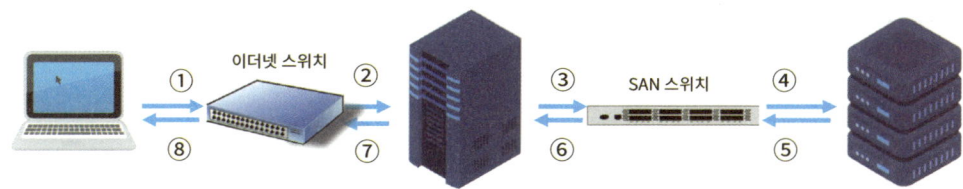

그림 3-16 SAN 스토리지의 데이터 저장 방식 예시

또 한 가지 기억할 점으로는, 이더넷 스위치는 NAS뿐만 아니라 여러 클라이언트와 서버들이 함께 연결되어 있습니다. 그러니 다른 기기들이 네트워크를 많이 사용하면, NAS의 성능이 떨어질 수도 있습니다. 하지만 SAN은 SAN 스토리지 전용 네트워크라서, 오직 SAN 스토리지만 사용합니다. 그래서 빠른 속도를 안정적으로 유지할 수 있다는 것이 장점입니다.

그런데 누군가는 '높은 성능이 필요하다면 그냥 DAS처럼 서버에 직접 스토리지를 연결하는 게 더 낫지 않을까?'라고 생각할 수 있습니다. 사실 DAS는 서버와 스토리지를 직접 케이블로 연결하기 때문에 연결할 수 있는 스토리지의 수가 제한적입니다. 서버나 스토리지의 포트 수가 많지 않기 때문입니다. 하지만 SAN 스토리지는 중간에 SAN 스위치를 두고, 이 스위치에 여러 개의 SAN 스토리지를 연결할 수 있습니다. 덕분에 SAN 스토리지는 DAS보다 서버에 더 많이 연결할 수 있으며, 이런 점 때문에 SAN 스토리지는 DAS보다 스토리지 확장성이 좋다고 표현합니다.

스토리지 유형

이번에는 스토리지 유형을 알아보겠습니다. 그 전에 데이터의 유형부터 짚고 넘어갑시다. 데이터의 유형에 따라 스토리지의 유형도 달라지기 때문입니다. 데이터 유형은 크게 정형 데이터와 비정형 데이터로 나뉩니다.

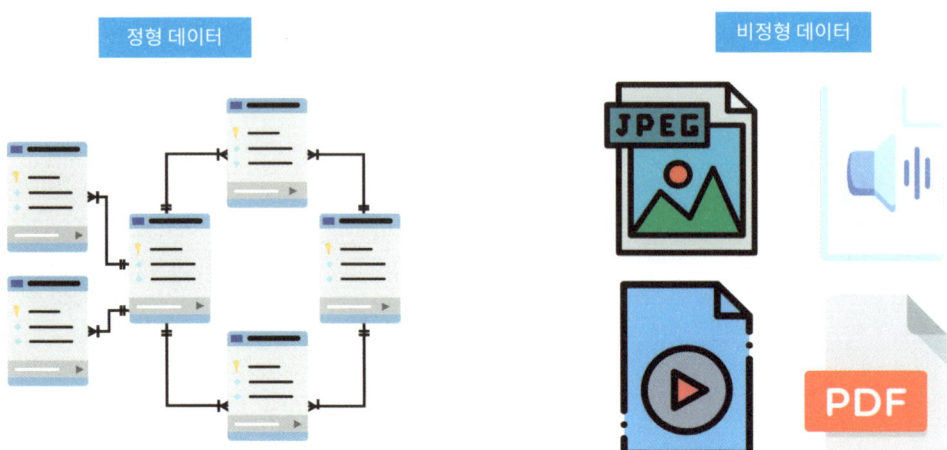

그림 3-17 정형 데이터 vs 비정형 데이터

정형 데이터(Structured Data)는 미리 정해진 형식과 구조에 따라 고정된 필드에 저장된 텍스트 형태의 데이터입니다. 예를 들어, 우리가 자주 사용하는 엑셀(Excel)에는 열과 행이라는 고정된 규격이 있습니다. 이 규격 안에 텍스트, 숫자 등이 깔끔하게 정리된 데이터가 바로 정형 데이터입니다. 4장에서 다룰 데이터베이스(DB)에 저장되는 데이터도 대표적인 정형 데이터라고 할 수 있습니다.

비정형 데이터(Unstructured Data)는 정해진 규칙이 없이 저장된 다양한 형태의 데이터를 말합니다. 예를 들어, 사진, 음성 파일, 동영상, PDF 파일 등입니다. 정형 데이터와 달리, 훨씬 더 큰 용량을 가지고 있습니다. 텍스트만 있는 엑셀 파일과 이미지가 들어 있는 엑셀 파일을 비교해보면, 이미지가 들어 있는 파일의 용량이 훨씬 큰 것과 같은 이치입니다.

그리고 요즘은 고음질, 고화질의 음악, 비디오, 사진이 많아지면서 비정형 데이터의 용량도 점점 더 커지고 있습니다. 그래서 최신 스토리지들은 이러한 비정형 데이터를 많이, 그리고 잘 저장하고 관리할 수 있는 기술들을 발전시키고 있습니다.

파일 스토리지

다음으로 살펴볼 스토리지의 유형은 **파일 스토리지**(File Storage)입니다. 파일 스토리지는 데이터를 파일과 폴더로 구성된 계층 구조로 저장하는 방식입니다. 일반적으로 파일을 저장할 때 목적에 맞게 폴더를 만들고 그 폴더 안에 파일을 저장하듯이, 파일 스토리지도 이와 비슷한 방식으로 데이터를 저장합니다.

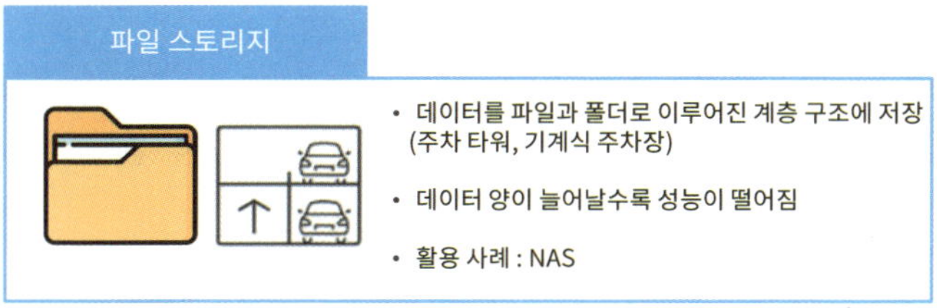

파일 스토리지
- 데이터를 파일과 폴더로 이루어진 계층 구조에 저장 (주차 타워, 기계식 주차장)
- 데이터 양이 늘어날수록 성능이 떨어짐
- 활용 사례 : NAS

그림 3-18 파일 스토리지

이 방식은 오래전부터 지금까지 널리 사용되고 있는 데이터 저장 방식인데, 주차 타워나 기계식 주차장을 떠올리면 이해가 더 쉬울 겁니다. 주차 타워의 입구가 열리면 우리는 차를 타워 안의 리프트에 두고, 차에서 내립니다. 그러면 리프트가 차를 싣고 위로 올라가서 좌우에 있는 차량 보관소로 차를 밀어 넣고 다시 입구로 돌아오죠. 나중에 차를 찾을 때도 리프트가 다시 작동해 내가 주차한 차를 찾아오는 구조입니다.

파일 스토리지도 이와 같은 방식으로 작동합니다. 여기서 파일이 차량이고, 폴더가 주차 타워의 차량 보관소, 파일을 이동시키는 마우스 커서는 차량을 이동시키는 리프트라고 볼 수 있죠. NAS가 파일 스토리지 유형에 속하는 대표적인 스토리지입니다.

블록 스토리지

두 번째 스토리지 유형은 **블록 스토리지**(Block Storage)입니다. 블록 스토리지는 데이터를 일정한 크기로 나눠진 블록에 분산해서 저장하는 것이 특징입니다. 스토리지의 데이터 저장 방식에서 RAID 0을 떠올리면 이해하기 쉽습니다. 앞에서 소개한 RAID 0의 장점 중 하나가 데이터를 분산 저장해 속도가 빠르다는 것인데, 마찬가지로 블록 스토리지도 데이터를 블록에 분산 저장하기 때문에 파일 스토리지보다 성능이 뛰어납니다.

사실 스토리지 성능이 좋다는 건 비싸다는 의미기도 합니다. 앞서 살펴본 스토리지 종류 중 SAN 스토리지가 대표적인 블록 스토리지입니다. SAN 스토리지는 NAS보다 훨씬 비싸다고 했던 것과 같은 이치입니다.

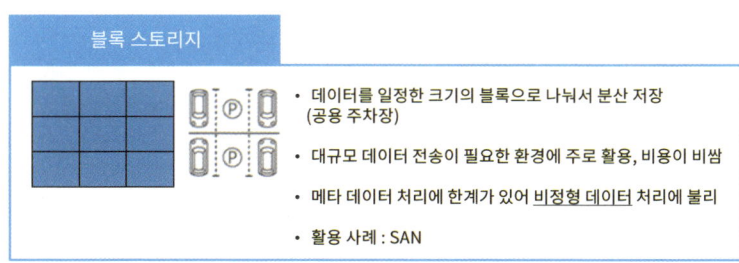

블록 스토리지
- 데이터를 일정한 크기의 블록으로 나눠서 분산 저장 (공용 주차장)
- 대규모 데이터 전송이 필요한 환경에 주로 활용, 비용이 비쌈
- 메타 데이터 처리에 한계가 있어 비정형 데이터 처리에 불리
- 활용 사례 : SAN

그림 3-19 블록 스토리지

블록 스토리지는 대형 마트의 공용 주차장에 비유할 수 있습니다. 대형 마트에 가서 주차를 하려면 비어 있는 주차 공간을 찾아 직접 주차해야 합니다. 파일 스토리지에서 예로 들었던 주차 타워보다 훨씬 빠르게 주차할 수 있습니다. 그리고 차를 찾을 때도 내가 주차한 위치로 가서 바로 출차하면 되니 이용이 간편합니다. 하지만 이런 대규모 주차장을 짓는 데는 비용이 많이 들고, 넓은 부지도 필요합니다. 게다가 주차장이 너무 넓다면, 주차한 차를 찾기까지 시간이 꽤 걸릴 수도 있습니다.

블록 스토리지는 높은 성능 덕분에 대규모 정형 데이터를 빠르고 안정적으로 처리하는 데 딱 맞는 스토리지라고 할 수 있습니다. 그리고 블록 스토리지는 데이터를 블록에 저장하면서 그 데이터의 성격을 설명해주는 메타 데이터를 스토리지와 연결된 서버에 따로 저장합니다. 정형 데이터의 메타 데이터는 데이터의 경로, 속성, 권한 등으로 그 종류가 많지 않아서 서버의 파일 시스템에서 충분히 처리할 수 있습니다.

그림 3-20 사진의 메타 데이터 예시(출처: Dataedo)

하지만 비정형 데이터는 정형 데이터에 비해 훨씬 더 많은 메타 데이터를 가지고 있습니다. 사진을 예를 든다면, 이 사진을 누가, 무엇으로, 언제 어디서 찍었는지와 노출, 조리개, 셔터 스피드, ISO 값 같은 다양한 정보가 담겨 있습니다. 스마트폰으로 찍은 사진이라면 이 사진이

풍경 사진인지 인물 사진인지 같은 정보도 추가로 포함될 수 있습니다. 게다가 사용자가 특정 메타 데이터를 자유롭게 추가할 수도 있습니다. 즉, 비정형 데이터의 메타 데이터가 정형 데이터보다 훨씬 더 많다는 얘기입니다.

이렇게 많은 메타 데이터를 블록 스토리지에서 처리하려면, 연결된 서버에 메타 데이터 처리만을 위한 별도의 시스템을 갖춰야 하는 부담이 생깁니다. 정형 데이터의 메타 데이터는 몇 가지 종류로 한정되어 있어 파일 시스템에서 금방 처리할 수 있지만, 비정형 데이터는 메타 데이터의 종류가 워낙 많기에 서버에서 처리하기 부담스러울 수 있습니다. 그래서 블록 스토리지는 대량의 비정형 데이터를 다루기에는 적합하지 않은 편입니다.

오브젝트 스토리지

마지막으로 알아볼 스토리지 유형은 **오브젝트 스토리지**입니다. 오브젝트 스토리지는 데이터를 **오브젝트**라는 단위로 분산 저장하는데, 블록 스토리지와는 달리 데이터와 메타 데이터를 오브젝트 안에 모두 담아둡니다. 이 방식 덕분에 메타 데이터 처리를 위해 별도의 파일 시스템을 거칠 필요 없이, 스토리지 자체에서 메타 데이터의 방대한 정보를 참고해서 데이터를 빠르게 조회하고 분석에 활용할 수 있습니다. 그래서 비정형 데이터를 저장하고 관리하는 목적으로 알맞은 스토리지로 알려져 있습니다.

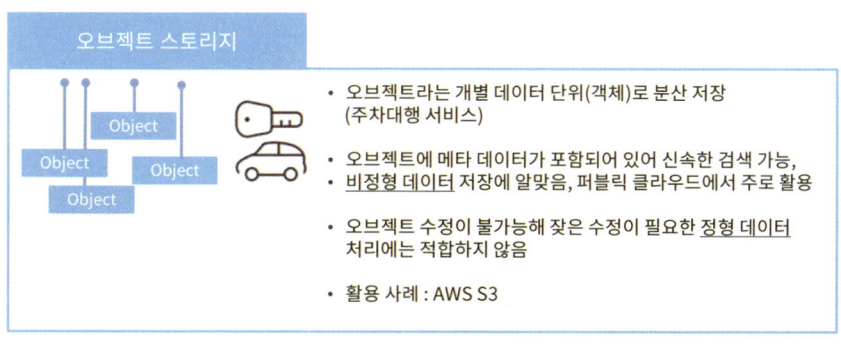

그림 3-21 오브젝트 스토리지

오브젝트 스토리지는 주차 대행 서비스로 비유할 수 있습니다. 식당 주차장이 협소하더라도 주차원이 있으면 안심하고 차를 맡길 수 있습니다. 차 키만 건네면 주차원이 차를 알아서 알맞은 곳에 주차해줍니다. 차를 찾을 때도 차 번호만 알려주면 우리가 있는 곳까지 차를 가지고 옵니다.

또 백화점이나 공항처럼 주차장이 엄청 넓은 곳에서 주차를 했다면 어떨까요? 직접 주차했으면 차를 찾으러 한참 걷겠지만, 주차 대행 서비스를 이용하면 차를 직접 내 앞에 가져다줍니다. 오브젝트 스토리지는 이런 주차 대행 서비스와 비슷한 역할을 한다고 생각하면 됩니다.

비정형 데이터에 포함된 메타 데이터는 차량의 종류, 주차된 장소와 시간 등의 정보입니다. 주차원이 어떤 차인지, 어디에 얼마나 주차했는지, 추가로 어떤 서비스를 이용했는지에 따라 요금을 다르게 부과하는 것처럼, 오브젝트 스토리지는 메타 데이터를 활용해 데이터를 용도에 따라 다양한 방식으로 효율적으로 관리할 수 있습니다.

오브젝트 스토리지의 가장 큰 특징은, 데이터를 **버킷**(Bucket)이라는 큰 바구니에 오브젝트 단위로 저장한다는 것입니다. 이 버킷은 REST API라는 표준 규격을 통해 다른 시스템과도 자유롭게 연동할 수 있습니다. 특히 정해진 형식이 없는 비정형 데이터를 저장하는 데 적합합니다. 게다가 대량의 비정형 데이터 중에서 필요한 데이터를 검색할 때도 용량이 큰 원본 데이터 대신 작은 용량의 메타 데이터를 검색해서 빠르게 찾아낼 수 있습니다.

하지만 오브젝트 스토리지에 저장한 데이터는 수정할 수 없다는 단점이 있습니다. 그래서 이미지나 영상처럼 수정 작업이 거의 없는 비정형 데이터를 저장하고, 검색해서 조회하는 용도로는 적합한 편입니다. 자주 데이터를 수정해야 하는 경우나 읽기와 쓰기 작업이 빈번한 정형 데이터에는 알맞지 않습니다.

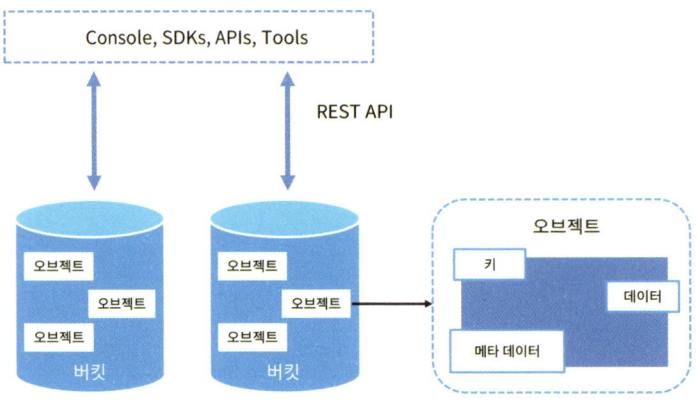

그림 3-22 다양한 정보를 버킷 안에 담고, 그 버킷을 외부와 손쉽게 공유할 수 있는 오브젝트 스토리지

일반적으로 오브젝트 스토리지는 클라우드 컴퓨팅 서비스 기업에서 저렴한 금액으로 제공하고 있습니다. 앞서 소개한 오브젝트 스토리지의 장점에 저렴한 비용이 더해져 점점 많이 활용되는 추세입니다. 클라우드 컴퓨팅에 대한 자세한 내용은 6장에서 다룰 예정입니다.

> **[?] 퀴즈** / 다음 설명 중 잘못된 것은 무엇일까요?
>
> ① 스토리지 종류에는 DAS, NAS, SAN이 있다.
> ② SAN 스토리지는 DAS와 NAS의 장점을 취한 스토리지로 성능이 뛰어나고 비용도 저렴한 매우 효율적인 스토리지다.
> ③ 데이터는 정형 데이터, 비정형 데이터로 나누며, 사진이나 영상, 음악, PDF와 같은 비정형 데이터가 급격하게 증가하고 있어 스토리지의 용량은 점점 더 증가하는 추세이다.
> ④ 스토리지 유형에는 파일 스토리지, 블록 스토리지, 오브젝트 스토리지가 있고, 비정형 데이터는 오브젝트 스토리지에 저장하고 관리하는 것이 좋다.
>
> **정답**
> ②번: SAN은 DAS와 NAS를 합친 스토리지로 비용이 비싼 편입니다.

3.3 백업

스토리지는 엄청나게 많은 데이터를 저장합니다. 그래서 RAID 1 같은 중복 저장 방식 외에도, 권한이 있는 사람만 데이터를 볼 수 있게 하는 접근 제어, 데이터를 암호화해서 변조하지 못하게 하는 보안 기술 등을 사용해 데이터를 보호해야 합니다. 하지만 아무리 조심해도 스토리지에 문제가 생겨 데이터가 유실되거나, 해커의 공격으로 데이터가 유출될 위험은 여전히 존재합니다.

그럼 어떻게 해야 스토리지에 저장된 데이터를 더 안전하게 지킬 수 있을까요? 이때 필요한 것이 백업입니다. 여기에서는 백업이 무엇인지, 그리고 어떤 백업 방식들이 있는지 알아보겠습니다.

백업 개념 및 방식

백업(Backup)은 쉽게 말해 데이터를 안전하게 보관해두는 보험과 같습니다. 원본 데이터에 문제가 생겼을 때, 이 백업된 데이터를 사용해 **복구**(Recovery)할 수 있도록 미리 준비해두는 것이죠. 우리가 사용하는 스토리지에 있는 데이터가 원본이라면, 백업은 이 데이터를 또 다른 스토리지에 복사해두는 작업이라고 할 수 있습니다.

풀 백업과 증분 백업

백업 방식은 크게 풀 백업과 증분 백업이 있습니다. 그림 3-23처럼, **풀 백업**(Full Backup)은 단어 그대로 원본 데이터 전체를 백업하는 것입니다.

예를 들어, 현재 스토리지에 저장된 데이터가 500GB이고, 이 데이터를 백업해야 하는 상황이라고 가정해봅시다. 만약 담당자가 매일 밤 12시에 백업을 한다고 하면, 첫째 날인 월요일 밤에는 500GB를 그대로 백업하겠죠? 그리고 화요일 동안 100GB의 데이터가 추가되었다면? 화요일 밤 12시에는 600GB를 백업하게 됩니다. 수요일에 또 100GB가 추가되면, 수요일 밤에는 700GB를 백업하는 식입니다. 풀 백업은 매번 전체 데이터를 백업하는 방식인데, 문제는 스토리지 용량이 금방 꽉 차버릴 수 있다는 점입니다.

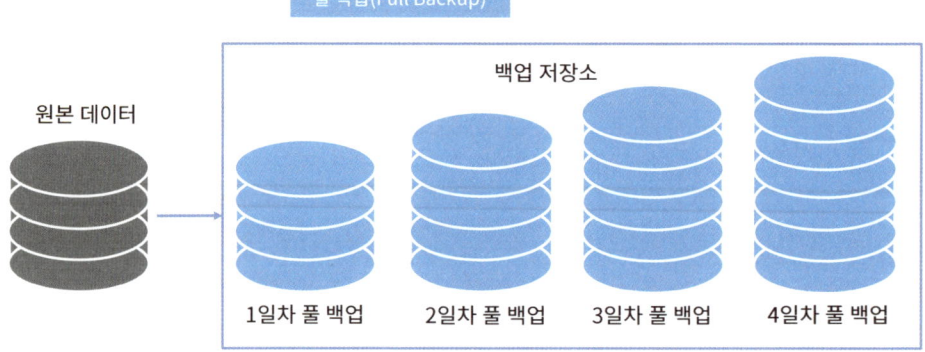

그림 3-23 풀 백업 개념

그래서 등장한 것이 **증분 백업**(Incremental Backup) 방식입니다. 이 방식은 처음에 한 번만 풀 백업을 하고, 그다음부터는 증가된 데이터만 백업합니다. 예를 들어, 월요일 밤에 500GB를 풀 백업한 후, 화요일 밤에는 추가된 100GB만 백업하는 거죠. 그리고 수요일 밤에도 화요일에 추가된 100GB만 백업합니다. 이렇게 하면 백업에 필요한 스토리지 용량을 절약할 수 있습니다. 그래서 많은 기업이 증분 백업 방식을 주로 사용하고 있습니다.

풀 백업은 모든 걸 다 챙겨두는 든든한 방식이라면, 증분 백업은 필요한 것만 챙기는 좀 더 실용적인 방식이라고 할 수 있습니다.

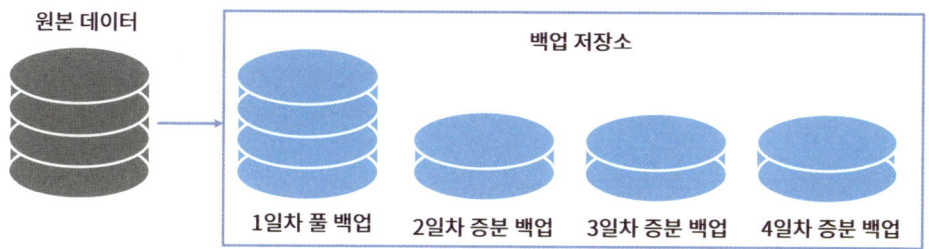

그림 3-24 증분 백업 개념

스냅샷

데이터를 백업하는 과정은 말 그대로 데이터를 통째로 복사해 저장하는 것이므로 시간이 오래 걸릴 수 있습니다. 그리고 복구할 때에도 시간이 필요합니다. 그래서 보다 더 빠르게 데이터를 보관하고 복구할 수 있는 기술이 등장했는데, 바로 **스냅샷**(Snapshot)입니다.

그림 3-25 특정 시점의 스토리지 파일 시스템을 포착해 보관하는 스냅샷(출처: MDF Technology)

스냅샷은 말 그대로 사진을 찍듯이 특정 시점의 스토리지 상태를 포착해 보관하는 기술입니다. 원본 데이터가 저장된 스토리지에 스냅샷을 저장해두는데, 만약 중요한 파일을 실수로 삭제했다면 그때 찍어둔 스냅샷을 이용해 해당 파일이 있던 시점으로 복원할 수 있습니다. Windows의 이전 시점 복원이나 macOS의 타임 머신이 바로 스냅샷 기능과 같습니다. 이 기능이 스토리지에도 적용되고 있는 것입니다.

스냅샷은 백업보다 더 빠르게, 특정 순간으로 돌아갈 수 있는 타임머신 같은 역할을 합니다. 만약 어떤 중요한 순간을 기억하고 싶다면 사진을 찍어두는 것처럼, 데이터를 안전하게 복원하고 싶다면 스냅샷을 찍어두는 거죠.

■ COW 방식

스냅샷에는 두 가지 방식이 있는데, 먼저 알아볼 것은 **COW**(Copy On Write)입니다. 그림 3-26의 왼쪽을 보면 스토리지 OS의 파일 시스템에 A, B, C, D 데이터가 있고, 오른쪽에는 스냅샷을 위해 별도의 저장 공간도 생성되어 있습니다.

이 상태에서 만약 데이터 B를 B1으로 수정하려고 한다면 어떻게 될까요? 먼저 파일 시스템은 수정하려는 원본 데이터인 B를 불러옵니다. 이때 읽기 작업이 한 번 수행되겠죠? 이 데이터를 B_v1이라고 하겠습니다. 그리고 이 시점에 데이터 A, B, C, D가 있었다는 걸 기록하기 위해 스냅샷을 찍습니다. 이렇게 찍힌 스냅샷은 해당 시점에 어떤 데이터들이 있었는지를 바라보는 포인터로 조회할 수 있습니다. 그림 3-26에서 스냅샷 포인터 리스트는 스냅샷이 어떤 데이터들을 바라보고 있는지를 기록해둔 리스트입니다.

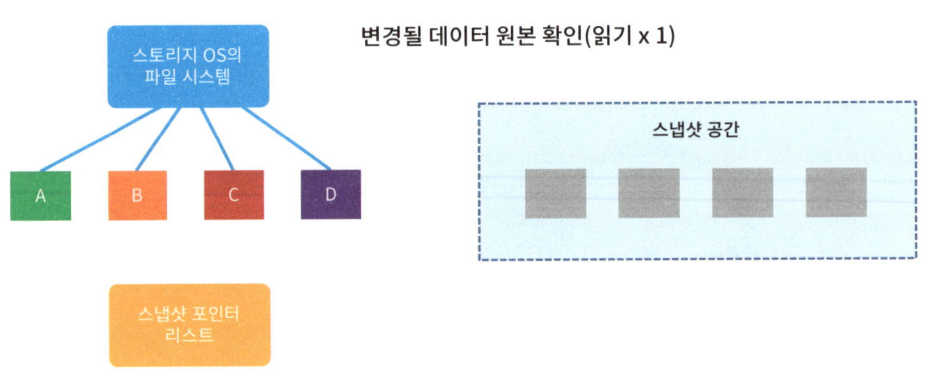

그림 3-26 스냅샷 COW 방식

그리고 파일 시스템이 스냅샷을 찍고 나면, 그림 3-27처럼 먼저 B_v1을 복제합니다. 그리고 이 복제본을 스냅샷을 위한 공간에 저장합니다. 이 과정에서 쓰기 작업이 한 번 발생하게 되죠. 그다음엔 파일 시스템이 B_v1을 B1으로 바꿔서 원본 데이터 B 위에 덮어씁니다. 이때도 쓰기 작업이 한 번 더 발생합니다. 결과적으로 처음에 있던 데이터 B는 B1로 바뀌게 됩니다. 이렇게 COW 방식에서는 읽기 작업이 1번, 쓰기 작업이 2번 발생한다는 점을 기억해두세요.

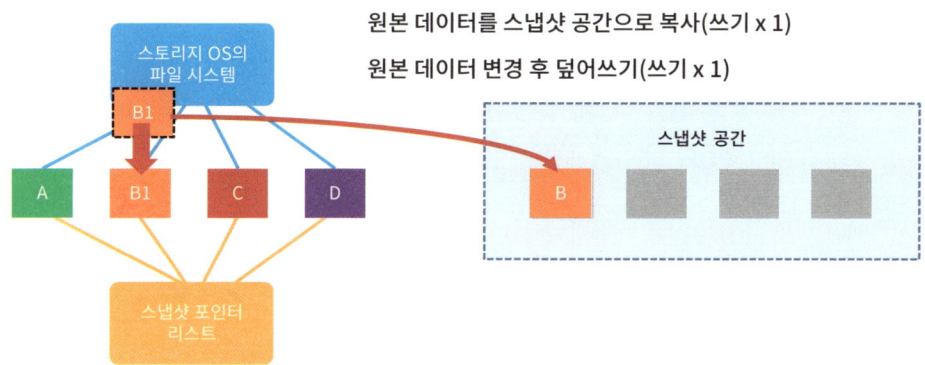

그림 3-27 COW에서 스냅샷을 찍고 원본 데이터를 수정하는 방식

- **ROW 방식**

또 다른 스냅샷 방식으로 **ROW**(Redirect On Write)가 있습니다. 그림 3-28의 왼쪽을 보면 파일 시스템에 데이터 A, B, C, D가 저장되어 있지만, COW 방식과 달리 스냅샷에 할당된 별도의 공간은 따로 보이지 않습니다

이 상태에서 데이터 B를 B1으로 수정하려고 할 때, 파일 시스템은 먼저 스냅샷을 찍습니다. 여기까지는 COW 방식과 비슷하게 스냅샷 포인터가 데이터 A, B, C, D를 가리키게 되죠. 그런데 ROW 방식에서는 여기서 차이가 생깁니다. 파일 시스템은 변경될 데이터 B에 스냅샷 데이터를 추가해서 하나로 묶어버립니다. 이를 Freeze, 즉 **얼린다**고 표현합니다. 이 과정에서 스냅샷이 찍힌 후의 데이터 B에는 데이터 본체와 스냅샷 데이터가 함께 들어 있는 상태가 됩니다.

그래서 그림 3-28의 오른쪽 이미지를 보면, 데이터 포인터는 B의 순수한 데이터만 가리키고, 스냅샷 포인터는 스냅샷만을 가리키는 구조가 되는 것입니다.

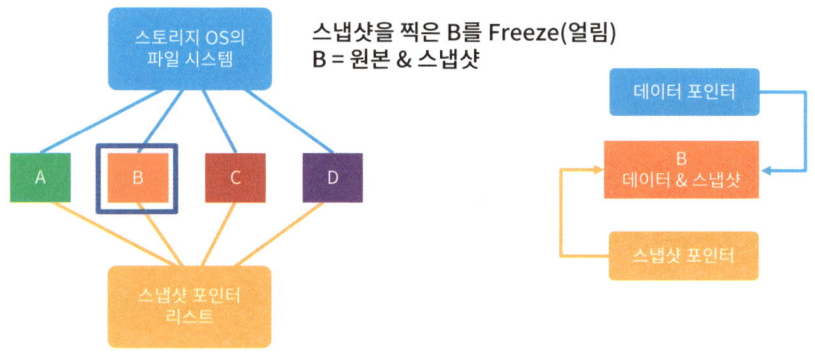

그림 3-28 스냅샷 ROW 방식

파일 시스템이 스냅샷을 찍은 후, 데이터 B는 스냅샷 데이터와 함께 고정된 상태가 되어 더 이상 수정할 수 없게 됩니다. 이렇게 얼려버린 데이터 B는 그대로 남아 있고, 이제 파일 시스템은 새로운 데이터 B1을 생성합니다. 이 과정에서 쓰기 작업이 한 번 발생합니다. 그 후 데이터 포인터는 고정된 데이터 B와 새로 생성된 B1을 모두 가리키게 됩니다. 하지만 스냅샷 포인터는 여전히 데이터 B만을 가리키고 있습니다. 왜냐하면 스냅샷을 찍었을 당시에는 데이터 B1이 존재하지 않았기 때문이죠.

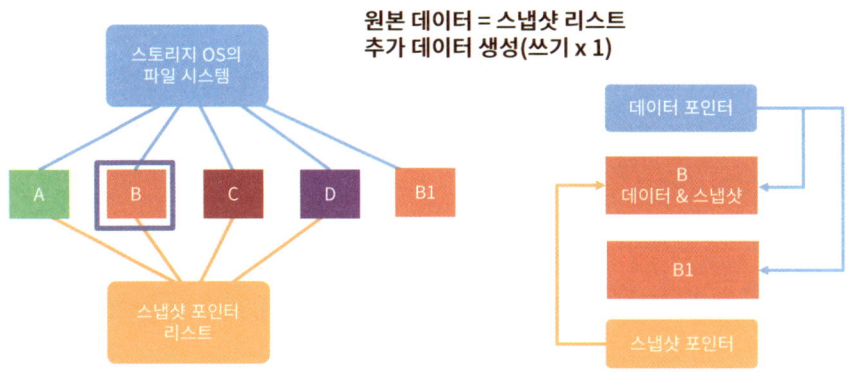

그림 3-29 ROW에서 스냅샷을 찍고 원본 데이터를 수정하는 방식

이렇게 ROW 방식에서는 데이터가 수정될 때 쓰기 작업이 단 한 번만 수행됩니다. 반면 COW 방식에서는 읽기 1회와 쓰기 2회로 총 3회의 작업이 필요합니다. 작업 횟수가 줄어든다는 것은 스토리지의 CPU가 훨씬 적게 일을 해도 된다는 의미입니다. 결국 ROW는 COW보다 CPU에 가해지는 부하가 적어지면서, 작업 속도도 더 빨라집니다. 그래서 ROW 방식이 COW 방식보다 스냅샷 성능이 더 우수하다고 평가를 받습니다.

3-2-1 법칙

백업과 스냅샷, 모두 데이터를 안전하게 보호하기 위한 중요한 방법들입니다. 하지만 두 가지를 비교해보면, 스냅샷은 백업보다 원본 데이터를 보호하는 데에는 한계가 명확합니다. 원본 데이터가 손상되면 스냅샷으로는 복원할 수 없는 경우가 있는데, 반면 백업은 원본 데이터를 아예 복제해서 다른 장소에 보관하기 때문에 스냅샷보다 데이터 보호 관점에서 훨씬 더 안전하다고 할 수 있습니다. 그런데 이 백업을 할 때 반드시 지켜야 하는 3-2-1 법칙이 있습니다.

그림 3-30 안전한 데이터 보호를 위한 기본적인 백업 법칙, 3-2-1 법칙

3-2-1 법칙에서 3은 총 3개의 데이터를 준비해야 한다는 뜻으로, 원본 데이터 하나와 최소 2개의 복제본이 필요하다는 것입니다. 그리고 2는 이 2개의 복제본을 서로 다른 저장 장치에 보관하라는 의미입니다. 예를 들어, 하나는 HDD에, 다른 하나는 Tape에 저장하는 방식을 씁니다. 참고로 백업 데이터는 예비 데이터이기 때문에 보통 SSD보다는 HDD나 Tape에 저장하는 것이 일반적입니다.

마지막으로 1은 복제본 중 하나를 회사 내부가 아닌 외부에 보관하라는 의미입니다. 만약 회사 내에만 두고 스토리지에 문제가 생기면 어떻게 될까요? 백업 데이터도 함께 손실될 위험이 생깁니다. 그래서 하나는 내부에, 다른 하나는 외부에, 예를 들어 회사와 멀리 떨어진 다른 건물이나 클라우드에 보관하는 것이 중요합니다.

이 3-2-1 법칙은 데이터를 안전하게 보호하기 위해 매우 중요한 규칙이지만, 현실에서는 잘 지켜지지 않는 경우도 많습니다. 어떤 기업들은 백업 데이터 하나만 겨우 만들어서 회사 내부에 보관하기도 합니다. 하지만 백업은 데이터 보호의 최후의 보루인 만큼, 이 법칙을 잘 따라야 안전하게 데이터를 지킬 수 있습니다.

백업 하드웨어와 소프트웨어

백업은 데이터를 안전하게 보관하기 위한 목적으로 사용되는 별도의 전용 스토리지에 저장하는 게 일반적입니다. 만약 업무용 스토리지에 업무 데이터와 백업 데이터를 함께 보관한다면, 스토리지에 문제가 생겼을 때 두 데이터 모두 위험해질 수 있겠죠? 그래서 백업 데이터는 업무용 스토리지와 분리된 백업 전용 스토리지에 따로 보관하는 것이 안전합니다.

이런 백업 전용 스토리지를 만드는 유명한 기업들이 많은데, 이때 활용하면 좋은 자료가 바로 Gartner라는 글로벌 시장 조사 기관에서 매년 발표하는 Magic Quadrant 보고서입니다. 이 보고서는 IT 솔루션을 분석한 자료로, 새로운 솔루션을 도입할 때 많은 IT 관리자들이 참고하는 유용한 자료입니다.

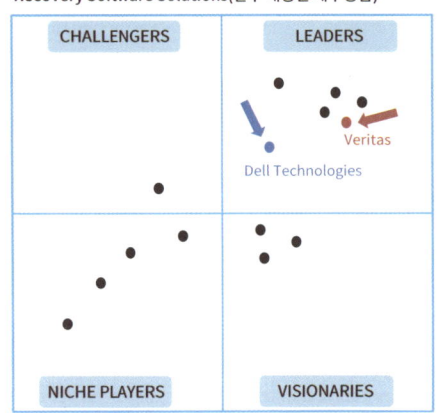
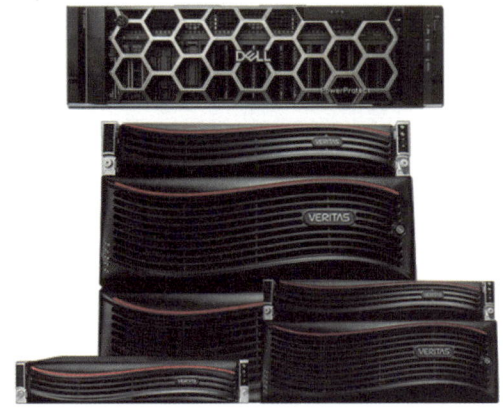

그림 3-31 대표적인 백업 하드웨어 제조사(출처: Dell Technologies, Veritas)

이 보고서에는 그림 3-31에 나와 있는 것처럼 리더로 평가받는 기업들이 오른쪽 상단에 위치해 있습니다. 이 기업들이 바로 백업 분야에서 전 세계에서 가장 유명한 기업들입니다. 그 중에서도 국내에서 쉽게 접할 수 있는 백업 전용 스토리지 제조사로는 Dell Technologies와 Veritas가 있습니다. 두 기업은 백업 전용 스토리지뿐만 아니라, 이 스토리지를 운영하는 데 필요한 전용 소프트웨어도 함께 제공합니다.

그리고 기업에서 Dell Technologies나 Veritas의 백업 솔루션을 사용할 때는 이들의 하드웨어와 소프트웨어가 통합된 백업 어플라이언스(Appliance)라는 일체형 장비를 사용하는 경우가 많습니다. Dell Technologies는 백업뿐만 아니라 일반 업무용 스토리지도 제공합니다.

▶ 어플라이언스는 특정 목적을 위해 특별히 설계된 하드웨어와 맞춤 소프트웨어가 함께 제공되는 솔루션으로, 별도의 하드웨어를 마련한 다음 그에 알맞은 소프트웨어를 설치할 필요가 없어 빠르게 기업의 업무에 투입할 수 있고 관리도 간편한 것이 특징입니다.

앞서 소개한 기업 외에도 백업 소프트웨어만을 제공하는 전문 기업들이 있습니다. 이들 역시 Gartner Magic Quadrant의 리더(Leaders) 부문에 이름을 올린 기업들인데요. 국내에서 자주 접할 수 있는 대표적인 백업 소프트웨어 전문 기업으로는 Veeam과 Commvault가 있습니다.

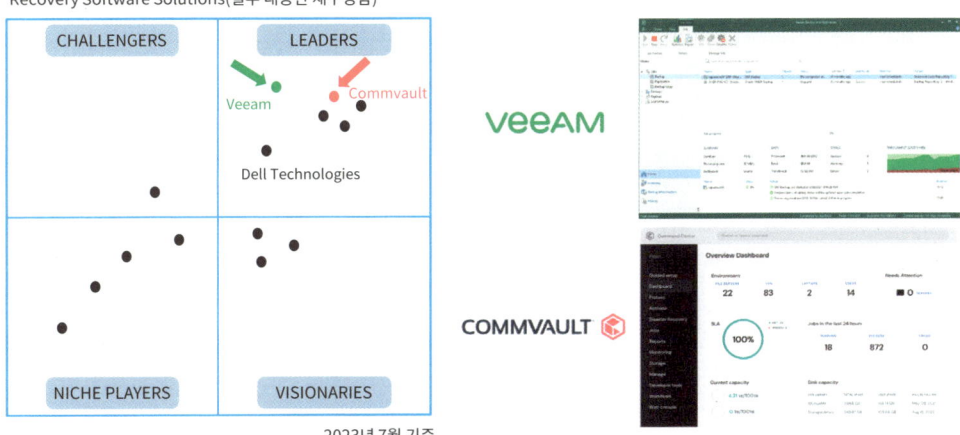

그림 3-32 대표적인 백업 소프트웨어 제조사(출처: Veeam Software, Commvault)

두 회사는 백업 소프트웨어만을 제공하기 때문에 기업이 백업을 위해 별도의 전용 스토리지를 마련한 후, 이 소프트웨어를 설치해 백업 데이터를 관리하게 됩니다. 만약 앞서 살펴본 백업 전용 스토리지나 어플라이언스 장비를 새롭게 도입하는 것이 비용적으로 부담된다면 현재 운영 중인 스토리지의 일부를 백업 전용으로 활용하고, Veeam이나 Commvault 같은 소프트웨어를 도입해 백업을 관리하는 방법도 좋은 선택이 될 수 있습니다. 이렇게 하면 별도의 하드웨어를 새로 구입하는 부담을 덜면서, 현재 사용 중인 스토리지 자원을 활용해 안전하게 데이터를 보호할 수 있습니다.

> **핵심 개념 정리**
>
> - **백업**: 데이터를 안전하게 보호하기 위해 원본 데이터의 복제본을 별도의 저장 공간에 저장하는 것으로, 모든 데이터를 백업하는 풀 백업과 추가되는 데이터만 백업하는 증분 백업이 있음.
> - **스냅샷**: 스토리지의 OS가 특정 시점의 파일 시스템 상태를 기록하는 방식으로, 빠르게 원하는 시점으로 복원할 수 있다는 장점이 있지만, 스토리지에 스냅샷 데이터가 저장되기에 원본 데이터가 손상되면 복구하기 어렵다는 단점이 있음.
> - 대표적인 스냅샷 방식으로 COW, ROW가 있으며, **COW**는 읽기 1회, 쓰기 2회 작업이 수행되나, **ROW**는 쓰기 1회만 수행되어 CPU 부하를 적게 주는 효율적인 방식.
> - 안전하게 백업 데이터를 보관하기 위해서는 **3-2-1 법칙**을 준수해야 하며, 이는 3개의 데이터(원본 1개, 복제본 2개)를 2개의 서로 다른 저장 장치에 저장하고 이 중 1개를 회사 외부에 보관하라는 법칙.

1장, 2장, 3장에서 살펴본 서버, 네트워크, 스토리지를 모두 합친 구성을 IT 인프라 스트럭처의 기본 구조라고 합니다. 이것을 3-Tier 아키텍처라고 합니다. IT 시스템의 기본을 이루는 세 가지 요소가 서버, 네트워크, 스토리지라는 뜻입니다. 3-Tier 아키텍처는 IT 시스템의 전통적인 구조로, 그만큼 역사가 오래됐습니다. 하지만 오래된 시간만큼 태생적으로 가지고 있는 문제들도 많고, 이를 해결하기 위해 다양한 기술들이 발전해왔습니다. 계속해서 이 기술들에 대해서 하나하나 자세히 알아볼 예정입니다. 그 전에 1장에서 잠깐 언급한 데이터베이스에 대해 먼저 살펴보겠습니다.

CHAPTER

04

데이터베이스

쇼핑몰 사이트에서 마음에 드는 상품을 찾을 때 검색창에 키워드를 입력하면, 관련된 상품들이 나타납니다. 그 중 마음에 드는 걸 골라서 장바구니에 담고, 로그인한 다음 결제 버튼을 누르면 끝입니다. 이렇게 쉽게 쇼핑을 할 수 있는 이유가 무엇일까요? 바로 쇼핑몰의 데이터베이스 덕분입니다. 이번 4장에서는 이 데이터베이스가 무엇이며 어떻게 작동하는지, 그리고 어떤 종류들이 있는지 하나씩 알아보겠습니다.

4.1 _ 데이터베이스 개념

4.2 _ 데이터베이스 종류

4.1 데이터베이스 개념

데이터베이스(Database)란, 여러 사람이 함께 사용하기 위해 체계적으로 정리해서 관리하는 데이터의 모음입니다. 좀 더 풀어서 설명하면 애플리케이션이 필요로 하는 다양한 정보를 한 곳에 모아놓고 관리하는, 애플리케이션의 공용 데이터 묶음이라고 할 수 있습니다.

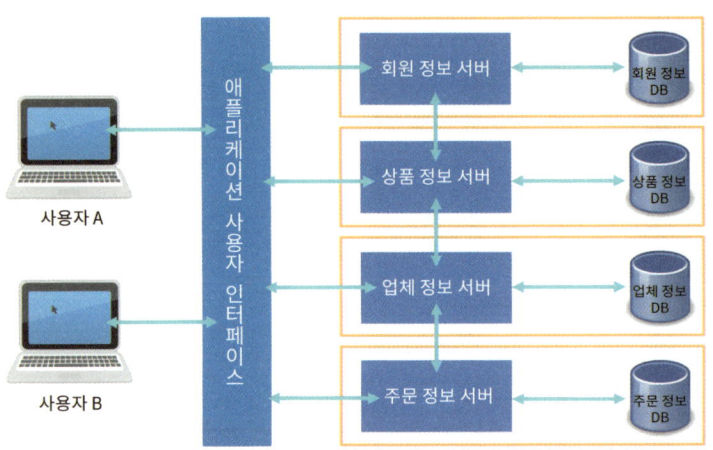

그림 4-1 데이터베이스 예시

그림 4-1을 보면 왼쪽에 클라이언트인 사용자 A, B가 있습니다. 여기서 사용자 A는 쇼핑몰에서 상품을 사려는 구매자이고, B는 쇼핑몰의 판매자입니다. 이때 사용자가 접속하려는 것은 애플리케이션 사용자 인터페이스, 즉 쇼핑몰 사이트입니다.

사용자 A가 쇼핑몰 사이트에 접속하고 로그인을 시도하려면, 먼저 아이디(ID)와 비밀번호(PW)를 입력해야 합니다. 사용자가 ID/PW를 입력하면, 쇼핑몰의 로그인 화면을 관리하는 '회원 정보 서버'는 그 정보를 뒤에 있는 데이터베이스(DB) 서버에게 보내서, 입력된 ID/PW가 맞는지 확인을 요청합니다. 그러면 '회원 정보 DB'가 ID/PW를 확인하고, 회원 정보 서버에 결과를 알려줍니다. 이렇게 확인이 되면 회원 정보 서버는 사용자 A를 로그인시켜줍니다.

그다음 사용자 A가 쇼핑몰 메인 화면에서 '남자 티셔츠'를 검색창에 입력합니다. 그러면 '상품 정보 서버'가 자신이 가지고 있는 수많은 상품 중에서 남자 티셔츠가 뭔지 확인하려고 '상품 정보 DB'에게 물어봅니다. 이후에 상품 정보 DB가 남자 티셔츠에 해당하는 상품 리스트를 상품 정보 서버에 보내줍니다. 그제서야 상품 정보 서버는 사용자 A에게 남자 티셔츠 상품들을 보여줍니다.

이번엔 사용자 B를 살펴볼까요? 사용자 B는 판매자이기 때문에 쇼핑몰 사이트에 접속한 후 기업 회원 로그인 버튼을 클릭합니다. 사용자 B가 가입한 기업 회원의 ID/PW를 입력하면, '업체 정보 서버'는 '업체 정보 DB'에게 이 ID/PW가 맞는지 확인해달라고 요청합니다. 그럼 업체 정보 DB가 자신이 가지고 있는 데이터 중에서 일치하는 정보가 있는지 확인하고, 그 결과를 업체 정보 서버에 알려줍니다. 이렇게 확인이 되면 업체 정보 서버는 사용자 B의 로그인을 허용합니다.

로그인에 성공한 사용자 B는 아직 확인하지 않은 주문이 얼마나 있는지 알아보려고 주문 정보 버튼을 클릭합니다. 그러면 '주문 정보 서버'가 '주문 정보 DB'에게 사용자 B에게 할당된 주문 중 아직 확인하지 않은 주문이 있는지 물어봅니다. 그러면 주문 정보 DB가 그 정보를 주문 정보 서버에 전달하고, 주문 정보 서버는 사용자 B에게 신규 주문 리스트를 보여줍니다.

이렇게 데이터베이스는 서버가 클라이언트의 요청을 처리할 때 필요한 추가 정보를 제공합니다. 이런 정보는 클라이언트가 누구인지, 어떤 정보를 요청했는지 등 세부적인 내용을 담고 있습니다. 덕분에 서버는 클라이언트에게 좀 더 맞춤형 정보를 제공할 수 있게 됩니다. 마치 식당 주인이 단골 손님을 기억하는 것처럼, 데이터베이스도 서버가 고객에 대해 필요한 정보를 기억하도록 도와주는 역할을 합니다.

DBMS

데이터베이스는 체계화된 데이터들의 집합입니다. 그래서 이 데이터베이스에 접근해서 필요한 데이터를 조회하려면, 데이터베이스에게 '이러한 데이터를 보여줘'라고 명령을 내릴 수 있는 별도의 소프트웨어가 필요한데, 이걸 **DBMS**(Database Management System)라고 합니다. 그림 4-2처럼 클라이언트의 요청을 받은 서버들이 DBMS에게 '데이터베이스에서 내가 필요로 하는 데이터를 확인해줘'라고 요청하면, DBMS가 데이터베이스에 접근해 그 요청을 처리한 후 다시 서버에게 결과를 알려줍니다.

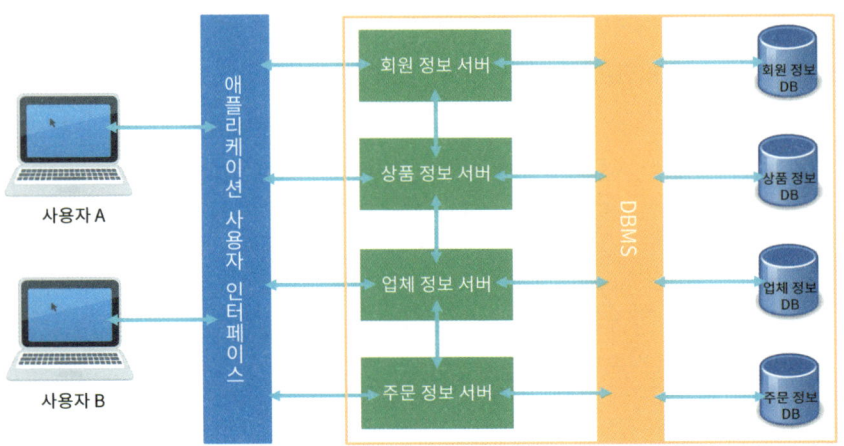

그림 4-2 데이터베이스를 다룰 수 있게 해주는 소프트웨어, DBMS

만약 데이터베이스를 직접 관리하는 관리자라면, DBMS를 통해 데이터베이스에 있는 정보를 확인하고, 수정하고, 삭제할 수도 있습니다. 그래서 DBMS는 데이터베이스를 관리할 수 있는 소프트웨어라고 할 수 있습니다.

1장에서 서버들이 자신이 어떤 일을 수행한 다음, 그 결과를 로그(Log)로 기록한다고 설명한 적이 있습니다. 데이터베이스도 마찬가지입니다. 데이터베이스와 DBMS가 운영되는 서버를 DB 서버라고 부르는데, 그림 4-3과 같이 다양한 클라이언트의 요청을 받은 서버들이 DBMS를 통해 DB 서버에 도움을 요청하고, 그 서버들의 요청을 처리한 DB 서버는 해당 요청을 완료했다는 기록을 남깁니다. 이렇게 기록을 남겨야 나중에 혹시라도 문제가 생겼을 때 원인이 무엇인지 분석하고 해결책을 마련할 수 있습니다.

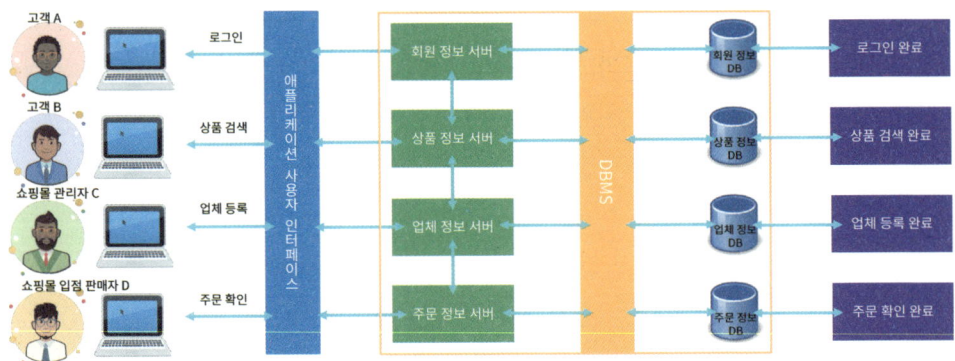

그림 4-3 클라이언트별로 맞춤 정보를 제공하고, 그 결과를 기록하는 데이터베이스

예를 들어, 클라이언트가 A라는 상품을 검색했는데 자꾸 B라는 상품이 검색된다면 어디가 문제인지 확인해야 합니다. 관리자는 가장 먼저 상품 정보 DB에서 어떤 상품을 검색했는지에 대한 결과를 확인할 것입니다. 상품 정보 DB의 로그를 살펴보고 상품 B의 데이터를 조회한 것이 확인됐다면, 클라이언트로부터 상품 A를 검색하라는 요청을 받은 상품 정보 서버에 문제가 생겨서 DBMS에 상품 B를 검색하라는 명령을 내린 것인지 알아볼 것입니다.

반대로 상품 정보 DB가 제대로 상품 A를 조회한 것으로 확인됐다면, 상품 정보 서버의 요청을 올바르게 처리했음에도 상품 정보 서버가 상품 A가 아닌 B를 전달한 것입니다. 그럼 관리자는 상품 정보 DB에 저장된 데이터가 잘못된 것은 아닌지, 혹은 상품 A의 이름이 상품 B로 잘못 입력된 것은 아닌지 확인해야 할 것입니다. 이렇게 데이터베이스 서버에 남겨진 로그를 토대로 데이터베이스에 문제가 생겼을 때 원인을 파악하고 필요한 조치를 취할 수 있습니다.

관계형 데이터베이스

데이터베이스는 데이터를 체계적으로 저장합니다. 그중에서도 가장 흔한 방식이 바로 **열**(Column)과 **행**(Row)으로 이루어진 테이블 형태로 저장하는 것입니다. 이걸 스키마라고 부르고, 이렇게 열과 행으로 데이터를 정리하는 데이터베이스를 **관계형 데이터베이스**라고 합니다.

그림 4-4 열과 행으로 데이터를 저장하는 관계형 데이터베이스

그림 4-4는 데이터베이스에서 데이터를 열과 행으로 저장한 예시입니다. 엑셀이나 구글 시트 같은 스프레드시트가 이런 형태로 데이터를 작성합니다. 스프레드시트에서는 열과 행에 데이터를 생성(Create), 조회(Read), 수정(Update), 삭제(Delete)할 수 있습니다. 이걸 간단히 **CRUD**라고 합니다. 스프레드시트에서는 눈에 보이는 화면(GUI, Graphic User Interface)을 통해 이 CRUD 작업을 쉽게 할 수 있습니다.

엑셀에 여행 계획표를 작성하는 것을 CRUD 작업에 빗대어 설명해보겠습니다. 예를 들어 여름 휴가 때 제주도에 가려고 날짜와 시간대별로 계획을 세워 엑셀에 작성하려고 합니다. 1행의 A열에는 '날짜', B열에는 '시간', C열에는 '할 일'을 입력하고, 2행의 A열에 '2024-08-01', B열에 '09:00', C열에 '김포공항에서 제주행 비행기 탑승'이라고 입력했다면, 이것이 바로 생성(Create) 작업입니다. 이후 일정을 쭉 입력한 다음, 잘못된 게 없는지 하나씩 확인하며 조회(Read)할 것입니다. 확인해보니 제주도 도착 후 렌터카를 찾는 시간이 잘못된 걸 발견해서 3행 B열의 시간을 수정(Update)해야 합니다. 또, 계획이 바뀌어서 점심 식사 장소를 변경하려고 5행 C열의 할 일을 삭제(Delete)합니다.

스프레드시트에서는 이렇게 마우스와 키보드를 이용해 데이터를 입력, 확인, 수정, 삭제할 수 있습니다. 아주 간편하게 CRUD 작업을 할 수 있는 게 장점입니다. 데이터를 입력하는 이 공간을 시트(Sheet)라고 합니다.

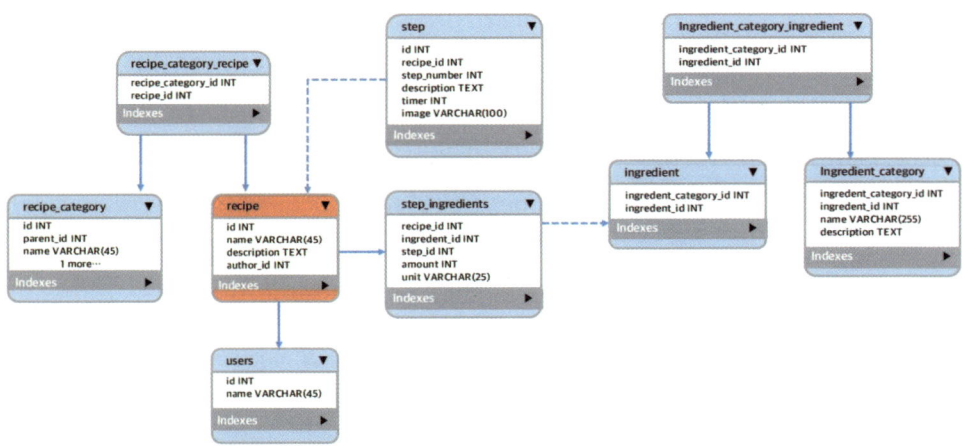

그림 4-5 여러 테이블을 서로 연결해서 관리하는 관계형 데이터베이스 구조 예시

관계형 데이터베이스에서는 열과 행으로 이루어진 공간을 테이블(Table)이라고 합니다. 엑셀과 비슷한 개념인데, 차이점이 있다면 여러 개의 테이블을 서로 연결해서(Join) 데이터를 관리할 수 있다는 것입니다. 그림 4-5와 같이, 다양한 테이블이 서로 연결되어서 대량의 데이터를 미리 정해진 규칙에 따라 관리할 수 있고, 여러 사용자가 동시에 접속해서 사용할 수 있습니다. 스프레드시트도 시트끼리 참조해서 데이터를 관리할 수 있습니다. 하지만 스프레드시트는 주로 소규모 데이터를 다루는 데 적합하고, 대량의 데이터는 데이터베이스로 관리하는 게 더 효율적입니다.

예를 들어, 우리 회사가 전국에 여러 개의 유기농 식품 매장을 운영한다고 상상해볼까요? 매장 정보 테이블에는 매장의 이름, 위치, 설립 연도, 직원 수를 기록하고, 상품 테이블에는 매장별로 취급하는 상품 목록과 가격을 기록하고 있습니다. 또 재고 테이블에는 본사 창고에서 보유하고 있는 상품 목록과 재고 수량을 기록하고, 주문 현황 테이블에는 주문 날짜와 시간, 매장 이름, 그리고 주문된 상품 수량과 목록을 기록합니다.

이제 매장별로 매출 분석을 하고 싶다면 어떻게 할까요? 관리자는 이 네 개의 테이블을 연결해서 필요한 정보를 조합할 수 있습니다. 매장 정보 테이블에서 매장 이름과 위치를, 상품 테이블에서는 매장 이름과 상품 목록을 가져옵니다. 재고 테이블에서는 상품 목록과 재고 수량을, 주문 현황 테이블에서는 매장 이름과 주문된 상품 수량 및 목록을 가져옵니다. 이걸 통해 특정 기간 동안 어느 지역의 매출이 얼마인지, 그 지역에 매장이 몇 개 있는지, 매장별 매출 현황과 잘 팔리는 상품은 무엇인지, 이 기간 동안 가장 잘 팔린 상품은 무엇인지, 그리고 재고 수량은 충분한지 등을 알 수 있게 됩니다. 이 예시는 이해를 돕기 위해 많이 단순화한 것이지만, 실제 관계형 데이터베이스에서는 이보다 훨씬 더 복잡한 정보를 다루게 됩니다.

RDBMS

이렇게 테이블 단위로 데이터를 저장하고 관리하는 관계형 데이터베이스(Relational Database)라고 하며, 줄여서 RDB라고 합니다. 그리고 이 RDB를 관리할 수 있도록 도와주는 소프트웨어가 바로 **RDBMS**입니다.

그럼 RDB는 언제부터 사용되었을까요? RDB는 1970년대 초반에 연구가 시작된, 역사가 오래된 데이터베이스입니다. 최초의 RDB는 1974년에 미국 캘리포니아 버클리 대학교에서 진행된 Ingres Project였고, 이후 수많은 RDB에 영향을 끼쳤습니다. RDB는 지금도 가장 널리 사용되고 있으며, 우리가 기업에서 가장 흔하게 접할 수 있는 데이터베이스입니다.

RDB는 열과 행으로 이루어진 테이블 단위로 데이터를 저장한다고 했습니다. 그런데 이 테이블에 데이터를 입력, 조회, 수정, 삭제하는, 즉 CRUD 작업을 하려면 RDB에 명령을 내려야 합니다. 이 명령을 RDBMS에 전달하기 위해서는 SQL이라는 언어를 사용해야 합니다. **SQL**(Structured Query Language)은 우리말로는 **구조화된 질의 언어**라고 합니다. SQL은 RDB를 다루기 위해 꼭 알아야 하는 컴퓨터 언어인데, 개발자들이 코딩할 때 사용하는 다양한 프로그래밍 언어가 있듯이, DB 관리자도 RDB를 다루기 위해 SQL을 사용합니다.

SQL 유형	명령어	기능
DQL: Data Query Language 데이터 질의어	SELECT	데이터 검색
DML: Data Manipulation Language 데이터 조작어	INSERT	데이터 입력
	UPDATE	데이터 수정
	DELETE	데이터 삭제
DDL: Data Definition Language 데이터 정의어	CREATE	데이터베이스 객체 생성
	ALTER	데이터베이스 객체 변경
	DROP	데이터베이스 객체 삭제
	RENAME	데이터베이스 객체 이름 변경
	TRUNCATE	데이터베이스 및 저장 공간 삭제
TCL: Transaction Control Language 트랜잭션 제어어	COMMIT	트랜잭션 종료
	ROLLBACK	트랜잭션 취소
	SAVEPOINT	트랜잭션의 임시 저장 시점 설정
DCL: Data Control Language 데이터 제어어	GRANT	데이터베이스 객체 접근 권한 부여
	REVOKE	데이터베이스 객체 접근 권한 취소

```
SELECT
  store_info.id,
  store_info.name AS store_name,
  DATE_FORMAT(transactions.date, "%Y-%m") AS transaction_month,
  SUM(transactions.total_amount) AS total_amount
FROM
  transactions
LEFT JOIN
  -- get all stores in Chicago
  (
    SELECT
      id,
      name
    FROM
      stores
    WHERE
      city = 'Chicago'
  ) AS store_info
ON
  transactions.branch_id = store_info.id
WHERE
  transactions.date >= '2019-03-01'
  -- filter spam transactions
  AND transactions.id NOT IN
  (
    SELECT
      id
    FROM
      spam_transactions
  )
GROUP BY
  store_info.id,
  store_info.name,
  DATE_FORMAT(transactions.date, "%Y-%m")
```

그림 4-6 RDB를 다루기 위한 언어, SQL

그림 4-6에서는 주요 SQL 유형과 각 명령어들은 어떤 역할을 하는지, 실제 DBMS에서 어떻게 작동하는지를 보여줍니다. 처음이라 어려워 보이지만 이 명령어들을 모두 외울 필요는 없습니다. 기초 단계에서는 RDB를 다루기 위해 SQL이라는 언어가 사용된다는 것만 알고 있어도 충분합니다.

> **퀴즈** / 다음 설명 중 OO에 들어갈 단어는 무엇일까요?
>
> ① 데이터베이스는 다수가 공용으로 사용하기 위해 체계화된 OO에 따라 저장한 데이터의 OO으로, 클라이언트의 보다 세부적인 요청을 처리하기 위해 사용된다.
>
> ② 데이터베이스에 여러 가지 명령을 내려 데이터를 관리할 수 있는 소프트웨어를 OOOO라고 한다.
>
> ③ RDB는 50년이 넘는 역사를 가진, 현재도 가장 널리 사용되는 데이터베이스이며, O과 O으로 이루어진 테이블 단위로 데이터를 저장하고 OOO로 관리한다.
>
> **정답**
> ①번: 규칙, 집합 / ②번: DBMS / ③번: 열, 행, SQL

4.2 데이터베이스 종류

데이터베이스는 크게 **오픈소스** RDBMS와 **상용** RDBMS로 나눌 수 있습니다. 1장에서 오픈소스 소프트웨어와 상용 소프트웨어를 알아본 것처럼 RDBMS도 마찬가지입니다. 누구나 무료로 다운로드해서 자유롭게 사용할 수 있는 오픈소스 RDBMS가 있고, 유료로 라이선스를 구매해 사용하는 상용 RDBMS가 있습니다. 어떤 종류의 RDBMS들이 있는지 하나씩 알아볼까요?

오픈소스 RDBMS vs 상용 RDBMS

국내에서 많이 사용되는 오픈소스 RDBMS와 상용 RDBMS는 그림 4-7에서 볼 수 있습니다. 가장 유명한 건 MySQL로, 1995년에 출시되어 오픈소스 RDBMS 중에서 가장 널리 사용되고 있습니다. MariaDB는 2009년에 발표되었으며, MySQL이 Oracle에 인수되면서 라이선스 체계 변경과 유료화를 걱정한 MySQL 개발자들이 만든 RDBMS입니다. 그래서 MySQL과 매우 유사한 구조를 가지고 있습니다. 그리고 PostgreSQL은 1970년대 Ingres Project에서 시작해 1980년대에는 Post Ingres, 그리고 1996년에는 PostgreSQL로 발전해 현재까지 이어져온 역사와 전통을 자랑하는 오픈소스 RDBMS입니다.

그림 4-7 대표적인 오픈소스 RDBMS와 상용 RDBMS

상용 RDBMS에서 가장 유명한 건 Oracle Database로, 1979년에 출시되어 전 세계 상용 RDB 시장에서 가장 높은 점유율을 차지합니다. 그리고 Microsoft의 SQL Server, SAP ERP의 전용 DB인 SAP HANA도 상용 RDBMS 중에서 매우 유명한 편입니다. 국내에서 개발된 상용 RDBMS 중에는 티맥스소프트의 티베로와 큐브리드 DB가 많이 알려져 있습니다.

NoSQL DB

RDBMS의 주요 특징 중 하나로 SQL이라는 언어를 사용해 DB를 관리한다고 설명했습니다. RDBMS는 주로 정형 데이터 처리에 최적화되어 있습니다. 그런데 요즘에는 비정형 데이터가 엄청나게 증가하면서, RDBMS로 이런 대량의 비정형 데이터를 처리하는 데에 어려움이 생겼습니다. 그래서 비정형 데이터를 분산 처리 기술을 활용해 RDBMS보다 더 빠르고 효율적으로 처리하기 위한 새로운 오픈소스 DB들이 등장하게 되었는데, 이 DB들을 **NoSQL**(Not Only SQL)이라고 합니다. NoSQL DB들이 사용하는 기술은 크게 네 가지 유형으로 나뉘는데, 각 유형별로 어떤 특징이 있고 대표적인 NoSQL DB는 무엇인지 알아보겠습니다.

Key-Value Type

Key-Value Type은 데이터를 단순한 **키**(Key)와 **값**(Value)을 쌍으로 저장하는 NoSQL DB입니다. 각 키는 고유한 값을 가지며, 그 값은 문자열, 숫자, JSON 등 어떤 형식이든 저장할 수 있습니다. 이 구조는 복잡한 테이블 조인(Join)을 사용하지 않고, 특정 키에 해당하는 값을 빠르게 조회하는 방식으로 운영됩니다. 구조가 단순해서 매우 빠른 읽기 및 쓰기 성능을 제공하지만 복잡한 쿼리나 데이터 관계를 관리하는 데는 적합하지 않습니다.

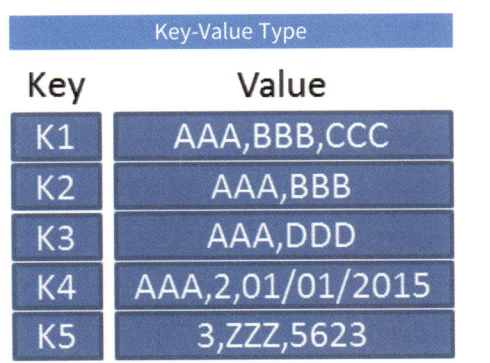

그림 4-8 Key-Value Type NoSQL

예를 들어, 앞서 이야기한 유기농 식품 매장 데이터를 Key-Value Type으로 저장한다고 해보겠습니다. 매장 정보, 상품 정보, 재고 정보, 주문 정보를 각각의 키 값으로 저장해두고, 필요한 데이터를 개별적으로 조회한 다음, Key-Value Type의 NoSQL을 사용하는 애플리케이션에서 그 결과를 조합해 통합된 결과를 화면에 나타내는 식입니다.

Key-Value Type의 대표 DB로는 레디스(Redis, Remote Dictionary Server)와 6장에서 설명할 클라우드 컴퓨팅 서비스 중 가장 유명한 AWS의 DynamoDB가 있습니다.

Document Type

Document Type은 데이터를 JSON, XML 같은 문서(Document) 형식으로 저장합니다. 각 문서는 고유한 키를 가지고, 서로 다른 구조를 가질 수 있습니다. Key-Value Type과 비슷하게, 키와 문서 형태의 단순한 구조로 데이터를 저장해서 빠른 성능을 구현할 수 있습니다. 여기서 더 나아가 마치 RDB처럼 복잡한 쿼리도 사용할 수 있어서 대규모 데이터 처리가 가능합니다.

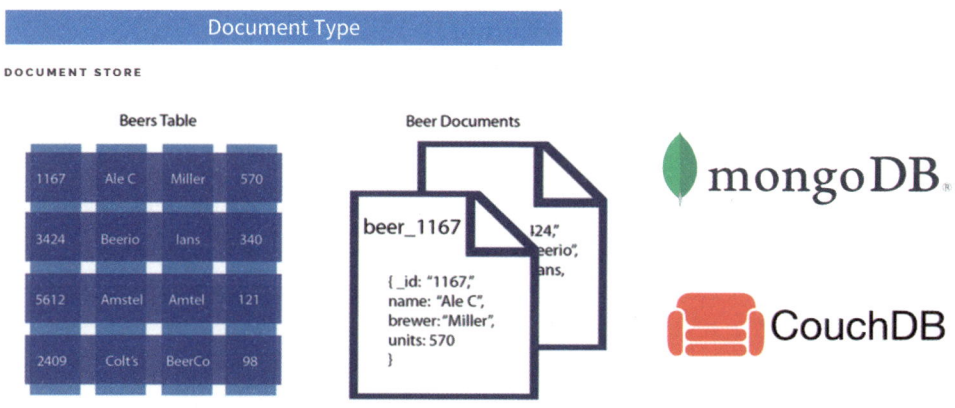

그림 4-9 Document Type NoSQL

또 Document Type은 계층적인 데이터 구조를 문서 안에 저장할 수 있는 특징이 있습니다. 예를 들어 매장 정보를 담고 있는 문서 안에 상품 정보와 재고 정보를 넣으면, 매장 정보 문서 하나만 조회해도 상품 정보와 재고 정보를 모두 알 수 있죠. 이런 방식은 RDB의 복잡한 테이블 조인을 단순화할 수 있어서 원하는 데이터를 더 빠르게 조회할 수 있는 장점이 갖습니다. 게다가 데이터를 한곳에 모아 저장해서 데이터 일관성을 유지하고 관리하기도 더 쉽습니다. Document Type의 DB로는 MongoDB, CouchDB가 널리 알려져 있습니다.

> **용어 정리**
>
> - **JSON:** JavaScript Object Notation, JavaScript라는 언어로 구조화된 데이터를 표현하기 위한 문서 포맷. 웹 애플리케이션이 데이터를 전송할 때 사용되며 단순한 구조로 빠른 데이터 전송이 주 목적.
> - **XML:** eXtensible Markup Language, 웹 애플리케이션이 데이터를 전송하기 위해 만들어진 문서 포맷. 데이터를 기계가 읽을 수 있는 방식으로 저장하는 데 중점을 두어 복잡한 데이터의 오류 검출에 용이.

Column-Family Type

Column-Family Type의 NoSQL DB는 데이터를 열과 행으로 구성된 테이블 형태로 저장하는데, 데이터를 **컬럼 패밀리**(Column-Family)로 그룹화해서 저장합니다. 이렇게 하면 RDB에 비해 관련된 데이터를 논리적으로 묶어서 더 효율적으로 관리하고, 빠르게 조회할 수 있는 게 특징입니다.

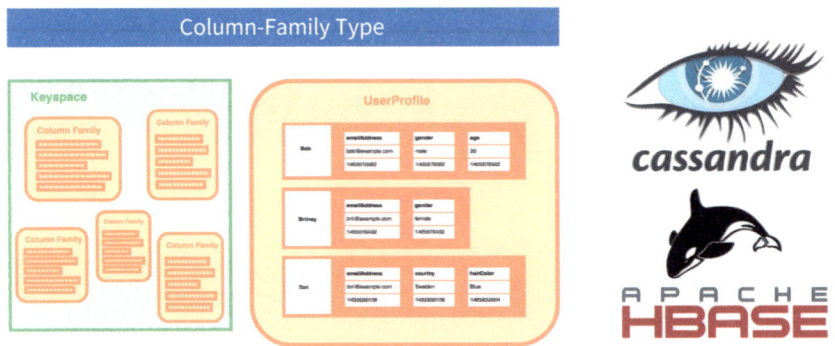

그림 4-10 Column-Family Type NoSQL

다른 예로, 매장 정보를 담고 있는 행 안에 상품 정보와 재고 정보를 컬럼 패밀리로 묶어서 저장하면, 매장 정보 행 하나만 조회해도 상품 정보와 재고 정보를 모두 알 수 있습니다. 그러면 RDB에서 필요한 복잡한 테이블 조인을 단순화할 수 있어서, 원하는 데이터를 더 빠르게 조회할 수 있습니다. Cassandra, Apache HBase가 Column-Family Type으로 유명한 DB입니다.

Graph Type

Graph Type은 데이터를 **노드**(Node), **엣지**(Edge), **속성**(Property)으로 저장해서 데이터 간의 관계를 표현하는 NoSQL입니다. 여기서 노드는 엔티티(Entity, 예: 사람, 제품, 매장)를 나타내고, 엣지는 노드 간의 관계(예: 친구, 구매)를 나타내며, 속성은 노드나 엣지에 대한 추가 정보를 담고 있습니다.

예를 들어, 매장 정보를 노드로 저장하고, 상품 정보, 재고 정보, 주문 정보도 각각 노드로 저장한 후, 이들 간의 관계를 엣지로 연결합니다. 이렇게 하면 매장 정보 노드 하나만 조회해도, 관련된 상품 정보, 재고 정보, 주문 정보를 모두 한 번에 알 수 있습니다. 이 방식은 RDB의 복잡한 테이블 조인을 단순화하면서도, 원하는 데이터를 빠르게 조회할 수 있는 장점이 있습니다. Graph Type의 대표 DB로는 Neo4j, ArangoDB가 있습니다.

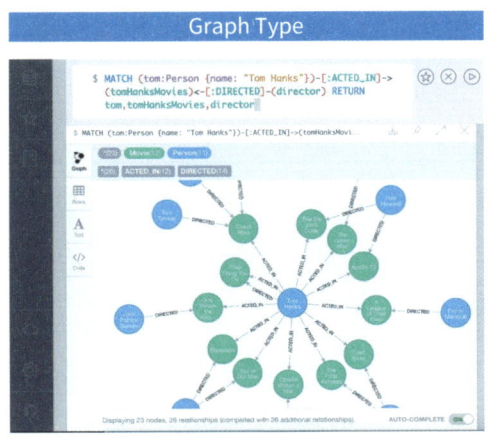

그림 4-11 Graph Type NoSQL

지금까지 알아본 네 가지 유형의 NoSQL은 기본적으로 오픈소스로 제공됩니다. 하지만 기업에서 사용할 때는 몇 가지 추가 기능이 필요하거나, 장애가 발생했을 때 오픈소스 커뮤니티 대신 빠른 기술 지원이 필요할 때도 있습니다. 그래서 많은 NoSQL DB 제조사나 어떤 기업들은 NoSQL DB를 더 잘 활용할 수 있도록 자체적인 기능과 기술 지원 서비스를 유료로 제공합니다. NoSQL 자체는 무료로 사용할 수 있지만, 부가 기능이나 기술 지원을 원할 때는 유료로 이용할 수 있다는 뜻이기도 합니다.

그림 4-12 최근에 함께 사용되는 RDBMS와 NoSQL

NoSQL은 RDBMS가 가진 단점을 해결하기 위해 네 가지 고유한 기술을 활용한 DB입니다. '그럼 RDBMS 대신 NoSQL을 쓰면 더 좋은 거 아닌가?'라는 생각이 들 수 있습니다. 하지만 RDBMS는 여전히 널리 사용되고 있고, 최근에는 RDBMS와 NoSQL을 함께 사용하는 추세입니다.

RDBMS가 여전히 많이 사용되는 이유는 데이터 일관성, 무결성, 복잡한 쿼리와 조인, 그리고 오랫동안 발전해온 다양한 기술과 도구 지원 등 여전히 많은 장점이 있기 때문입니다. 특히 데이터 일관성과 무결성이 중요한데, **데이터 일관성**은 데이터가 처리되는 도중에 변하지 않아야 한다는 의미이고, **데이터 무결성**은 데이터의 값이 정확하고 신뢰할 수 있어야 한다는 것을 뜻합니다.

한 예로, 유기농 식품 매장에서 주문이 들어오는 중에 시스템에 장애가 발생했습니다. 이때 주문 정보 중에서 주문 날짜, 매장 이름, 상품 이름만 저장되고, 나머지 정보인 상품 가격과 남은 재고 수량이 기록되지 않는다면, 이 주문 정보는 문제가 있는 데이터입니다. 그래서 RDBMS에서는 이 경우 주문 날짜, 매장 이름, 상품 이름을 저장하지 않습니다. 데이터가 처리되는 중간에 문제가 생기면, 데이터를 저장하지 않고 원래 상태로 되돌려서 데이터 일관성을 유지시킵니다.

또한 주문 정보가 들어왔을 때 한 주문에 여러 개의 상품이 중복 저장되면, 각 주문의 정보가 왜곡되어 제대로 된 주문 데이터를 취합할 수 없습니다. 그래서 RDBMS는 데이터를 사전에 정의된 규칙에 따라 정확하게 하나씩 고유한 값으로 저장해서, 저장된 데이터가 믿을 수 있고 정확하다는 것을 보장합니다. 이런 것이 데이터 무결성입니다. 이런 이유 때문에 RDBMS는 금융 거래나 각종 주문 처리, 사용자 정보 관리 등에 주로 활용되고 있습니다.

반면 NoSQL은 데이터 일관성과 무결성보다는 대량의 데이터를 빠르게 처리하는 데 중점을 두고 개발된 형태입니다. NoSQL은 유연한 스키마와 수평적 확장이라는 특징이 있습니다. 즉, 더 높은 성능이 필요할 때 시스템을 추가하면서 성능을 확장해 대규모 데이터를 효율적으로 관리할 수 있습니다. 그래서 NoSQL은 사용자 행동 분석이나 로그 분석 같은 용도로 주로 활용됩니다.

이러한 이유들로 기업에서는 다양한 용도에 맞는 DB를 따로 사용하는 형태로 RDBMS와 NoSQL을 함께 사용하는 사례가 점점 늘어나고 있습니다.

핵심 개념 정리

- **RDBMS**는 오픈소스 RDBMS와 상용 RDBMS로 나뉘며 오픈소스 RDBMS로는 MySQL, MariaDB, PostgreSQL이, 상용 RDBMS는 Oracle DB, Microsoft SQL Server, SAP HANA가 유명함.
- **NoSQL**은 대량의 데이터를 빠르게 분산 처리하기 위해 SQL뿐만 아닌 다른 기술을 사용하는 DB로 Key-Value Type, Document Type, Column-Family Type, Graph Type 네 가지 유형으로 나뉨.
- **RDBMS**는 데이터 일관성, 무결성이 중요한 금융 거래나 주문 처리, 사용자 정보 관리에 주로 활용되며 **NoSQL**은 대량의 데이터 분석을 통한 실시간 사용자 행동 분석이나 시스템 로그 분석 등에 활용됨.

데이터베이스는 모든 애플리케이션에서 가장 중심적인 역할을 하는 매우 중요한 시스템입니다. 그래서 기업의 IT 인프라 중에서도 가장 성능이 뛰어나고 안정적인 장비로 운영하며, 저장된 데이터를 안전하게 지키기 위해 최고 수준의 보안이 적용됩니다.

다음 5장에서는 1장, 2장, 3장에서 얘기했던 3-Tier 아키텍처 기반의 인프라로 구성된 데이터센터가 무엇인지 알아보고, 이 데이터센터의 자원을 더 효율적으로 쓰기 위해 어떤 기술들이 활용되는지도 함께 살펴봅니다.

Memo

CHAPTER

05

온프레미스

이번 장에서는 온프레미스에 대해 알아봅니다. 처음엔 조금 생소하게 느껴질 수 있지만, 업계에서는 빈번하게 쓰이는 용어입니다. 영어로는 On-premise라고 하고, Onpremise나 Onprem으로도 표현합니다. 온프레미스는 서버, 네트워크, 스토리지로 구성된 IT 시스템과 이 시스템에서 작동하는 소프트웨어를 물리적인 공간에 직접 운영하는 걸 뜻합니다. 지금부터 온프레미스가 무엇인지 구체적인 예시와 함께, 온프레미스 IT 인프라를 잘 운영하기 위해 어떤 기술들이 활용되는지 차근차근 알아보겠습니다.

5.1 _ 온프레미스와 3-Tier 아키텍처

5.2 _ IT 인프라 가상화 기술

5.3 _ HCI와 SDDC

5.1 온프레미스와 3-Tier 아키텍처

온프레미스 개념: 데이터센터와 전산실

온프레미스를 이야기할 때 빠지지 않고 함께 나오는 용어가 있는데 바로 **데이터센터**(Data Center)입니다. 데이터센터는 여러 IT 시스템이 운영되는 거대한 공간을 의미합니다. 서버와 스토리지, 네트워크 장비들이 장착된 랙으로 가득 찬 장소를 떠올리면 됩니다. 데이터센터에서 운영하는 IT 인프라 규모가 워낙 방대하다 보니, 공간도 엄청 넓어야 합니다. 그래서 넓은 대지에 데이터센터만을 위한 건물을 따로 짓고, 그 건물을 IT 장비들로 가득 채워 운영하곤 합니다.

그림 5-1 온프레미스 데이터센터 예시(출처: 위키백과, Adobe Stock)

이런 데이터센터는 보통 대기업이 자신들의 시스템을 직접 관리하고 운영하기 위해 설립합니다. 반면, 다른 기업들에게 서버 자원을 임대해주기 위해 데이터센터를 운영하는 기업들도 있습니다. 이런 목적으로 운영되는 데이터센터를 **IDC**(Internet Data Center)라고 합니다. SK 브로드밴드, KT, LG U+ 같은 통신사들이 주로 IDC를 운영하며, 그 외에도 IDC를 운영하는 기업들이 꽤 있습니다. 이렇게 데이터센터는 자신들의 시스템을 운영하기 위한 것과, 다른 기업에 임대하기 위한 것으로 나뉩니다.

데이터센터는 그 규모가 매우 큽니다. 보통 IT 인프라만을 위한 전용 건물로 지어지는데, 꼭 이렇게 큰 규모가 아닌 작은 규모의 온프레미스도 있습니다. 자체 데이터센터가 없는 기업들은 회사 사옥 내부의 특정 공간에 서버 랙을 설치해 IT 인프라를 소규모로 운영하며, 이 공간을 서버실, 서버룸, 주로 전산실이라고 부릅니다. 그림 5-1의 오른쪽 이미지처럼 전산실은 여러 대의 서버 랙에 IT 장비를 두고 운영합니다. 전산실은 기업의 IT 인프라를 모아놓은, 작은 규모의 데이터센터라고 이해해도 괜찮습니다.

정리하자면, 온프레미스는 거대한 데이터센터부터 작은 규모의 전산실까지 모두 포함하는 용어입니다. 핵심은 물리적인 공간에 IT 인프라를 두고 직접 운영, 관리하는 것이죠. 그래서 전담 관리 인력이 필요하고, 이 일을 담당하는 사람들을 IT 관리자, 인프라 운영자, 전산 담당자라고 부릅니다.

3-Tier 아키텍처

온프레미스의 IT 인프라에서 구동되는 IT 시스템의 기본 구성은 **서버, 네트워크, 스토리지**입니다. 이를 **3-Tier 아키텍처**라고 부릅니다. 우리는 앞서 1장에서 서버, 2장에서 네트워크, 3장에서 스토리지를 자세히 살펴본 바 있습니다. 수십 년 동안 온프레미스에서 운영되어온 IT 시스템의 인프라는 서버, 네트워크, 스토리지로 이루어진 3-Tier 아키텍처 기반으로 되어 있습니다.

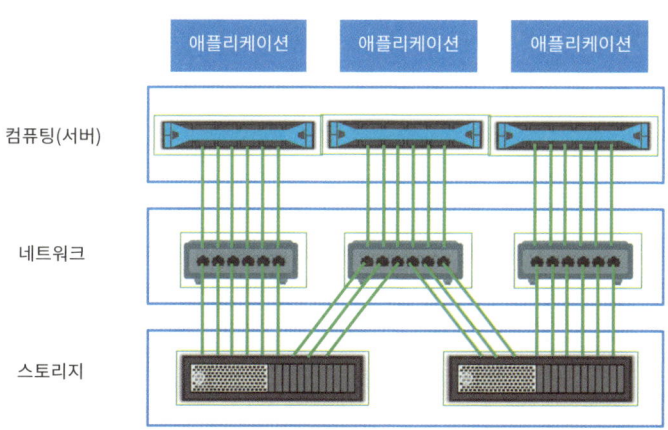

그림 5-2 일반적인 3-Tier 아키텍처 예시

예를 들어 회사에서 직접 개발해서 운영 중인 어떤 애플리케이션이나 소프트웨어가 있고, 이 애플리케이션을 직원들이 업무에 활용하고 있다면, 이러한 운영 환경은 온프레미스의 3-Tier 아키텍처 기반 IT 인프라일 가능성이 매우 높습니다. 이런 애플리케이션의 대표적인 예로는 그룹웨어가 있습니다.

▶ 그룹웨어란, 커뮤니케이션을 위한 이메일 서비스를 기본으로 일정관리, 전자결재, 게시판 등이 포함된 통합 업무 환경을 제공하는 애플리케이션입니다.

핵심 개념 정리

- **온프레미스**는 기업이 직접 물리적인 공간에 IT 인프라를 두고 운영하는 것을 의미하며, 규모가 큰 데이터센터, 규모가 작은 전산실이 대표적인 온프레미스 환경.
- **데이터센터**는 주로 기업이 자체 개발한 애플리케이션, 서비스를 운영할 목적으로 설립하며, 다른 기업들에게 IT 인프라의 자원을 임대해줄 목적으로 설립하는 것을 IDC라고 부름.
- **3-Tier 아키텍처**는 애플리케이션 운영 환경이 서버, 네트워크, 스토리지로 이루어진 아키텍처로 온프레미스에서 구동되는 IT 시스템의 기본적인 구성.

5.2 IT 인프라 가상화 기술

가상화 기술이 필요한 이유

온프레미스에서는 IT 장비들, 즉 서버, 네트워크, 스토리지 장비를 별도의 물리적인 공간에 두고 운영합니다. 그런데 이 3-Tier 아키텍처에서 운영하는 애플리케이션의 사용자가 늘어나면, 당연히 3-Tier 아키텍처를 이루는 IT 인프라도 더 필요해질 겁니다. 하지만 문제는 공간이 한정되어 있어서, 무한정 장비를 계속 늘릴 수는 없습니다.

게다가 일반적으로 기업은 애플리케이션을 운영할 때 서버의 자원을 모두 사용하지 않습니다. 보통 30%~40% 정도만 활용하고, 나머지는 예비 자원으로 남겨둡니다. 우리가 PC로 작업을 하다가 일이 끝나면 전원을 끄지만, 서버는 다릅니다. 서버는 24시간 365일 쉬지 않고 계속 구동되는 것이 원칙이라서, 장애가 발생하거나 부품을 교체하는 등의 부득이한 경우가 아니면 전원을 내리지 않습니다. 그래서 서버에서는 안정성이 가장 중요합니다. 서버가 중간에 멈추지 않고 안정적으로 계속 작동하게 하려면, 기업은 애플리케이션 운영에 필요한 서버의 최소 자원 요구량보다 훨씬 더 넉넉하게, 고사양의 서버를 구비해둡니다.

그림 5-3 이미 IT 인프라로 가득해 추가 장비를 두기 어려운 상황

예를 들어, 평상시에 서버 자원을 30% 정도만 사용하는 애플리케이션이 있습니다. 갑자기 사용자가 몰려도 서버 자원 활용률이 70%~80% 수준을 크게 넘지 않을 겁니다. 그럼 서버는 문제없이 계속 운영될 것이고, 이 서버 위에서 돌아가는 애플리케이션도 별다른 장애 없이 잘 운영됩니다. 하지만 만약 평상시에 서버 자원을 70%나 사용하는 애플리케이션이라면 어떨까요? 사용자가 갑자기 엄청 많이 몰려서 서버 자원 활용률이 100%에 가깝게 치솟거나, 서버가 가진 자원보다 더 많은 트래픽이 발생할 수도 있습니다. 그럼 서버에 장애가 발생할 수 있고, 애플리케이션이 멈추거나 오류가 발생할 가능성이 높아집니다. 그래서 일반적으로 온프레미스에서 서버를 운영할 때는 자원을 넉넉하게, 필요한 사양보다 훨씬 고사양으로 준비해서 운영합니다.

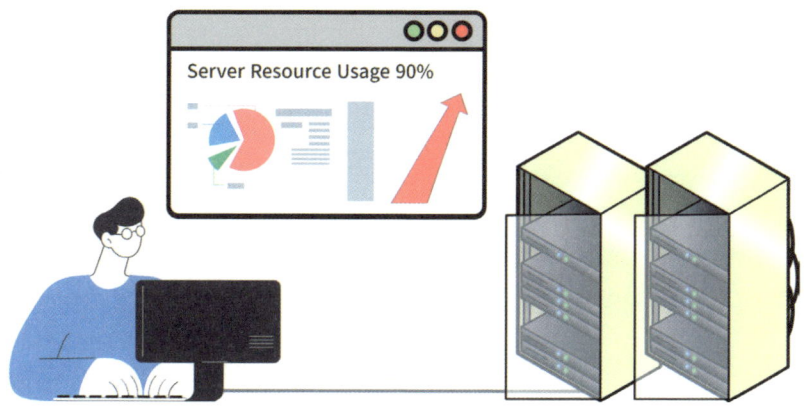

그림 5-4 서버의 자원 활용률이 급격하게 증가해서 곤란한 상황

그리고 서버, 네트워크, 스토리지도 모두 전기를 먹는 IT 장비들입니다. 게다가 서버 같은 거대한 IT 장비는 일반 노트북이나 PC에 비해 전력 소모량이 몇 배나 더 많습니다. 그리고 필요할 때만 켜서 사용하는 PC와는 달리, 서버와 네트워크, 스토리지는 24시간 내내 구동되기 때문에 전력을 많이 잡아먹습니다.

또 이러한 IT 장비들이 뿜어내는 열도 무시할 수 없습니다. 그래서 보통 서버룸, 전산실, 데이터센터에는 이런 장비들의 열을 식혀주기 위한 냉각 시설을 갖추고 있습니다. 회사 전산실 안에는 아마 엄청나게 큰 에어컨이 쉬지 않고 돌아가고 있을 겁니다. 우리가 PC를 사용할 때 과열되면 성능이 느려지는 등의 문제가 생기는 것처럼 서버도 마찬가지입니다. 서버의 열을 식혀주지 못하면 작동을 멈추고, 그 서버에서 돌아가는 애플리케이션도 멈추게 됩니다. 그래서 전산실은 IT 장비뿐만 아니라 냉각 시설까지 갖춰야 하기에 전력 소모량이 엄청나게 많습니다. 장비가 늘어날수록 더 많은 전력을 소비하니 전기세도 덩달아 쭉쭉 늘어납니다.

그림 5-5 장애가 발생해 정신없는 전산실 담당자

이제 이런 문제들을 해결할 방안이 필요합니다. 그 방안이 바로 IT 인프라 가상화 기술입니다. 지금부터는 네 가지 대표적인 IT 인프라 가상화 기술에 대해 알아보겠습니다.

서버 가상화

서버 가상화(Server Virtualization)는 물리적인 서버의 자원 활용률을 높이기 위해 사용하는 가상화 기술입니다. 앞서 서버 사양을 애플리케이션 운영에 필요한 것보다 훨씬 고사양으로 준비한다고 설명한 적이 있습니다. 그래서 물리적인 서버에 OS를 설치하고, 웹 서버 같은 데 애플리케이션을 설치해 운영하면, 실제로 이 애플리케이션이 사용하는 서버 자원은 많아야 30%~40% 정도밖에 안 됩니다. 나머지 60%~70%의 자원은 예비 자원으로 남겨두는 거죠.

어떻게 보면 좀 낭비일 수도 있습니다. 필요한 것보다 훨씬 높은 사양의 서버를 준비하므로 서버를 운영하는 데 더 많은 비용을 지불하기 때문입니다.

그런데 만일의 사태에 대비한다고 해도 그런 상황이 오랫동안 발생하지 않는다면? 그리고 언제 이런 특수한 상황이 발생할지 예상할 수 있게 됐다면? 서버 자원을 계속 30%~40%씩만 사용하는 건 좀 아깝게 느껴질 수 있습니다. 그래서 이미 가지고 있는 고사양의 서버 자원을 30% 수준이 아닌 70%~80% 수준까지 끌어올릴 수 있는 방법이 있다면, 적은 수의 서버로 더 많은 일을 할 수 있을 겁니다.

예를 들어, 사내에서 사용하는 웹 애플리케이션의 안정적인 운영을 위해 웹 서버 1대와 웹 애플리케이션 서버 1대, 총 2대의 서버를 사용하고, 서버의 자원 활용률이 각각 30%에 불과하다고 가정해보겠습니다. 이런 경우 만약 동일한 사양의 서버 자원 활용률을 60%까지 높일 수 있다면, 웹 애플리케이션 운영에 서버 2대가 아닌 1대만으로도 충분합니다. 이를 가능하게 해주는 것이 바로 서버 가상화 기술입니다.

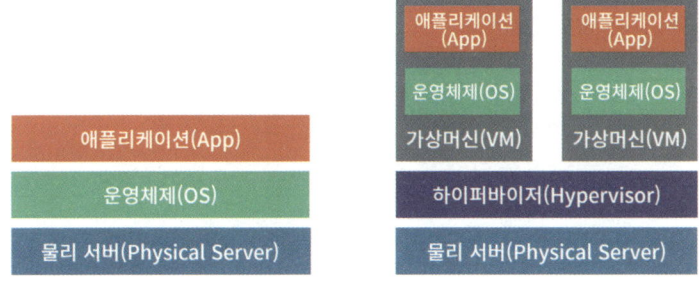

그림 5-6 물리 서버와 서버 가상화가 적용된 논리 서버의 차이

그림 5-6은 서버 가상화 기술의 기본 아키텍처를 보여줍니다. 왼쪽 이미지는 일반적인 **물리 서버**(Physical Server)입니다. 이 서버에서 웹 애플리케이션을 운영하려면, 물리 서버 위에 OS를 설치하고 그 OS에서 동작하는 웹 애플리케이션을 설치해야 합니다. 여기서 OS는 1장에서 설명했던 Linux나 Windows Server를 의미합니다. 그리고 애플리케이션 구동을 위한 웹 서버나 웹 애플리케이션 서버 소프트웨어도 함께 설치됩니다.

그럼 서버 가상화는 어떤 개념일까요? 그림 5-6의 오른쪽 이미지를 보면, 마찬가지로 물리 서버 1대가 있습니다. 그런데 이 물리 서버 위에 OS가 아닌 가상화 소프트웨어를 설치합니다. 이것을 **하이퍼바이저**(Hypervisor)라고 부릅니다. 이 하이퍼바이저는 물리 서버의 자원을 나눠서 사용할 수 있는 또 다른 공간인 가상 머신 VM(Virtual Machine)을 생성하고 관리하는 역할을 합니다. 하이퍼바이저는 물리 서버의 자원을 적절히 나눠서 VM에 할당하는데, 이를테면 물리 서버의 자원을 100% 중 50%씩 나눠서 VM 2개를 만들 수 있습니다.

예를 들어볼까요? 물리 서버의 CPU가 16코어를 가진 프로세서이고 메모리는 64GB, 스토리지는 4TB라고 해봅시다. 이때 VM 1개에 vCPU(Virtual CPU) 8개, 메모리 32GB, 스토리지 2TB씩 할당해서 총 2개의 VM을 생성할 수 있습니다. 이 VM을 **논리 서버**라고 부릅니다.

여기서 VM에 할당하는 자원을 표시할 때 CPU는 vCPU라고 부르고, 메모리와 스토리지는 그냥 메모리와 스토리지라고 합니다. 그 이유는 CPU, 메모리, 스토리지가 VM에 자원을 할당하는 방식이 다르기 때문입니다.

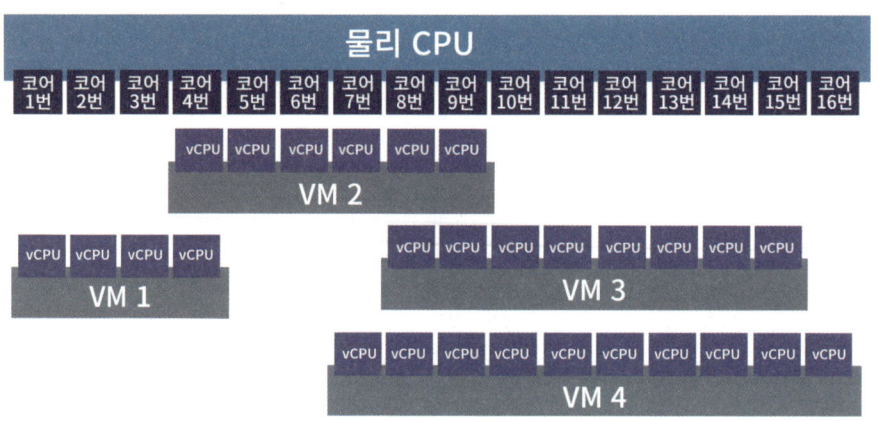

그림 5-7 CPU의 물리 코어 수 = 동시에 일할 수 있는 VM의 vCPU 수

CPU는 여러 개의 코어라는 독립된 연산 장치를 가집니다. 각 코어는 동시에 연산을 할 수 있어서, 16코어 CPU라면 최대 16개의 작업을 한 번에 처리할 수 있습니다. 가상 머신(VM)에 CPU 자원을 할당할 때는 이 코어를 가상화해서 vCPU(Virtual CPU)라는 이름으로 부여합니다.

그런데 물리 CPU에 코어가 16개라면 VM들이 가질 수 있는 vCPU도 최대 16개일까요? 사실 꼭 그렇지는 않습니다. 물리 CPU의 코어 수는 동시에 일할 수 있는 vCPU의 수를 뜻합니다. 그러니 여러 VM을 만들고 그 VM들에 할당한 vCPU의 총합이 16개를 넘어도 괜찮습니다.

예를 들어, 4개의 VM을 만들고 VM 1번에는 vCPU 4개, VM 2번에는 vCPU 6개, VM 3번에는 vCPU 8개, VM 4번에는 vCPU 10개를 준다고 가정해보겠습니다. 이 경우, VM 1번은 물리 CPU의 16코어 중 동시에 최대 4개의 코어를 사용할 수 있으며, VM 3번은 최대 8개의 코어를 사용할 수 있습니다. 즉, 'vCPU 수 = 동시에 사용할 수 있는 최대 물리 코어 수'라고 생각하면 됩니다.

그런데 이 4개의 VM에 할당된 vCPU 합계는 '4 + 6 + 8 + 10 = 28', 즉 28개나 됩니다. 물리 CPU의 코어 16개보다 12개나 더 많지만, 문제는 없습니다. 이 4개의 VM이 가진 28개의 vCPU가 동시에 일하는 게 아니기 때문입니다. 최대 16개의 vCPU만 동시에 일을 할 수 있고, 나머지 12개는 잠시 쉬고 있다가 앞서 일하던 vCPU들이 일을 마치면 그때서야 일을 시작합니다.

결국, CPU 코어 수는 VM에 할당할 수 있는 vCPU 수를 제한하는 게 아니라, 동시에 일할 수 있는 최대 vCPU 수를 결정하는 거라고 이해하면 됩니다. 하이퍼바이저가 물리 CPU의 코어를 상황에 맞게 알아서 잘 배분해서 VM의 vCPU에 할당해주기 때문입니다.

하지만 메모리와 스토리지는 조금 달라요. 메모리와 스토리지는 VM에 할당되면 그 자원을 다른 VM이 공유할 수 없습니다. CPU 코어와 달리, 메모리와 스토리지는 VM마다 고유한 메모리와 스토리지 공간이 따로 주어집니다. 그래서 VM 1번에 할당된 메모리와 스토리지는 VM 2번이 쓸 수 없습니다. 메모리와 스토리지는 가상화되지 않고, 물리적인 형태로 각 VM에 나누어져 제공된다고 보면 됩니다. 그래서 CPU에만 'v'를 붙이는 거죠.

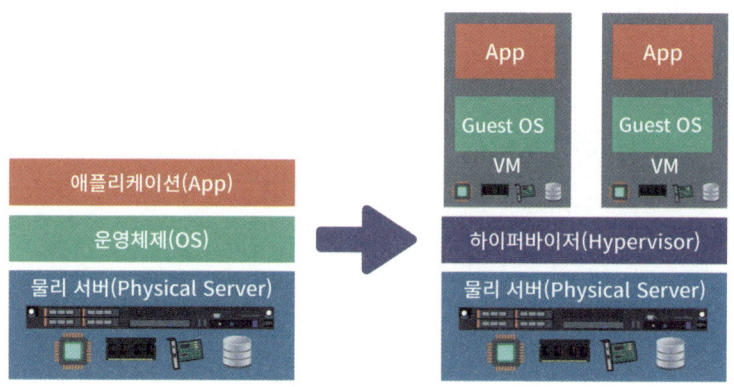

그림 5-8 서버 가상화 기본 아키텍처

그림 5-8은 서버 가상화의 기본적인 아키텍처를 나타내고 있습니다. 그림 5-8의 왼쪽은 가상화되지 않은 물리 서버 위에 OS와 애플리케이션이 설치되는 형태이고, 오른쪽은 서버 가

상화의 모습입니다. 여기서는 물리 서버 위에 하이퍼바이저가 설치되고, 이 하이퍼바이저가 물리 서버의 자원을 적절히 나눠서 두 개의 VM에게 할당합니다. 그러면 VM은 Virtual Hardware, 즉 vCPU, 메모리, 스토리지 자원을 갖게 됩니다. 이 자원들을 사용하기 위해 각각의 VM에 OS가 설치되고, 그 위에 애플리케이션이 설치되는 구조입니다. 즉, VM마다 개별적인 OS와 애플리케이션이 설치된다는 것이고, VM별로 독립적인 애플리케이션을 운영할 수 있다는 의미입니다.

여기서 독립적인 운영이라는 건, VM들이 서로 영향을 받지 않는다는 것을 의미합니다. 예를 들어, 한 개의 물리 서버에 VM A와 VM B 두 개가 운영 중일 때, VM A에 장애가 생기더라도 VM B에는 영향을 주지 않는다는 뜻입니다. 그래서 서버 가상화는 OS 단위로 격리된다고 말합니다. VM당 하나의 OS가 설치되는 구조니까요. 이러한 아키텍처에서 사용되는 하이퍼바이저를 베어메탈(Bare Metal), 또는 타입 1(Type 1) 하이퍼바이저라고 부릅니다. 대표적인 하이퍼바이저 소프트웨어로는 VMware ESXi, Microsoft Hyper-V, Nutanix AHV(Acropolis Hypervisor), Red Hat Virtualization, Citrix Hypervisor 등이 있습니다.

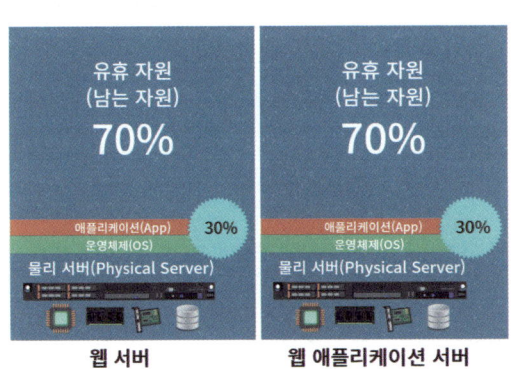 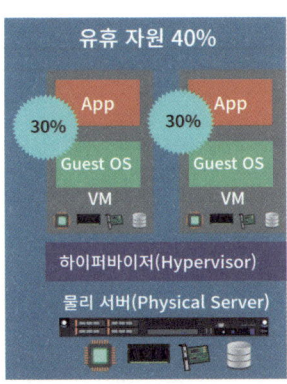

그림 5-9 두 개의 물리 서버 vs 한 개의 물리 서버와 2개의 VM

이제 앞서 가정했던 상황으로 다시 돌아가보겠습니다. 두 개의 서버에서 각각 웹 서버와 웹 애플리케이션 서버로 구성된 웹 애플리케이션이 운영되고, 각 서버는 자원의 30%만 사용하고 있습니다. 만약 서버 가상화 기술을 사용해서 한 대의 서버에 두 개의 VM을 생성하고, 이 VM이 각각 자원의 30%씩 사용한다면? 두 VM은 총 60%의 서버 자원을 활용하게 됩니다. 즉, 두 개의 서버에서 운영하던 애플리케이션을 하나의 서버에서 서버 가상화 기술을 활용해 운영할 수 있다는 뜻입니다. 이러한 효율적인 기능 때문에 온프레미스 환경에서는 서버 가상화 기술이 널리 활용되고 있습니다.

하지만 여기서 기억해야 할 것이 있습니다. 물리 서버 위에 설치되는 하이퍼바이저도 서버 자원을 약간 소모합니다. 하이퍼바이저도 소프트웨어이기 때문이죠. 그래서 서버 자원의 100%를 두 개의 VM에 정확히 50%씩 나눠서 할당하게 되면, VM 두 개의 자원 활용률이 각각 50%에 도달했을 때 하이퍼바이저가 사용할 자원이 부족해 물리 서버 자체에 문제가 생길 수 있습니다. 그래서 약간의 자원, 예를 들어 10% 정도는 하이퍼바이저 몫으로 남겨두고, 나머지 90% 자원을 두 VM에 45%씩 나눠서 할당하면, VM들의 자원 활용률이 45%까지 치솟더라도 하이퍼바이저가 정상 작동할 수 있어 물리 서버 자체에 문제가 생길 걱정을 덜 수 있습니다. 서버 자원을 최대한 효율적으로 사용하더라도 하이퍼바이저를 위한 자원은 남겨두어야 합니다.

그리고 일반적으로 서버 가상화 기술을 사용하더라도, 하이퍼바이저와 VM들이 사용하는 전체 자원은 최대 80%~90% 정도로 할당하는 것이 좋습니다. 왜냐하면 물리 서버가 자원 폭주로 다운되면 그 위에서 운영되는 모든 VM이 영향을 받을 수 있기 때문입니다. VM은 물리 서버의 자원이 허락하는 한 얼마든지 만들 수 있지만, VM의 수는 그 위에서 운영할 애플리케이션이 요구하는 서버 자원에 따라 달라질 수 있습니다. 보통 하나의 물리 서버에 생성하는 VM은 4~5개 수준이며, 많아도 10개 이하로 VM을 만들어 운영하는 형태가 많습니다.

하이퍼바이저에는 한 가지 유형이 더 있습니다. 바로 Type 2 하이퍼바이저입니다. Type 2 하이퍼바이저는 물리 서버 위에 OS(Host OS)를 설치하고, 그 위에 하이퍼바이저 소프트웨어를 설치한 다음, 이 하이퍼바이저에서 VM을 생성하고 그 위에 OS(Guest OS)를 설치하는 형태입니다. Type 1보다 조금 더 복잡합니다. 그래서 VM의 성능이 Type 1 하이퍼바이저보다 다소 떨어질 수 있습니다.

그럼 왜 굳이 성능이 좋은 Type 1 하이퍼바이저 대신 Type 2 하이퍼바이저를 사용할까요? 그 이유는 사용 목적과 비용 차이 때문입니다. Type 2 하이퍼바이저는 주로 애플리케이션 테스트 목적에 많이 활용됩니다. 특정 애플리케이션을 실제 운영 서버에 올리기 전에, 다양한 환경에서 잘 작동하는지 테스트할 때 사용하는 거죠.

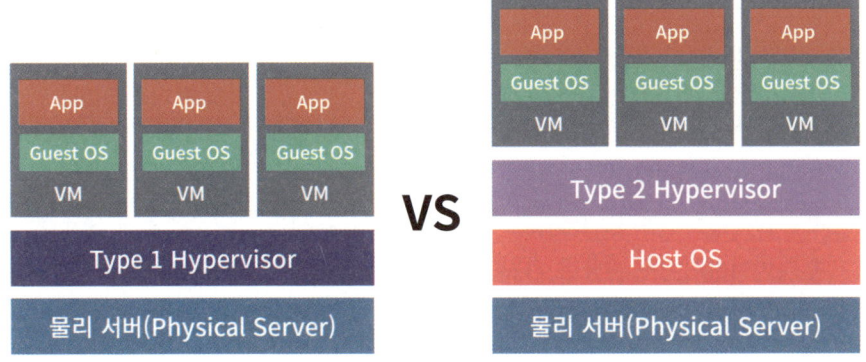

그림 5-10 Type 1 하이퍼바이저 vs Type 2 하이퍼바이저

예를 들어, 어떤 애플리케이션이 Windows OS, macOS, Linux OS에서 잘 작동하는지, 또는 여러 종류의 모바일 OS에서 제대로 작동하는지 확인하려면, 개발자나 테스트 담당자가 자신의 OS 위에 Type 2 하이퍼바이저를 설치하고, 여러 개의 VM을 생성해 각 VM에 테스트할 OS를 설치한 다음 애플리케이션을 테스트합니다. 그래서 Type 2 하이퍼바이저는 개발자의 PC OS에 설치해 사용하는 경우가 많습니다. 또 대학교나 교육기관에서 학생들이 다양한 OS를 체험하고 학습하며, 애플리케이션 개발 및 테스트를 하는 교육 목적으로도 많이 활용됩니다. Type 2 하이퍼바이저는 OS 위에 올라가기 때문에 운영 및 관리가 간편하다는 점과 Type 1 하이퍼바이저에 비해 비용이 저렴하다는 것이 장점입니다.

대표적인 Type 2 하이퍼바이저 소프트웨어로는 VMware Workstation과 Oracle VirtualBox가 있습니다. 비용이 저렴하지만 앞서 언급한 것처럼 OS 위에 하이퍼바이저를 설치하고, 그 위에 VM을 생성한 다음 다시 OS와 애플리케이션을 설치하는 형태라서 Type 1 하이퍼바이저에서 생성된 VM보다 성능이 떨어질 수밖에 없습니다. 그래서 주로 개발 및 테스트 용도, 그리고 교육 목적으로 사용된다고 보면 됩니다. 실제로 많은 사용자가 있는 애플리케이션을 운영하는 환경에서는 Type 2 하이퍼바이저보다는 Type 1 하이퍼바이저를 주로 사용합니다.

정리하자면, 서버 가상화는 물리 서버의 자원 활용률을 높이기 위한 기술이며, 구현 방식에 따라 Type 1과 Type 2로 나뉩니다. OS 단위로 가상화되어 각 서버 환경을 격리시키고, 개별적으로 자원을 사용하는 구조라는 점도 기억해두길 바랍니다.

데스크톱 가상화

서버 가상화는 서버의 자원 활용률을 높이기 위한 기술이라고 했습니다. 그럼 **데스크톱 가상화**(Desktop Virtualization)는 데스크톱 PC의 자원 활용률을 높이기 위한 기술일까요? 그건 아닙니다. 서버 가상화와는 성격이 조금 다릅니다. 데스크톱 가상화는 사용자가 실제 물리적인 컴퓨터(데스크톱)를 사용하는 대신, 가상 환경에서 데스크톱 운영체제와 소프트웨어를 사용할 수 있게 하는 기술입니다. 이 기술을 통해 사용자는 원격 서버에 저장된 가상 데스크톱에 접속하여 마치 실제 컴퓨터를 사용하는 것처럼 작업을 할 수 있습니다. 그리고 데스크톱 가상화의 핵심은 데스크톱 PC에 데이터를 저장할 수 없게 하는 것입니다.

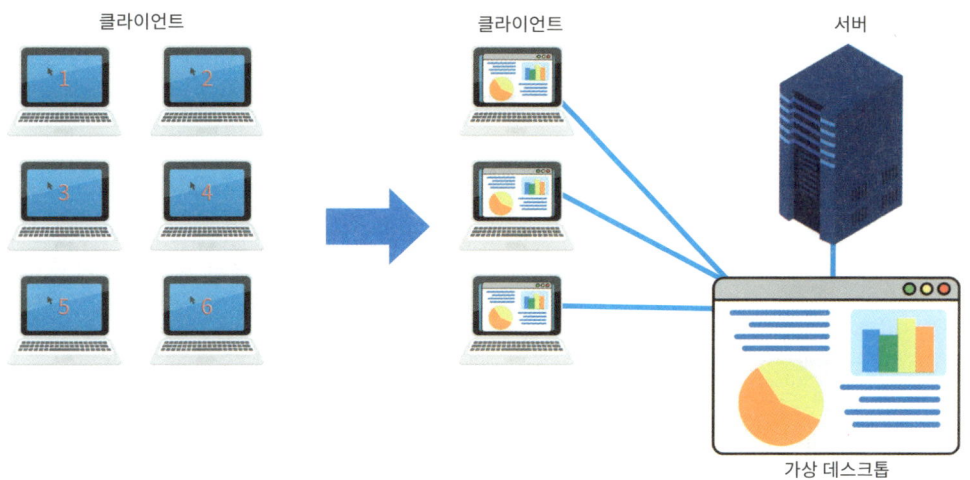

그림 5-11 일반 데스크톱 vs 데스크톱 가상화

그림 5-11 왼쪽에 있는 클라이언트 6대는 개별적인 노트북 PC입니다. 1~6번까지 총 6대의 PC에서 A라는 업무용 소프트웨어를 사용하려면 어떻게 해야 할까요? 개별 PC에서 각각 A 소프트웨어를 실행하면 됩니다. 그리고 A 소프트웨어를 사용해 생성한 데이터는 그 PC에 저장됩니다. 예를 들어, 1번 PC에서 엑셀을 사용해 '5월 1주차 매출 데이터.xlsx' 파일을 생성했다면, 이 파일은 1번 PC에 저장될 것입니다.

하지만 데스크톱 가상화는 다릅니다. 그림 5-11의 오른쪽을 보면, 클라이언트와 연결된 가상 데스크톱(Virtual Desktop)이 있고, 이 가상 데스크톱은 서버와 연결되어 있습니다. 데스크톱 가상화 기술을 사용하면 A 소프트웨어는 클라이언트 PC에서 실행되는 것이 아니라 서버에서 실행됩니다. 서버는 가상 데스크톱이라는 가상의 업무 공간인 VM(가상 머신)을 생성하고,

그 업무 공간에 A 소프트웨어의 화면을 보냅니다. 그러면 1번 PC는 VM에 접속해 A 소프트웨어의 화면을 보게 되는 거죠. 이때 사용자가 데이터를 생성하면, 그 데이터는 클라이언트 PC가 아닌 서버에서 생성된 VM에 저장되는 것입니다.

앞서 예로 든 상황을 적용해보면, 만약 1번 PC에서 엑셀을 사용해 '5월 1주차 매출 데이터.xlsx' 파일을 생성했다면, 이 파일은 1번 PC가 아닌 서버에 저장됩니다. 이런 유형의 데스크톱 가상화 기술을 세션 기반 데스크톱 가상화라고 합니다. 세션 기반 데스크톱 가상화의 대표적인 소프트웨어로는 Microsoft RDS(Remote Desktop Services), Citrix Virtual Apps(이전 이름은 XenApp), VMware Horizon Apps 등이 있습니다.

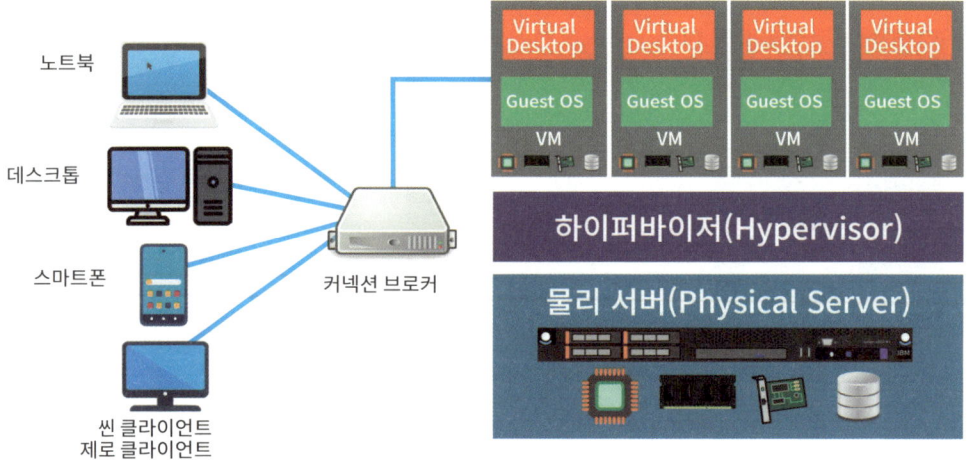

그림 5-12 VDI 기본 아키텍처

데스크톱 가상화의 또 다른 유형으로 VDI(Virtual Desktop Infrastructure)가 있습니다. VDI는 서버 가상화처럼 서버에 가상 머신(VM)을 생성하고, 이 VM을 개별 업무 공간으로 활용할 수 있게 해주는 기술입니다. 클라이언트는 데스크톱 PC, 노트북, 모바일 기기, 또는 씬 클라이언트(Thin Client), 제로 클라이언트(Zero Client) 같은 VDI 전용 단말기 등 다양한 기기를 사용해 이 VM에 접속하게 됩니다.

클라이언트 기기 사용자는 커넥션 브로커를 거쳐 서버의 하이퍼바이저에 생성된 VM에 접속해서, 설치된 OS와 소프트웨어를 사용합니다. 사용자가 이 소프트웨어에서 생성한 데이터는 VM에 저장됩니다. VM은 서버에서 생성되었기 때문에, 데이터는 세션 기반 데스크톱 가상화와 마찬가지로 서버에 저장됩니다. 이러한 유형의 VDI 솔루션으로는 VMware Horizon, Citrix Virtual Desktop, 그리고 국내 기업인 틸론 Dstation이 유명합니다.

> 📖 **용어 정리**
>
> - **씬 클라이언트**: 일반 PC보다 사양이 낮은 작은 PC로 Windows나 Linux 같은 자체 OS를 탑재하고 있으며, OS에서 서버의 VM에 접속해 필요한 소프트웨어를 사용.
> - **제로 클라이언트**: 모니터와 같은 디스플레이 기기에 일반적인 CPU가 아닌 통신 기능과 그래픽 처리 기능이 통합된 전용 프로세서, 메모리, 네트워크 포트와 USB 포트가 장착된 기기. 스토리지가 없어서 OS가 없으며 네트워크를 통해 VM에 접속해서 필요한 소프트웨어를 사용.
> - **커넥션 브로커**: 클라이언트와 가상 데스크톱 VM을 운영하는 서버 중간에 놓이는 또 다른 서버로, 다수의 클라이언트 기기가 VM에 접속할 때 알맞은 사용자가 접속한 것인지 사용자를 검증하고, VM을 운영하는 서버에 과부하가 생기지 않도록 로드밸런싱을 담당.

그림 5-13 데스크톱 가상화 활용 사례

그림 5-13과 함께 데스크톱 가상화의 대표적인 활용 사례를 살펴봅시다. 그림처럼 도서관 같은 곳에 있는 공용 PC는 보통 씬 클라이언트나 제로 클라이언트를 활용합니다. 그래서 이런 단말기를 사용하면 도서관 내에서 자료 검색이나 간단한 인터넷 및 문서 작업, 인쇄 같은 가벼운 작업만 처리할 수 있습니다. 이 외에도 대학교의 PC 실습실이나 은행, 공공기관의 공용 PC에도 데스크톱 가상화 기술이 활용됩니다.

또 다른 활용 사례로는 재택근무 환경을 들 수 있습니다. 재택근무에 VDI가 적용되면, 회사의 직원은 회사 서버에 마련된 자신의 업무 VM에 접속합니다. 평소에는 사무실에서 데스크톱 PC로 업무를 보다가, 집에서는 개인 노트북으로 회사의 VM에 접속해 업무를 처리합니다. 물론 회사에서 지급한 노트북을 집에 가져와 사용할 수도 있지만, VDI 기술을 활용하면 회사 업무와 관련된 작업은 VM에서만 할 수 있도록 설정할 수 있습니다. 은행 같은 금융기관이나 보안이 중요한 데이터를 취급하는 기업들은 회사에서도 VDI를 활용해 VM에 접속해 업무를 처리하게끔 강제하기도 합니다.

이렇게 금융기관이나 기업이 데스크톱 가상화를 활용하는 가장 큰 이유는 보안 강화입니다. 데스크톱 가상화를 사용하면 직원이 작업하는 모든 데이터는 직원의 PC가 아닌 회사의 서버에 저장된다고 했죠? 그래서 만약 해커가 직원의 PC를 해킹하더라도 중요한 회사 데이터는 직원의 PC에 없기 때문에 유출될 위험이 없습니다. 회사 업무와 관련된 데이터는 모두 회사의 전산실이나 데이터센터에 있는 안전한 서버에 저장되기 때문이죠. VDI 덕분에 기업은 데이터 유출 사고를 예방할 수 있고, 회사의 중요한 정보를 안전하게 보호할 수 있습니다. 그래서 금융기관이나 보안이 매우 중요한 데이터를 다루는 기업들이 데스크톱 가상화를 활용합니다.

이렇게 데스크톱 가상화는 데이터를 데스크톱 PC가 아닌 VM, 즉 서버에 저장해서 데이터 유출을 막고 외부의 공격으로부터 안전하게 보호하기 위해 사용됩니다.

네트워크 가상화

네트워크 가상화(Network Virtualization)는 여러 물리적인 네트워크 자원을 소프트웨어로 가상화해서 하나의 통합된 가상 네트워크로 관리하거나, 반대로 하나의 큰 물리 네트워크를 가상화해 여러 개의 가상 네트워크로 나누어 관리하는 기술입니다. 네트워크 가상화를 사용하면 네트워크 관리자는 필요한 네트워크 자원을 더 빠르게 확보할 수 있고, 내부에서 요구하는 네트워크 환경도 금방 구현할 수 있습니다. 그래서 네트워크 가상화는 기존의 물리적인 네트워크 환경에서 겪었던 여러 가지 어려움을 해결할 수 있습니다.

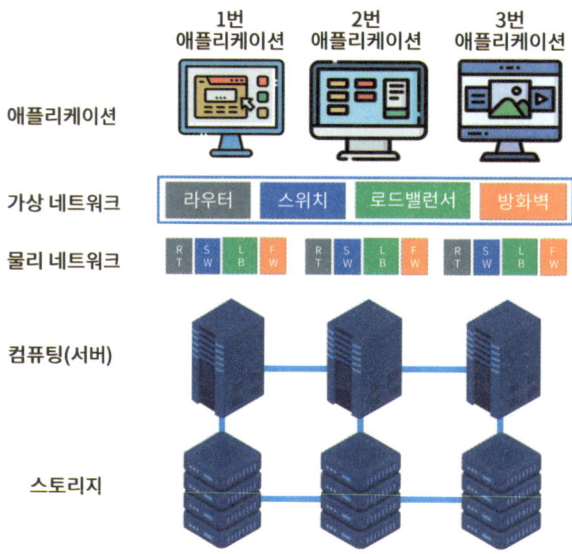

그림 5-14 네트워크 가상화 유형 1. 다수의 물리 네트워크를 하나의 가상 네트워크로 관리

그림 5-14는 여러 개의 물리 네트워크 장비로 구성된 개별적인 네트워크를 하나의 가상 네트워크로 가상화해서 관리하는 개념도입니다. 각 서버마다 라우터, 스위치, 로드밸런서, 방화벽 같은 네트워크 장비로 구성된 고유의 네트워크 환경이 적용되어 있고, 각 서버에서 운영되는 서로 다른 애플리케이션이 있습니다. 예를 들어 1번, 2번, 3번 애플리케이션이 있고, 각 애플리케이션에 적용된 네트워크 장비의 수는 동일하다고 가정해봅시다. 즉, 같은 수준의 네트워크 자원을 가지고 있는 상황입니다.

그런데 만약 1번 애플리케이션에 사용자가 갑자기 몰려 네트워크 트래픽이 증가하고, 더 많은 네트워크 자원이 필요하다면, 물리적인 네트워크 환경에서는 네트워크 장비를 추가해서 해결해야 합니다. 하지만 장비를 추가하고, 기존 장비들과 잘 작동하도록 설정하는 작업에는 시간이 꽤 걸립니다. 장비를 준비하는 데 걸리는 시간부터 세팅하는 시간까지 필요하기 때문에 이런 갑작스러운 트래픽 증가에 신속하게 대응하기 어렵습니다.

반면에 2, 3번 애플리케이션은 트래픽이 크게 몰리지 않아 네트워크 자원에 여유가 있는 상황이라면 어떨까요? 2, 3번 애플리케이션을 운영하는 서버에 연결된 네트워크 장비들은 각각 독립된 네트워크 환경이기 때문에 이 장비들을 가져와 1번 애플리케이션에 적용할 수 없습니다. 그렇게 하면 2, 3번 애플리케이션에 문제가 생깁니다.

이런 상황에서 네트워크 가상화가 필요합니다. 네트워크 가상화 기술을 적용하면 1, 2, 3번 애플리케이션이 사용하는 개별적인 세 개의 물리 네트워크 환경을 하나의 가상 네트워크로 가상화를 할 수 있습니다. 즉, 세 개의 물리 네트워크 자원을 하나로 통합할 수 있습니다. 이렇게 통합된 가상 네트워크 자원을 적절히 분배해서 1, 2, 3번 애플리케이션에 할당할 수 있습니다.

만약 1번 애플리케이션에 트래픽이 몰려 할당된 네트워크 자원이 부족해진다면, 그리고 마침 2, 3번 애플리케이션은 트래픽이 적어서 네트워크 자원에 여유가 있다면? 2번이나 3번 애플리케이션에 할당된 네트워크 자원 일부를 가져와서 1번 애플리케이션에 할당해줄 수 있습니다. 물리 네트워크 장비를 추가할 필요도 없고, 네트워크 환경 설정을 조절할 필요도 없이 갑작스러운 트래픽 증가에 신속하게 대응할 수 있게 됩니다.

이렇게 네트워크 가상화를 사용하면 보유한 물리 네트워크 자원을 필요에 따라 동적으로 할당할 수 있어 자원을 더 효율적으로 활용할 수 있습니다. 덕분에 네트워크 관리자는 갑작스러운 트래픽 변동에 유연하게 대응할 수 있고, 애플리케이션에 네트워크 장애가 발생하지 않도록 빠르게 조치할 수 있습니다.

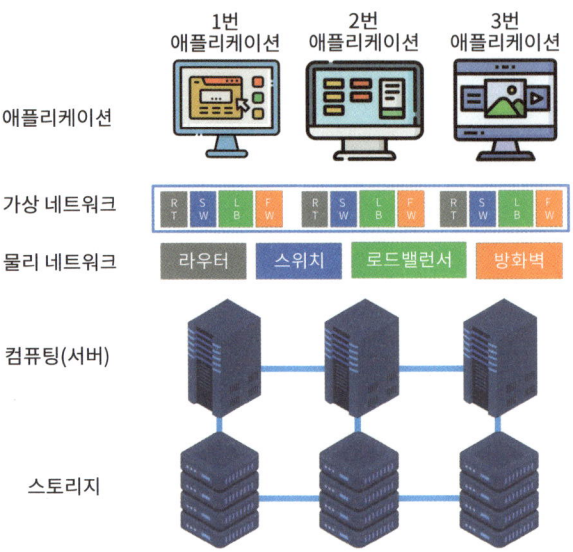

그림 5-15 네트워크 가상화 유형 2. 하나의 물리 네트워크를 다수의 가상 네트워크로 관리

이번에는 반대로, 하나의 물리 네트워크로 구성된 환경에 네트워크 가상화를 적용한 예시를 살펴보겠습니다. 그림 5-15를 보면, 그림 5-14와 달라진 점이 하나 있습니다. 바로 가상 네트워크와 물리 네트워크의 장비 개수입니다. 예를 들어, 1, 2, 3번 애플리케이션이 하나의 라우터, 스위치, 로드밸런서, 방화벽으로 구성된 네트워크 환경에 각각 연결되어 있다고 해봅시다. 세 개의 애플리케이션이 네트워크 자원을 서로 공유하고 있는 상황입니다.

이 상황에서 특정 애플리케이션에 트래픽이 갑자기 몰려 네트워크 장비 중 하나에 문제가 생기면, 연결된 다른 애플리케이션에도 장애가 발생할 수 있습니다. 모든 애플리케이션이 하나의 네트워크 자원을 공유하고 있기 때문입니다. 이 문제를 해결하기 위해 네트워크 가상화를 적용할 수 있습니다.

하나의 물리 네트워크 환경을 소프트웨어로 가상화하고, 가상화된 네트워크 자원을 적절히 나누어 1, 2, 3번 애플리케이션에 할당하면 어떻게 될까요? 각각의 애플리케이션에 할당된 네트워크는 서로 격리된 독립된 네트워크 환경이 됩니다. 따라서 1번 애플리케이션에 네트워크 장애가 발생하더라도 2번, 3번 애플리케이션에 영향을 주지 않습니다. 즉, 네트워크 가상화를 사용하면 자원을 적절히 분배해서 독립된 네트워크 환경을 구성할 수 있습니다.

이렇게 네트워크 가상화를 사용하면 기업이나 기관에서 각 부서별로 독립된 네트워크 환경이 필요할 때, 부서마다 물리 네트워크 장비를 도입하고 구성하는 데 시간과 노력을 들일 필요가 없습니다. 가상화된 네트워크 자원을 부서별로 나누어 각각 독립된 네트워크 환경을 만들어주면 됩니다.

이런 방식은 네트워크 관리자가 네트워크 환경을 더 쉽게 운영할 수 있도록 도와줄 뿐만 아니라, 부서별로 독립된 네트워크를 운영해 보안을 강화할 수 있습니다. 만약 1번 애플리케이션에 해커가 네트워크로 침투하더라도, 2, 3번 애플리케이션은 1번 애플리케이션의 네트워크 환경과 격리되어 있기에 안전하게 보호될 수 있습니다. 네트워크 가상화를 활용하면 네트워크 관리자의 가장 큰 고민인 네트워크 관리의 복잡성을 해결하고 보안을 강화할 수 있다는 점을 기억해두길 바랍니다.

스토리지 가상화

스토리지 가상화(Storage Virtualization)는 다양한 유형의 저장 장치를 하나의 거대한 저장 공간처럼 사용할 수 있게 해주는 기술입니다. 이렇게 통합된 저장 공간을 **가상 스토리지 풀**이라고 합니다. 여러 스토리지 하드웨어의 용량을 합쳐서 하나의 큰 공용 스토리지 풀을 만들고, 필요에 따라 서버에서 운영하는 애플리케이션에 할당하거나, 부서별로 용량을 분배할 수 있습니다.

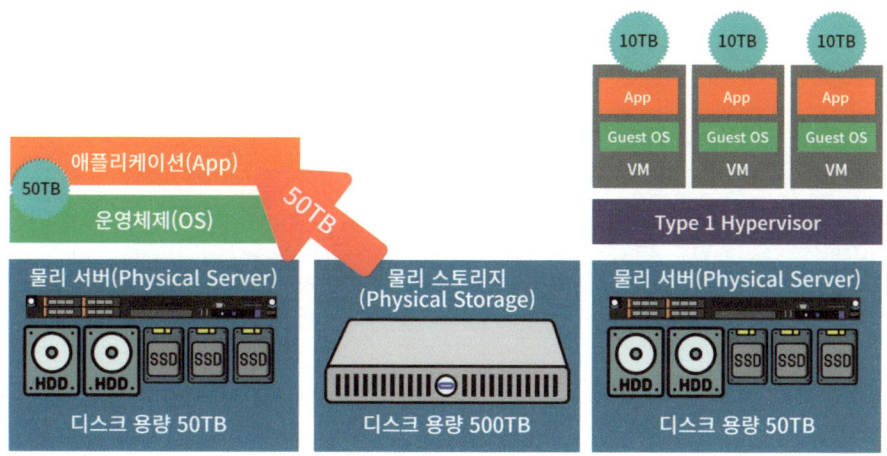

그림 5-16 물리적 스토리지 환경 예시

그림 5-16은 물리적인 스토리지를 사용하는 IT 인프라 환경을 예로 든 것입니다. 왼쪽과 오른쪽에 있는 서버들이 각각 HDD와 SSD를 장착해서 50TB의 저장 용량을 가지고, 중간에 있

는 SAN 스토리지는 500TB의 용량을 가지고 있다고 가정해봅시다. 기존의 물리적 스토리지 환경에서 왼쪽의 서버가 가진 50TB의 용량이 부족해지면, SAN 스토리지의 500TB 중 일부를 추가로 사용하게 됩니다.

그런데 만약 500TB의 용량도 가득 차버린 상황이라면 어떨까요? 오른쪽 서버의 경우 총 30TB의 용량을 사용해서 전체 디스크 저장 용량 중 아직 20TB가 남았지만, 이 용량을 왼쪽 서버로 바로 옮길 수는 없습니다. 이 경우, 왼쪽 서버의 부족한 스토리지 용량을 확보하려면 500TB 혹은 그 이상의 저장 용량을 갖춘 SAN 스토리지를 추가해야 합니다. 서버에는 더 이상 디스크를 추가할 공간이 없으니, 스토리지를 추가하는 수밖에 없는 것이죠.

하지만 이렇게 스토리지를 추가하는 게 생각만큼 간단한 일이 아닙니다. 물리적 스토리지가 준비되더라도, 기존 스토리지와 함께 사용할 수 있도록 설정해줘야 하는데, 이 작업이 생각보다 복잡할 수 있습니다. 더 큰 문제는, 필요할 때에 바로 사용할 수 있는 스토리지 장비를 준비하기가 쉽지 않다는 점입니다.

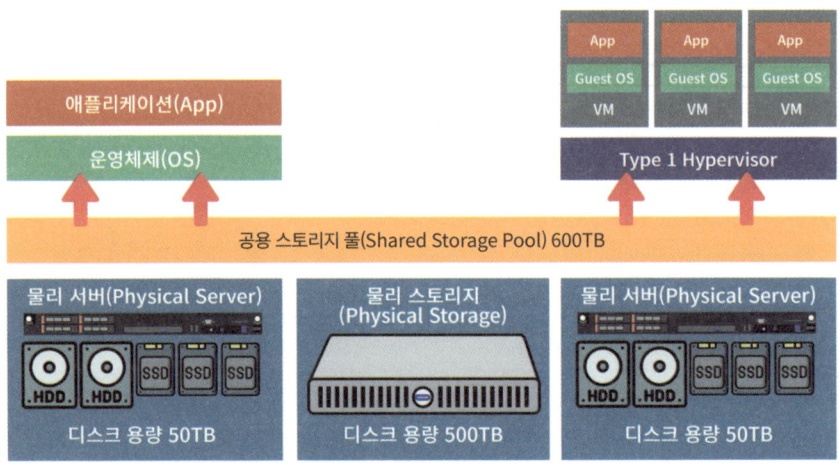

그림 5-17 스토리지 가상화 기술 기본 아키텍처

그래서 앞서 예시로 든 상황에 스토리지 가상화를 사용하면 문제를 쉽게 결할 수 있습니다. 왼쪽, 오른쪽 서버가 각각 보유한 50TB의 저장 용량과 가운데 SAN 스토리지의 500TB 저장 용량을 모두 합쳐서 600TB의 공용 스토리지 풀을 생성하는 것이죠. 그리고 나서 각 서버에 스토리지 공간을 300TB씩 할당해줍니다.

이 상황에서 만약 왼쪽 서버에 할당된 300TB가 가득 차고, 오른쪽 서버에 할당된 300TB 중 150TB가 아직 여유가 있다면? 오른쪽 서버에 남아 있는 150TB 중 50TB를 떼어다가 왼쪽 서버에 추가로 할당해줄 수 있습니다. 이렇게 스토리지 하드웨어를 추가하지 않아도 왼쪽 서버의 용량 부족 문제를 해결할 수 있습니다.

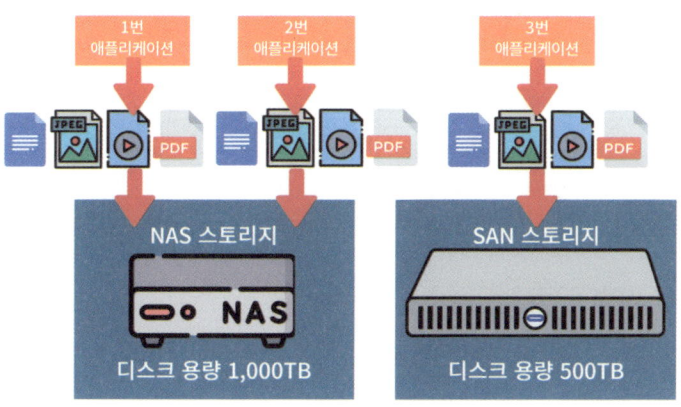

그림 5-18 서로 다른 유형의 물리 스토리지를 사용하는 경우

스토리지 가상화는 용량 분배와 같은 문제뿐만 아니라 데이터의 효율적인 저장에도 활용할 수 있습니다. 예를 들어, 회사에서 1PB의 NAS와 500TB의 SAN 스토리지를 각각 한 개씩 사용하고 있다고 가정해봅시다. 애플리케이션 1번과 2번은 NAS에, 애플리케이션 3번은 SAN 스토리지에 연결되어 있는 상황입니다. 이 애플리케이션에 저장되는 데이터 중 일부는 자주 조회하고 수정하는 용량이 작은 데이터이고, 다른 일부는 한 번 저장하면 가끔만 조회하는 용량이 큰 데이터라고 가정합니다.

이 경우 애플리케이션 1번과 2번은 모든 데이터를 NAS에, 애플리케이션 3번은 모든 데이터를 SAN 스토리지에 저장하게 됩니다. 자주 사용하는 작은 용량의 데이터나, 가끔 사용하는 큰 용량의 데이터나 상관없이 애플리케이션 1번과 2번은 NAS에, 애플리케이션 3번은 SAN 스토리지에만 저장합니다.

그런데 3장에서 스토리지에 대해 이야기할 때, 정형 데이터와 비정형 데이터가 무엇인지, 그리고 NAS와 SAN 스토리지의 특징이 무엇인지 설명했던 것을 기억하고 있나요? 자주 사용하지만 용량이 작은 정형 데이터는 NAS보다는 SAN에 저장하는 것이 좋고, 자주 사용하지 않지만 용량이 큰 비정형 데이터는 NAS에 저장하는 것이 더 효율적이라고 설명했습니다. NAS만 사용하는 애플리케이션 1, 2번이 SAN 스토리지에 정형 데이터를 저장하면 데이터를 더 빠르게 처리할 수 있고, SAN 스토리지만 사용하는 애플리케이션 3번이 비정형 데이터를 NAS에 저장하면 SAN 스토리지의 저장 공간을 절약할 수 있습니다.

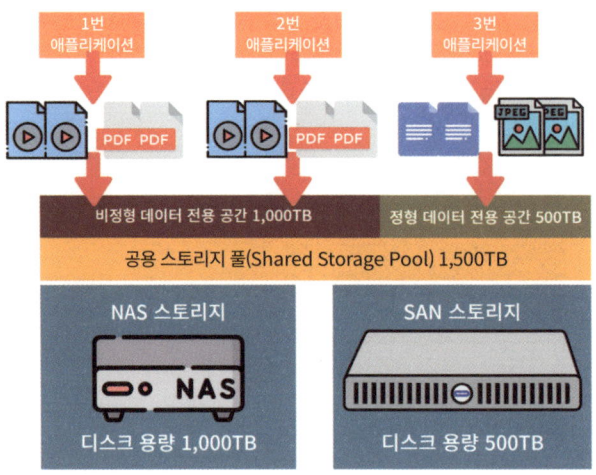

그림 5-19 스토리지 가상화로 물리 스토리지들을 공용 스토리지 풀로 묶은 경우

이런 상황에서 스토리지 가상화를 사용하면 어떻게 될까요? NAS와 SAN 스토리지를 하나의 공용 스토리지 풀로 묶은 다음, 애플리케이션 1번, 2번, 3번을 이 공용 스토리지 풀에 연결합니다. 그리고 정형 데이터는 SAN 스토리지에, 비정형 데이터는 NAS에 자동으로 저장되도록 설정합니다. 이렇게 하면 애플리케이션의 성능이 향상되고, SAN 스토리지의 저장 공간도 절약할 수 있습니다.

이처럼 스토리지 가상화는 다양한 저장 장치와 스토리지를 하나의 공용 풀로 합친 다음, 필요에 따라 애플리케이션에 적절히 배분하거나, 데이터 유형에 따라 알맞은 스토리지 종류에 자동으로 저장하게 해서 애플리케이션의 성능을 향상시킬 수 있습니다. 스토리지 저장 용량도 아껴서 사용할 수 있게 됩니다. 게다가 애플리케이션에 용량을 할당한 것처럼, 사내 부서별로 필요한 스토리지 용량을 할당하고 필요에 따라 그 용량을 늘리거나 줄이는 등 유연하게 관리할 수 있도록 도와줍니다.

따라서 스토리지 가상화를 사용하면 스토리지 관리가 편해지고 추가 스토리지 도입 비용도 절약할 수 있습니다. 그리고 애플리케이션 사용자는 데이터를 더 빠르게 처리할 수 있어 애플리케이션의 사용성이 좋아지니, 생산성도 올라가게 됩니다.

> **퀴즈** / 다음 설명 중 잘못된 것은 무엇일까요?

① **서버 가상화:** 물리 서버의 자원 활용률을 높이기 위해 하이퍼바이저를 사용해서 VM을 생성, 하나의 물리 서버에 여러 개의 OS와 애플리케이션을 운영할 수 있게 해주는 기술이다.

② **데스크톱 가상화:** 데스크톱에 또 하나의 가상 공간을 만들어 여러 개의 OS를 설치해서 소프트웨어를 사용할 수 있게 해주는 기술이다.

③ **네트워크 가상화:** 다수의 물리 네트워크 장비를 하나의 가상 네트워크로 통합 관리하거나, 하나의 물리 네트워크를 여러 개의 가상 네트워크로 분리해서 관리함으로써 네트워크의 관리 편의성과 보안을 강화하기 위해 활용된다.

④ **스토리지 가상화:** 여러 종류의 스토리지와 서버에 꽂힌 디스크를 하나의 가상 스토리지 풀로 합친 다음, 이 스토리지 풀을 여러 부서, 애플리케이션에서 공용으로 사용하는 기술로, 기업이 보유한 전체 스토리지의 저장 공간을 효율적으로 운영할 수 있게 도와준다.

정답
②번: 데스크톱 가상화는 보안을 위해 데이터를 PC가 아닌 서버에 저장하며, 클라이언트는 서버에서 필요한 업무 공간을 할당받거나 사용하려는 애플리케이션의 화면만 전달받는 형태로 구현되는 기술입니다.

5.3 HCI와 SDDC

가상화 기술은 물리적인 IT 인프라를 더 잘 활용할 수 있게 도와주고, 보안과 관리 편의성을 강화해주는 유용한 기술입니다. 그런데 가상화 기술을 적용한 IT 인프라의 규모가 점점 커지면서 성능에 문제가 생겼습니다. 보통 우리는 애플리케이션 성능이 부족하면 장비를 추가해서 해결하면 된다고 생각하기 마련입니다. 그런데 3-Tier 아키텍처에는 태생적인 문제가 있어서, 장비를 추가한다고 해서 성능을 계속 높이는 데에는 한계가 있습니다. 그래서 이런 한계를 극복하기 위해 탄생한 새로운 기술이 있는데, 그 기술이 무엇인지 그리고 그 기술을 기반으로 구성된 새로운 개념의 데이터센터는 어떤 특징을 가지고 있는지 알아보겠습니다.

HCI

애플리케이션의 사용자가 증가하면 네트워크 트래픽과 데이터도 늘어납니다. 만약 서버, 네트워크, 스토리지가 감당하기 어려울 정도로 사용자가 늘어난다면 어떻게 해야 할까요? 일단 서버의 성능을 높여야 합니다. 이때 두 가지 선택지가 있습니다. 첫 번째는 서버의 CPU를 더 높은 사양으로 교체하거나, 메모리와 디스크를 추가로 꽂아서 용량을 늘리는 겁니다. 이렇게 서버의 사양을 높이는 걸 **스케일 업**(Scale Up)이라고 부릅니다. 그런데 만약 이미 서버를 최고 사양으로 맞춰서 더 이상의 업그레이드가 어렵다면, 서버를 한 대 더 추가해야 합니다. 이걸 **스케일 아웃**(Scale Out)이라고 합니다.

서버는 데스크톱 PC와는 달리 성능을 향상시키기 위해 CPU 교체나 메모리와 디스크 추가 장착 같은 업그레이드를 하는 게 쉽지 않습니다. 이런 작업을 하려면 서버의 전원을 내려야 합니다. 그런데 서버는 24시간 안정적으로 계속 구동되는 것이 가장 중요합니다. 그래서 물리적인 서버만을 운영할 때는 보통 스케일 업보다는 스케일 아웃 방식으로 애플리케이션에 필요한 추가 성능을 확보하는 것이 일반적입니다. 그런데 여기서 문제가 생깁니다. 3-Tier 아키텍처에서는 장비를 추가한다고 해서 성능이 비례해서 증가하지 않는다는 것입니다.

예를 들어볼까요? 수치적으로 100만큼의 성능을 내는 서버와 스토리지를 네트워크로 연결한 1번 시스템이 있다고 해봅시다. 이 시스템은 애플리케이션 사용자를 100명까지만 수용할 수 있습니다. 그런데 사용자가 150명으로 늘어났다면 현재의 시스템으로는 감당할 수 없으니, 1번 시스템과 동일한 사양의 서버와 스토리지, 네트워크를 추가합니다. 그럼 상식적으로 이 애플리케이션을 운영하는 시스템의 성능은 200이 되어야 합니다.

하지만 실제로는 그렇지 않습니다. 100에 100을 더한 200이 아닌, 180 정도로만 성능이 늘어납니다. 그리고 사용자가 더 늘어나서 장비를 또 추가하면 100만큼의 성능을 발휘하는 장비를 추가했음에도 불구하고, 성능은 280이 아니라 250 정도로만 증가합니다. 처음에 장비를 추가했을 때는 100이 아닌 80만큼 성능이 늘어났는데, 장비를 또 추가하니 이번엔 70만큼만 성능이 증가합니다. 성능 증가 폭이 점점 낮아지는 현상이 발생합니다. 왜 이런 일이 나타나는 걸까요?

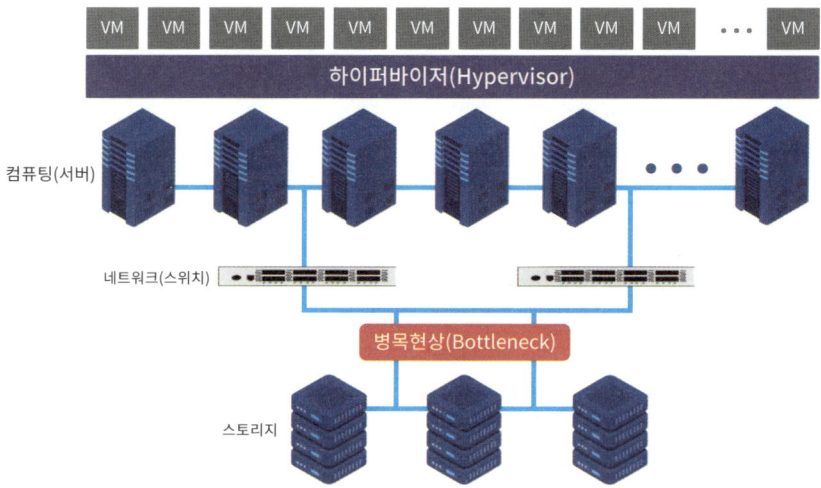

그림 5-20 3-Tier 아키텍처에서 발생하는 병목현상

그림 5-20은 3-Tier 아키텍처로 구성된 서버 – 네트워크 – 스토리지 인프라에서 하이퍼바이저를 사용해 여러 VM을 운영하는 모습을 보여줍니다. 이 구조에서 서버가 스토리지에 데이터를 저장하거나, 스토리지에 있는 데이터를 조회하고 수정하려면 어떤 과정이 필요할까요? 먼저 서버는 네트워크 스위치에 '스토리지에서 A 데이터를 가져와줘'라는 요청을 보냅니다. 그러면 네트워크 스위치가 그 요청을 스토리지 컨트롤러에 전달합니다. 스토리지 컨트롤러는 스토리지에서 A 데이터를 꺼내서 네트워크 스위치에 보내고, 그럼 네트워크 스위치는 다시 서버에 그 데이터를 전달합니다.

이제 서버가 A 데이터에 새로운 값을 추가해서 A_1 데이터로 수정하고 싶다면 어떻게 될까요? 이번에도 'A 데이터를 A_1로 바꿀게'라는 요청을 네트워크 스위치에 보냅니다. 그러면 네트워크 스위치는 그 요청을 스토리지 컨트롤러로 보내고, 스토리지 컨트롤러는 서버의 요청을 받아서 A 데이터를 A_1로 바꿔줍니다. 이렇게 해서 스토리지에 있는 데이터가 수정됩니다.

3-Tier 아키텍처에서는 서버와 스토리지가 네트워크로 연결되어 있기 때문에, 서버가 스토리지의 데이터를 읽거나 쓰려면 반드시 네트워크를 통해 스토리지 컨트롤러를 거쳐야 합니다. 이 과정에서 발생하는 지연이나 성능 저하를 **병목현상**(Bottleneck)이라고 합니다.

병목현상에서 말하는 '병목'은 말 그대로 병의 목 부분을 뜻합니다. 병의 목 부분이 좁아서 흐름을 방해하는 것이 바로 병목현상입니다. IT 인프라에서 병목현상은 시스템의 성능이나 용량이 어떤 요소 때문에 제대로 발휘되지 못하는 상황을 의미합니다.

그림 5-21 병목현상 예시

IT 인프라도 마찬가지입니다. 3-Tier 아키텍처에서는 서버가 스토리지에 있는 데이터를 읽고 쓰려면 반드시 네트워크를 거쳐야 합니다. 이때 서버와 네트워크, 스토리지의 수가 적다면 병목현상이 거의 없겠지만, 장비의 수가 늘어날수록 서버와 네트워크, 스토리지 컨트롤러 간의 연결이 점점 복잡해지게 됩니다.

그 결과 서버가 스토리지의 데이터를 사용하려고 할 때, 그 요청을 처리하기 위해 여러 단계를 거치게 되고 이 과정에서 병목현상이 발생합니다. 그래서 장비를 추가로 늘리거나 스케일 아웃 형태로 확장해도 성능이 추가된 장비의 수만큼 늘어나지 않습니다.

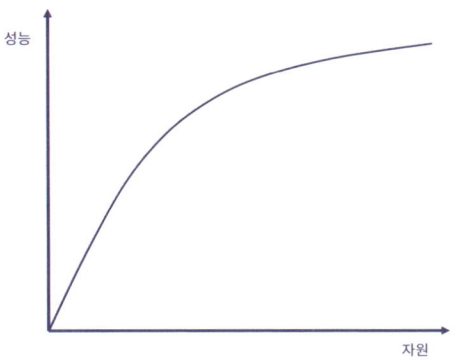

그림 5-22 병목현상으로 인해 장비를 추가해도 성능 증가 폭이 점점 줄어드는 3-Tier 아키텍처

앞서 설명한 3-Tier 아키텍처의 병목현상은 서버와 스토리지 사이에서 생기는 문제입니다. 서버가 스토리지에 접근하려면 반드시 네트워크를 통해 스토리지 컨트롤러의 제어를 받아야

하고, 이게 병목구간으로 작용할 수 있습니다. 그래서 이 문제를 해결하기 위해 나온 아키텍처가 바로 2-Tier 아키텍처입니다.

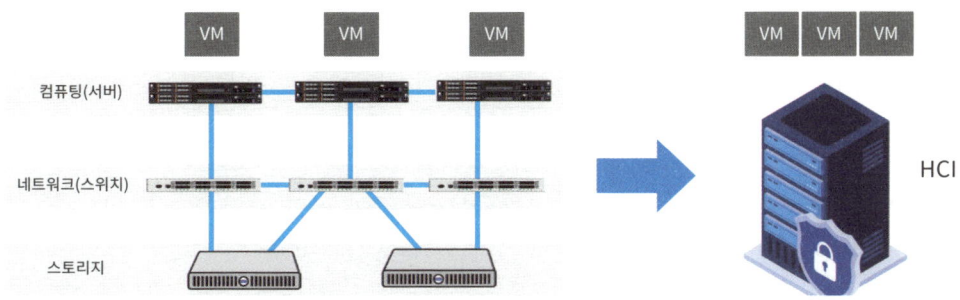

그림 5-23 3-Tier 아키텍처의 병목현상을 제거한 2-Tier 아키텍처, HCI

2-Tier 아키텍처는 그림 5-23처럼 서버와 스토리지를 하나의 장비에 통합하고, 이 장비들을 연결하는 네트워크만 두는 형태입니다. 서버와 스토리지가 하나의 Tier를 이루고, 이 통합된 장비들을 연결하는 네트워크가 또 다른 Tier를 이룬 이 둘을 합쳐 2-Tier 아키텍처가 된 것입니다. 이 아키텍처를 HCI(Hyper Converged Infrastructure)라고 합니다.

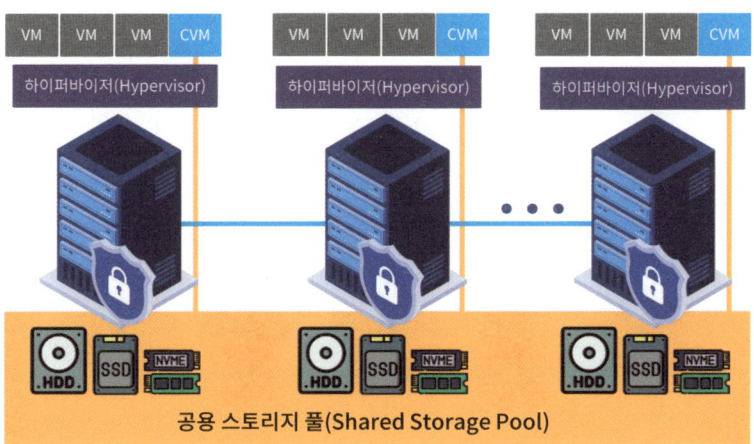

그림 5-24 서버와 스토리지 사이의 병목현상을 해결한 HCI 아키텍처

HCI는 서버와 스토리지를 하나의 장비로 통합한 2-Tier 아키텍처라서, 서버와 스토리지 간에 병목현상이 없습니다. 여기서 하나의 HCI 장비를 노드(Node)라고 하는데, 이 노드에는 HDD, SSD, NVMe SSD 같은 다양한 유형의 저장 장치들이 있습니다. 이 저장 장치들을 스토리지 가상화 기술을 사용해 하나의 큰 공용 스토리지 풀로 묶어 운영합니다.

또, 이 노드에는 **CVM**(Controller Virtual Machine)이라는 중요한 역할을 하는 가상 머신이 있습니다. CVM은 HCI 노드의 관리와 함께 스토리지를 제어하는 스토리지 컨트롤러 역할을 합니다. 덕분에 HCI 장비는 마치 서버가 자신의 내장 디스크에 데이터를 저장하는 것처럼, HCI 장비에 내장된 디스크에 데이터를 저장하고 읽고 쓸 수 있게 됩니다. 그래서 3-Tier 아키텍처보다 HCI의 데이터 처리 성능이 더 뛰어납니다. 기존의 고질적인 병목현상을 해결했으니 성능이 더 좋은 건 당연합니다.

정리하면, HCI 노드에 있는 저장 장치와 디스크들을 이렇게 공용 스토리지 풀로 묶고, 각 노드에서 운영되는 VM이나 애플리케이션들이 이 공용 스토리지 공간을 마음껏 사용할 수 있습니다.

이런 2-Tier 구조 덕분에 HCI는 애플리케이션에서 더 높은 성능이 필요할 때, HCI 노드를 스케일 아웃 형태로 추가하더라도 성능이 거의 선형적으로 증가됩니다. 앞서 언급한 3-Tier 아키텍처는 스케일 아웃 방식으로 장비를 추가할 때마다 성능 증가폭이 둔화되지만, 2-Tier 아키텍처인 HCI는 그렇지 않다는 게 가장 큰 특징이자 3-Tier 아키텍처와의 차별점입니다.

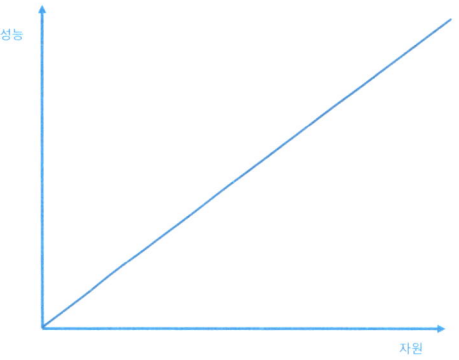

그림 5-25 스케일 아웃 형태로 확장해도 성능이 선형적으로 증가하는 HCI

그래서 HCI 기반 시스템을 운영하는 애플리케이션의 성능이 부족할 때는 동일한 사양의 HCI 노드를 추가하면 됩니다. 이때 성능뿐만 아니라 용량도 함께 늘어나기 때문에 IT 관리자는 HCI 노드를 추가해서 어느 정도의 성능 향상과 용량 증가를 이룰 수 있을지 예측할 수 있습니다. 이런 정보를 미리 알 수 있다면, 얼마만큼의 장비를 추가해서 필요한 애플리케이션 성능과 용량을 확보할지 확신할 수 있고, IT 예산을 수립하는 데도 큰 도움이 됩니다.

그림 5-26 IT 인프라 성능을 예측할 수 있어 경영진에 보고하기도 유리한 2-Tier 아키텍처

어느 날 회사 사장님이 '우리 애플리케이션 사용자가 크게 늘어날 것 같으니 시스템을 더 추가하라'고 지시합니다. 이때 3-Tier 아키텍처라면 IT 관리자로서 어느 정도의 장비를 추가해야 애플리케이션이 늘어난 사용자를 감당할 수 있을지 확신이 서지 않을 겁니다. 장비를 몇 대나 더해야 할지, 그래서 예산이 얼마나 필요할지도 명확하지 않으니 보고하기 어려울 수밖에 없습니다. 이런 상황에서는 사장님이 시스템 증설을 승인해주실지도 걱정될 거고, 혹시라도 질책을 받지 않을까 걱정이 들기도 합니다.

하지만 HCI를 사용하면 상황이 훨씬 더 명확해집니다. 예를 들어 HCI 노드 하나가 100의 성능을 제공한다고 하고, 앞으로 애플리케이션에 300 정도의 성능이 필요할 거라면 HCI 노드 3대가 필요합니다. 현재 1대가 있으니 2대를 추가하면 되고, 1대당 도입 비용도 이미 알고 있으니 예산을 정확하게 계산해서 보고할 수 있습니다.

이렇게 HCI는 3-Tier 아키텍처에 비해 서버와 스토리지 간의 병목현상이 없어서 성능이 더 뛰어나고, 시스템을 추가할 때도 성능이 일정하게 늘어나는 것이 가장 큰 특징입니다. 시스템 구조도 더 단순해서 IT 관리자 입장에서 관리하기도 훨씬 편리한 장점도 있습니다.

SDDC

온프레미스 IT 인프라는 처음에 3-Tier 아키텍처로 출발했고, 이 3-Tier 아키텍처의 물리적 장비 자원 활용률을 높이기 위한 가상화 기술이 등장했습니다. 그리고 이후에는 3-Tier의 고질적인 성능 병목현상을 해결한 2-Tier 아키텍처, HCI로 발전했습니다. 그렇다면 지금 가장 진보된 온프레미스 IT 인프라 아키텍처라고 할 수 있는 HCI 노드들로 구성된 데이터센터는 어떤 모습일까요?

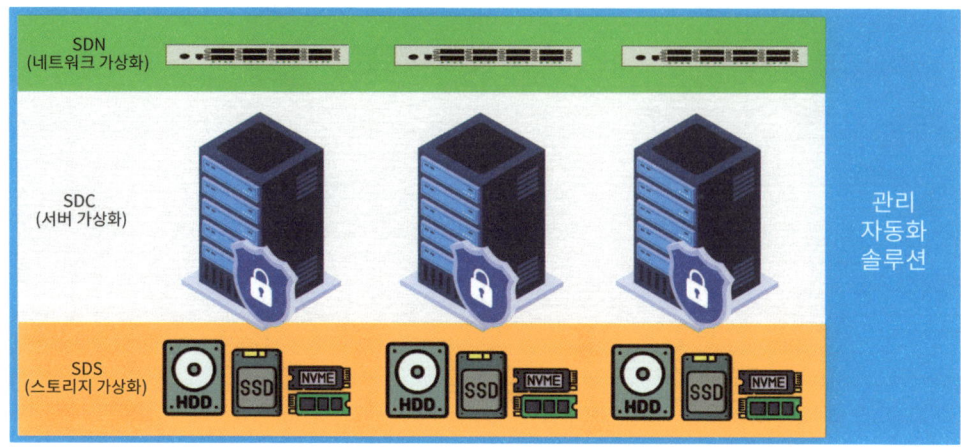

그림 5-27 SDDC 기본 구성도

단일 HCI 장비에는 서버 가상화 기술이 적용되어 있어서 VM을 생성하고, 여러 애플리케이션을 운영할 수 있습니다. 그리고 HCI 장비가 여러 대로 늘어나면, 스토리지 가상화 기술을 활용해 이 HCI 장비에 있는 디스크들을 하나의 거대한 가상의 공용 스토리지 풀로 묶어서 모든 HCI 장비가 함께 스토리지 풀을 사용할 수 있습니다. 또한, 이 HCI 장비들을 연결한 네트워크도 네트워크 가상화 기술을 적용해, 필요에 따라 VM별로 개별적이고 독립된 네트워크로 구분해서 운영할 수 있습니다. 이렇게 HCI 장비를 비롯한 다양한 물리적 IT 장비들을 가상화 기반의 소프트웨어로 관리하는 데이터센터를 SDDC(Software Defined Data Center, 소프트웨어 정의 데이터센터)라고 합니다.

SDDC는 SDC(Software Defined Computing, 서버 가상화), SDS(Software Defined Storage, 스토리지 가상화), SDN(Software Defined Network, 네트워크 가상화) 이 세 가지 기술에 관리 자동화 솔루션이 더해진 첨단 데이터센터입니다. SDDC의 모든 하드웨어는 소프트웨어로 가상화되어 운영되며, 다양한 하드웨어 인프라와 그 위에서 동작하는 수많은 VM과 애플리케이션들은 사람이 일일이 수동으로 관리하지 않고, 자동화된 소프트웨어로 관리됩니다.

그림 5-28 소수의 인원으로 대규모 데이터센터를 운영할 수 있는 SDDC

SDDC의 핵심은 데이터센터를 소프트웨어로 가상화해서 자동화 기술을 활용해 운영한다는 점입니다. 그렇다면 자동화 기술을 사용하면 뭐가 좋아질까요? 예를 들어, 물리적인 하드웨어 장비 위에 VM을 만들 때, 관리자가 일일이 수동으로 하나씩 만들 필요 없이 자동화된 소프트웨어를 사용해 여러 VM을 빠르게 만들 수 있습니다. 이렇게 하면 업무 효율이 크게 올라갑니다. 게다가 미리 준비된 소스코드를 사용해 VM을 만들기 때문에 오류가 발생할 가능성도 줄어듭니다.

그래서 SDDC의 가장 큰 장점은 대규모의 IT 인프라를 적은 인력으로도 운영할 수 있다는 점입니다. 사람의 개입을 최소화해서 오류를 줄이고, 자동화 기술로 필요한 자원을 빠르게 생성하고 배포하며, 필요할 때 쉽게 회수할 수 있습니다. 또, 장애가 발생했을 때 원인을 금방 찾아내어 문제를 해결하는 시간도 단축할 수 있습니다.

그림 5-29 AI가 운영하는 미래의 데이터센터

이렇게 대규모 데이터센터를 자동화 기술이나 최신 AI 기술로 운영하게 되면서 필요한 인력이 줄어들 수 있다는 건, 사람들의 일자리가 줄어든다는 뜻으로 받아들일 수 있습니다. 예전에는 10명이 운영하던 데이터센터를 이제는 최신 기술 덕분에 5명만으로 운영할 수도 있습니다. 그럼 나머지 5명은 어떻게 될까요? 대부분의 기업들은 줄어든 인력을 다른 업무에 투입합니다. IT 관리자에서 개발자로 직무를 바꾸기도 하고, 다른 새 프로젝트에 참여하게 될 것입니다.

또 SDDC가 도입되면 기존 5명이 힘들게 매일 야근하면서 운영했던 데이터센터를 이제는 칼퇴근하면서 여유롭게 운영할 수 있을지도 모릅니다. 이러면 기존 직원들의 업무 만족도가 올라가겠지만 경영진 입장에서는 이 상황을 마냥 좋게만 볼 수는 없을 겁니다. 그래서 보통 이런 경우에는 인력은 그대로 두되 운영 효율이 높아진 만큼 기존 직원들에게 추가 업무를 할당하는 형태가 일반적입니다.

중요한 점은, SDDC와 같은 최신 기술 덕분에 데이터센터 운영에 드는 시간과 노력이 예전보다 줄어든다는 것입니다. 그만큼 절약된 인적 자원을 다른 곳에 투입함으로 기업은 직원들의 업무 효율을 높일 수 있습니다.

> **퀴즈** / 다음 설명 중 OO에 들어갈 단어는 무엇일까요?
>
> ① HCI: 기존의 3-Tier 아키텍처에 한계인 OO - OOOO 간의 병목현상을 해결하고 스케일 아웃 확장 시 성능이 선형적으로 증가하는 OOOOO 아키텍처 기술이다.
> ② SDDC: OOOOO로 관리되는 온프레미스 데이터센터로, HCI와 각종 IT 장비들을 OOOOO로 가상화시켜 OOO 기술을 적용해 간편하게 관리하는, 최신 IT 기술이 적용된 데이터센터이다.
>
> **정답**
> ・①번: 서버, 스토리지, 2-Tier / ②번: 소프트웨어, 소프트웨어, 자동화

지금까지 온프레미스가 무엇인지, 어떤 기술들이 활용되고 있는지 알아봤습니다. 온프레미스에서 운영되는 전산실이나 데이터센터가 어떤 장비들과 기술들을 사용해 운영되고 있는지 잘 알게 되었으니, 이제 클라우드 컴퓨팅에 대해 알아볼 차례입니다. 다음 6장에서는 온프레미스 SDDC의 자원을 간편하게 활용할 수 있도록 도와주는 클라우드 컴퓨팅을 설명하겠습니다.

CHAPTER

06

클라우드 컴퓨팅

기업의 규모를 막론하고 많은 기업에서 클라우드 컴퓨팅을 활용하고 있습니다. 사실 지금까지 다루었던 3-Tier 아키텍처와 가상화, 온프레미스에 대한 개념이 없으면 클라우드 컴퓨팅을 이해하기 어려울 정도로 이는 IT 인프라에서 중요한 요소입니다. 현재 그리고 앞으로의 대세라고 할 수 있는 클라우드 컴퓨팅이 무엇인지, 또 꼭 알아야 할 개념들은 어떤 것들이 있는지 하나씩 살펴보도록 하겠습니다.

6.1 _ 클라우드 컴퓨팅 개념

6.2 _ 클라우드 컴퓨팅 종류

6.3 _ 컨테이너

6.1 클라우드 컴퓨팅 개념

클라우드 컴퓨팅의 기본 개념과 탄생

클라우드 컴퓨팅은 온프레미스처럼 기업이 직접 장비를 구매해서 운영하는 게 아니라, 다른 기업이 운영하는 IT 인프라 자원을 빌려서 사용하는 것을 의미합니다. 5장 마지막 부분에서 이야기했던 SDDC를 떠올려봅시다. 어떤 기업이 온프레미스에서 사용되는 최신 기술을 적용해 운영하는 데이터센터가 있고, 이 데이터센터의 컴퓨팅 자원을 빌려서 사용하는 게 바로 클라우드 컴퓨팅입니다. 서버, 스토리지, 네트워크 장비를 직접 구매하거나 설치할 필요 없이, 이런 장비들을 운영할 공간이 없어도 컴퓨팅 자원을 마음껏 사용할 수 있습니다.

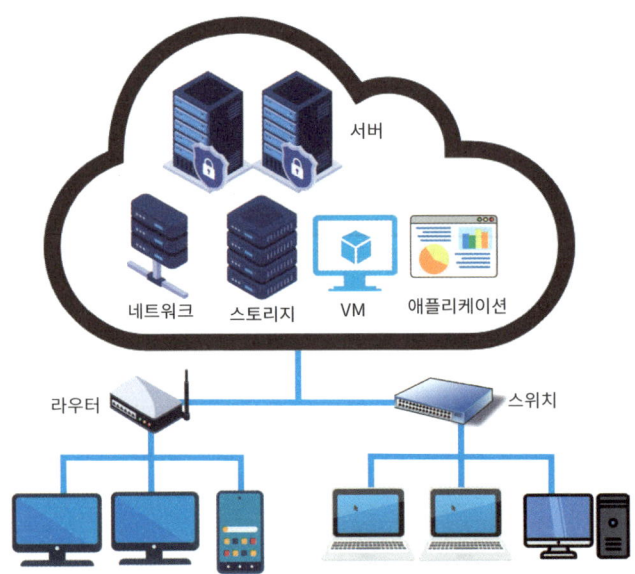

그림 6-1 클라우드 컴퓨팅 기본 아키텍처

여기서 '자원을 가져다 쓴다'는 의미가 좀 막연하게 느껴질 수 있습니다. 만약 우리가 홈페이지를 직접 운영하려면 뭐가 필요할까요? 서버, 스토리지, 네트워크 장비가 필요하고, 이 장비들에 설치된 OS, 웹 서버, 웹 애플리케이션 서버, 데이터베이스 같은 소프트웨어도 필요합니다. 그런데 클라우드 컴퓨팅에서는 이런 하드웨어와 소프트웨어를 어떤 기업이 자신의 데이터센터에 다 준비해두고, 우리는 그 하드웨어와 소프트웨어를 활용해서 홈페이지를 운영할 수 있는 것입니다.

클라우드 컴퓨팅을 사용하는 사람들은 홈페이지 운영에 필요한 컴퓨팅 파워(예: CPU, 메모리), 네트워크 트래픽 양, 스토리지 용량에 따라 비용을 지불합니다. 자원을 사용한 만큼만 비용을 내는 방식을 'Pay as you go'라고 합니다. 즉, 다른 기업이 미리 준비해둔 컴퓨팅 자원을 빌려서 사용하되, 사용한 만큼만 돈을 낸다는 것이 클라우드 컴퓨팅의 기본적인 과금 방식입니다.

그림 6-2 2000년대 초반 아마존닷컴 쇼핑몰의 모습(출처: Version Museum)

클라우드 컴퓨팅을 이야기할 때 빼놓을 수 없는 기업이 있습니다. 바로 1994년에 미국에서 인터넷 서점으로 출발해 현재는 글로벌 대형 쇼핑몰로 성장한 아마존입니다. 아마존은 2000년대 초반에 급격하게 성장하면서 자사의 전자상거래 플랫폼을 유지하고 관리하는 데 많은 어려움을 겪었습니다. 당시 아마존은 물리적인 장비로만 구성된 데이터센터를 운영하고 있어서 사용되지 않는 자원이 많아 비용이 낭비되고, 필요할 때 자원을 빠르게 확장하기도 어려운 문제가 있었습니다. 이런 문제를 해결하기 위해 아마존은 가상화 기술을 도입했고, 쇼핑몰에서 사용되는 기능들을 효율적으로 개발할 수 있도록 내부 개발 정책도 바꿨습니다.

이때 아마존 개발자들은 자신들이 만든 기능들이 서로 데이터를 주고받을 수 있는 API(Application Programming Interface)를 만들기 시작합니다. 시간이 지나면서 API의 수는 점점 늘어났고, 덕분에 아마존 쇼핑몰은 이전보다 자원을 훨씬 더 효율적으로 사용할 수 있게 되었습니다. 게다가 개발자들 간의 협력도 원활해져 업무 생산성이 크게 증가했습니다.

그림 6-3 클라우드 컴퓨팅의 시초라고 할 수 있는 AWS

그러다가 아마존은 이런 생각을 하게 됩니다. '우리가 만든 서비스와 IT 인프라 운영 방식이 이렇게 좋은데, 우리만 누리기엔 아깝군. 이걸 다른 회사들도 쓸 수 있게 하면 그들도 많은 도움을 받을 수 있을 거야. 그럼 우리도 돈을 더 벌 수 있겠지?' 그래서 2006년에 자신들이 만든 API 서비스와 가상화된 컴퓨팅 머신(EC2), 스토리지 서비스(S3)를 다른 개인, 기업, 공공기관들이 사용할 수 있도록 외부에 공개하고 유료로 판매하기 시작합니다. 이것이 전 세계 1등 클라우드 컴퓨팅 서비스인 AWS(Amazon Web Services)입니다.

AWS의 탄생을 계기로 Microsoft, Google, IBM 같은 대형 IT 기업들도 클라우드 컴퓨팅 비즈니스에 뛰어들었고, 그 덕분에 클라우드 컴퓨팅은 급격하게 확산되기 시작했습니다.

호스팅 vs 클라우드 컴퓨팅

사실 클라우드 컴퓨팅이 등장하기 전에도 이미 다른 기업의 컴퓨팅 자원을 빌려서 사용할 수 있는 서비스가 있었습니다. 바로 **호스팅**(Hosting) 서비스입니다. 호스팅은 클라우드 컴퓨팅처럼 다른 기업의 서버 자원을 빌려서, 임대해서 사용할 수 있는 서비스입니다. 얼핏 보면 클라우드 컴퓨팅과 비슷한 형태지만 몇 가지 차이점이 있습니다.

그림 6-4 IDC에 있는 서버의 자원을 빌려서 사용하는 호스팅(출처: Stable Point)

5장에서 온프레미스를 설명하면서 SK브로드밴드나 KT, LG U+ 같은 통신사들이 다른 기업들에게 컴퓨팅 자원을 빌려주기 위해 운영하는 인터넷 데이터센터(IDC)에 대해 이야기한 적이 있습니다. 이 IDC에 있는 서버에 기업이 원하는 서비스를 올려서 운영하고, 그 사용료를 지불하는 것이 바로 호스팅입니다.

호스팅은 크게 웹 호스팅과 서버 호스팅 두 가지 형태로 나뉩니다. 웹 호스팅의 경우, 기업이 특정 목적의 서비스를 운영하기 위해 IDC에 있는 특정 서버의 자원을 빌려 사용하는데, 그 서버는 다른 기업들에게도 자원을 빌려줄 수 있습니다. 즉, IDC의 서버 자원의 일부만을 사용한다는 뜻입니다.

예를 들어, IDC에 있는 1번 서버의 자원이 100이라면, A 기업은 1번 서버의 30만큼, B 기업은 2번 서버의 20만큼, C 기업은 1번 서버의 10만큼을 빌려 사용하는 것이 웹 호스팅의 기본 개념입니다. 그래서 만약 1번 서버에서 운영되는 C 기업의 서비스에 문제가 생기면, 1번 서버 자원을 함께 사용하는 A 기업과 B 기업의 서비스도 영향을 받는다는 것이 단점입니다. 그리고 서버 자원의 일부만을 사용하기 때문에 성능도 낮은 편이지만, 그만큼 비용이 저렴합니다.

이런 웹 호스팅의 단점, 즉 다른 기업들과 특정 서버 자원을 공유하는 것이 싫다면 서버 호스팅 서비스를 이용하면 됩니다. 서버 호스팅은 특정 서버 자체를 빌려 사용하는 방식으로, 이 서버의 자원이 다른 기업들과 공유되지 않습니다. 예를 들어, IDC에 있는 1번 서버를 A 기업이 빌린다면, 이 1번 서버의 모든 자원은 A 기업만 사용할 수 있고, B, C 같은 다른 기업은 1번 서버 자원을 사용할 수 없습니다. 즉, 서버 호스팅은 임대한 기업만이 전용 서버로 사용할 수 있는 서비스입니다. 그래서 웹 호스팅보다 성능이 좋고, 서비스를 안정적으로 운영할 수 있지만, 비용이 조금 더 비싼 것이 특징입니다.

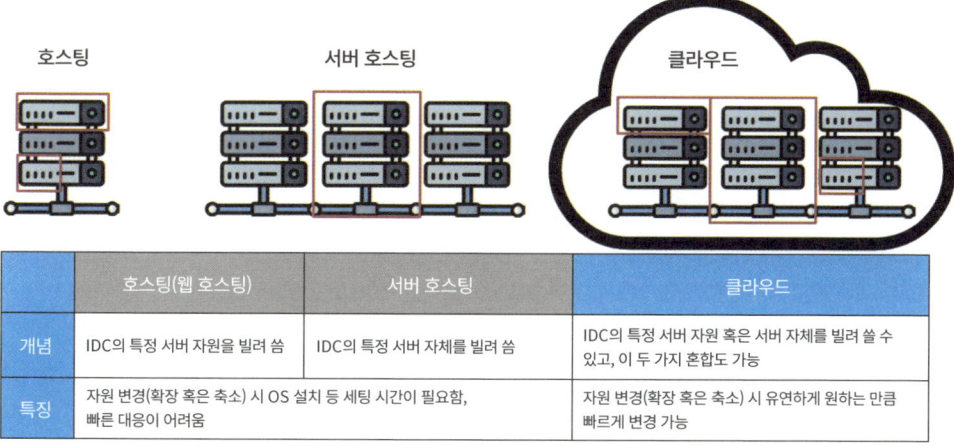

그림 6-5 호스팅과 클라우드 컴퓨팅의 차이

그렇다면 호스팅과 클라우드 컴퓨팅은 어떤 차이가 있을까요? 일단 클라우드 컴퓨팅도 웹 호스팅이나 서버 호스팅처럼 IDC에 있는 서버 자원을 빌려서 사용합니다. 하지만 클라우드 컴퓨팅은 필요에 따라 웹 호스팅처럼 사용할 수도, 서버 호스팅처럼 사용할 수도 있습니다. 심지어 이 두 가지 형태를 혼합해서 사용할 수 있습니다.

예를 들어, A 서비스는 장애가 발생하면 안 되는 중요한 서비스라서 서버 호스팅처럼 특정 서버의 자원을 통째로 빌려 사용하고, B 서비스는 가끔 장애가 발생해도 큰 문제가 없어서 웹 호스팅처럼 약간의 컴퓨팅 자원만 빌려서 사용하기도 합니다.

이 과정에서 호스팅과 클라우드 컴퓨팅의 가장 큰 차이가 드러납니다. 호스팅의 경우, 컴퓨팅 자원을 변경하려면 새롭게 컴퓨팅 환경을 세팅해야 합니다. IDC에서 기업이 필요로 하는 컴퓨팅 자원을 확정한 뒤, OS도 설치하고 필요한 소프트웨어도 설정해줘야 하니, 시간이 좀 걸릴 수밖에 없습니다. 그래서 자원 변경 요청을 빠르게 처리하기 어려운 단점이 있습니다.

하지만 클라우드 컴퓨팅은 다릅니다. 기업이 필요에 따라 원하는 만큼 컴퓨팅 자원을 빠르게 늘리고 줄일 수 있습니다. 심지어 별도의 옵션을 사용하면 이 자원이 자동으로 조절(오토 스케일링)되기도 합니다. 호스팅은 기업이 물리적인 장비를 직접 보유하고 있지 않을 뿐, 컴퓨팅 자원을 사용할 환경 세팅을 호스팅 서비스 제공자가 대신해주기에 세팅에 다소 시간이 걸립니다. 그래서 자원을 빠르게 늘리고 줄이기가 어렵습니다.

반면, 클라우드 컴퓨팅은 기업이나 사용자가 직접 자원의 양을 쉽게 조절할 수 있습니다. GUI 환경에서 마우스를 몇 번만 클릭하면 CPU, 메모리, 스토리지 용량을 변경할 수 있고, 클라우드 컴퓨팅 회사에서 미리 준비해둔 OS나 다양한 소프트웨어도 간편하게 설치할 수 있습니다. 자원을 늘리면 그만큼 비용이 더 들고, 줄이면 비용도 줄어듭니다. 이렇게 자원을 자유롭게 변경할 수 있는 것이 클라우드 컴퓨팅의 가장 큰 특징입니다. 이것을 자원의 유연한 변경 혹은 '엘라스틱(elastic)하다'라고 표현합니다. 이 점이 호스팅과 클라우드 컴퓨팅의 가장 큰 차이점이라고 볼 수 있습니다.

핵심 개념 정리

- **클라우드 컴퓨팅**: 다른 기업의 데이터센터에 있는 자원을 빌려서 사용하며, 사용한 만큼 비용을 지불하는 것.
- **호스팅**: IDC의 특정 서버 자원의 일부 또는 전체를 빌려서 사용, 컴퓨팅 환경 세팅은 IDC에서 수행.
- **호스팅 vs 클라우드 컴퓨팅**: 호스팅은 사용하려는 자원의 양을 변경하려 할 때마다 IDC에서 컴퓨팅 환경을 새롭게 세팅해줘야 하는 단점이 있음. 클라우드 컴퓨팅은 사용자가 직접 GUI 환경에서 간편하게 자원을 변경할 수 있음.

6.2 클라우드 컴퓨팅 종류

클라우드 컴퓨팅 서비스를 제공하는 회사를 **CSP**(Cloud Service Provider)라고 합니다. CSP가 어떤 형태로 클라우드 컴퓨팅 서비스를 제공하느냐에 따라 클라우드 컴퓨팅을 크게 세 종류로 나눌 수 있습니다. 또 CSP가 제공하는 서비스를 기업이 어떻게 사용하는지에 따라 다른 명칭으로 구분하는데, 클라우드 컴퓨팅을 이야기할 때 자주 나오는 기본 개념들이니, 이번 기회에 제대로 익히길 바랍니다.

CSP의 대표적인 클라우드 컴퓨팅 서비스

CSP가 제공하는 클라우드 컴퓨팅 서비스는 크게 세 가지로 나뉩니다. 그림 6-6처럼 IaaS, PaaS, SaaS라는 이름으로 구분합니다. 사실 더 다양한 종류가 있지만, 이 세 가지 기본 유형만 알아도 충분합니다.

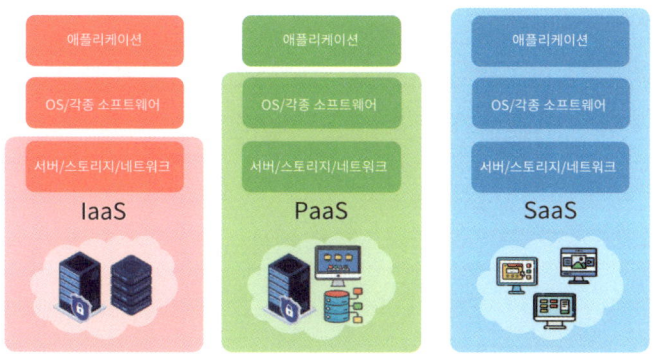

그림 6-6 CSP가 제공하는 서비스 형태에 따라 IaaS, PaaS, SaaS로 구분하는 클라우드 컴퓨팅

IaaS(Infrastructure as a Service)는 보통 '아이아스' 또는 '이아스'라고 부릅니다. IaaS는 CSP의 데이터센터에 있는 컴퓨팅 자원을 빌려서 사용하는 형태로, 그 자원 위에 사용자가 원하는 OS와 웹 서버나 DBMS 같은 소프트웨어를 직접 설치해서 사용하는 클라우드 컴퓨팅입니다. 물리적인 장비만 없을 뿐, 직접 온프레미스에서 애플리케이션을 운영하는 것과 비슷합니다. 사용자는 자유롭게 OS나 각종 서버 소프트웨어를 설치하고 설정할 수 있지만, CSP는 컴퓨팅 자원만 제공하므로 소프트웨어에 문제가 생기면 직접 해결해야 합니다.

다음은 **PaaS**(Platform as a Service)로, 일반적으로 '파스'라고 부릅니다. PaaS는 IaaS에서 사용자가 직접 OS와 서버 소프트웨어를 선택하고 설치했던 것과 다르게, CSP가 미리 OS와 서버 소프트웨어를 설치해 제공합니다. 사용자는 그 위에 애플리케이션만 올려서 사용하면 되는 게 PaaS입니다. 예를 들어, DBMS를 운영해야 한다면, IaaS에서는 OS와 DBMS를 직접 설치하고 설정해야 하지만 PaaS에서는 CSP가 미리 설치해둔 DBMS를 바로 사용할 수 있습니다. 그리고 PaaS는 문제가 생기면 CSP가 대신 관리해주기 때문에 **관리형 서비스**(Managed Service)라고도 합니다.

마지막 **SaaS**(Software as a Service)는 '싸스'라고 부르고 있습니다. SaaS는 특정 서비스 자체를 빌려 사용하는 개념으로, CSP 외에도 다양한 기업들이 SaaS를 제공합니다. 예를 들어 이메일 서비스, 그룹웨어, ERP, CRM 같은 기업용 업무 시스템을 서비스 형태로 제공하는 것이 SaaS입니다. 사용자는 이 서비스를 이용하고, 그에 대한 비용만 지불하면 됩니다. 서비스에 문제가 생기면 당연히 서비스를 제공하는 기업이 문제를 해결합니다. 사용자는 SaaS에서 생성하고 저장하는 데이터만 잘 관리하면 됩니다.

용어 정리

- **ERP:** Enterprise Resource Planning, 전사적 자원관리 시스템으로 기업 경영에 필요한 모든 요소를 관리할 수 있는 소프트웨어.
- **CRM:** Customer Relationship Management, 기업의 고객 및 잠재 고객과의 관계를 관리하기 위한 소프트웨어. 고객별로 상세하게 세부 정보를 기록해 그 고객과의 관계를 개선해나갈 수 있도록 도움.

IaaS, PaaS, SaaS의 특징을 집에 비유할 수 있습니다. 집을 짓고 싶은데, 집 지을 땅과 자재만 제공하는 게 IaaS라면, 이미 지어진 집에 입주하는 것이 PaaS, 그리고 내부 인테리어와 가구까지 모두 세팅된 집에 월세로 사는 것을 SaaS라고 생각하면 됩니다. 물론 IaaS, PaaS 모두 비용은 땅과 자재를 사용한 만큼, 집에 사는 기간만큼 지불해야 합니다.

IaaS는 사용자가 제공된 땅(인프라)에 집(시스템)을 설계하고 짓지만, 그 과정에서 발생하는 모든 문제(건축 과정의 어려움, 유지보수 등)는 직접 해결해야 합니다. PaaS는 타운하우스 분양처럼 이미 지어진 집(플랫폼)에 입주하여 내부 인테리어와 가구(애플리케이션 개발)만 신경 쓰면 됩니다. 집(플랫폼)에 하자가 있으면 시행사(서비스 제공자)가 보수해줍니다. 그리고 SaaS는 모든 것이 갖춰진 집(완성된 소프트웨어)에 월세(구독료)를 내고 입주해서 사는 것처럼, 사용자는 소프트웨어를 바로 사용할 수 있습니다. 유지보수나 업데이트 등은 서비스 제공자가 모두 관리합니다. IaaS, PaaS, SaaS가 어떻게 다른지 조금 이해가 되었나요?

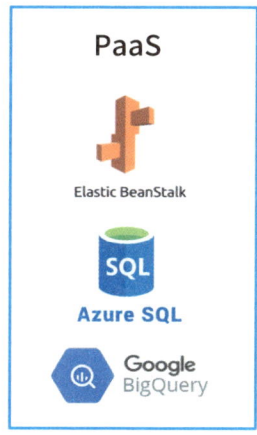

그림 6-7 IaaS, PaaS, SaaS 예시

IaaS, PaaS, SaaS의 대표 서비스들은 그림 6-7과 같습니다. IaaS로는 AWS, Microsoft Azure, Google Cloud가 전 세계에서 가장 큰 클라우드 컴퓨팅 서비스이고, 이외에도 많은 글로벌 IT 기업들이 IaaS를 제공합니다. 국내에서도 네이버, KT, NHN Cloud 같은 회사들이 대표적인 IaaS 서비스를 제공하는 CSP로 꼽힙니다.

PaaS의 경우, IaaS를 제공하는 CSP들이 자사의 컴퓨팅 자원을 활용해 기업들에게 다양한 서비스를 제공합니다. 그중에서도 데이터를 관리하는 데이터베이스 서비스가 대표적인 PaaS의 예입니다.

SaaS는 우리가 일상적으로 사용하는 소프트웨어들로, Microsoft 365나 Google Workspace, Adobe Creative Cloud, Zoom, 그리고 그룹웨어 서비스인 KT Bizmeka 등이 있습니다. 이처럼 SaaS는 다양한 소프트웨어를 바로 사용할 수 있는 형태로 제공됩니다.

기업에서 사용하는 다섯 가지 클라우드 컴퓨팅 방식

그림 6-8에서 나타낸 온프레미스는 5장에서 자세히 살펴본 적이 있습니다. Dell Technologies, HPE, Lenovo 세 기업이 온프레미스에서 주로 사용하는 물리적인 장비, 그 중에서도 x86 서버 하드웨어를 제공합니다.

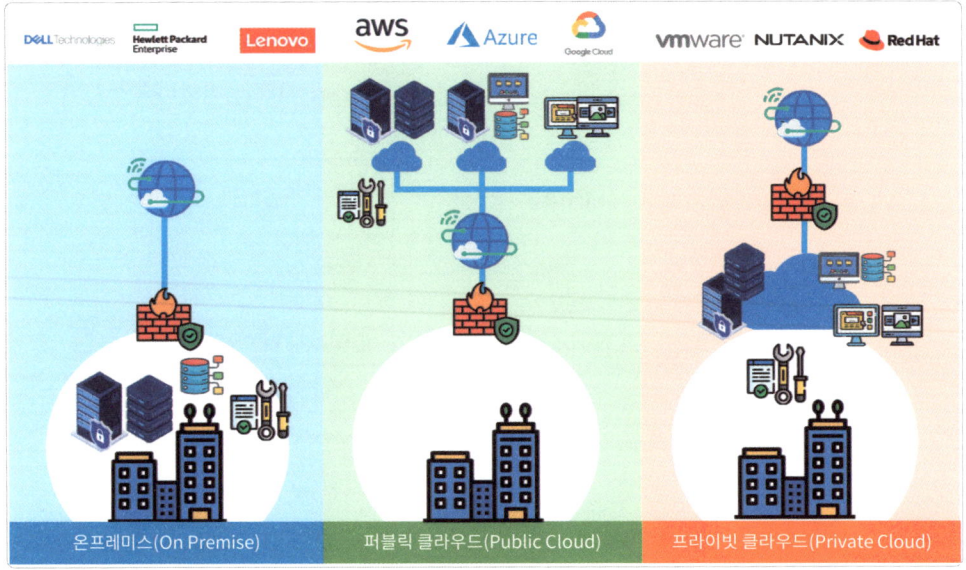

그림 6-8 온프레미스, 퍼블릭 클라우드, 프라이빗 클라우드

퍼블릭 클라우드는 IaaS, PaaS 같은 서비스를 제공하는 CSP들이 운영하는 클라우드 컴퓨팅 서비스를 사용하는 것을 의미합니다. 클라우드 컴퓨팅은 IT 인프라를 직접 구축하는 대신, 다른 기업이 이미 구축해둔 IT 인프라를 빌려 사용하는 것이기 때문에 필요한 컴퓨팅 자원을 빠르게 확보할 수 있는 장점이 있습니다. 그래서 이제 막 회사를 설립한 스타트업이나 작은 회사들이 퍼블릭 클라우드를 많이 사용합니다.

또 일정 기간 동안 특정 프로젝트를 수행하기 위해 IT 인프라가 필요한 회사나, 해외 사용자를 대상으로 서비스를 운영하고 싶은데 해외에 IT 인프라를 직접 구축하기 어려운 회사, 특정 이벤트를 위해 잠깐 동안 많은 컴퓨팅 자원이 필요하지만 평소에는 직접 운영하는 IT 인프라로 충분한 회사들도 퍼블릭 클라우드를 많이 활용합니다.

마지막으로 **프라이빗 클라우드**는 온프레미스 환경의 IT 인프라를 마치 퍼블릭 클라우드처럼 사용하되, 우리 회사만을 위한 클라우드 컴퓨팅 환경을 만드는 것을 의미합니다. 앞서 클라우드 컴퓨팅이 호스팅과 다른 점으로 자원의 유연한 변경과 간편한 관리 기능을 언급했는데요. 이러한 기능을 온프레미스 환경에서 구현한 것이 바로 프라이빗 클라우드입니다.

프라이빗 클라우드는 일반적으로 규모가 큰 기업들이 많이 활용합니다. 오랫동안 온프레미스 데이터센터를 운영한 그 역사가 오래된 대기업들은 온프레미스 IT 인프라를 더 적은 인력으로 간편하고 효율적으로 관리하기 위해 프라이빗 클라우드를 구축합니다.

예를 들어, 쉐어드 그룹이라는 여러 기업이 속한 그룹이 있고, 쉐어드커뮤니케이션이라는 쉐어드 그룹의 IT 인프라를 전문적으로 관리하는 기업이 있습니다. 만약 쉐어드커뮤니케이션이 운영하는 대형 데이터센터에 클라우드 컴퓨팅 기술을 적용해서 쉐어드 그룹만 사용하게 한다면, 이건 쉐어드 그룹만의 프라이빗 클라우드가 됩니다. 실제로 많은 대기업들이 자체적인 온프레미스 데이터센터를 프라이빗 클라우드 형태로 전환해 운영하고 있습니다.

그리고 VMware, Nutanix, Red Hat이 대표적인 프라이빗 클라우드 구축 솔루션을 제공하는 기업들이고, CSP들도 기업들이 자신들만의 고유한 프라이빗 클라우드를 구축할 수 있도록 도와주는 서비스를 제공하고 있습니다.

그림 6-9 하이브리드 클라우드와 멀티 클라우드 예시

기업들이 사용하는 클라우드 컴퓨팅 방식에는 하이브리드 클라우드와 멀티 클라우드라는 두 가지 종류가 더 있습니다. 먼저 **하이브리드 클라우드**는 기업이 자체적으로 운영하는 데이터센터를 프라이빗 클라우드로 구축해 운영하면서, 추가적으로 퍼블릭 클라우드를 사용하는 형태를 말합니다.

예를 들어, 기업이 내부적으로 중요한 데이터를 다루는 서비스나 시스템을 프라이빗 클라우드에서 관리하다가, 특정 서비스 테스트를 위해 외부 자원이나 고객들을 대상으로 할 때 퍼블릭 클라우드를 추가로 사용합니다. 이렇게 프라이빗 클라우드와 퍼블릭 클라우드를 함께 사용하는 것을 하이브리드 클라우드라고 합니다. 실제로 사내에서 특정 서비스 개발 프로젝트가 생겨서 외부 테스트 환경이 필요할 때, 퍼블릭 클라우드를 추가로 사용해 하이브리드 클라우드 환경을 구축하는 기업들이 많습니다.

그리고 **멀티 클라우드**는 말 그대로 퍼블릭 클라우드를 두 개 이상 사용하는 것을 의미합니다. 예를 들어 AWS에서만 운영 중인 대외 고객을 위한 서비스가 있는데, 만약 AWS에 장애가 발생하면 어떻게 될까요? 당연히 그 위에서 운영되는 서비스도 문제가 생깁니다. 그래서 기업들은 서비스 장애 위험을 줄이기 위해 퍼블릭 클라우드를 여러 개 사용합니다. 만약 A라는 서비스를 AWS와 Azure, 혹은 AWS와 Google Cloud에서 동시에 운영한다면, AWS에 장애가 발생하더라도 Azure나 Google Cloud에서 운영되는 A 서비스는 문제없이 작동할 것입니다.

다수의 사용자들을 대상으로 하는 서비스, 쇼핑몰, 정보 제공 포털, 메신저 서비스, 음식 배달 서비스 같은 것들은 장애가 발생하면 사용자들에게 큰 불편을 줄 수 있습니다. 그리고 그 불편은 서비스 평판 하락과 매출 감소로 이어질 수 있습니다. 실제로 2020년대 초반에 대형 퍼블릭 클라우드 서비스의 장애로 사용자들이 큰 불편을 겪었던 일이 있었습니다.

이런 서비스를 운영하는 기업들은 서비스 장애를 막고, 만약 문제가 생기더라도 최대한 빨리 해결하는 게 정말 중요합니다. 그래서 여러 개의 퍼블릭 클라우드에 자사 서비스를 분산해 운영하려고 할 때, 장애 위험을 줄이기 위해 멀티 클라우드를 사용합니다.

그림 6-10 클라우드 컴퓨팅은 예상하지 못했던 비용, 숨겨진 비용이 큰 복병으로 작용할 수 있음

이처럼 클라우드 컴퓨팅은 유연하고 편리한 자원 관리가 큰 장점이라 점점 더 많은 기업들이 선택하고 있습니다. 그런데 한 가지 생각해볼 점이 있습니다. 클라우드 컴퓨팅은 사용한 자원만큼 비용이 청구되는 구조라, 제대로 관리하지 않고 마구 사용하다 보면 예상치 못한 거액의 비용 청구서를 받을 수도 있다는 것입니다. 이걸 클라우드의 **숨겨진 비용**(Hidden Cost)이라고 합니다. 실제로 너무 비싼 청구서를 받아서 IT 담당자들이 깜짝 놀라는 경우가 꽤 흔하게 벌어지곤 합니다.

그래서 요즘 많은 기업들이 클라우드 컴퓨팅 비용을 효율적으로 관리할 수 있는 비용 최적화 서비스를 선택하고 있습니다. 이 서비스들은 사용 계획을 세우고, 혹시 새고 있는 비용이 있는지 찾아내어 알려줍니다.

물론 CSP도 사용자가 클라우드 비용을 확인할 수 있는 서비스를 제공하고 있습니다. 그런데 이 서비스들은 자사 클라우드 비용만 관리합니다. AWS의 비용 관리 서비스는 AWS 사용 비용만 관리할 수 있고, Azure나 Google Cloud의 비용은 관리할 수 없습니다. 그래서 멀티 클라우드를 사용하는 기업은 각각의 CSP마다 개별적으로 비용을 관리해야 하는 불편함이 생길 수 있습니다. 하지만 클라우드 비용 최적화 서비스를 사용하면 여러 CSP의 비용을 한 번에 관리할 수 있습니다. 게다가 어떤 항목을 조정하면 비용을 줄일 수 있는지도 알려줍니다.

> **퀴즈** / 다음 설명 중 잘못된 것은 무엇일까요?
>
> ① **IaaS**: 컴퓨팅 자원만 제공하는 것. OS와 서버 소프트웨어, 애플리케이션 설치 및 운영은 사용자 몫이다.
> ② **PaaS**: 컴퓨팅 자원에 OS, 서버 소프트웨어가 설치된 환경을 제공하는 것. 사용자는 애플리케이션을 설치해서 운영하면 된다.
> ③ **SaaS**: 이미 만들어진 특정 목적의 소프트웨어를 빌려다 사용하는 것. 사용자는 데이터 관리만 신경 쓰면 된다.
> ④ **퍼블릭 클라우드**: CSP가 제공하는 클라우드 컴퓨팅 서비스를 사용하는 것이다.
> ⑤ **프라이빗 클라우드**: CSP가 제공하는 클라우드 컴퓨팅 자원을 마치 우리 회사만 독점해서 사용하는 것이다.
>
> **정답**
> ⑤번: 프라이빗 클라우드는 온프레미스 데이터센터를 우리 회사만 사용하는 클라우드 컴퓨팅 형태로 전환하는 것입니다.

6.3 컨테이너

온프레미스에서는 물리 서버의 자원을 최대한 효율적으로 사용하기 위해 서버 가상화 기술을 활용해 VM을 많이 사용해왔습니다. 사실 CSP가 클라우드 컴퓨팅 서비스를 제공할 수 있는 것도 바로 이 VM 덕분이라고 할 수 있습니다. 사용자가 필요한 CPU, 메모리, 스토리지 용량을 선택하면, CSP는 그 자원에 맞는 VM을 생성해서 제공하기 때문입니다. 그런데 클라우드 컴퓨팅을 사용하는 기업들이 점점 늘어나면서 서버 가상화 기술이 가진 몇 가지 한계점들이 드러나기 시작합니다.

- **많은 자원 소모**: VM마다 OS를 설치하고 실행해야 하기에 많은 자원이 필요합니다.
- **느린 부팅 시간**: VM의 OS가 부팅되는 시간이 꽤 오래 걸립니다. 물리 장비가 가진 자원의 일부만 사용하기 때문입니다.
- **개발 생산성 저하**: VM에서 개발한 소프트웨어는 VM에 설치된 OS에 종속되어 있기 때문에 개발 환경으로 가져가서 개발하려면 이전 개발 환경과 동일한 OS를 다시 설치해야 합니다.

개발자 입장에서 보면, 클라우드 컴퓨팅에서 VM을 사용하는 것이 온프레미스에서 VM을 사용하는 것과 크게 다르지 않습니다. 물론, 하나의 물리 서버에서 여러 개의 OS를 설치해 다양한 개발 환경을 구성할 수 있다는 점은 좋지만, 그렇다고 개발 생산성이 엄청나게 향상된다고 보긴 어렵습니다. 왜냐하면 VM은 물리 서버 자원의 일부만 사용하기 때문에, VM에 설치된 OS는 물리 서버를 온전히 사용하는 OS보다 성능이 떨어질 수밖에 없습니다.

이런 VM의 한계를 극복하고 개발자의 생산성을 더 높이기 위해 새롭게 등장한 기술이 있는데, 바로 **컨테이너**(Container)라는 기술입니다.

VM vs 컨테이너

먼저 서버 가상화(VM)와 컨테이너의 차이점부터 알아봅시다. 그림 6-11의 왼쪽을 보면, 서버 가상화는 물리 서버 위에 하이퍼바이저를 올리고, 그 하이퍼바이저에서 VM을 생성한 다음, 각각의 VM에 OS를 설치하고 애플리케이션을 운영합니다.

반면 컨테이너는 물리 서버 위에 OS를 설치하고, 그 위에 컨테이너 런타임이라는 소프트웨어를 올립니다. 이 컨테이너 런타임을 통해 컨테이너를 만들고, 실행하고, 관리할 수 있습니다. 또 생성된 컨테이너들은 각각 독립된 환경에서 애플리케이션을 운영할 수 있습니다. 이 컨테이너들은 물리 서버에 설치된 OS의 자원을 공유해서 사용합니다. 그래서 VM은 OS 단위로 격리된 환경이라면, 컨테이너는 애플리케이션 단위로 격리된 환경이라고 볼 수 있습니다.

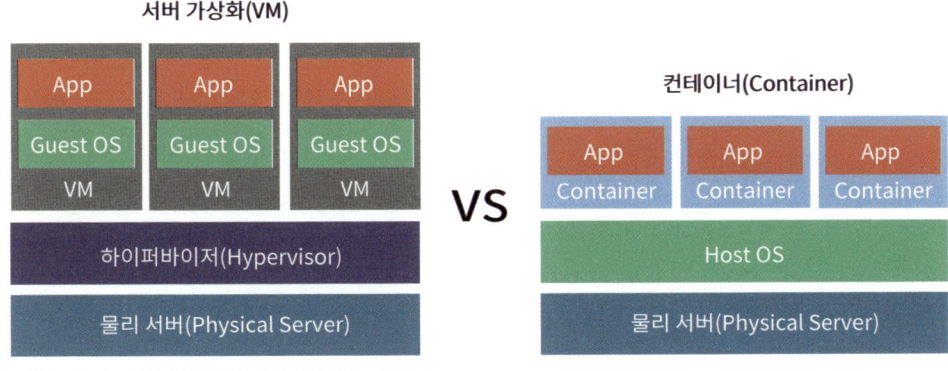

그림 6-11 서버 가상화(VM)와 컨테이너의 차이

VM은 개별적으로 OS를 설치해야 하기 때문에, 이 OS들을 실행하는 데 많은 하드웨어 자원이 필요합니다. VM에 설치된 게스트 OS마다 각각 물리 서버의 자원을 할당해줘야 하니까요. 하지만 컨테이너는 하나의 OS 위에 여러 개의 컨테이너를 생성합니다. 그래서 VM과는 달리 OS 1개를 위한 물리 서버의 자원만 사용하니 VM보다 자원 활용률이 훨씬 낮습니다. 이걸 업계에서는 '컨테이너는 VM보다 가볍다'고 표현합니다. 실제 컨테이너는 VM보다 물리 서버에서 차지하는 스토리지 용량도 훨씬 적습니다.

그래서 컨테이너에서 운영되는 애플리케이션은 VM보다 훨씬 빠르게 실행됩니다. VM에서는 애플리케이션을 실행하려면 OS가 완전히 부팅될 때까지 기다려야 하지만 컨테이너는 이미 OS가 부팅된 상태이기 때문에 바로 애플리케이션을 실행할 수 있습니다. 그리고 동일한 OS와 컨테이너 런타임이 설치된 환경이라면 어디든 컨테이너를 가져다 활용할 수 있습니다. 개발자들이 컨테이너의 이식성이 좋다고 말하는 이유가 바로 이것입니다.

또 컨테이너에서는 큰 애플리케이션 전체를 관리하는 것이 아니라, 애플리케이션의 일부 기능만 관리할 수 있습니다. 한 예로 쇼핑몰의 경우, VM 하나에서 쇼핑몰 기능 전체가 실행되지만, 컨테이너에서는 상품 관리, 장바구니, 주문, 결제 등의 세부 기능들이 각각 독립된 컨테이너 환경에서 실행됩니다.

그래서 컨테이너를 사용하면 개발자들은 쇼핑몰의 다양한 기능을 빠르게 개발하고 개선할 수 있습니다. VM을 사용하는 것보다 컨테이너가 개발 생산성 측면에서 훨씬 유리한 이유가 바로 여기에 있습니다. 이 주제는 7장에서 더 자세히 다룰 예정입니다.

컨테이너는 앞서 잠깐 언급한 컨테이너 런타임에서 생성되고, 실행되며, 필요에 따라 폐기되기도 합니다. 여기서 런타임이라는 말은 프로그램이 실행되기 위해 컴퓨팅 자원을 할당받고, 그 자원을 사용하는 상태를 뜻합니다. 이 런타임 상태가 되어야 프로그램이 실제로 실행될 수 있습니다. 따라서, 컨테이너 런타임은 컨테이너를 실행하기 위해 OS에서 컴퓨팅 자원을 할당받고, 실제로 컨테이너를 실행하는 도구라고 할 수 있습니다. 따라서 컨테이너를 다루려면 이 컨테이너 런타임이 꼭 필요합니다.

도커와 쿠버네티스

그림 6-12 컨테이너와 컨테이너 런타임인 도커

컨테이너 런타임에는 여러 가지 종류가 있지만, 그중에서도 가장 유명한 것이 2013년에 등장한 **도커**(Docker)라는 오픈소스 프로젝트입니다. 도커는 오픈소스이기 때문에 개발자들은 Linux OS 위에 도커를 설치하고, 이 도커를 사용해 여러 개의 컨테이너를 생성한 뒤, 각 컨테이너에서 개별적인 애플리케이션을 개발하고 운영합니다.

그림 6-13 다수의 컨테이너를 실은 배를 올바른 방향으로 이끌어 주는 조타수, 쿠버네티스

컨테이너의 특성 덕분에 컨테이너 기반의 애플리케이션에는 컨테이너가 엄청나게 많습니다. 이를테면, 물리 서버 하나에 설치되는 VM은 일반적인 애플리케이션 용도로는 5개 내외, VDI 용도로는 많아야 30개 정도입니다. 컨테이너는 이와 달리 수십, 수백 개에서 많으면 수천 개 이상 생성됩니다. 만약 컨테이너를 운영하는 서버의 수가 많다면, 총 컨테이너 숫자는 수만 개

까지도 늘어날 수 있습니다. 결국 개발자나 IT 인프라 운영자가 관리해야 하는 컨테이너의 수가 매우 많아질 수 있다는 것입니다.

그럼 이렇게 많은 컨테이너를 도커로 관리할 수 있을까요? 안타깝게도 도커는 컨테이너를 개별적으로 생성하고 관리하는 도구라서, 동시에 많은 컨테이너 관리하는 데에는 한계가 있습니다. 더구나 컨테이너의 수가 많아지면, 문제가 생기는 컨테이너도 발생할 수 있습니다. 그때마다 도커로 문제 있는 컨테이너를 하나하나 찾아내 폐기하고, 해당 컨테이너에서 운영하던 애플리케이션을 다른 컨테이너로 이전해야 합니다. 하지만 컨테이너의 수가 수백, 수천, 수만 개까지 늘어나면, 도커만으로 관리하기는 너무 어렵습니다. 그래서 이러한 도커의 한계를 극복하고 자동으로 다수의 컨테이너를 관리하기 위해 나온 것이 바로 쿠버네티스입니다.

쿠버네티스(Kubernetes)는 그리스어로 조타수나 조종수를 뜻하는 단어인데, Kubernetes의 첫 글자인 K와 마지막 글자인 S 사이에 8개의 문자가 있어서 이를 줄여서 **K8S**라고 표기합니다. 쿠버네티스는 컨테이너 기반 개발 환경의 표준으로 자리 잡았고, 이제는 필수 도구로 인식되고 있습니다. 개발자라면 K8S라는 단어를 자주 접하게 됩니다.

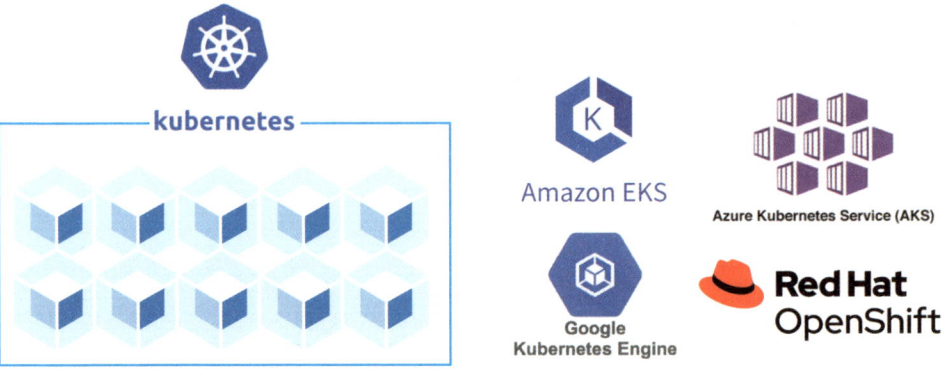

그림 6-14 오픈소스 쿠버네티스와 관리형 쿠버네티스

쿠버네티스는 원래 구글이 자체적으로 운영하는 다수의 컨테이너를 효과적으로 관리하기 위해 만든 도구였습니다. 그런데 이 훌륭한 도구를 구글만 사용하기엔 아깝다고 생각했는지, 2015년에 오픈소스로 공개하면서 전 세계에 알려지게 되었습니다. 쿠버네티스는 도커에서 하기 어려운 작업들, 가령 매우 많은 컨테이너를 동시에 생성하고 폐기하는 것을 훨씬 쉽게 할 수 있도록 도와줍니다.

또 애플리케이션에 트래픽이 몰려 더 많은 자원이 필요할 때는 컨테이너 크기를 자동으로 확장해줍니다. 여기서 컨테이너 크기가 커진다는 건, 그만큼 더 많은 자원을 할당받는다는 의미입니다. 반대로 트래픽이 줄어들면? 컨테이너 크기를 자동으로 줄여줍니다.

게다가 특정 컨테이너에 문제가 생기면 자동으로 해당 컨테이너의 애플리케이션을 다른 정상적인 컨테이너로 옮겨서, 애플리케이션 운영에 문제가 생기지 않도록 조치할 수도 있습니다. 트래픽이 특정 컨테이너에 몰리지 않도록 적절히 분산해주는 로드밸런싱 기능도 제공합니다. 그리고 다수의 컨테이너에 애플리케이션을 자동으로 배포하고, 필요할 때는 이전 상태로 되돌릴 수 있는 롤백(Rollback) 기능도 지원합니다.

정리하면, 쿠버네티스는 도커로는 관리하기 어려운 대규모 컨테이너 환경을 효율적으로 관리할 수 있도록 도와주는 도구입니다. 이런 역할을 하는 도구를 **오케스트레이터**(Orchestrator), 즉 조정자 또는 조율자라고 합니다. 그래서 쿠버네티스는 컨테이너 오케스트레이션 도구라고도 부릅니다.

쿠버네티스는 구글이 오픈소스로 공개한 버전이 있고, 클라우드 서비스 제공자(CSP)와 프라이빗 클라우드 솔루션을 제공하는 기업들이 각자의 IT 인프라 환경에서 사용하기 쉽게 기능을 추가한 유료 버전도 있습니다. 유료 버전의 쿠버네티스를 관리형 쿠버네티스라고 부르며, 여기에는 Amazon EKS(Elastic Kubernetes Service), AKS(Azure Kubernetes Service), GKE(Google Kubernetes Engine), Red Hat Openshift 등이 있습니다.

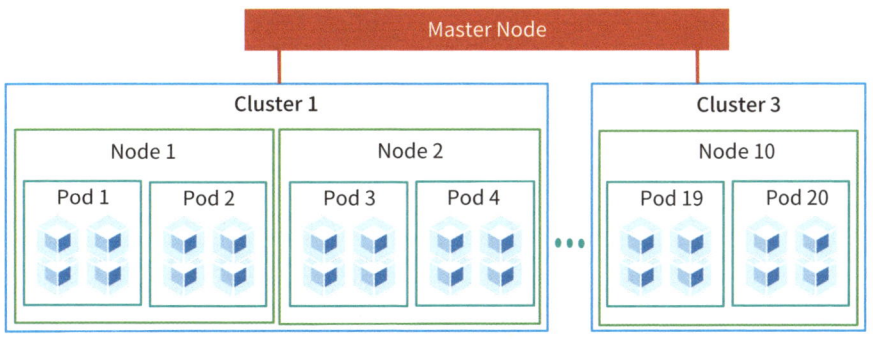

그림 6-15 쿠버네티스가 설치되어 관리하는 클러스터 환경의 노드와 파드

쿠버네티스는 한두 개의 서버에 설치되는 게 아니라, 여러 대의 서버에서 돌아가는 시스템입니다. 여러 대의 서버를 하나의 큰 서버처럼 관리할 수 있게 해주는 걸 **클러스터**(Cluster)라고 합니다. 그림 6-15는 이 쿠버네티스로 관리되는 클러스터 환경을 설명하는 예시입니다.

클러스터 환경에서 사용하는 몇 가지 용어들이 있습니다. 가장 기본이 되는 단위는 **파드**(Pod)이며, 이는 여러 컨테이너가 모인 집합체라고 생각하면 됩니다. 그리고 이 파드들이 모여서 **노드**(Node)를 만드는데, 노드는 컨테이너가 설치된 하나의 서버입니다. 이 서버는 실제 물리 서버일 수도 있고, 물리 서버 위에 있는 VM일 수도 있습니다. 이 노드들이 모여서 클러스터가 됩니다.

그럼 쿠버네티스는 이 클러스터 안에서 어떻게 컨테이너들을 잘 관리할까요? 다수의 컨테이너가 설치된 노드를 관리하는 **마스터 노드**(Master Node)라는 것이 있습니다. 예를 들어, 3개의 노드로 구성된 1개의 클러스터가 있습니다. 1번 노드는 마스터 노드 역할을 하고, 2, 3번 노드에는 각각 10개의 파드가 설치되어 있습니다. 파드 안에는 각각 5개의 컨테이너가 들어 있고, 여기서 2, 3번 노드를 **워커 노드**(Worker Node)라고 합니다. 이 노드들이 실제로 컨테이너를 운영하는 곳입니다.

이러한 환경에서 1번 마스터 노드에는 쿠버네티스의 핵심 요소들(API 서버, 컨트롤러 매니저, 스케줄러, 저장소)이 설치되고, 2, 3번 워커 노드에는 1번 마스터 노드와 연결되어 관리를 받기 위한 요소들(쿠블렛, 프록시)이 설치됩니다. 이렇게 해서 1번 마스터 노드가 2, 3번 워커 노드를 관리할 수 있는 쿠버네티스 환경이 완성됩니다. 이것이 쿠버네티스로 관리되는 기본적인 컨테이너 클러스터 구성입니다.

용어 정리

- **API 서버(kube-apiserver)**: 쿠버네티스의 모든 구성 요소들(클러스터, 노드, 파드)의 요청을 받아 처리.
- **컨트롤러 매니저(kube-controller-manager)**: 쿠버네티스 클러스터의 상태 모니터링 및 관리.
- **스케줄러(kube-scheduler)**: 새로 생성된 파드를 적절한 워커 노드에 배치.
- **저장소(etcd)**: 쿠버네티스 클러스터의 상태 데이터를 저장.
- **쿠블렛(kublet)**: 워커 노드에서 파드 관리(파드 및 컨테이너 생성 등), 노드 상태를 마스터 노드에 보고.
- **프록시(kube-Proxy)**: 파드 간 통신 수행, 네트워크 트래픽 관리.

쿠버네티스가 단일 클러스터 환경에 설치되면, 마스터 노드는 말 그대로 마스터 노드 역할만 하게 되고, 파드나 컨테이너는 없는 게 일반적입니다. 하지만 테스트 환경에서는 하나의 서버에 마스터 노드와 워커 노드를 모두 설치해서 운영하는 경우도 종종 있습니다.

또 그림 6-15처럼 여러 클러스터를 관리할 수 있는 마스터 노드를 별도로 둘 수도 있습니다. 클러스터가 정말 많아지는 대규모 환경이라면, 마스터 노드도 여러 개 두어서 관리하는 것도 가능합니다.

이처럼 쿠버네티스는 다수의 컨테이너를 쉽게 관리할 수 있도록 도와주는 도구입니다. 앞서 설명한 강력한 기능들 덕분에 컨테이너 관리에서 필수적인 도구로 자리 잡게 되었습니다. 요즘 클라우드 컴퓨팅에서 개발되고 운영되는 애플리케이션들은 점점 더 많은 컨테이너로 구성되고 있습니다. 그만큼 컨테이너의 수도 계속 늘어나고 있습니다. 컨테이너가 늘어나면 관리가 복잡해지기 때문에 쿠버네티스가 등장하게 된 것입니다.

> **퀴즈** / 다음 설명 중 잘못된 것은 무엇일까요?
>
> ① **컨테이너:** Linux OS에서 활용되는 애플리케이션 격리 기술로, OS 단위로 격리되는 VM과는 달리 애플리케이션 단위로 격리되어 OS를 공용으로 사용하기 때문에 VM보다 훨씬 적은 자원을 사용한다.
> ② **쿠버네티스:** 다수의 컨테이너를 동시에 생성, 폐기하는 관리 기능은 물론, 자동화 기능을 통해 대량의 컨테이너를 쉽게 관리할 수 있도록 돕는 도구로, 구글이 개발했으며 GCP를 통해 유료로 사용할 수 있다.
> ③ **파드:** 쿠버네티스 환경에서 1개 이상의 컨테이너가 모인 집합 단위이다.
> ④ **노드:** 하나의 물리 서버 혹은 물리 서버 위에 생성된 VM을 쿠버네티스 환경에서 부르는 단위이다.
> ⑤ **클러스터:** 다수의 워커 노드가 모인 집합 단위. 여러 대의 서버를 마치 하나의 서버처럼 통합 관리할 수 있게 하는 기술이다.
>
> 정답
> ②번: 쿠버네티스는 구글이 개발해 오픈소스로 공개했으며, CSP와 프라이빗 클라우드 솔루션 제공 업체들이 개별적으로 관리형 쿠버네티스 서비스를 유료로 제공하고 있습니다.

지금까지 클라우드 컴퓨팅이 무엇인지, 그리고 최근 클라우드 컴퓨팅에서 중요한 기술로 떠오르고 있는 컨테이너에 대해 살펴보았습니다. 이후 7장부터는 IT 인프라에서 애플리케이션을 어떻게 개발하고, 이를 안정적으로 운영하며, 데이터를 어떻게 보호할지, 그리고 장애가 발생했을 때는 어떻게 대처해야 할지 알아봅니다. 1장에서 6장은 IT 인프라를 구성하는 요소들의 개념을 다루었다면, 7장부터는 이 인프라를 실제로 어떻게 운영할 것인지에 대한 내용으로 이어집니다.

CHAPTER

07

개발 방법론 및 모델

IT 인프라 위에서 애플리케이션이 운영되기 시작한 건 서버가 등장한 시점부터입니다. 처음에는 메인프레임에서 사용하던 통계 프로그램뿐이었지만, 이후로 기업의 임직원 및 개인들이 사용하는 다양한 애플리케이션들이 개발되어 지금도 서버나 클라우드 인프라 위에서 활발히 운영되고 있습니다. 또 애플리케이션의 개발 방식도 IT 기술의 발전과 함께 계속 진화해왔습니다. 이번 장에서는 애플리케이션의 개발 방법론 및 모델에 대해 살펴보겠습니다.

7.1 _ 워터폴 방법론과 모놀리식 아키텍처 모델

7.2 _ 애자일 방법론과 마이크로서비스 아키텍처 모델

7.3 _ DevOps와 CI/CD

7.4 _ Low Code와 No Code

7.1 워터폴 방법론과 모놀리식 아키텍처 모델

워터폴 방법론

과거부터 기업에서는 애플리케이션을 개발하기 전에 사용자들이 필요로 하는 기능을 파악해야 했습니다. '어떤 기능이 있으면 좋을까?' 질문을 던지면서 요구사항을 모으고, 이를 바탕으로 애플리케이션의 모습과 기능을 기획하고 설계합니다. 이후에 개발자들이 본격적으로 개발을 시작하고, 개발이 끝나면 꼼꼼하게 테스트를 거칩니다. 테스트가 완료되면 드디어 직원들에게 배포하거나 고객에게 출시하는 과정을 밟습니다.

그림 7-1 워터폴 방법론 다이어그램

이렇게 처음부터 끝까지 계획에 따라 차근차근 진행하는 방법을 **워터폴**(Waterfall) **방법론**이라고 합니다. 워터폴 방법론은 1970년대에 처음 고안된 것으로, 폭포에서 물이 위에서 아래로 흐르듯이 요구사항 분석에서부터 시작해 개발, 배포까지 순차적으로 진행하는 것이 특징입니다. 워터폴 방법론은 차례차례 단계를 밟아가기 때문에 개발 시간이 다소 걸리지만, 완성도가 높고 오류가 적어 안정성이 뛰어나다는 장점을 가지고 있습니다.

모놀리식 아키텍처 모델

워터폴 방법론으로 개발하는 모델을 **모놀리식**(Monolithic) **아키텍처**라고 합니다. 이 모델을 채택한 애플리케이션은 하나의 완성된 애플리케이션을 만들기까지 꽤 오랜 시간이 걸리는데 왜 그럴까요? 모든 기능이 완전히 준비되기 전에는 애플리케이션을 출시하지 않기 때문입니다.

그래서 모놀리식 아키텍처 기반으로 만들어진 애플리케이션은 대개 규모가 크고 복잡한 경우가 많습니다.

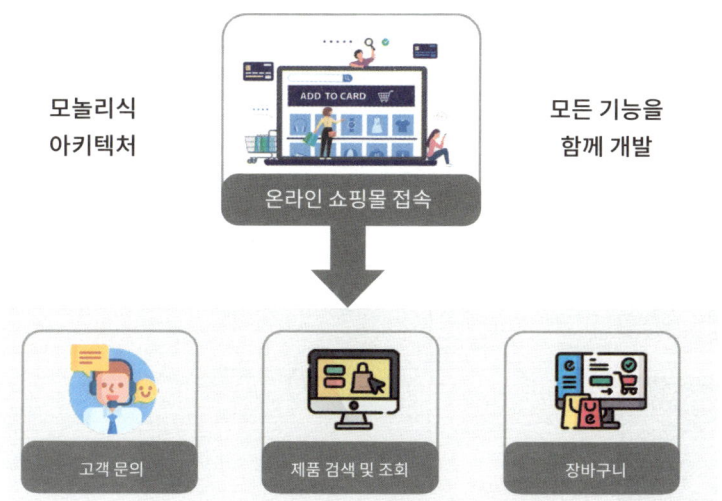

그림 7-2 워터폴 방법론으로 개발된 모놀리식 아키텍처 모델의 애플리케이션

그림 7-2에서 볼 수 있는 것처럼, 모놀리식 아키텍처로 개발된 쇼핑몰 서비스가 있다고 가정해봅시다. 이 쇼핑몰은 고객 문의, 제품 검색 및 조회, 장바구니 기능 등 다양한 기능을 가지고 있습니다. 고객이 쇼핑몰에 접속하면 이 모든 기능을 한꺼번에 만나게 됩니다.

그런데 만약 장바구니 기능에 문제가 생긴다면 어떻게 될까요? 쇼핑몰 전체 서비스를 잠시 중단하고 코드를 수정해야 문제를 해결할 수 있습니다. 그리고 찜하기 기능을 새로 추가하고 싶다면, 먼저 테스트 서버에서 기능을 만들어 테스트한 후, 문제가 없다면 또다시 운영 중인 쇼핑몰 서비스를 잠시 멈추고 업데이트를 해야 합니다. 이렇게 모놀리식 아키텍처는 서비스가 하나의 거대한 구조로 통합되어서 기능별로 유지보수나 업데이트를 하려면 전체 서비스를 중단해야 하는 단점이 있습니다.

요즘처럼 기술이 빠르게 발전하고, IT 트렌드가 급변하는 시대에 이런 방식은 알맞지 않습니다. 모놀리식 아키텍처 기반의 애플리케이션은 새로운 기술과 트렌드를 빠르게 적용해가기가 어렵습니다. 또 고객의 피드백을 바로바로 반영하기보다는 일정 기간 동안 피드백을 수집한 후 다시 기획, 설계, 개발, 테스트, 배포 과정을 거쳐야 하기 때문에 고객의 요구를 신속하게 반영하는 것도 쉽지 않습니다.

그림 7-3 모놀리식 아키텍처 기반의 서비스 예시(출처: IndiaMART, MoviesFoundOnline, 투비소프트, HansaWorld)

그림 7-3은 모놀리식 아키텍처로 개발된 서비스와 애플리케이션의 예시를 보여줍니다. 왼쪽 이미지는 쇼핑몰과 영상 스트리밍 서비스입니다. 보다시피 UI 디자인이 조금 오래된 느낌이 듭니다. 1990년대 후반에서 2000년대 초반에 만들어진 쇼핑몰들이 주로 이런 형태였습니다.

오른쪽 이미지는 기업에서 사용하는 그룹웨어와 재고 관리 애플리케이션 화면입니다. 이 또한 꽤 오래된 UI처럼 보이는데, 2000년대 초반에 기업들이 주로 사용했던 업무용 프로그램들이 대부분 이런 모습을 하고 있었습니다.

핵심 개념 정리

- **워터폴 방법론**: 1970년대에 탄생했으며 처음부터 끝까지 단계별로 차근차근 개발해나가는 방법론. 애플리케이션 전체의 완성도에 집중함.

- **모놀리식 아키텍처**: 워터폴 방법론을 기반으로 하나의 거대한 애플리케이션의 모든 요소들의 개발을 완료한 다음 출시하는 개발 모델, 특정 요소의 유지보수가 필요할 경우 전체 애플리케이션 운영을 중단해야 함.

7.2 애자일 방법론과 마이크로서비스 아키텍처 모델

애자일 방법론

워터폴 방법론은 개발 기간이 오래 걸린다는 점 때문에 이를 해결하기 위해 2001년에 등장한 방법론이 바로 **애자일**(Agile)입니다. 2010년대에 클라우드 컴퓨팅이 확산되면서 애자일이 본격적으로 주목받기 시작했습니다. Agile의 '민첩한'이라는 뜻처럼 빠르고 유연한 개발을 목표로 합니다. 애플리케이션 전체를 한 번에 개발하는 것이 아니라, 기능별로 요구사항 분석부터 기획, 설계, 개발, 테스트, 배포 과정을 거칩니다. 이렇게 개발 기간을 크게 단축할 수 있다는 게 애자일의 큰 장점입니다.

그림 7-4 애자일 방법론 다이어그램

애자일 방법론에서는 애플리케이션의 작은 단위, 즉 기능별로 개별적으로 개발이 진행됩니다. 여러 기능을 동시에 개발할 수 있기 때문에 전체 개발 주기도 짧습니다. 개발팀은 하나의 기능을 빠르게 완성하고, 바로 다음 기능 개발로 넘어가는 식으로 매우 바쁘게 움직이게 되었습니다.

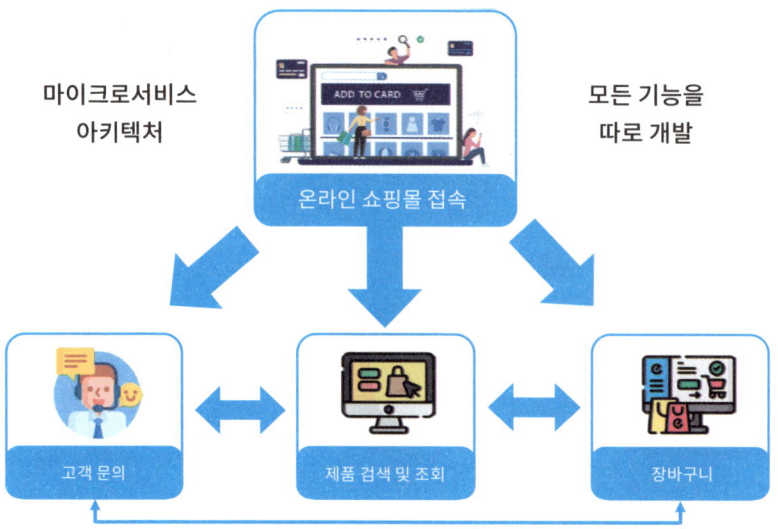

그림 7-5 애자일 방법론으로 개발된 마이크로서비스 아키텍처 모델의 애플리케이션

애자일 방법론을 바탕으로 개발하는 방식이 바로 **마이크로서비스 아키텍처 모델**입니다. 이 모델에서는 애플리케이션의 각 기능을 따로따로 개발하고 관리합니다. 여기서 중요한 점은 각 기능의 완성도보다는 그 기능이 실제로 잘 작동하는지에 중점을 둔다는 것입니다. 일단 기능을 빠르게 만들어서 출시하고, 사용자들의 피드백을 받아가며 계속 개선해가는 방식입니다. 그래서 처음에 서비스나 애플리케이션이 출시되었을 때 완성도가 다소 떨어져 보일 수 있지만, 시간이 지남에 따라 점점 더 발전하는 모습을 확인할 수 있습니다.

그림 7-5를 보면 쇼핑몰 서비스의 고객 문의, 제품 검색 및 조회, 장바구니 서비스가 각각 독립적으로 나눠져 있고, 이 서비스들이 서로 연결되어 있는 모습을 볼 수 있습니다. 예를 들어, 장바구니 기능에 문제가 생기면 쇼핑몰 전체를 멈출 필요 없이, 장바구니 서비스만 잠시 중단하고 빠르게 수정한 후 다시 재개할 수 있습니다. 또, 찜하기 기능을 추가할 때도 쇼핑몰은 계속 운영되면서 해당 기능을 개발해 바로 반영할 수 있죠. 고객들은 어느 순간 쇼핑몰에 새로운 기능이 추가된 것을 자연스럽게 발견하게 됩니다.

이처럼 마이크로서비스 아키텍처는 애자일 방법론을 바탕으로 각 기능을 개별적으로 개발하고 관리하기 때문에, 서비스 전체를 멈추지 않고도 기능 추가나 개선을 빠르게 할 수 있습니다. 그래서 점진적으로 꾸준히 애플리케이션의 완성도를 높일 수 있습니다.

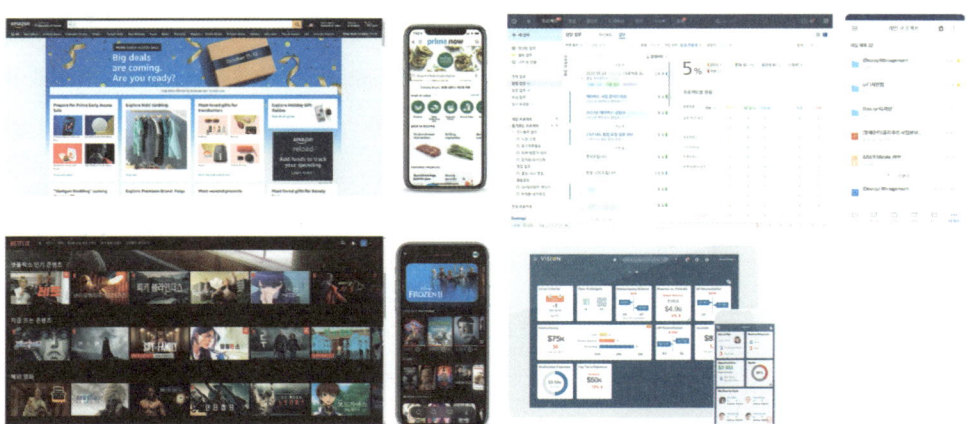

그림 7-6 마이크로서비스 아키텍처 기반의 서비스 예시(출처: Amazon, Netflix, 엔에이치엔두레이, Oracle)

그림 7-6을 보면 앞서 그림 7-3에서 봤던 서비스 UI와는 확실히 다른, 최신의 느낌이 듭니다. 지금 우리가 자주 사용하는 인기 있는 서비스들, 아마존 쇼핑몰이나 넷플릭스 같은 최신 서비스들은 대부분 이렇게 마이크로서비스 아키텍처 기반으로 개발되어 운영되고 있습니다. 게다가 세련된 UI/UX를 자랑하는 모바일 앱도 가지고 있습니다. 혹시 넷플릭스를 자주 시청하시는 사람이라면 어느 날 갑자기 넷플릭스의 UI가 조금씩 바뀌거나, 새로운 기능이 추가되는 걸 경험해봤을 겁니다. 어느 순간 앞으로 공개될 영상들을 따로 보여주는 기능이 갑자기 생긴 것처럼 말이죠.

그림 7-6의 오른쪽 이미지는 기업에서 사용하는 최신 그룹웨어와 ERP 프로그램의 화면입니다. 확실히 2000년대 초반에 사용하던 프로그램들보다 UI가 더 세련되고 사용하기도 훨씬 편해 보입니다. 이렇게 개발된 프로그램들은 대부분 모바일 앱을 제공해서 어디서든 업무를 처리할 수 있습니다. 게다가 고객들이 불편한 점을 피드백으로 주면 금방 개선되는 것을 경험할 수 있습니다.

현재 애플리케이션 개발 트렌드의 핵심은 '얼마나 빠르게 고객의 피드백을 반영할 수 있느냐' 입니다. 만약 예전처럼 철저한 시장 조사와 요구사항을 분석 후 개발하고, 모든 테스트를 끝낸 다음에 서비스를 출시한다면, 빠르게 변화하는 고객의 요구를 따라가기 어렵습니다. 그래서 애자일 방법론과 마이크로서비스 아키텍처가 꼭 필요합니다.

이런 방법을 사용하면 기업은 서비스의 각 요소를 빠르게 개발, 유지보수를 할 수 있고, 고객의 피드백도 실시간으로 반영할 수 있습니다. 그럼 고객은 자신의 의견이 반영된, 점점 발전하는 서비스를 경험하게 됩니다. 덕분에 고객은 해당 서비스를 더 좋아하게 되고, 서비스를 운영하는 기업의 평판도 함께 올라가는 선순환 구조가 만들어집니다. 그래서 최신 애플리케이션과 서비스들은 대부분 애자일 방법론과 마이크로서비스 아키텍처를 기반으로 개발되고 있습니다.

> **[?] 퀴즈** / 다음 설명에서 OO에 들어갈 단어는 무엇일까요?
>
> ① **애자일 방법론:** 2001년에 탄생했으며 보다 빠르게 사용자의 요구사항을 반영해 개발하면서 일단 OO을 구현하는 것에 초점을 맞춘 방법론이다. 사용자 피드백을 기반으로 빠른 애플리케이션 개발 및 출시에 집중한다.
> ② **마이크로서비스 아키텍처:** 애자일 방법론을 기반으로 애플리케이션의 각 요소별로 기능을 개발해 빠르게 출시한다. 이후 사용자 피드백을 수집해 점진적으로 완성도를 높여 개발 모델. 전체 애플리케이션 운영을 OO할 필요 없이, 나눠진 요소별로 개별적으로 유지보수가 가능하다.
>
> **정답**
> ①번: 기능 / ②번: 중단

7.3 DevOps와 CI/CD

DevOps

애자일 방법론과 마이크로서비스 아키텍처 모델이 활성화되면서 IT 인프라 운영자들의 업무량이 이전보다 훨씬 더 많아졌습니다. 마찬가지로 개발자들도 해야 할 일이 많아졌고, 빠르게 개발하고 테스트한 후 배포하는 과정을 반복하게 되었습니다. 그러다 보니 업무량도 확 늘어났습니다. 고객들은 자신의 피드백이 즉시 애플리케이션이나 서비스에 반영되는 걸 보면서 예전보다 더 적극적으로 피드백을 남기기 시작했습니다.

이렇게 변화하다 보니, 애플리케이션이나 서비스의 규모가 커질수록 구조는 점점 더 복잡해졌고, IT 인프라 운영자와 개발자들이 챙겨야 할 것들은 계속 늘어나고 있습니다. 이런 상황을 해결하려면 더 많은 인력이 필요할 텐데, 기업 입장에서는 무한정 사람을 채용할 수는 없겠죠? 인력 채용은 곧 비용 증가로 이어지니까요.

그렇다면 이 문제를 어떻게 해결할 수 있을까요? 이전보다 훨씬 바빠진 IT 인프라 운영자와 개발자의 업무 부담을 줄이면서도 고객들의 피드백은 빠르게 반영할 수 있는 방법이 없을까요? 다행히 있습니다. 그래서 등장한 개념이 바로 **데브옵스**(DevOps)입니다.

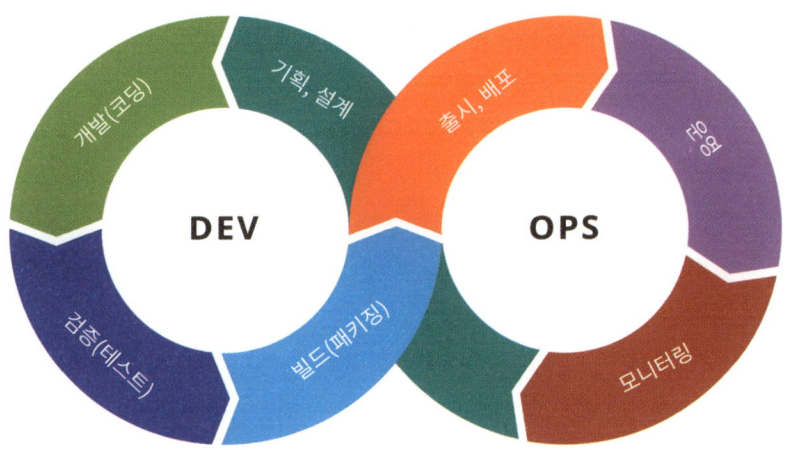

그림 7-7 DevOps 기본 개념

DevOps는 개발자를 뜻하는 Developer와 운영자를 의미하는 Operators의 합성어입니다. 그럼 왜 이 두 단어가 합쳐졌을까요? 다음의 예시를 잠시 살펴보겠습니다.

【 예시 】

개발자: 고객이 요청한 피드백을 내일까지 서비스에 반영하려면 오늘 오후 중에는 개발해서 테스트를 끝내야겠지? 그럼 오전에 인프라 팀에 테스트 서버를 만들어달라고 요청해야겠다. 기안을 올려볼까?

운영자: 개발팀에서 테스트 서버를 생성해달라는 기안이 왔네. 어디 보자… 별거 없군. 오전에 급한 일 없으니 빨리 처리해 놔야겠다. 응? 이거 뭐야. 장애 알림? 뭐야 어디야? 아 이거 큰일이네. 하필이면 왜 여기에 장애가 난 거야.

개발자: 뭐야, 오전에 올린 테스트 서버 요청이 왜 아직도 처리가 안 됐지? 벌써 오후 2시인데… 전화해봐야겠다. 안녕하세요, 저 개발팀 아무개입니다. 오전에 올린 테스트 서버 요청 건이 아직도 처리가 안 됐길래 전화드렸어요.

운영자: 아, 죄송합니다. 갑자기 중요한 시스템에 장애가 터져서 지금 다들 그거 해결하느라 난리입니다. 죄송한데 오늘 중에 테스트 서버 생성은 어려울 것 같습니다.

개발자: 알겠습니다. 장애 해결이 더 시급하니까요. 그럼 테스트 서버 생성되면 연락 부탁드립니다. 최대한 빨리 좀 부탁드려요.

자, 어떤 상황인지 상상이 가나요? 개발자는 개발을 하고 싶은데, 운영자가 테스트 서버를 생성해야 비로소 개발을 시작할 수 있습니다. 그런데 운영자는 지금 다른 급한 업무에 치여 테스트 서버를 바로 만들어줄 수 없는 상황입니다. 결국 개발자는 운영자가 테스트 서버를 만들어줄 때까지 기다려야 하는 거죠. 여기서 말하는 테스트 서버 생성은, 가상화 기술을 활용해 VM을 생성하고 OS를 설치해서, 개발자가 사용할 전용 가상 서버를 만들어주는 것을 의미합니다.

개발자 입장에서는 운영자의 '서버 다 만들었어요'라는 연락을 받기 전까지는 개발을 시작할 수 없으니 답답하겠죠? 애자일 방법론과 마이크로서비스 아키텍처 모델을 적용한 환경에서 이렇게 속도가 중요한 상황에서 이런 일이 생긴다면 큰일입니다.

그런데 만약 개발자가 운영자에게 테스트 서버 생성 요청을 할 필요 없이, 자신이 직접 필요한 사양의 테스트 서버를 생성하고 OS를 설치해서 개발 환경을 바로 구성할 수 있다면 어떨까요? 운영자의 작업을 기다릴 필요가 없겠죠? 바로 개발에 돌입할 수 있으니까요. 이게 바로 DevOps의 핵심 철학입니다.

그림 7-8 DevOps로 향상된 개발과 운영 업무 생산성(출처: Indigo Icon)

그러니까 DevOps란 개발자가 IT 인프라 운영자의 업무 중 일부를 직접 처리함으로써 더 빠른 개발 환경을 만들자는 겁니다. 개발을 빨리 시작할 수 있게 하자는 것이 DevOps의 핵심입니다. 예를 들어, 개발자가 운영자에게 서버 생성을 요청하지 않고, 스스로 필요한 서버를 만들어서 개발을 시작할 수 있다면 얼마나 편리할까요? 바로 그것이 DevOps의 장점입니다.

그런데 이건 반대로도 적용될 수 있습니다. 만약 IT 인프라 운영자가 개발 업무 중 일부를 직접 처리할 수 있다면 어떨까요? 예를 들어, 애플리케이션의 특정 기능에 대한 코드 수정이나 보안 업데이트를 운영자가 직접 한다면, 업무 처리가 더 빨라지겠죠?

결국 DevOps는 애자일 방법론과 마이크로서비스 아키텍처를 더 효과적으로 지원하기 위해 개발자와 운영자가 함께 업무 생산성을 높이는 것을 목표로 하는 개념입니다. 즉, 두 직무를 서로 구분하지 않고 같이 수행하는 것이 DevOps입니다.

CI/CD

DevOps가 적용되면 개발자와 운영자 사이의 경계가 사라집니다. 왜냐하면 개발자가 운영 업무도 할 수 있고, 운영자가 개발 업무도 처리할 수 있기 때문이죠. 그래서 DevOps가 적용된 조직에서는 직무를 개발자와 운영자로 나누지 않고, 애플리케이션의 각 요소별로 담당자를 정하게 됩니다. 예를 들어, 쇼핑몰 서비스를 운영하는 조직이라면, 상품팀, 결제팀, 광고팀, 고객지원팀 등으로 나누는 식으로 말이죠. 각 팀이 자신들의 맡은 부분을 직접 개발하고 운영할 수 있게 되는 거죠.

이렇게 DevOps 조직에서 각 요소별로 책임지고 개발과 운영을 동시에 하게 되면, 당연히 고객의 피드백을 더 빠르게 반영할 수 있습니다. 그럼 고객들은 더 적극적으로 피드백을 남기게 되고, DevOps 조직은 그 피드백을 신속하게 처리해야 할 텐데요.

하지만 만약 피드백 하나 반영할 때마다 코드를 수정하고, 새로 만든 코드의 버전을 관리하기 위해 저장소에 업로드하고, 코드 사용을 확정(커밋)하고, 빌드하고, 테스트하고, 이상 없으면 운영 서버에 배포하는 과정을 반복해야 한다면 어떨까요? 개발자가 일부만 코드를 수정했는데도 이 모든 과정을 거쳐야 한다면, 개발 속도가 빨라지기 어려울 겁니다.

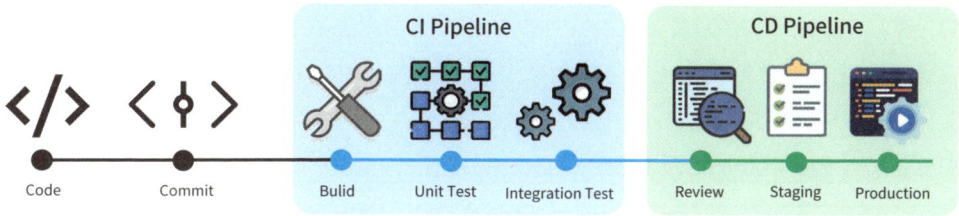

그림 7-9 CI/CD로 개발 업무가 자동화되어 처리되는 과정

그래서 등장한 개념이 바로 CI/CD입니다. CI(Continuous Integration)는 지속적인 통합, CD(Continuous Deployment)는 지속적인 배포를 뜻합니다. 개발자의 코드 수정 → 커밋 → 빌드 → 테스트 → 배포의 전 과정을 자동화하자는 아이디어입니다. 즉, 개발자가 코드를 수정하고 커밋하면, 그 코드가 자동으로 빌드되고, 다른 코드들과 문제없이 잘 동작하는지 테스트한 후, 운영 서버에 배포되는 모든 과정이 자동으로 진행됩니다. 이렇게 되면 개발자는 코딩에만 집중할 수 있어서 개발 속도가 훨씬 빨라집니다.

그림 7-9와 같이 CI/CD에는 다양한 절차가 진행되는데요. 이 모든 것들을 개발자가 일일이 수동으로 처리하지 않고, 자동으로 처리되게 만드는 것이 CI/CD의 핵심입니다. 이 자동화된 과정을 CI/CD 파이프라인(Pipeline)이라고 부릅니다.

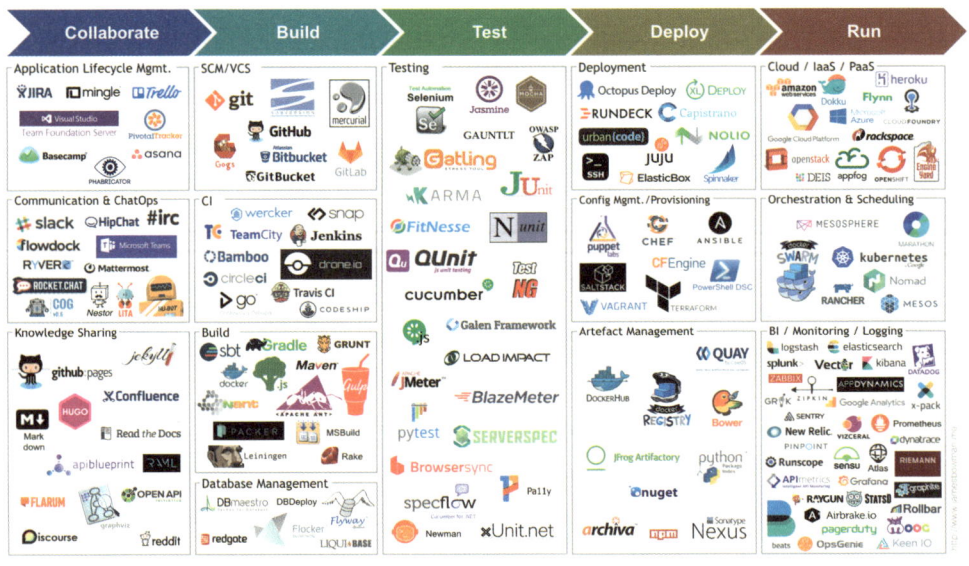

그림 7-10 수많은 DevOps, CI/CD 도구(출처: DevOps School)

이렇게 DevOps와 CI/CD를 구현하는 데 도움을 주는 도구들은 주로 오픈소스로 제공됩니다. 그림과 같이 각 분야별로 많은 도구가 있고, 기업 환경에서는 별도의 전문적인 지원을 받을 수 있는 유료 서비스들도 많습니다. 게다가 AWS, Azure, GCP와 같은 대형 클라우드 서비스 기업들도 자체적으로 개발해서 운영하는 DevOps, CI/CD 도구를 제공하고 있습니다.

정리하면, 요즘은 애자일 방법론과 마이크로서비스 아키텍처가 대세라서 애플리케이션을 각 요소별로 빠르게 개발하고 운영하는 방식이 보편화되었습니다. 그런데 이 과정에서 IT 인프라 운영자와 개발자들의 일이 훨씬 많아졌습니다. 그래서 이들의 업무를 더 효율적으로 하기 위해 DevOps라는 방법론이 등장했습니다. 여기에 개발 속도를 더욱 높이기 위해 CI/CD 같은 자동화 도구들이 함께 쓰이고 있습니다.

> **퀴즈** / 다음 설명 중 OO에 들어갈 단어는 무엇일까요?
>
> ① **DevOps**: OOO와 IT 인프라 OOO의 경계를 허물어 빠른 개발 및 서비스 운영 생산성을 향상시키고자 하는 방법론. OOO가 인프라 운영 업무도, OOO가 개발 업무도 함께 처리하는 것을 의미한다.
>
> ② **CI/CD**: DevOps 환경에서 개발 생산성을 더욱 끌어올리기 위한 방법론. 지속적인 통합/지속적인 배포, 개발 과정에서 필수적인 코딩 → 커밋 → 빌드 → 테스트 → 배포에서 OO 이후 단계를 OOO 도구를 활용해 자동으로 처리하는 것을 지향한다.
>
> ---
> **정답**
> ①번: 개발자, 운영자, 개발자, 운영자 / ②번: 커밋, 자동화

7.4 Low Code와 No Code

DevOps와 CI/CD 덕분에 개발자들의 생산성은 이전보다 훨씬 좋아졌습니다. 덕분에 개발자들이 제한된 시간 안에 더 많은 일을 할 수 있게 되었고, 서비스의 품질도 함께 향상되었죠. 덕분에 기업 입장에서는 더 많은 개발자를 채용하고 싶어했는데, 문제가 하나 있습니다. 바로 개발자들의 몸값이 IT 직군 중에서도 굉장히 높은 편이라는 점입니다. 그래서 기업들이 마음대로 개발자를 충원하기가 쉽지 않죠. 그러다 보니 기존의 개발자들에게 더 많은 일을 해줄 것을 요구하게 되고, 자연스럽게 개발 생산성을 더 높일 방법을 찾게 되었습니다.

게다가 IT 서비스의 중요성이 점점 커지면서 개발에 대한 관심도 전 사회적으로 크게 늘어났습니다. 하지만 개발, 특히 코딩은 여전히 진입 장벽이 높은 편이라, 개발자가 아닌 직무에 있는 사람들은 특정 기능을 구현하기 위해 반드시 개발자의 도움을 받아야 합니다. 그렇다고 기업들이 높은 몸값의 개발자들을 계속해서 채용하기도 어려운 상황입니다. 그래서 개발자들의 생산성을 더 향상시키고, 개발 업무에 대한 장벽을 낮추기 위해 새로운 기술들이 나타나기 시작했습니다. 그중 대표적인 것이 바로 Low Code 도구입니다.

Low Code

Low Code(로우 코드)는 말 그대로 적은 코드만으로 서비스를 개발할 수 있도록 도와주는 도구입니다. 그림 7-11을 보면 알 수 있듯이, 기본적으로 GUI(Graphic User Interface) 형태로 되어 있어서 서비스가 어떻게 동작해야 하는지 각 요소들을 마우스로 드래그 앤 드롭만으로 배치하면서 구현할 수 있습니다.

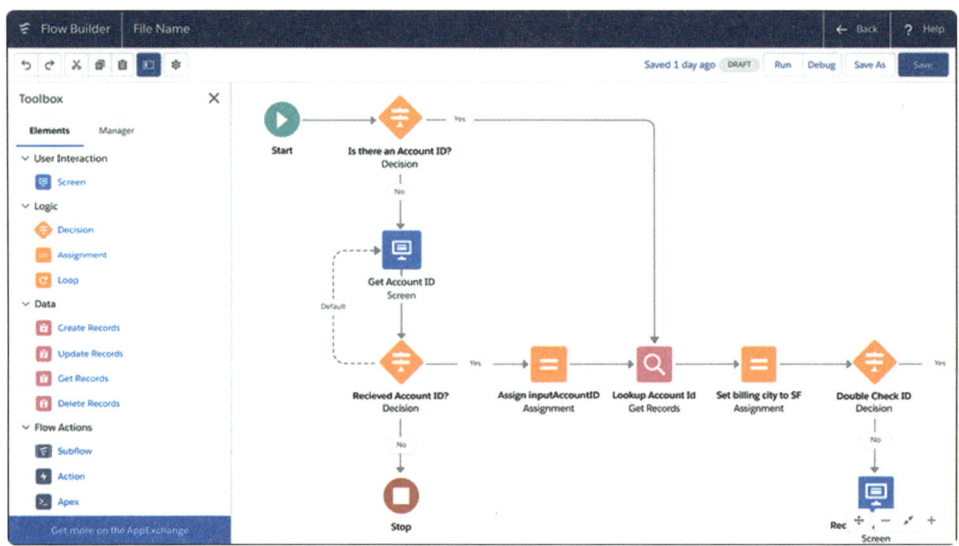

그림 7-11 Low Code 도구를 활용한 개발 작업의 예시(출처: Salesforce)

Low Code의 가장 큰 매력은 GUI 환경에서 서비스를 손쉽게 개발할 수 있다는 점입니다. 특히 이미 만들어진 요소들을 가져와서 간단히 수정만 해도 기업이 필요로 하는 서비스를 빠르게 개발할 수 있다는 것이 큰 장점입니다. 그림 7-12를 보면, Low Code 플랫폼은 다양한 서비스 템플릿을 미리 준비해주고, 개발자는 이 템플릿을 기반으로 몇 가지 코드를 수정해서 자신들이 원하는 서비스를 완성할 수 있게 됩니다.

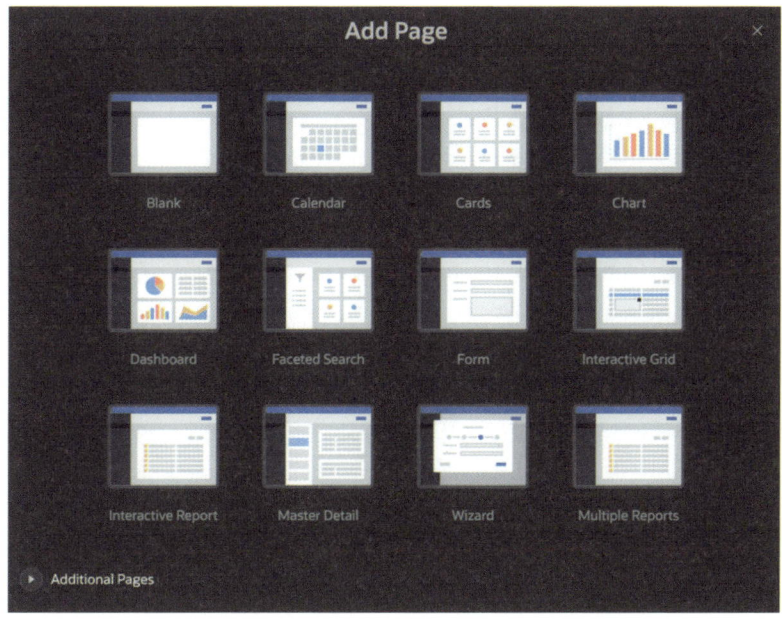

그림 7-12 Low Code 플랫폼이 제공하는, 미리 제작된 다양한 서비스 템플릿(출처: Oracle)

이렇게 하면 서비스 개발을 처음부터 아무것도 없는 상태에서 시작할 필요가 없습니다. 이미 기본이 되는 코드가 준비되어 있으니, 그걸 가져와 필요한 부분만 수정하거나 추가하면 되죠. 이 방식 덕분에 개발 속도는 빨라지고 오류도 줄어들게 됩니다.

또한, Low Code 도구나 플랫폼이 템플릿을 제공해주기 때문에 아주 높은 수준의 개발 지식이 없어도 서비스를 개발할 수 있습니다. 기업 입장에서는 꼭 고급 개발자만을 채용하지 않아도 되고, 약간의 지식만 있어도 개발 업무에 투입할 수 있게 되니, 필요한 개발 인력을 더 빠르게 확보할 수 있다는 장점이 있죠.

하지만 Low Code에는 단점은 있습니다. 사전에 만들어진 템플릿을 활용하다 보니, 개발자의 창의성을 제한할 수 있다는 점입니다. 이미 어느 정도 정해진 틀에서 개발을 시작하기 때문에, 자유롭게 개발을 진행하기는 어려울 수 있습니다. 인적 오류(human error)는 줄어들고 개발 속도는 빨라지지만, 창의적인 개발을 원하는 사람에게는 약간 답답하게 느껴질 수도 있습니다.

No Code

No Code(노 코드)는 말 그대로 코드가 없다는 뜻인데, 즉 코딩을 전혀 몰라도 서비스를 만들 수 있게 도와주는 도구를 말합니다.

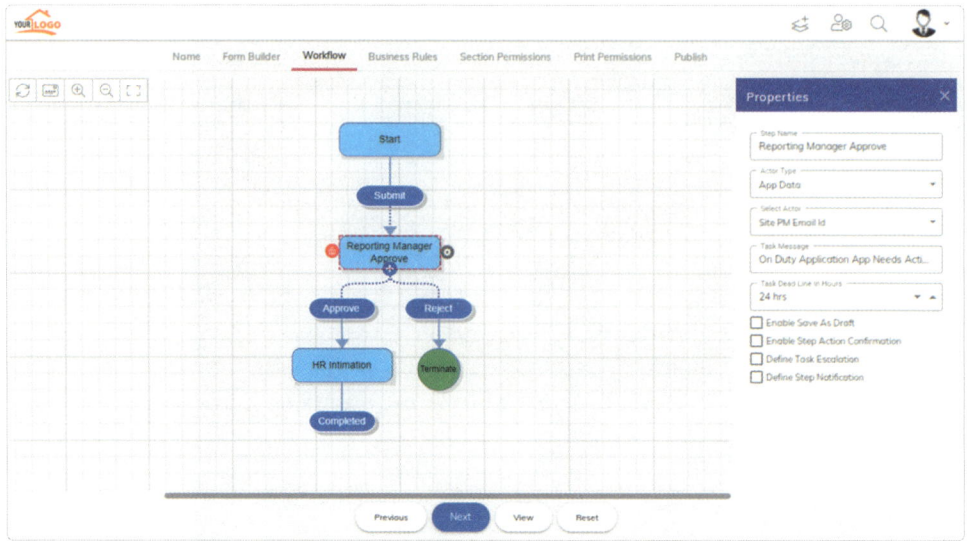

그림 7-13 No Code 도구를 활용한 개발 작업의 예시(출처: Quixy)

Low Code는 주로 개발자들이 사용하는 반면, No Code는 개발 경험이 없거나 적은 사람들을 위한 도구입니다. Low Code처럼 GUI 환경에서 드래그 앤드 드롭으로 서비스를 구현하는 형태인데, 각 요소별로 코드를 수정할 수 없는 등 전적으로 도구에서 제공하는 기능만 사용해야 하는 제한이 있습니다. 그래서 No Code로 만든 서비스의 완성도나 품질은 Low Code에 비해 조금 떨어질 수 있다는 점은 알고 있어야 합니다.

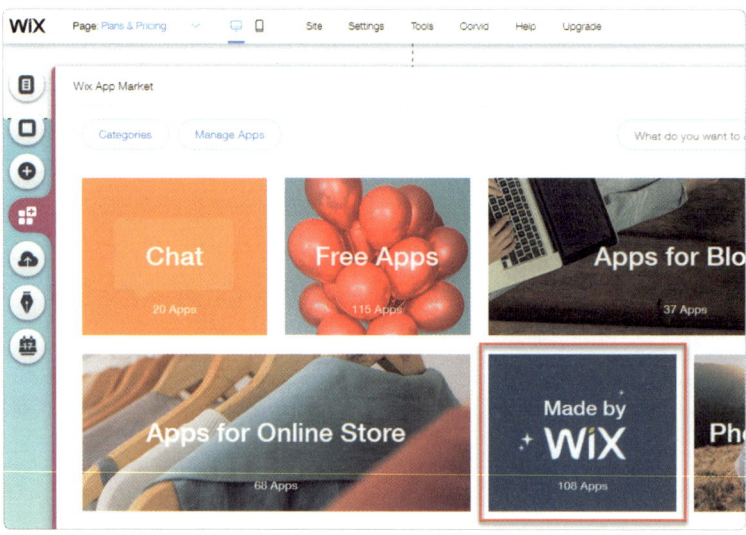

그림 7-14 대표적인 No Code 도구, 홈페이지 빌더(출처: WIX)

이커머스 산업이 발전하면서, 나만의 쇼핑몰 사이트를 쉽게 만들 수 있는 홈페이지 빌더가 No Code 도구의 대표적인 예시로 떠오르고 있습니다. No Code 도구에서는 템플릿을 선택하고, 이미지와 텍스트를 바꿔주고, 버튼 위치만 살짝 조정하면 쇼핑몰이 뚝딱 완성됩니다.

쇼핑몰뿐만 아니라, 웹에서 특정 기능을 구현하고 싶을 때, 개발자의 도움 없이도 No Code 도구로 드래그 앤 드롭 작업만으로 간단하게 만들 수 있습니다. 이런 점에서 No Code 도구는 개발 경험이 없는 기획자가 빠르게 시제품을 만들어서 경영진의 승인을 받거나, 투자 유치를 위해 활용하기에 안성맞춤입니다.

No Code의 장점은 분명 많지만, 특정 요소를 마음대로 바꾸기 어렵고, No Code 도구에서 제공하지 않는 기능은 구현하기 힘들다는 단점도 있습니다.

Low Code, No Code의 미래

Low Code와 No Code 도구는 기본적인 웹사이트나 모바일 앱 빌더부터 기업 내부의 애플리케이션 개발, 특정 업무 자동화, 데이터 분석 및 정리까지 다양한 목적으로 사용됩니다. 이런 도구들은 오픈소스부터 유료 서비스까지 다양하게 제공됩니다.

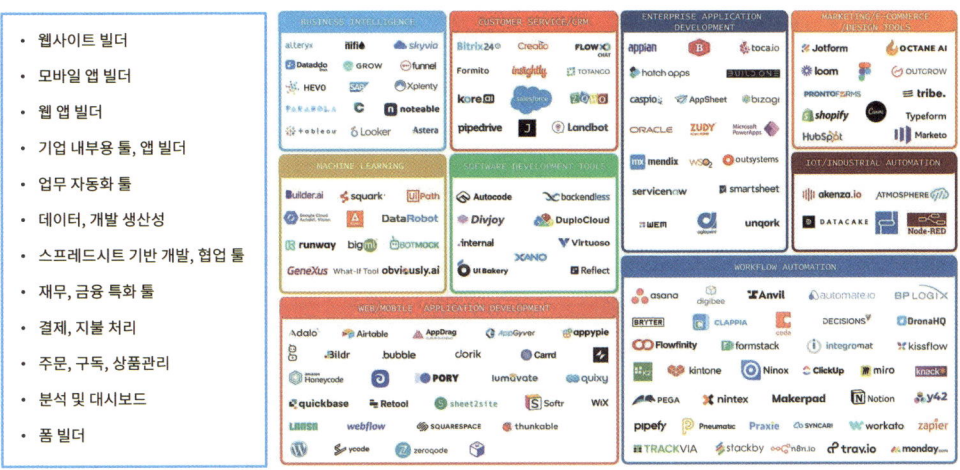

그림 7-15 다양한 Low Code, No Code 도구들(출처: Unigram Labs)

이러한 도구들의 목표는 무엇일까요? 바로 코딩이나 개발 업무에 대한 진입 장벽을 낮추어, 더 많은 사람들이 개발에 참여할 수 있도록 돕는 것입니다. 코딩 지식이 부족하더라도 누구나 IT 기술에 익숙해지고, 서비스를 구현하고 운영하는 과정을 쉽게 이해할 수 있다면, 새로운 아이디어가 끊임없이 나올 수 있습니다. 그래서 Low Code와 No Code 도구는 개발 작업의 민주화를 실현하는 데에 중요한 역할을 하고 있는 셈입니다.

그림 7-16 Low Code와 No Code로 대거 양성될 시민 개발자

글로벌 시장조사기관 Gartner가 2021년에 발표한 보고서에 따르면, 2023년에는 기업 내 시민 개발자가 전문 개발자보다 최소 4배 많아질 것이라고 예측됐습니다. 지금 당장 그 정도 수치까지 도달한 것은 아니지만, 실제 개발자가 아님에도 불구하고 업무에 필요한 기능을 직접 구현해 사용하는 직원들이 많아진 것은 분명합니다. 이들을 돕기 위해 앞서 소개한 Low Code, No Code 도구들이 적극 활용되고 있죠.

그렇다면 시민 개발자가 많아지면 어떤 변화가 생길까요? 기존에는 특정 서비스를 개발하기 위해 기업의 IT 부서나 개발 부서가 주도했습니다. 사업 부서에서 기가 막힌 아이디어가 있어도, IT 부서와 개발 부서를 설득하지 못하면 개발이 시작조차 되지 않았죠.

하지만 앞으로는 사업 부서에서 가진 아이디어를 Low Code나 No Code 도구로 직접 구현할 수 있게 된다면, IT 부서와 개발 부서를 설득하는 일이 훨씬 수월해질 수 있습니다. 이미 이렇게 변화한 기업들도 있습니다. 즉, 서비스 개발의 주도권이 사업 부서로 넘어가고 있다는 것입니다. IT 부서와 개발 부서는 이제 사업 부서에서 개발한 초기 시제품을 더욱 고도화시키는 작업에 집중할 수 있습니다.

이러한 변화는 앞으로 더욱 가속화될 전망입니다. 왜냐하면 IT 기술이 사용되지 않는 업종이 거의 없기 때문입니다. 그리고 그 업종에서 경쟁력을 갖추는 척도는 '얼마나 IT 기술을 잘 활용하냐'에 달려 있다고 해도 과언이 아닙니다.

고도의 IT 기술을 활용하는 능력도 중요하지만 비즈니스 아이디어의 중요성은 점점 더 커질 겁니다. 앞에서 살펴본 다양한 개발 도구들 덕분에 개발 문턱이 낮아지면, 개발자가 아니더라도 IT 서비스를 구현할 수 있는 사람이 많아질 것입니다. 그럼 비즈니스 아이디어가 점점 더 중요해지지 않을까요? 그리고 여기에 AI까지 가세하면서, 이런 흐름은 더욱 빠르게 진행되고 있습니다.

핵심 개념 정리

- **Low Code:** 사전에 만들어진 템플릿을 기반으로 GUI 환경에서 빠르게 서비스를 개발해 나갈 수 있도록 도와주는 도구. 각 요소별로 코딩이 가능해 개발자의 개발 생산성을 더 끌어올릴 수 있음.

- **No Code:** 개발 지식이 아예 없는 사람들이 서비스를 개발할 수 있도록 도와주는 도구. 홈페이지 빌더와 같이 GUI 환경에서 약간의 요소만 변경하는 것으로 쉽게 서비스를 완성할 수 있음.

- **시민 개발자:** 번뜩이는 아이디어를 바탕으로 Low Code와 No Code를 활용해 서비스 및 필요한 기능을 빠르게 구현해 나가는 비 개발자 직군. 미래에는 시민 개발자가 만든 버전의 서비스를 전문 개발자가 업그레이드하는 형태로 개발해나가는 기업도 출현하게 될 것.

Memo

CHAPTER

08

IT 인프라 운영 기술

여러분도 잘 아는 것처럼 우리가 사용하는 데스크톱의 프로그램은 사용이 끝나면 종료할 수 있지만 IT 인프라에서 운영되는 서비스는 그럴 수가 없습니다. 24시간 중단 없이 안정적으로 운영되어야 합니다. 이렇게 중요한 서비스를 꾸준히 운영하기 위해 IT 인프라에 활용되는 대표적인 기술들이 몇 가지 있습니다. 여기에서는 IT 인프라를 운영하는 여러 기술과 도구에 대해 하나씩 살펴보겠습니다.

8.1 _ 고가용성

8.2 _ 모니터링

8.3 _ 자동화

8.1 고가용성

고가용성(High Availability)에서 가용성은 쉽게 말해 '무언가를 사용할 수 있는 능력'을 의미합니다. 따라서 IT 인프라에서 고가용성이란, 중단 없이 계속 운영될 수 있는 능력을 말합니다. 그런데 왜 고가용성이 IT 인프라 운영에서 왜 중요하게 되었을까요?

IT 인프라의 다양한 장애 요소

기업의 전산실이나 데이터센터에서 사용하는 서버는 다음 그림처럼 다양한 부품들이 모여 있는 복잡한 장비입니다. 집이나 회사에서 쓰는 데스크톱 PC나 노트북처럼, 서버도 메인보드, CPU, 메모리, 저장 장치, 네트워크 카드, 전원 공급 장치, 그리고 부품들의 열을 식혀주는 팬 등 여러 가지 부품들로 구성되어 있습니다. 이 부품들이 서로 잘 맞물려 돌아가야 서버가 제대로 작동합니다. 마치 잘 조율된 오케스트라처럼요.

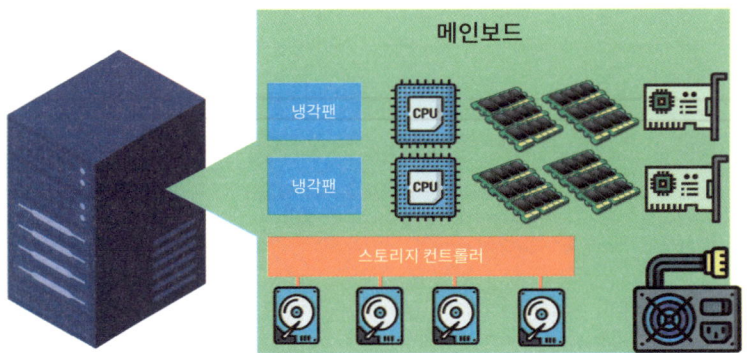

그림 8-1 서버 하드웨어의 구성 요소 예시

서버에는 여러 부품이 있는데, 이 부품들 중 하나라도 문제가 생기면 전체 서버가 멈출 수 있습니다. 예를 들어, CPU나 메모리에 문제가 생기면 서버가 아예 부팅조차 되지 않을 것이고, 스토리지에 문제가 생기면 데이터가 저장되지 않습니다. 네트워크 카드가 고장 나면 다른 기기들과 통신이 안 되고, 냉각팬이 멈추면 서버 내부의 열이 계속 올라가서 결국 부품들이 과열로 인해 작동을 멈출지도 모릅니다. 또 전원이 고장 나면 아예 서버가 켜지지도 않을 겁니다.

서버에서 운영되는 애플리케이션이나 서비스는 이 부품들이 제공하는 자원을 이용해 동작합니다. 부품들 중 하나라도 제대로 작동하지 않으면, 해당 자원을 이용하지 못하니 애플리케이션이 갑자기 멈추거나 동작하지 않는 상황이 발생할 수 있습니다. 그럼 그 서비스를 이용하던 사용자들은 갑자기 먹통이 되거나 화면이 안 나타나는 등의 불편한 경험을 하게 되겠죠? 마치 하나의 부품이 고장 나서 자동차가 멈춰버리는 것과 비슷합니다.

그림 8-2 서버 하드웨어의 각종 부품 하나 하나가 장애 요소가 될 수 있음

이번엔 소프트웨어 관점에서 한번 살펴볼까요? 서버에서 동작하는 소프트웨어는 기본적으로 운영체제(OS) 위에 설치됩니다. 마치 집을 짓기 전에 기초공사가 먼저 필요한 것처럼, OS가 제대로 부팅되고, 그 위에 다양한 기본 프로그램들이 모두 로드, 즉 OS가 동작할 준비가 끝나야 합니다. OS가 준비 상태가 되어야만 비로소 다양한 애플리케이션들이 실행되고, 운영될 수 있는 것이죠.

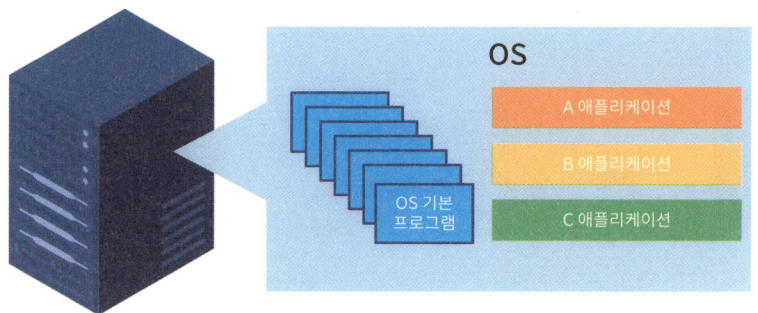

그림 8-3 서버 소프트웨어의 구성 요소 예시

그래서 서버 하드웨어처럼, 서버에서 운영되는 소프트웨어도 서비스에 장애를 일으킬 수 있는 요소가 될 수 있습니다. 만약 OS에 문제가 생겨 기본 프로그램 중 하나가 작동을 멈춘다면, 그 위에 설치된 애플리케이션이 제대로 실행되지 않거나 특정 기능에 문제가 발생할 수 있겠죠?

또 애플리케이션 자체에 문제가 생긴다면 서비스가 중단되거나, 사용자에게 잘못된 화면을 보여줄 수도 있습니다.

그림 8-4 서버 소프트웨어의 각종 프로그램, 애플리케이션 하나하나가 장애 요소가 될 수 있음

결국 서버의 하드웨어 자원을 사용해 동작하는 다양한 서버 소프트웨어들도 개별적인 장애 요소가 될 수 있습니다. 이로 인해 서버에서 운영되는 서비스에 문제를 발생시킬 수 있다는 점도 기억해두길 바랍니다.

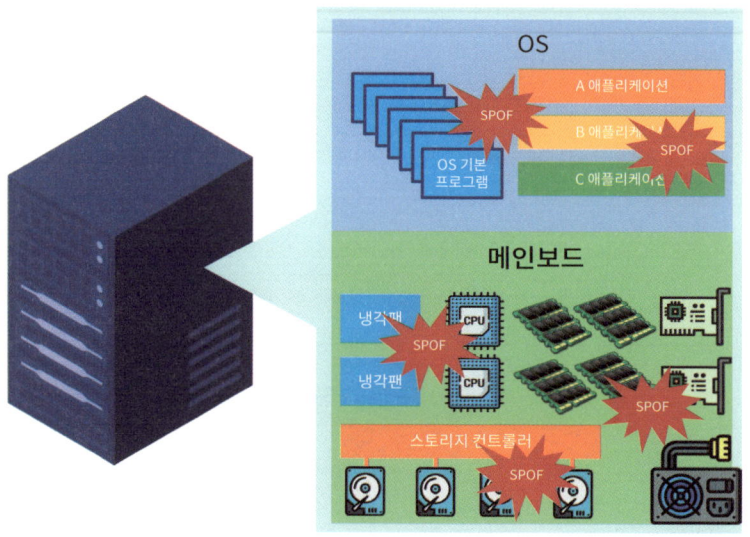

그림 8-5 SPOF 장애가 발생하면 전체 시스템에 문제가 생기는 지점

IT 인프라에서 다양한 장애 요소를 **SPOF**(Single Point Of Failure, 단일 장애 지점)라고 합니다. 서버에 있는 다양한 하드웨어 부품이나 이 부품들을 활용해 동작하는 소프트웨어 중 하나만 문제가 생겨도 그 서버에서 운영되는 서비스에 큰 문제가 생길 수 있는 것을 뜻합니다.

살펴본 것처럼 다양한 서버의 하드웨어와 소프트웨어 구성 요소들을 하나하나 철저히 관리하는 것이 중요합니다. 하지만 예상하지 못한 문제가 발생할 수도 있습니다. 이때 서비스가 정상적으로 작동하지 않는 상황을 고가용성(High Availability) 기술로 다시 정상적으로 돌아오게 하는 것이 핵심입니다. 그렇다면 이 고가용성 기술이 어떻게 동작하는지 알아봅시다.

대표적인 고가용성 기술: Active/Active, Active/Standby

고가용성이란 IT 인프라가 중단 없이 계속 잘 운영될 수 있는 능력입니다. 고가용성 기술은 하나의 서비스를 운영하는 시스템을 2개 이상 준비해두고, 한 시스템에 장애가 발생했을 때 다른 시스템으로 서비스를 이어나가는 것을 의미합니다. 이를 서비스 연속성 보장이라고 부르는데, 이 연속성을 가능하게 하는 고가용성 기술에는 두 가지 유형이 있습니다. 바로 Active/Active와 Active/Standby입니다.

Active/Active 미러링

그림 8-6과 같이 두 대의 시스템이 동일한 사양의 하드웨어와 같은 소프트웨어 구성을 갖추고 있습니다. 두 시스템은 데이터를 실시간으로 동기화하면서 운영되는데, 만약 한 시스템에 장애가 발생하더라도 다른 시스템이 여전히 서비스를 계속 제공하기 때문에 서비스는 중단되지 않습니다. 이렇게 두 시스템이 동일하게 구성되어 있는 상태를 **이중화**라고 부르며, 이를 **Active/Active 미러링**(Mirroring)이라고도 표현합니다. 거울처럼 두 시스템이 동일한 상태라는 의미입니다.

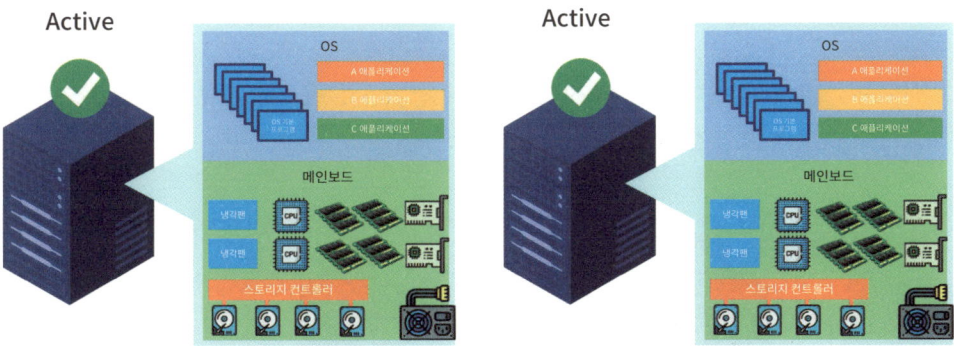

그림 8-6 Active/Active 이중화 구성의 기본 구성

Active/Active 이중화 구성을 하려면 최소 2대 이상의 시스템이 필요합니다. 이 두 시스템은 서로 독립적으로 운영되며, 다른 클라이언트의 요청을 각각 처리합니다. 그래서 부하 분산 효과도 자연스럽게 누릴 수 있습니다.

1번 시스템과 2번 시스템이 있다고 가정해보겠습니다. 이 두 시스템은 동시에 서로 다른 클라이언트의 요청을 처리할 수 있습니다. 만약 트래픽이 많이 몰리면 어떻게 될까요? 두 시스템이 요청을 나눠서 처리하므로, 서비스 부하가 분산되고, 전체 서비스의 처리 속도도 향상됩니다. 1번 시스템이 클라이언트 A의 요청을, 2번 시스템이 클라이언트 B의 요청을 각각 처리하면, 하나의 시스템에서 모두 처리하는 것보다 2배 더 빠른 성능을 낼 수 있습니다.

게다가 1번 시스템에 장애가 발생하더라도, 2번 시스템이 여전히 서비스를 운영하니, 서비스가 중단되지 않습니다. 이게 바로 서비스 연속성 보장이고, 높은 가용성을 유지할 수 있는 방법입니다. 그래서 Active/Active 이중화는 데이터 처리 성능을 향상시키고, 부하를 분산시키며, 장애 상황에서도 신속하게 대처할 수 있는 훌륭한 기술로 평가받고 있습니다.

하지만 비용이 많이 든다는 것이 단점입니다. 동일한 사양과 구성의 시스템을 최소 2대 이상 준비해야 하니 비용이 2배 이상 들 수밖에 없습니다. 그럼에도 불구하고 중요한 시스템에서는 장애를 가장 빠르고 안정적으로 대처할 수 있는 기술이라서 데이터베이스 같은 기업의 중요한 시스템에서는 이중화 구성을 많이 사용합니다.

Active/Standby 클러스터링

이번에 알아볼 고가용성 기술은 **Active/Standby 클러스터링**입니다. 여기서 클러스터링(Clustering)이란, 여러 시스템이나 서버를 마치 하나의 시스템처럼 사용할 수 있도록 병렬로 연결하는 기술을 말합니다. 이는 6장의 쿠버네티스를 설명할 때 잠깐 다룬 적이 있습니다. 클러스터링 구성을 통해 고가용성과 서비스 연속성을 확보할 수 있게 됩니다.

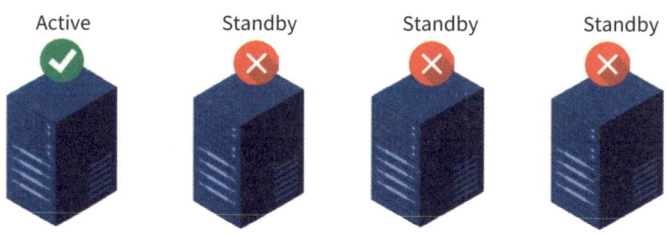

그림 8-7 Active/Standby 클러스터링 구성

그림 8-7을 보면, 4대의 시스템을 클러스터링 기술을 사용해서 한데 묶는 예시가 나옵니다. 이 경우 서비스는 Active 서버에서만 운영되고, 나머지 Standby 서버들은 대기 상태로 유지됩니다. 그럼 왜 Standby 서버들은 대기 상태로만 있을까요? 또 Active 서버에서 문제가 생기면 어떻게 될까요?

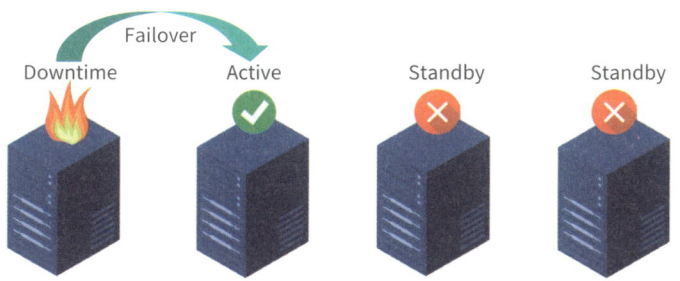

그림 8-8 Active/Standby 클러스터링 구성에서 Downtime 발생 시 Failover가 진행됨

그림 8-8의 가장 왼쪽에 있는 서버에 장애가 발생했습니다. IT 인프라에서 발생하는 장애를 **다운타임**(Downtime)이라고 합니다. 이 용어는 서비스가 장애로 인해 작동하지 않는 시간을 의미합니다. 만약 Active 서버에 장애(Downtime)가 발생하면, 그 서버에서 운영하던 시스템의 제어권이 Standby 서버로 넘어갑니다. 이때 서비스 운영에 필요한 데이터도 함께 이동하며, 이걸 **페일오버**(Failover)라고 합니다. Failover란 실패를 끝내고 넘어간다는 뜻으로, Active 서버의 권한을 대기 중인 Standby 서버로 넘겨서 서비스 운영을 지속한다는 의미를 담고 있습니다.

장애가 발생한 Active 서버로부터 권한과 데이터를 넘겨받은 Standby 서버는 이제 새로운 Active 서버가 되어 서비스 운영을 이어갑니다. 그러는 동안 최초로 장애가 발생했던 서버는 장애 원인을 파악하고 문제 해결에 들어가는 것이죠.

이 과정이 잘 이루어지면 서비스는 큰 차질 없이 계속 운영될 수 있게 됩니다. 이게 바로 고가용성 기술이 서비스 안정성을 보장하는 방식이랍니다.

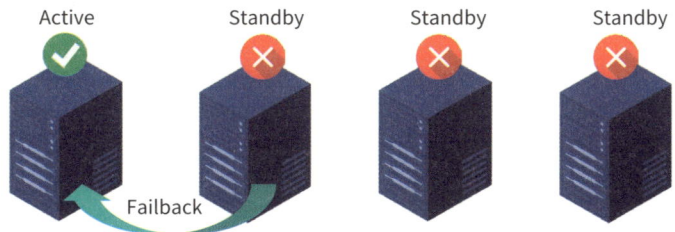

그림 8-9 장애가 해결되면 Failback이 되어 다시 원래 상태로 되돌아감

Failover가 발생해서 Standby 서버가 서비스를 운영하는 동안, 원래의 Active 서버에서 발생했던 장애가 모두 해결되면, Standby 서버에서 운영 중이던 서비스의 권한과 그동안 수집된 데이터가 다시 원래의 Active 서버로 돌아옵니다. 이를 **페일백**(Failback)이라고 합니다.

이렇게 Active/Standby 클러스터링 구성에서는 하나의 메인 서버와 장애에 대비한 예비 서버를 두어, 만약 문제가 생기더라도 서비스가 계속될 수 있게 합니다. 여기서 Standby 서버는 꼭 Active 서버와 똑같은 사양일 필요는 없습니다. 잠깐 동안만 서비스를 맡으면 되기 때문에, 보통은 Active 서버보다 낮은 사양으로 구성합니다. 그래서 Active/Active 이중화 구성보다 비용이 적게 드는 장점이 있습니다.

하지만 단점도 있습니다. 장애가 발생했을 때 Active 서버에서 Standby 서버로 서비스가 넘어가는 Failover 과정에서 서비스 중단(Downtime)이 발생할 수 있다는 것입니다. 그래서 아주 중요한 시스템에는 Active/Standby 클러스터링보다는 Active/Active 이중화 구성을 더 많이 사용합니다. 결국 Active/Standby 클러스터링은 기업 내에서 조금 덜 중요한 서비스의 고가용성을 확보하는 데 주로 쓰입니다.

퀴즈 / 다음 설명 중 잘못된 것은 무엇일까요?

① **SPOF**: 시스템의 다양한 구성 요소들이 시스템 자체 장애로 이어질 수 있는 장애 지점을 의미한다.
② **고가용성**: 서비스가 중간에 장애로 인해 멈추지 않도록, 안정적으로 잘 운영할 수 있게 도와주는 기술이다.
③ **Active/Active 이중화**: 2대 이상의 서버를 운영하여 서비스의 데이터 처리 성능 향상, 부하 분산, 장애 상황 발생 시 빠르게 대처할 수 있는 기술. 비용이 저렴한 편이라 가장 널리 사용되는 고가용성 기술이다.
④ **클러스터링**: 다수의 서버를 마치 하나의 서버처럼 사용할 수 있게 하나로 묶어서 관리하는 기술이다.
⑤ **Active/Standby**: 하나의 운영 서버와 하나 이상의 대기 서버를 두어 운영 서버에서 장애가 발생했을 때 Failover, Failback 기능을 활용해 서비스 장애 시간을 최소화하는 기술이다. 비용은 Active/Active보다 적게 들지만 장애 발생 시 정상화될 때까지 시간이 어느 정도 필요한 것이 단점이다.

정답
③번: Active/Active 이중화는 동일한 성능의 장비를 2대 이상 준비해야 하기에 비용이 많이 드는 것이 단점입니다. Mirroring이라고도 부릅니다.

8.2 모니터링

앞서 고가용성은 IT 인프라에 큰 장애가 발생했을 때 빠르게 대처하는 기술이라고 설명했습니다. 그런데 문제는 이 장애가 서비스가 중단될 정도로 심각한 경우라는 점입니다. 그래서 고가용성은 주로 이런 큰 장애 상황에 대비하기 위해 활용됩니다.

하지만 이런 큰 장애 외에도, 서비스는 여전히 동작하고 있지만 몇 가지 사소한 기능상의 오류가 발생하거나, 데이터 처리 시간이 지연되는 등 작은 장애 상황도 자주 생길 수 있습니다. 그럼 이런 작은 장애는 어떻게 대처해야 할까요? 이때 필요한 기술이 바로 모니터링입니다.

모니터링 도구

모니터링(Monitoring)은 특정 서비스가 운영되는 IT 시스템을 지속적으로 감시하면서, 하드웨어와 소프트웨어 상태를 점검하는 중요한 기술입니다. 쉽게 말해, 시스템의 건강 상태를 꾸준히 체크하는 역할을 합니다. 문제가 생기면 어디서 발생했는지, 원인은 무엇인지 관리자가 빠르게 찾아낼 수 있도록 도와주는 것이 모니터링 도구의 핵심 기능이라고 할 수 있습니다. 그렇다면 IT 인프라 관리자는 어떤 모니터링 도구들을 사용해서 시스템을 관리할까요?

그림 8-10 IT 인프라의 장애 예방을 위한 필수 기술, 모니터링(출처: Datadog, 와탭랩스)

서버 모니터링

가장 대표적인 모니터링 도구 중 하나는 서버 모니터링입니다. 이 도구는 서비스가 운영되는 서버의 상태를 지속적으로 체크하는 역할을 합니다. 예를 들어, 서버에 장착된 CPU, 메모리, 스토리지 같은 자원들이 얼마나 사용되고 있는지를 차트로 보여주는 것이 기본 기능입니다. 자원 사용량이 급격히 증가하거나, 이 자원을 활용해 운영되는 VM에 문제가 생기면, 관리자에게 색깔로 경고를 표시하는 등의 방법으로 쉽게 파악할 수 있도록 도와줍니다. 한 마디로, 서버 모니터링은 서버의 상태를 한눈에 파악할 수 있게 해주는 도구라고 생각하면 됩니다.

그림 8-11 서버 모니터링 도구 예시(출처: 와탭랩스)

성능 모니터링

서버의 상태만큼 중요한 것이 바로 애플리케이션 성능 모니터링(Application Performance Monitoring) 도구입니다. 업계에서는 보통 APM이라고 줄여 부릅니다. APM을 사용하면 애플리케이션의 사용자 수, 서버 자원의 사용 현황, 그리고 클라이언트와 애플리케이션 간에 처리되는 트랜잭션 상태 등을 그림 8-12처럼 다양한 형태로 확인할 수 있습니다. 여기서 트랜잭션이란 클라이언트의 요청이 애플리케이션을 통해 처리되고, 데이터베이스 또는 외부 서비스와 상호작용한 후 최종적으로 응답이 반환되는 일련의 작업 흐름을 의미합니다. 이 모든 정보를 한눈에 볼 수 있게 정리한 화면을 대시보드(Dashboard)라고 합니다.

APM을 통해 실시간으로 애플리케이션의 성능을 모니터링하면, 잠재적인 문제를 미리 감지하고 빠르게 대응할 수 있습니다.

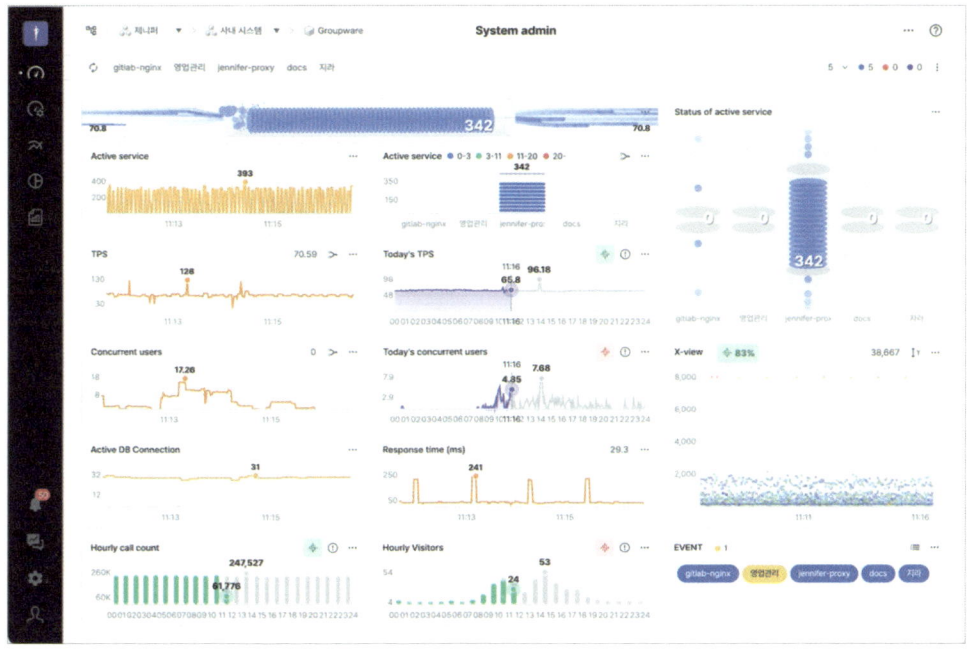

그림 8-12 애플리케이션 성능 모니터링 도구 예시(출처: 제니퍼소프트)

APM을 사용하면 IT 인프라 관리자는 애플리케이션이 잘 돌아가고 있는지 항상 체크할 수 있습니다. 그런데 만약 클라이언트가 뭔가 요청했는데, 결과가 평소보다 한참 늦게 나와서 불편을 겪고 있다면 어떻게 해야 할까요? 보통 이런 상황은 요청을 처리하는 트랜잭션 단계에서 문제가 생긴 경우가 많거든요. 이럴 때 APM이 정말 유용하게 쓰입니다.

예를 들어, 클라이언트가 특정 기간의 데이터를 조회했는데, 데이터가 화면에 뜨는 시간이 평소보다 두 배나 오래 걸린다고 하겠습니다. 그러면 APM이 이 요청을 처리하는 트랜잭션에 문제가 있다고 대시보드에 경고를 띄워줍니다. IT 관리자는 대시보드에서 해당 트랜잭션의 상세 정보를 클릭해서, 어느 단계에서 문제가 발생했는지 쉽게 찾아볼 수 있습니다.

이렇게 APM은 각각의 트랜잭션 단계마다 서버에서 처리된 시간이나 SQL 쿼리 정보 같은 걸 다 보여주면서, 어디가 문제인지도 짚어줍니다. IT 관리자는 이 정보를 보고 트랜잭션을 하나하나 살펴보면서, SQL 쿼리를 최적화하거나 데이터 처리 지연의 원인을 찾아서 문제를 빨리 해결할 수 있습니다.

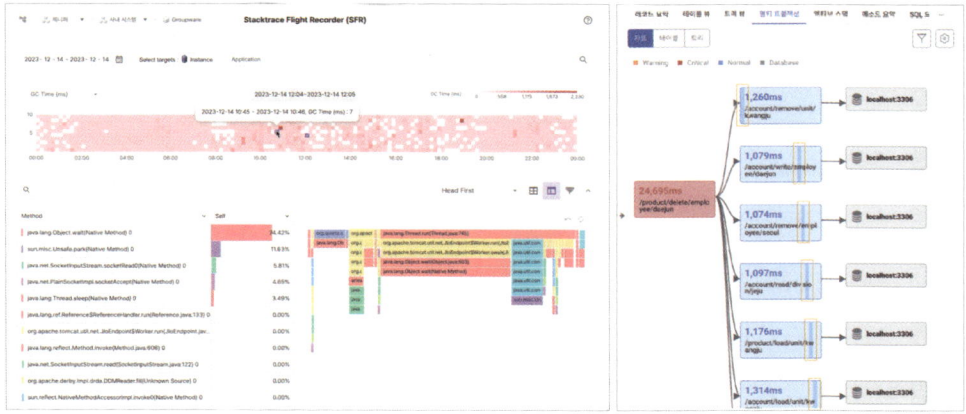

그림 8-13 APM이 알려주는 트랜잭션 처리 상태 분석 결과(출처: 제니퍼소프트, 와탭랩스)

이렇게 되면 애플리케이션이 요청을 처리하는 속도가 빨라지고, 당연히 애플리케이션 성능도 좋아집니다. 그래서 APM을 애플리케이션 성능 모니터링이라고 부르는 겁니다.

DBMS 모니터링

기업에서 운영하는 애플리케이션에서 중요한 것 중 하나는 바로 DBMS(Database Management System)입니다. 많은 기업에서 DBMS가 멈추거나 문제가 생길 상황에 대비해 이중화 구성 같은 철저한 준비를 해두고 있습니다. DBMS에 문제가 생기면 서비스 자체에 큰 문제가 생기기 때문인데, 서비스 기능에 장애가 생기거나 아예 작동을 멈출 수도 있기 때문입니다. 이렇게 중요한 DBMS를 안정적으로 운영하려면 어떻게 해야 할까요? 혹시 모를 DBMS 장애 상황에 대비하기 위해 DBMS 전용 모니터링 도구가 필요합니다.

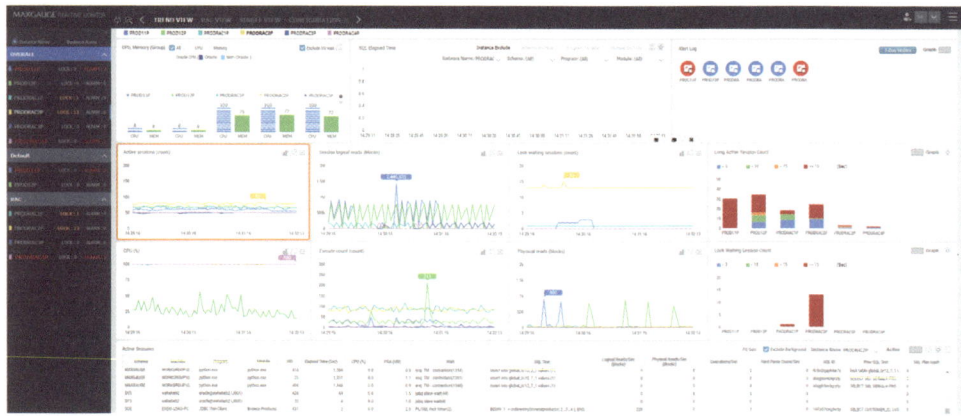

그림 8-14 DBMS의 성능과 상태를 점검할 수 있는 DBMS 모니터링(출처: 엑셈)

DBMS 모니터링에서는 DBMS가 얼마나 자원을 쓰고 있는지, 트랜잭션이 어느 정도 처리되고 있고 얼마나 시간이 걸리는지와 같은 다양한 지표들을 대시보드에서 한눈에 볼 수 있습니다. 예를 들어, CPU 사용량, 메모리 사용량, 디스크 I/O, 네트워크 트래픽 같은 자원 사용 현황을 실시간으로 모니터링할 수 있죠. 이렇게 하면, IT 관리자가 DBMS가 잘 돌아가고 있는지 항상 확인할 수 있습니다.

게다가 트랜잭션 처리량이나 쿼리 실행 시간, 연결된 세션 수 같은 성능 지표를 통해 DBMS의 성능이 어느 정도인지 평가할 수 있고, 혹시 문제가 생길 조짐이 보이면 미리 발견할 수도 있습니다. 그리고 DBMS 성능에 문제가 생기면, 그 문제를 어디서 어떻게 해결해야 할지에 대한 구체적인 정보도 제공해줘서, 관리자가 빠르게 문제를 해결할 수 있게 도와줍니다.

결국 DBMS 모니터링 도구는 DBMS를 안정적으로 운영하고 성능을 최적화하는 데 필수적인 역할을 하는 도구입니다. 덕분에 IT 인프라 관리자는 DBMS가 항상 문제없이 잘 운영될 수 있도록 지속적으로 점검하고 관리할 수 있습니다.

네트워크 모니터링

IT 인프라에서 네트워크는 사람의 혈관과 같습니다. 서버, 하드웨어, 클라이언트 기기들이 모두 네트워크로 연결되어 데이터를 주고받으니까요. 사람 몸에 혈액이 구석구석 잘 흘러야 건강을 유지할 수 있는 것처럼, IT 인프라에서도 네트워크 상태가 원활해야 데이터가 필요한 곳에 제대로 전달될 수 있습니다. 이렇게 네트워크 상태를 속속들이 잘 파악할 수 있게 도와주는 도구가 네트워크 모니터링입니다.

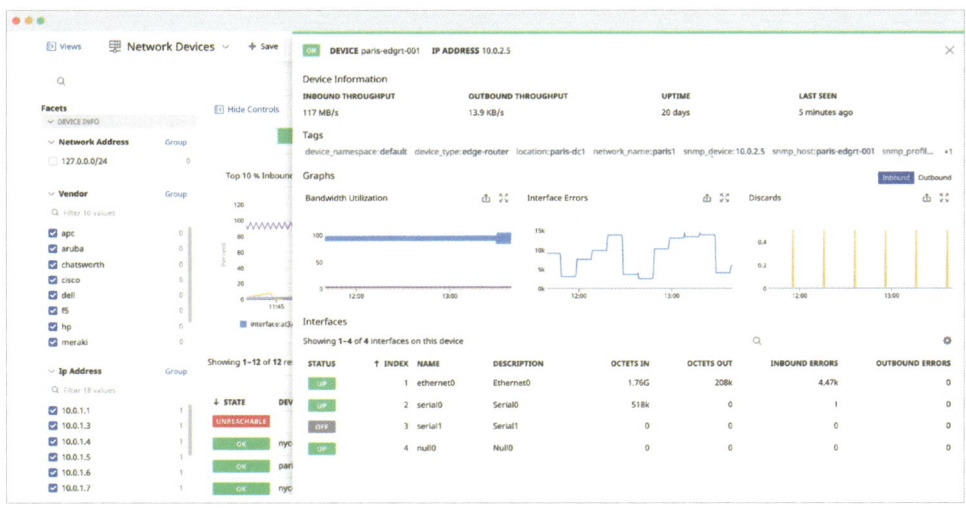

그림 8-15 네트워크의 상태를 점검할 수 있는 네트워크 모니터링(출처: Datadog)

네트워크 모니터링 도구는 보통 **NMS**(Network Management System)라고 불리는데, 이 도구는 특정 서비스가 운영되는 네트워크의 상태를 지속적으로 점검해줍니다. 만약 문제가 생기면, 어디에서 어떤 문제가 발생했는지를 빠르게 파악할 수 있도록 도와줍니다. IT 인프라의 규모가 커질수록 네트워크 기기가 많아지고 네트워크 구성도 복잡해지기 마련인데, 이럴 때 네트워크 모니터링 도구는 서비스의 안정적인 운영을 위해 꼭 필요한 도구라고 할 수 있습니다.

간단히 말해, 네트워크 모니터링은 혈관을 점검하는 의사 같은 역할을 한다고 보면 돼요. 혈관이 막히지 않고 피가 잘 통하도록 항상 주의를 기울여야 하듯이, IT 인프라에서는 네트워크 상태를 끊임없이 모니터링해서 데이터 흐름이 막히지 않도록 관리해야 합니다.

클라우드 모니터링

앞서 소개한 모니터링 도구들은 주로 온프레미스 환경에서 사용하는 것들입니다. 그런데 요즘은 온프레미스뿐만 아니라 퍼블릭 클라우드에서도 많은 서비스가 운영되고 있습니다. 그래서 모든 CSP(Cloud Service Provider)는 자신들이 제공하는 클라우드 인프라의 상태를 점검할 수 있는 모니터링 도구를 함께 제공합니다.

클라우드 모니터링 도구가 보여주는 정보는 온프레미스의 모니터링 도구들과 크게 다르지 않습니다. 다만 중요한 차이점이 있습니다. 클라우드 모니터링 도구는 우리 회사에서 직접 운영하는 인프라의 정보가 아니라, CSP가 운영하는 인프라에서 우리가 실제로 사용하고 있는 자원의 양과 그 자원을 활용해 운영되는 서비스의 상태를 보여준다는 것입니다.

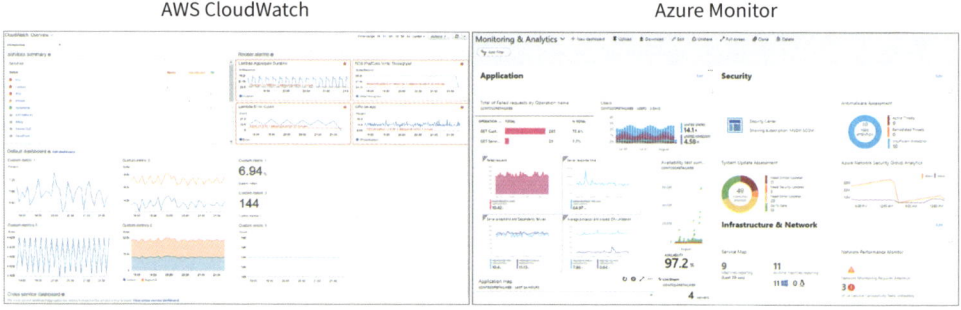

그림 8-16 퍼블릭 클라우드의 자원 활용 현황을 알 수 있는 클라우드 모니터링(출처: AWS, Microsoft)

클라우드 모니터링 도구를 통해 IT 인프라 관리자는 클라우드에서 운영하는 서비스의 안정적인 운영을 위해 다음과 같은 정보를 점검할 수 있습니다

- **서비스의 상태**: 현재 서비스가 정상적으로 운영되고 있는지, 문제가 발생했는지를 점검
- **자원 사용량**: CPU, 메모리, 스토리지, 네트워크 등의 자원이 얼마나 사용되고 있는지를 점검
- **성능 지표**: 서비스의 응답 시간, 처리량 등 성능에 대한 다양한 지표
- **보안 현황**: 발견된 보안 취약점, 설정 오류 등에 대한 정보

이런 정보를 통해 IT 인프라 관리자는 클라우드에서 운영되는 서비스가 제대로 작동하고 있는지, 자원을 효율적으로 사용하고 있는지, 혹시 문제가 없는지를 계속해서 살펴볼 수 있습니다. AWS, Azure, GCP 같은 대형 CSP들은 각자 고유한 클라우드 모니터링 도구를 제공하고 있고, 다른 퍼블릭 클라우드 서비스 제공업체들도 다양한 모니터링 도구를 제공하고 있습니다.

그래서 IT 인프라 관리자는 온프레미스 환경과 마찬가지로, 클라우드 환경에서도 클라우드 모니터링 도구를 꼭 활용해야 합니다. 이렇게 하면 클라우드에서 운영되는 서비스의 안정성과 성능을 확실하게 점검할 수 있거든요. 그런데 여기서 끝이 아닙니다. 클라우드 모니터링 도구 중에는 또 하나 중요한 게 있는데, 바로 클라우드 비용 모니터링 도구입니다.

클라우드 비용 모니터링

6장에서 클라우드는 사용한 자원의 양만큼 비용을 지불한다고 설명했죠. 남이 만들어둔 IT 인프라 자원을 빌려 사용하는 것이기 때문에, 당연히 사용료를 내야 합니다. 그런데 클라우드에서 운영하는 서비스가 많아지고, 그 규모가 커질수록 비용도 함께 늘어날 수 있습니다. 문제는 예상했던 것보다 비용이 훨씬 더 많이 부과될 수 있다는 점입니다. 왜냐하면 클라우드 비용은 먼저 자원을 사용한 뒤에 나중에 비용을 납부하는 후불제 방식이기 때문입니다.

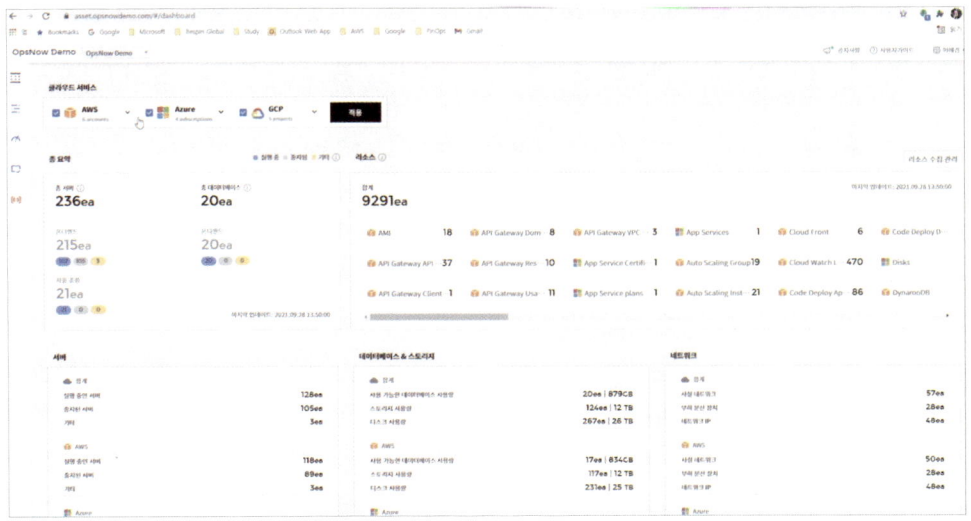

그림 8-17 클라우드 비용 모니터링 도구(출처: 베스핀글로벌)

이런 상황에서 클라우드 자원을 얼마나 잘 관리하고 사용하는지가 매우 중요합니다. 예상치 못한 높은 비용의 청구서를 받지 않도록 주의해야 합니다.

그래서 필요한 것이 클라우드 비용 모니터링입니다. 클라우드 비용 모니터링 도구는 회사에서 사용하는 클라우드 자원의 양에 따라 발생하는 비용을 알려주는 역할을 합니다. 또한 비용을 절약할 수 있는 방법도 제시해줍니다. 예를 들어, 현재 운영 중인 가상 머신의 사양이 업그레이드되었는데, 사실 서비스 운영에는 지나친 사양이라면 더 낮은 사양이면서도 비용이 저렴한 가상 머신을 추천해줄 수 있습니다.

장기간 별다른 변화 없이 사용 중인 클라우드 서비스가 있다면, 그 서비스에 대해 장기 약정을 걸어 요금 할인을 받을 수 있도록 추천해주기도 합니다. 그리고 테스트 서버처럼 잠시 사용되었다가 현재는 사용하지 않지만 그대로 남아 있는 자원이 있다면, 그 자원을 폐기함으로써 비용을 절약할 수 있는지도 알려줍니다.

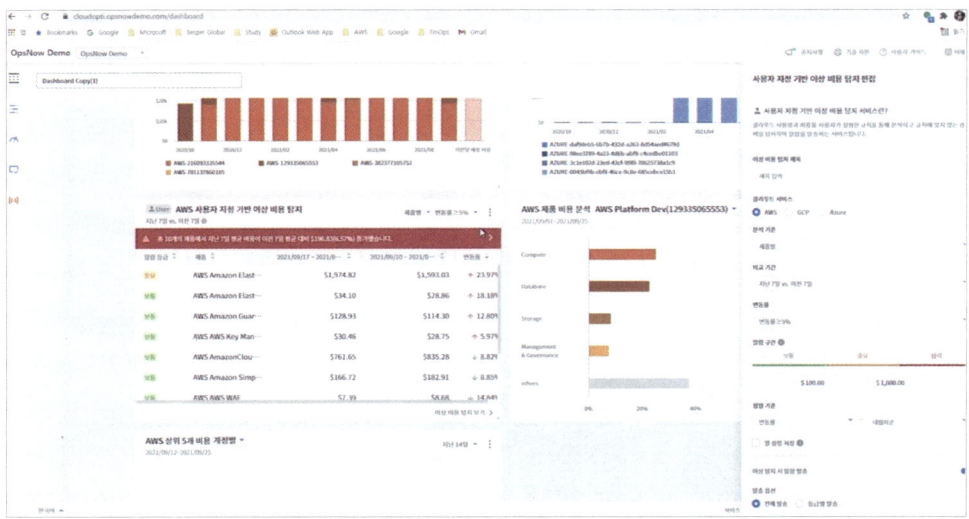

그림 8-18 클라우드의 어떤 항목에서 비용이 많이 부과되고 있는지도 알려주는 클라우드 비용 모니터링(출처: 베스핀글로벌)

더불어 여러 클라우드 서비스를 동시에 이용하고 있다면, 이 서비스들의 요금을 모두 하나의 대시보드에서 확인할 수 있게 해줍니다. AWS, Azure, Google Cloud 등 여러 클라우드 제공자의 비용을 한 화면에서 한꺼번에 관리할 수 있다고 보면 됩니다.

이처럼 클라우드 비용 모니터링 도구는 클라우드 사용량이 늘어날수록 함께 증가할 수 있는 비용을 점검하고, 절약할 수 있는 부분을 찾아주는 중요한 도구입니다. 덕분에 기업은 클라우드 비용을 최대한 절약하고 효율적으로 사용할 수 있게 될 거라 기대하고 있습니다.

옵저버빌리티 도구

모니터링 도구의 주된 목적은 이미 발생한 문제의 원인을 빠르게 파악하는 것이라고 했습니다. 그런데 IT 인프라에서 발생할 수 있는 장애 요소들이 워낙 다양하다 보니, 모니터링 도구로 점검해야 하는 부분이 점점 많아지는 것이 문제로 떠오르고 있습니다. 서버, 애플리케이션, DBMS, 네트워크, 클라우드 등 관리해야 할 대상이 늘어나다 보니, 각각의 모니터링 도구를 따로 사용해야 해서 관리의 복잡성도 함께 증가하고 있는 상황입니다.

이렇게 여러 가지 모니터링 도구를 동시에 사용하다 보면, 관리자는 여러 대시보드를 오가면서 인프라의 상태를 확인해야 하기에, 어디에서 문제가 발생했는지 신속하게 파악하는 것이 점점 어려워질 수밖에 없습니다. 이로 인해 문제가 발생했을 때 빠르게 대응하는 데에도 지장이 생길 수 있습니다.

그림 8-19 모니터링 대상이 많아져 오히려 모니터링이 어려워지고 있는 문제가 발생(출처: Splunk)

이 문제가 더 심각해지고 있는 이유는 클라우드 컴퓨팅의 대중화와 애자일 방법론에 따른 마이크로서비스의 확산 때문입니다. 이로 인해 서비스 운영 환경이 더 세밀해지고, 구성도 복잡해졌죠. 앞서 이야기한 것처럼, 작은 장애가 큰 서비스 중단으로 이어질 수 있는 상황이 점점 더 빈번해지고 있습니다. 그래서 관리자는 작은 장애라도 그냥 넘길 수 없는 상황에 놓이게 되었고, 결국 하루 종일 모니터링 도구를 들여다보며 문제를 해결하는 데 많은 시간을 쏟고 있습니다.

게다가 서비스 운영 중에 발생하는 다양한 문제들은 계속해서 새로운 형태로 나타납니다. 만약 동일한 문제가 반복된다면 그 문제를 한 번 해결하고 나면 다시는 발생하지 않겠지만, IT 인프라 환경이 복잡해지면서 하나의 문제를 해결하면 또 다른 유형의 문제가 생겨나는 일이 많아지고 있습니다. 게다가 그 수가 줄어들 기미도 보이지 않아서 IT 인프라 관리자의 모니터링 업무가 점점 더 어려워지고 있는 상황입니다.

이러한 문제를 해결하기 위해 등장한 새로운 기술이 바로 옵저버빌리티입니다. 이는 단순히 문제를 감지하는 것을 넘어서, 시스템의 상태를 전반적으로 파악하고 분석할 수 있도록 도와주는 기술입니다. 덕분에 IT 인프라 관리자는 문제의 원인을 더 쉽게 찾아낼 수 있고, 시스템의 성능을 최적화해 항상 서비스가 원활하게 운영되도록 관리할 수 있죠. 또한, 예상치 못한 문제가 발생하지 않도록 예방하는 데에도 큰 도움을 줄 수 있습니다.

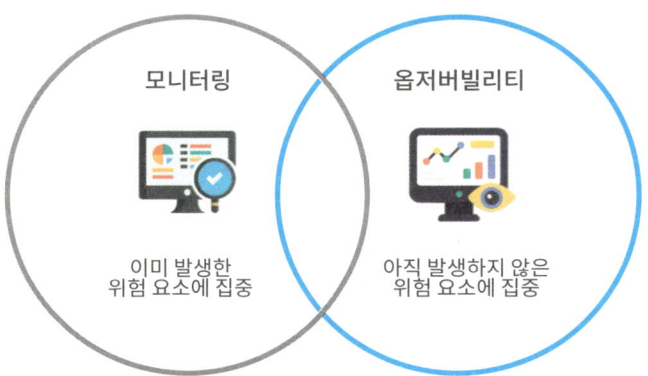

그림 8-20 모니터링과 옵저버빌리티의 차이

옵저버빌리티(Observability)는 관측 능력을 의미합니다. 시스템의 상태를 세밀하게 관측하고, 그 상태를 이해할 수 있는 능력을 말합니다. 기존의 모니터링 도구가 이미 발생한 문제에 집중했다면, 옵저버빌리티는 아직 발생하지 않은 문제를 예측하고 해결하는 데 중점을 둡니다. 장애가 발생하기 전에 장애의 징조를 미리 발견해 조치를 취하는 것이 목적입니다.

이러한 특징 덕분에 옵저버빌리티 도구를 사용하면 IT 인프라 관리자는 장애 발생 가능성을 크게 줄일 수 있습니다. 또한 문제가 발생한 경우에도 그 근본 원인을 더 깊이 분석하고, 유사한 문제가 다시 발생하지 않도록 할 수 있습니다. 이런 점에서 옵저버빌리티는 단순한 문제 해결을 넘어 문제의 예방과 재발 방지에 중요한 역할을 합니다.

옵저버빌리티의 요소

옵저버빌리티 도구를 구성하는 주요 요소는 세 가지가 있습니다.

그림 8-21 옵저버빌리티를 구성하는 세 요소

- **메트릭(Metrics)**: 메트릭은 시스템이 현재 어떻게 운영되고 있는지를 숫자로 보여주는 정보입니다. 가령 서버가 얼마나 많은 자원을 사용하고 있는지, 네트워크 트래픽이 얼마나 되는지, 트랜잭션 처리 시간이 어느 정도인지 등의 데이터를 의미합니다. 메트릭을 통해 시스템의 성능과 상태를 실시간으로 모니터링할 수 있습니다. 그러면 문제가 생겼을 때 바로 대응할 수 있다는 장점이 있습니다.

- **트레이스(Traces)**: 트레이스는 시스템 안에서 요청이 어떻게 처리되고 있는지를 따라가는 추적을 뜻합니다. 어떤 요청이 처리되는 데 너무 오래 걸린다면, 시간을 어디에서 잡아먹고 있는지 트레이스를 통해 추적할 수 있습니다. 마치 길을 잃은 사람을 따라가면서 어디에서 길을 잘못 들었는지를 찾아내는 것과 비슷합니다. 이렇게 문제의 원인을 찾아내면, 이를 바탕으로 문제를 해결할 수 있습니다.

- **로그(Logs)**: 로그는 시스템에서 일어난 모든 이벤트나 활동을 기록해둔 정보입니다. 누가 언제 어떤 일을 했는지 꼼꼼하게 기록한 일기장과 같습니다. 로그를 보면 이미 일어난 일에 대해 깊이 있게 분석할 수 있고, 왜 특정 문제가 생겼는지도 파악할 수 있습니다. 그리고 그 원인을 바탕으로 비슷한 문제가 다시 생기지 않도록 예방할 수 있습니다.

이 세 가지 요소 덕분에 옵저버빌리티는 단순히 문제가 생겼을 때만 반응하는 게 아니라, 문제가 생기기 전에 미리 파악하고 예방하는 데 도움을 줍니다. 그래서 IT 인프라 관리자는 옵저버빌리티 도구를 사용해 시스템 상태를 더 빠르고 정확하게 파악하고, 미래에 발생할 수 있는 문제도 미리 대비할 수 있습니다.

옵저버빌리티의 특징

옵저버빌리티 도구는 기존의 모니터링 도구보다 훨씬 많은 정보를 수집하고 분석해야 합니다. 그래서 일반적인 모니터링 도구와는 다르게 네 가지 특징을 가지고 있습니다.

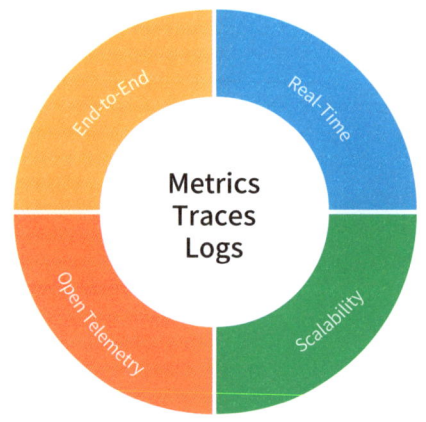

그림 8-22 옵저버빌리티 도구의 네 가지 특징

- **엔드-투-엔드(End-to-End)**: 옵저버빌리티 도구는 인프라에서부터 실제로 서비스를 사용하는 사용자의 환경까지 모든 것을 관리합니다. 이 과정을 엔드-투-엔드라고 부릅니다. 쉽게 말해 사용자의 요청이 서비스 운영 환경에서 어떻게 처리되고 그 결과가 사용자에게 어떻게 전달되는지 전체 과정을 모니터링합니다. 덕분에 서비스의 모든 단계에서 발생할 수 있는 문제를 포괄적으로 이해하고 해결할 수 있습니다.

- **실시간(Real-Time)**: 옵저버빌리티 도구는 데이터를 실시간으로 수집합니다. 물론 완벽하게 실시간은 아니고 1초 이하의 짧은 간격으로 데이터를 모읍니다. 모니터링 도구보다 데이터 수집 간격이 훨씬 짧기 때문에 거의 실시간처럼 느껴질 정도입니다. 이렇게 해서 최신 데이터를 즉시 제공하니, IT 인프라 관리자가 문제를 빠르게 감지하고 대응할 수 있습니다.

- **확장성(Scalability)**: 옵저버빌리티 도구는 서비스 사용자부터 운영 환경까지 모든 데이터를 실시간으로 수집하다 보니, 엄청난 양의 데이터를 처리해야 합니다. 그래서 보통 클라우드 환경에서 운영되고, 저장 공간이 부족해지면 자동으로 시스템을 확장해서 데이터 수집에 문제가 없도록 합니다. 데이터를 수집하다가 공간이 부족해서 멈춘다면 큰일입니다. 클라우드의 오토 스케일링 기능을 활용해 이런 문제를 해결한다고 보면 됩니다.

- **오픈 텔레메트리(Open Telemetry)**: 오픈 텔레메트리는 누구나 사용할 수 있고 기여할 수 있는 오픈소스 모니터링 도구 모음입니다. 다양한 언어와 기술로 개발된 서비스들도 문제없이 모니터링할 수 있도록 옵저버빌리티 도구는 오픈 텔레메트리를 지향하고 있습니다. 덕분에 새로운 개발 언어나 기술이 등장해도 데이터 수집에 제한이 없습니다. 이렇게 다양한 운영 환경에서도 하나의 일관된 모니터링을 구축할 수 있습니다.

이렇게 옵저버빌리티 도구는 단순히 모니터링을 넘어서서 시스템 전체를 관리하고 최적화하는 데 중요한 역할을 합니다. IT 인프라 관리자는 이 도구를 사용해 더 안정적이고 효율적으로 서비스를 운영할 수 있습니다.

풀스택 옵저버빌리티 도구

옵저버빌리티는 앞서 설명한 것처럼 특정 서비스의 운영과 사용자 환경을 End-to-End로 관리합니다. 서비스의 자원 활용 현황부터 문제의 원인 추적과 분석까지, 다양한 언어로 개발된 서비스의 데이터를 실시간으로 수집하죠. 그래서 **풀스택**(Fullstack) **옵저버빌리티**라고 합니다. 서비스 운영에 필요한 모든 정보를 수집하고 분석하는 도구라고 생각하면 됩니다.

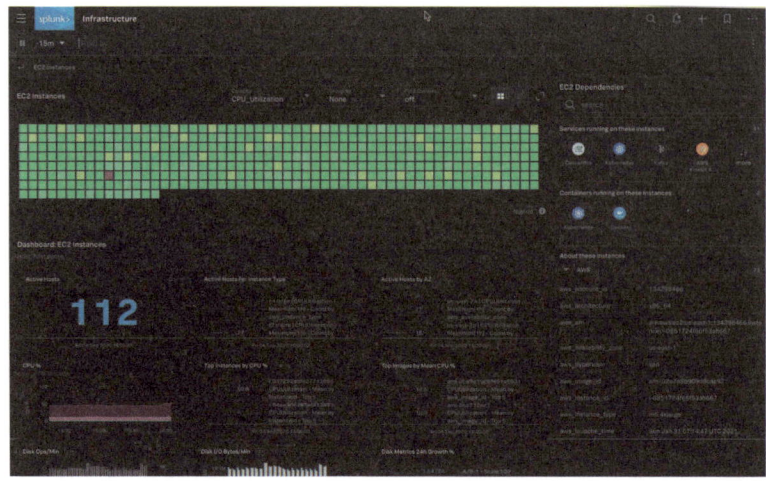

그림 8-23 풀스택 옵저버빌리티 도구 화면 예시(출처: Splunk)

덕분에 IT 인프라 관리자는 여러 가지 모니터링 도구를 따로따로 사용할 필요 없이, 하나의 옵저버빌리티 도구에서 서비스 운영에 필요한 모든 정보를 한눈에 확인할 수 있습니다. 따라서 옵저버빌리티는 단순히 모니터링을 넘어서, 도구 자체에서 제안하는 방안을 IT 관리자가 검토하고 적용함으로써 문제를 빠르게 해결할 수 있게 합니다. 그리고 반복적인 문제의 근본 원인까지 해결할 수 있는, 정말 유용한 도구라고 할 수 있습니다.

IT 기술이 발전하면서 아이러니하게도 IT 인프라 관리자가 챙겨야 할 부분은 점점 많아지고 있는 요즘, 순수한 모니터링을 넘어 옵저버빌리티 도구를 사용하는 것이 필수입니다.

> **퀴즈** / 다음 설명 중 OO에 들어갈 단어는 무엇일까요?
>
> ① **모니터링**: IT 인프라에서 발생한 다양한 OO 요소를 빠르게 파악하고 해결함으로써 서비스의 안정적인 운영을 도와주는 도구다. 이미 발생한 문제의 해결에 중점을 둔다.
> ② **모니터링 도구 종류**: 서버, 애플리케이션, DBMS, 네트워크, 클라우드 등 OO OOO OO마다 개별적인 모니터링 도구가 존재한다.
> ③ **옵저버빌리티**: 다양한 IT 인프라 모니터링 요소들을 한데 모아, 일관된 환경에서 서비스 운영 환경 전반을 점검할 수 있다. OOO으로 데이터를 수집, 분석해 복잡한 IT 환경에서의 안정적인 서비스 운영을 도와준다.
>
> **정답**
> ①번: 장애 / ②번: IT 인프라 요소 / ③번: 실시간

8.3 자동화

지금까지 IT 인프라에 장애가 발생했을 때 서비스를 멈추지 않도록 하는 고가용성과, 작은 문제가 큰 문제로 번지지 않도록 다양한 요소들을 점검하고 예방하는 모니터링 도구에 대해 알아봤습니다. 여기서 한 가지 중요한 요소를 더하자면 **자동화**(Automation)를 꼽을 수 있습니다.

서비스 운영 환경이 복잡해질수록 IT 인프라 관리자가 챙겨야 할 요소도 늘어납니다. 마이크로서비스 아키텍처의 도입으로 인해 IT 인프라에서 생성하고 운영해야 할 컨테이너의 수가 엄청나게 많아졌기 때문입니다. 이 수치는 앞으로 더 늘어날 것으로 예상됩니다. 이렇게 늘어나는 IT 인프라 요소들을 소수의 인원으로 운영하는 건 쉽지 않습니다.

그래서 이 많은 요소들을 안정적으로 운영하기 위해 필요한 것이 바로 자동화 기술입니다. 자동화를 통해 IT 인프라 관리자의 부담을 줄이고, 더 효율적으로 인프라를 운영할 수 있습니다.

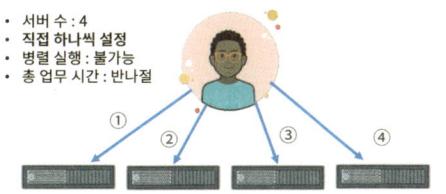

그림 8-24 수동 작업 vs 스크립트 기반 배치 작업 예시

그림 8-24처럼 IT 인프라 관리자가 서버 4대를 각각 다른 목적으로 설정해야 한다고 가정해봅시다. 먼저 OS를 설치하고, 서비스별로 필요한 소프트웨어를 깔고, 기존의 다른 시스템들과 잘 맞춰서 설정 작업을 해야 합니다. 이 작업을 수동으로 서버 하나씩 진행해야 한다면, 전체 작업을 끝내는 데 반나절 이상 걸리거나 상황에 따라서는 더 오래 걸릴 수도 있습니다. 게다가 이 과정에서 오류라도 발생한다면, 그 오류를 찾아내고 해결하는 데 추가적인 시간도 필요할 겁니다.

그런데 만약 한 서버에 OS와 필요한 소프트웨어를 설치한 후, 나머지 설정 작업이 자동으로 진행되도록 스크립트를 미리 작성해둔다면 어떨까요? 각 서버마다 이 작업이 자동으로 진행된다면, 시간을 대폭 줄일 수 있을 겁니다. 비록 4대의 서버에 작업을 동시에 진행할 수는 없어도, 수동으로 작업하는 것보다는 훨씬 빠르게 끝낼 수 있습니다. 서버 1대를 설정하는 데 10분이 걸린다고 가정하면, 4대를 설정하는 데에는 40분이면 충분합니다.

그림 8-25 자동화 기술을 활용해 다수의 서버 세팅 작업을 동시에 처리 가능

이 상황에서 자동화 기술을 사용하면 어떻게 달라질까요? 스크립트를 이용한 배치 작업은 서버를 하나씩 순차적으로 설정해야 해서 시간이 오래 걸리지만, 자동화 기술은 여러 서버를 병렬로, 동시에 실행할 수 있습니다. 그래서 만약 서버 1대를 세팅하는 데 10분이 걸려도, 서버 4대, 10대, 100대를 설정하는 데에도 똑같이 10분이면 충분합니다. 이렇게 자동화 기술을 활용하면 IT 인프라의 규모에 관계없이 작업을 빠르고 정확하게 처리할 수 있습니다. 큰 규모의 인프라에서도 작업 시간이 대폭 단축되고, 오류 발생 가능성도 줄어듭니다.

IaC

이렇게 IT 인프라 운영을 자동화할 수 있게 도와주는 기술을 IaC(Infra as a Code)라고 합니다. 이는 IT 인프라를 코드로 관리한다는 의미입니다. 미리 작성된 코드만 있으면, 그 코드를 통해 필요한 서비스 환경을 설정할 수 있습니다. 이 덕분에 소수의 인원으로도 대규모의 IT 인프라를 빠르고 정확하게 생성, 운영, 폐기할 수 있습니다. 오류도 줄어들고, 반복적인 작업을 자동으로 처리할 수 있어 운영 효율성이 크게 향상됩니다.

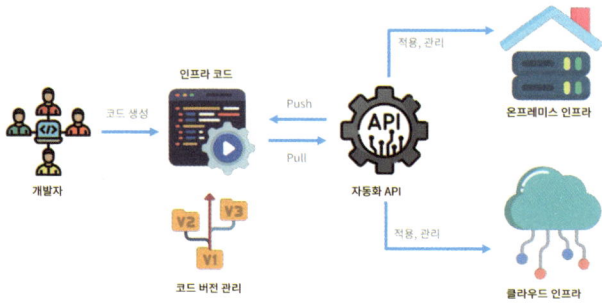

그림 8-26 인프라 운영 자동화 기술, IaC 개념도

IT 인프라 운영 자동화 시나리오는 처음부터 코드를 작성하지 않아도 Playbook이라는 템플릿을 활용해 쉽게 만들 수 있습니다. IaC 기능을 지원하는 오픈소스 도구들이 각각의 UI/UX

를 통해 Playbook 생성 기능을 제공하기 때문에 복잡한 코드 작성 없이도 필요한 작업들을 자동화할 수 있습니다.

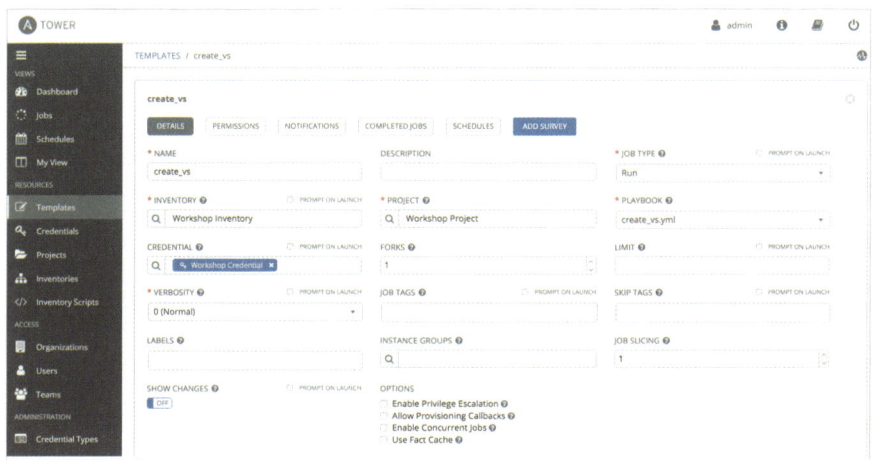

그림 8-27 IT 인프라 운영 상황을 필요에 따라 쉽게 만들 수 있게 도와주는 Playbook 템플릿 화면 예시(출처: Red Hat)

Playbook은 쉽게 말해 하나의 작업 시나리오입니다. 이 시나리오에는 여러 가지 작업이 들어 있습니다. 예를 들어, A라는 서비스를 운영하기 위한 Playbook을 만든다고 합시다. 여기에는 VM 생성, OS 및 소프트웨어 설치, 서비스 환경 구성 같은 작업들이 포함됩니다. 이런 작업 하나 하나를 Job이라고 부르고, 각각의 Job이 어떤 순서로, 어떻게 실행될지를 GUI 환경에서 쉽게 설정할 수 있습니다.

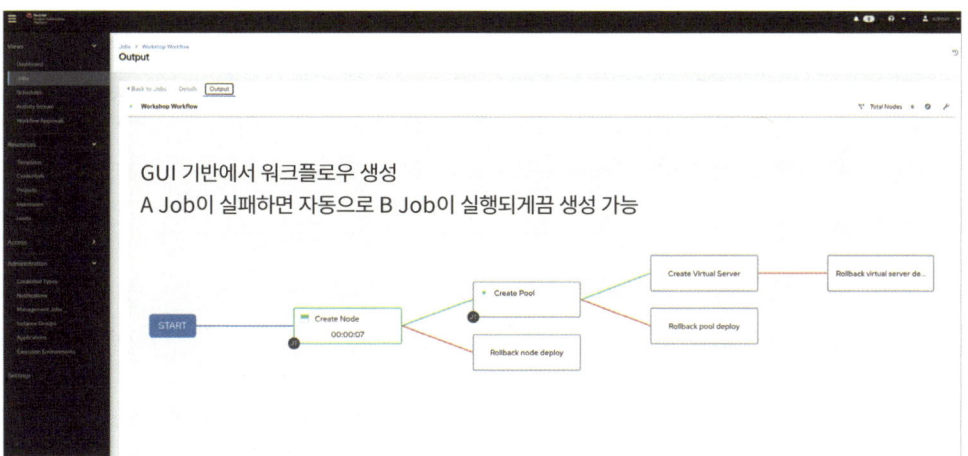

그림 8-28 Playbook은 다수의 Job(할 일)의 모음으로 구성됨(출처: Red Hat)

이런 방식으로 IT 인프라 관리자는 Playbook을 통해 각각의 Job을 구성하고, 자동으로 실행되도록 할 수 있습니다. 그러면 IT 관리자는 인프라를 설정하고 운영하는 시간을 크게 절약할 수 있고, 오류도 줄일 수 있습니다. 자동화 덕분에 IT 인프라 운영이 훨씬 수월해지는 것이죠.

AIOps

Playbook을 처음 만들 때는 사람이 직접 작업해야 합니다. 하지만 한 번 템플릿을 만들어두면, 그걸 활용해 IT 인프라 운영을 자동화할 수 있습니다. 그리고 템플릿 안의 세부적인 Job을 활용해, 특정 상황이 발생했을 때 어떻게 작동할지 설정할 수 있습니다. 요즘은 여기서 더 나아가 AI 기술을 접목한 **AIOps**(AI Operations)로 발전하는 추세입니다.

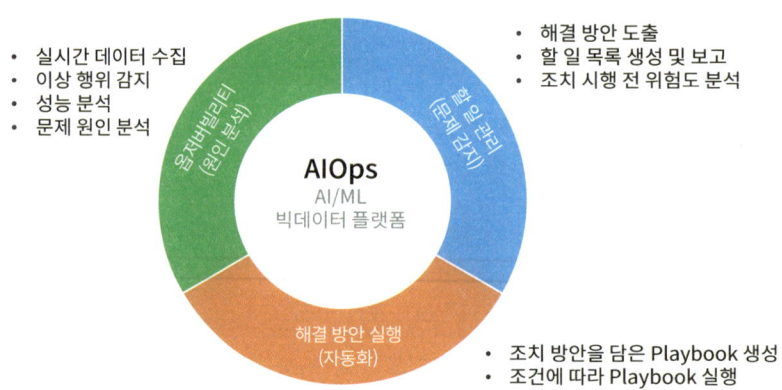

그림 8-29 IT 인프라 운영 자동화에 AI 기술이 접목되어 AIOps로 발전

AIOps가 구현되면 IaC에서 한 단계 더 발전하게 됩니다. 서비스 규모가 커져서 더 많은 자원이 필요해지면, Playbook을 실행할 필요 없이 AI가 직접 인프라 자원을 생성할 수 있습니다. 또, 문제가 생기면 옵저버빌리티 도구를 활용해 원인을 찾고 해결 방안을 IT 관리자에게 제시합니다. 심지어 아주 작은 문제라면 AI가 알아서 문제를 해결하고, 나중에 관리자에게 해결한 결과만 알리는 식입니다.

정리하면, IaC 같은 자동화 기술 덕분에 IT 인프라 운영이 소수의 인원으로도 빠르고 안정적으로 할 수 있게 되었습니다. 그리고 여기에 AI가 더해져 사람의 개입을 최소화하는 방향으로 발전하고 있습니다. 덕분에 IT 인프라 관리자는 반복적인 운영 업무에서 벗어나, 비즈니스 전략 수립 등 더 고차원적인 업무에 집중할 수 있게 되었습니다.

그림 8-30 다양한 IT 인프라 운영 자동화 도구들(출처: SCAND)

현재의 IT 인프라는 너무도 복잡하기에 소수의 IT 관리자가 서비스를 안정적으로 운영하기 위해 모든 IT 인프라 요소를 직접 관리하기에는 너무 어렵습니다. 그래서 앞서 봤던 자동화 기술을 바탕으로 한 IaC 도구들이 널리 사용되고 있습니다. 이런 도구들은 오픈소스를 기반으로 하고 있어서 빠르게 발전할 수 있었습니다. 그리고 오픈소스 기반 도구에 기업 환경에서 필요한 기능과 기술 지원을 추가해 유료 서비스로 제공하는 도구들도 많습니다. 여기에 AI가 추가되면서 소수의 인원으로 대규모 IT 인프라를 손쉽게 운영할 수 있는 방향으로 빠르게 발전해 나가고 있습니다.

> **퀴즈** / 다음 설명 중 잘못된 것은 무엇일까요?
>
> ① **자동화**: 사람의 개입을 최소화하여 오류를 줄이고 IT 인프라 생성과 폐기 등 관리를 자동으로 해나갈 수 있도록 돕는 기술로 IaC(Infra as a Code)처럼 코드로써 IT 인프라를 운영하는 것이 핵심이다.
>
> ② **Playbook**: 개발자의 개발 업무를 자동화시켜주는 도구다.
>
> ③ **Job**: Playbook 템플릿에서 실행되는 세부적인 임무이다.
>
> ④ **AIOps**: IaC에 AI 기술이 가미되어 대규모 IT 인프라를 소수의 인력으로 안정적으로 운영할 수 있도록 돕는 기술이다. 옵저버빌리티를 활용해 문제를 예측하고 해결 방안을 제안하며, 사소한 문제는 직접 해결하여 IT 인프라 관리자의 업무 부담은 줄이고 서비스 운영 안정성을 더욱 높이는 것이 핵심이다.
>
> **정답**
>
> ②번: Playbook은 IT 인프라 운영자의 업무를 자동화시켜주는 템플릿으로, 개발자의 개발 업무 자동화를 도와주는 도구는 CI/CD입니다.

지금까지 IT 인프라와 애플리케이션을 안성석으로 운영하기 위해 사용히는 고가용성, 모니터링, 자동화 기술을 살펴봤습니다. 그런데 이 세 기술만으로 서비스의 안정성을 완벽하게 보장할 수 있을까요? 사실 그렇지 않습니다. 여기서 더 중요한 요소 하나가 빠졌는데, 바로 보안입니다. 아무리 고가용성, 모니터링, 자동화 기술을 잘 활용하더라도 보안 사고가 발생하면 그 자체가 서비스 장애로 이어질 수 있습니다. 다음 9장에서는 IT 인프라와 그 인프라에 저장되는 사용자 데이터를 안전하게 보호하기 위한 보안 기술에 대해 자세히 알아보겠습니다.

CHAPTER

09

IT 인프라 보안

서비스에서 데이터에 문제가 생겼다는 건 그 서비스를 제대로 이용할 수 없다는 뜻입니다. 접속은 되는데, 정작 안에서 아무것도 할 수 없다면 사용자들은 그 서비스를 더 이상 사용하지 않습니다. 그래서 서비스를 안정적으로 운영하려면 IT 인프라의 안정성뿐만 아니라, 서비스 내의 데이터도 안전하게 보호되어야 합니다. 이번 9장에서는 데이터를 안전하게 보호하기 위해 사용되는 IT 인프라 보안 기술에 대해 다룹니다. 서비스에 접속하는 사용자와 서비스를 운영하는 인프라로 나누어, 각 분야별로 활용되는 보안 기술을 자세히 알아보겠습니다.

9.1 _ 엔드포인트 보안

9.2 _ 네트워크 보안

9.3 _ 접근제어

9.4 _ IAM

9.5 _ 제로 트러스트

9.1 엔드포인트 보안

처음 살펴볼 보안 기술은 **엔드포인트 보안**(Endpoint Security)입니다. 우리는 어떤 서비스에 접속할 때 주로 데스크톱이나 노트북 같은 PC나 스마트폰, 태블릿, 스마트워치 같은 모바일 기기를 사용합니다. 이처럼 사용자가 서비스에 접속해서 활용하는 기기를 엔드포인트 기기라고 합니다. 즉, 최종 사용자 기기를 뜻합니다. IT 인프라 보안의 첫 단계는 바로 이 엔드포인트 기기의 데이터를 보호하는 것부터 시작됩니다.

왜 엔드포인트 보안이 중요할까요? 이 기기들이 서비스와 데이터를 주고받는 첫 번째 접점이기 때문입니다. 엔드포인트 보안이 탄탄하게 구축되어야 전체적인 IT 인프라 보안도 안정적으로 유지될 수 있습니다. 그래서 IT 인프라 보안을 이야기할 때, 항상 엔드포인트의 보안부터 시작합니다.

악성코드 종류

해커들이 사용자의 엔드포인트 기기에 있는 데이터를 노리기 위해 사용하는 게 바로 **악성코드**, 즉 **멀웨어**(Malware)입니다. 악성코드는 사용자에게 피해를 주기 위한 목적으로 만들어진 코드나 소프트웨어를 말하는데, 흔히 '바이러스'라고 부르는 것도 사실 악성코드의 일종입니다. 여러 종류의 악성코드 중에서 하나가 바이러스인 셈입니다.

그림 9-1 대표적인 악성코드 종류

- **바이러스(Virus)**: 하드웨어를 오작동시켜 데이터에 간접적인 손상을 입히는 악성코드입니다. 스스로 자신을 복제해서 데이터를 감염시킨다는 것이 특징입니다.
- **웜(Worm)**: 이 악성코드는 스스로 복제하는 데 그치지 않고, 그 복제본을 네트워크를 통해 다른 컴퓨터로 전파합니다. 네트워크를 손상시키거나 데이터를 암호화하는 등 직접적인 피해를 입힙니다.

- **트로이목마(Trojan)**: 정상적인 프로그램으로 위장한 악성코드입니다. 주로 PC에 저장된 데이터를 해커의 PC로 빼돌리는 것이 목적입니다. 보통 Windows나 Office 정품 인증 프로그램처럼 생긴 실행 파일 형태로 유포됩니다.

랜섬웨어

이러한 악성코드는 오래전부터 존재한 전통적인 방법입니다. 하지만 해커들도 이런 방식으로는 더 이상 큰 피해를 주기 어렵다는 걸 잘 알고 있습니다. 그래서 최근에는 진화한 새로운 악성코드가 등장했는데, 바로 **랜섬웨어(Ransomware)**입니다. 이 랜섬웨어는 여전히 큰 골칫거리로 많은 사용자를 괴롭히고 있습니다.

그림 9-2 데이터를 인질로 삼고 사용자에게 대가를 요구하는 랜섬웨어(출처: Tech Howtos)

랜섬웨어는 인질을 뜻하는 랜섬(Ransom)과 악성코드를 의미하는 멀웨어(Malware)의 ware를 합친 단어입니다. 이 악성코드는 사용자의 데이터를 암호화해서 사용할 수 없도록 만듭니다. 그리고 암호화된 파일을 다시 정상적으로 되돌리려면, 해커는 대가를 지불하라고 협박합니다. 즉, 사용자의 데이터를 인질로 잡고 값을 요구합니다. 사용자의 PC에 저장된 데이터가 알 수 없는 확장자로 변해서 열어볼 수 없게 되면, 어쩔 수 없이 해커가 요구하는 비용을 지불해야만 데이터를 되찾을 수 있습니다.

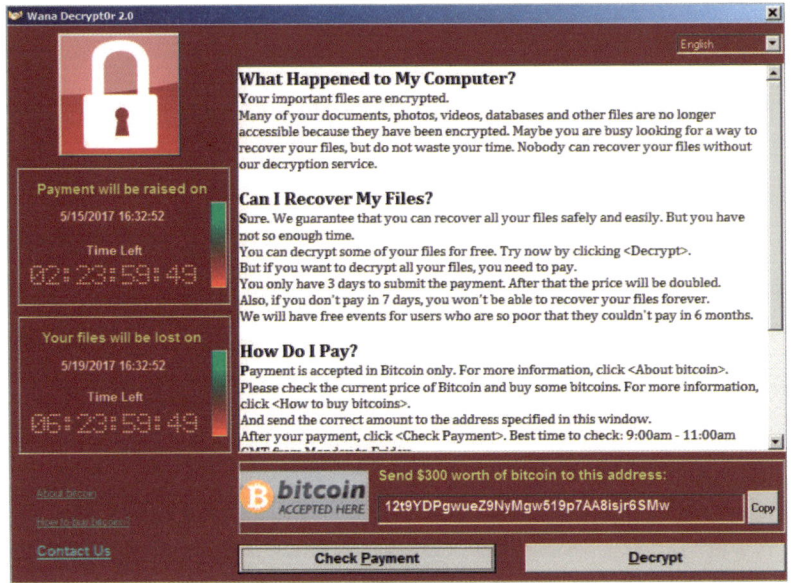

그림 9-3 대표적인 랜섬웨어인 워너크라이(출처: 위키백과)

랜섬웨어는 2012년부터 본격적으로 등장하기 시작했습니다. 특히 워너크라이(WannaCry)라는 랜섬웨어가 유명합니다. 이 랜섬웨어에 감염되면 사용자 PC에 있는 데이터가 모두 .WNCRY라는 확장자로 암호화돼서 열어볼 수 없습니다. 그리고 화면에는 암호화된 파일들을 복호화하려면 언제까지 지정된 비트코인 주소로 비용을 보내라는 협박 메시지가 나타납니다.

랜섬웨어에 감염된 사용자들은 중요한 데이터가 암호화되었을 경우, 어쩔 수 없이 해커에게 돈을 지불하고 복호화 키나 방법을 전달받는 경우가 많습니다. 기존의 악성코드가 데이터를 손상시켰다면, 랜섬웨어는 데이터를 인질로 삼아 돈을 요구한다는 점에서 큰 차이가 있습니다. 게다가 비트코인과 같은 암호화폐를 사용하기 때문에 해커를 추적하기도 어렵고, 암호화폐의 가치가 상승하면서 랜섬웨어 공격은 더욱 기승을 부리고 있습니다.

또 랜섬웨어는 앞서 설명한 모든 악성코드의 특징을 다 갖추고 있어서, 기업의 한 명의 PC에 침투해 네트워크를 통해 다른 사용자 PC와 서버까지 퍼질 수 있습니다. 이렇게 감염된 데이터의 양이 늘어나면, 해커가 요구하는 몸값도 당연히 높아지겠죠? 그런데 설사 해커에게 돈을 지불해 복호화 키를 받더라도, 모든 데이터가 완벽하게 복구되지 않는 경우도 종종 보고되고 있습니다. 이 때문에 랜섬웨어는 기업과 개인에게 가장 큰 피해를 주는 악명 높은 악성코드라고 볼 수 있습니다.

 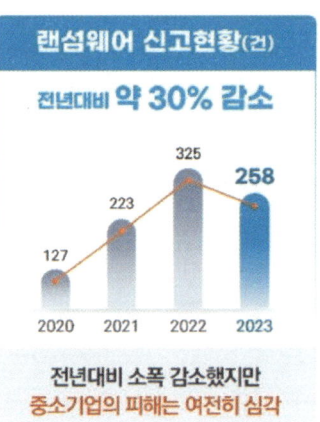

그림 9-4 한국인터넷진흥원(KISA)에서 발표한 최근 국내 랜섬웨어 피해 사례(출처: 한국인터넷진흥원)

한국인터넷진흥원(KISA)에 따르면, 랜섬웨어 피해를 신고하는 기업들의 수가 꾸준히 늘고 있다고 합니다. 신고되지 않은 사례까지 포함하면 랜섬웨어 피해는 더 늘어날 것으로 예상됩니다. 특히 놀라운 사실은 중소기업이 전체 랜섬웨어 피해의 78%를 차지한다는 것입니다. 일반적으로 대기업에서는 별도 보안팀을 운영하고 외부 보안 회사의 도움을 받아 랜섬웨어에 대응하지만, 중소기업에서는 보안 전문 인력이나 예산이 부족한 경우가 많습니다. 그래서 중소기업이 랜섬웨어에 감염됐을 때 자체적으로 대응하기가 훨씬 어렵습니다.

그렇다면 이런 랜섬웨어를 비롯한 악성코드를 어떻게 막을 수 있을까요? 해답은 바로 엔드포인트 보안 소프트웨어에 있습니다.

대표적인 엔드포인트 보안 소프트웨어 AV

AV(AntiVirus)는 엔드포인트 기기에서 악성코드를 탐지하고 감염된 데이터를 치료해 사용자의 데이터를 보호해 주는 소프트웨어입니다. 사용자가 악성코드가 포함된 파일을 실행하려고 하면, AV는 그 파일의 실행을 강제로 차단하고, 악성코드가 퍼지지 않도록 특정 공간에 격리시키는 기능도 갖추고 있습니다.

그림 9-5 유명한 AV 소프트웨어들을 평가하는 AVTEST(출처: AVTEST)

AVTEST는 정기적으로 AV 소프트웨어의 성능을 테스트하고, 악성코드 탐지 능력을 평가하는 기관입니다. 그림 9-5처럼 대부분의 AV는 6점 만점에 5.5점 이상의 높은 점수를 받고 있습니다. 심지어 6점 만점을 받은 AV도 많아서, 현재 AV 소프트웨어의 성능이 상향 평준화되어 있다고 할 수 있습니다.

특히 주목할 만한 점은 Microsoft Defender Antivirus입니다. 이 소프트웨어는 Windows OS에 기본 탑재되어 무료로 제공되지만, 성능 평가에서 6점 만점을 기록했습니다. 다른 유료 AV 소프트웨어와 비교해도 전혀 뒤지지 않은 평가입니다. Windows OS에서 Microsoft Defender를 강제로 비활성화하지 않는 이상, 사용자의 PC는 다른 상용 AV 소프트웨어를 사용하는 것만큼 안전하게 보호됩니다.

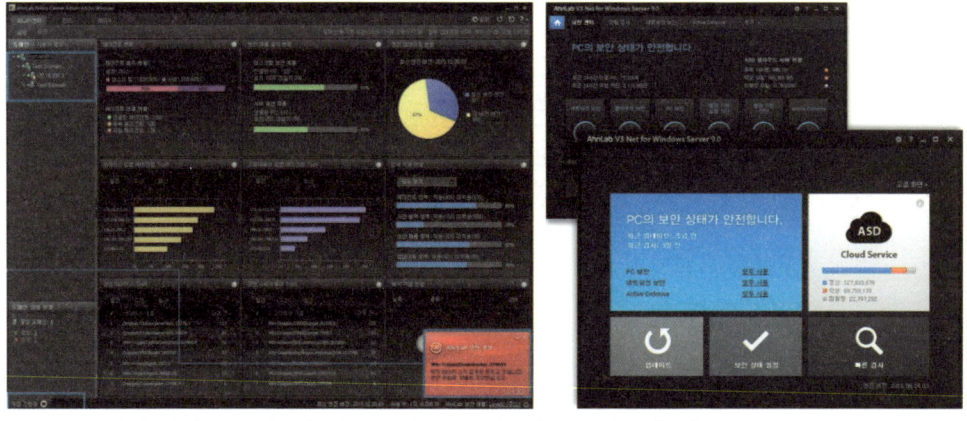

그림 9-6 국내 대표적인 AV 중 하나인 안랩 V3의 관리자 화면과 사용자 화면 예시(출처: 안랩)

기업들은 왜 강력한 무료 AV인 Microsoft Defender가 있음에도 별도의 유료 AV 소프트웨어를 구매해서 사용할까요? 여러 이유가 있지만, 한 가지 이유는 문제가 생겼을 때 관리자의 책임을 회피하기 위한 용도일 수 있습니다.

예를 들어, 무료인 Microsoft Defender만 사용하다가 악성코드 피해가 발생하면, 경영진이 '유료 AV를 사용하지 않아서 이런 피해가 생긴 것 아니냐?'라며 IT 인프라 담당자를 추궁할 수 있습니다. 반면 유료 AV를 사용하고도 악성코드에 감염된다면, IT 인프라 담당자는 그 피해에 대한 책임을 AV 소프트웨어 제조사로 넘길 수 있습니다. '우리가 잘못한 게 아니라, 그들이 AV 소프트웨어를 제대로 만들지 않아 피해가 생긴 것'이라고 책임을 전가할 수 있는 것이죠. 어쨌든 AV 성능 자체는 유료 AV나 무료 AV인 Microsoft Defender나 크게 차이가 없는 게 사실이니까요.

또 다른 이유는 관리 편의성입니다. 유료 AV들은 중앙관리 기능을 제공하는데, 이 기능을 통해 관리 서버에서 모든 임직원 PC의 AV 설치 현황, PC 상태, 악성코드 감염 여부 및 위험 현황 등을 점검할 수 있습니다. 덕분에 문제가 생겼을 때 빠르게 조치할 수 있는 것도 장점입니다.

물론 Microsoft Defender도 중앙관리가 가능하지만 국내 AV 기업들의 중앙관리 기능이 국내 기업들의 환경에 더 최적화되어 있고, 보안 보고서 작성이 더 편리하다는 점이 유료 AV를 사용하는 또 하나의 주된 이유입니다.

알려져 있지 않은 위협을 탐지하는 EDR

AV는 주로 이미 알려진 위협을 탐지하는 역할을 합니다. 트로이목마나 워너크라이 같은 잘 알려진 악성코드들은 AV 소프트웨어의 엔진에 악성코드 패턴이 저장되어 있어서, 사용자 PC에 침투해도 AV가 빠르게 탐지하고 차단할 수 있습니다. 하지만 해커들은 신종 악성코드를 계속 개발하면서 AV 회사들과 치열한 싸움을 벌이고 있습니다. 일종의 창과 방패의 싸움이라고 할 수 있습니다. AV 보안 회사들이 해커들의 공격을 막아낼수록 해커들의 공격 패턴도 계속 진화하고 있습니다.

요즘은 고도로 진화된 해커들의 공격을 AV만으로 막기가 점점 어려워지고 있습니다. AV는 이미 알려진 악성코드 패턴에 대응하는 방식이라, 어디선가 누군가의 PC가 감염되어 피해를 입어야만 그 이후의 피해를 막을 수 있도록 AV가 패턴을 업데이트할 수 있습니다. 이렇다 보니 해커들의 공격 방식이 날로 진화하면서 더 발전된 엔드포인트 보안 기술이 필요하게 되었습니다. 그래서 등장한 것이 바로 EDR입니다.

EDR : Endpoint Detection & Response

탐지   대응   조사   치료

그림 9-7 EDR 솔루션에 제공하는 대표적인 기능 예시

EDR(Endpoint Detection & Response)은 엔드포인트 기기에 침투한 악성코드를 빠르게 감지하고 대응하는 데 초점을 맞춘 보안 솔루션입니다. 기존의 AV에서 한 단계 더 진화한 기술이죠. AV는 이미 알려진 패턴에 대응하는 반면, EDR은 알려지지 않은 새로운 패턴에도 대응할 수 있습니다.

EDR은 PC에서 평소와는 다른 이상 행위가 감지되면 그 행위를 악성코드로 판단해 빠르게 차단합니다. 이후 해당 행위를 자세히 분석한 뒤, 실제로 악성코드로 판명되면 EDR의 패턴 정보에 업데이트해 비슷한 공격이 다시 들어오면 분석 과정 없이 바로 차단할 수 있습니다. EDR의 역할은 AV와 유사하지만 알려지지 않은 패턴에도 대응할 수 있는 뛰어난 이상 행위 감지 능력이 가장 큰 차이점입니다.

엔드포인트 기기 보안 소프트웨어는 AV에서 EDR로 진화하면서, 이제는 알려지지 않은 위협도 막아낼 수 있을 정도로 발전했습니다. 대부분의 AV 소프트웨어 제공 기업들이 자체 보안 엔진을 기반으로 EDR 솔루션을 제공합니다. 그런데 여기서 끝이 아닙니다. 요즘은 EDR을 넘어서 네트워크, 클라우드, 이메일 등 다양한 요소를 통합해 보호할 수 있는 **XDR**(eXtended Detection & Response) 솔루션도 많습니다.

'그렇다면 EDR이나 XDR 솔루션의 성능은 다 비슷한 거 아닌가?'라고 생각할 수도 있습니다. 사실 꼭 그렇지는 않습니다. AV는 상향 평준화된 성능을 보이지만, EDR과 XDR은 이상 행위 감지 엔진의 성능에 따라 차이가 클 수 있습니다. 그림 9-8은 글로벌 시장조사기관 Gartner가 발표한 2023년 Magic Quadrant for Endpoint Protection Platform 차트입니다. 이를 보면 EDR 솔루션을 제공하는 기업들의 위치를 확인할 수 있습니다. 차트 오른쪽 상단에 위치한 기업일수록 성능이 뛰어나다고 평가받고 있습니다.

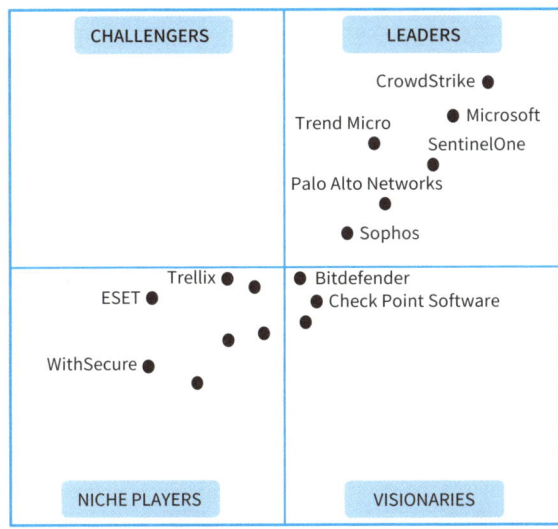

그림 9-8 Gartner가 발표한 글로벌 엔드포인트 보호 플랫폼 평가 지표

앞서 본 AVTEST에 있는 기업들, 그리고 Leaders 부문에 오른 기업들만 따로 표시했는데, 이 차트에 이름을 올린 기업들이 세계적으로 유명한 EDR, XDR 솔루션 제공 기업들입니다.

핵심 개념 정리

- **엔드포인트(Endpoint)**: 서비스에 접속하는 최종 사용자 기기, PC나 모바일 기기가 대표적인 엔드포인트 기기를 의미.

- **악성코드(Malware)**: 악의적인 목적으로 개발된 소프트웨어, 사용자 PC에 침투에 데이터를 손상시킴.

- **AV(AntiVirus)**: 이미 알려진 패턴을 기반으로 악성코드를 막아내기 위한 기본적인 보안 소프트웨어.

- **EDR(Endpoint Detection & Response)**: 엔드포인트에서 감지된 이상 행위를 자체 엔진으로 분석해 알려져 있지 않은 악성코드도 막아낼 수 있는, AV에서 한 단계 진화한 보안 솔루션.

9.2 네트워크 보안

엔드포인트 보안 못지 않게 중요한 게 바로 네트워크 보안입니다. 사용자가 서비스를 이용할 때, 엔드포인트 기기를 통해 네트워크를 거쳐 서비스에 접속합니다. 그런데 이 네트워크 구간에서 해커가 침투해 사용자의 데이터를 빼돌릴 수도 있습니다. 그렇다면 이 네트워크 단계에서 사용자의 데이터를 어떻게 보호할 수 있을까요? 그래서 필요한 것이 네트워크 보안 솔루션입니다.

방화벽

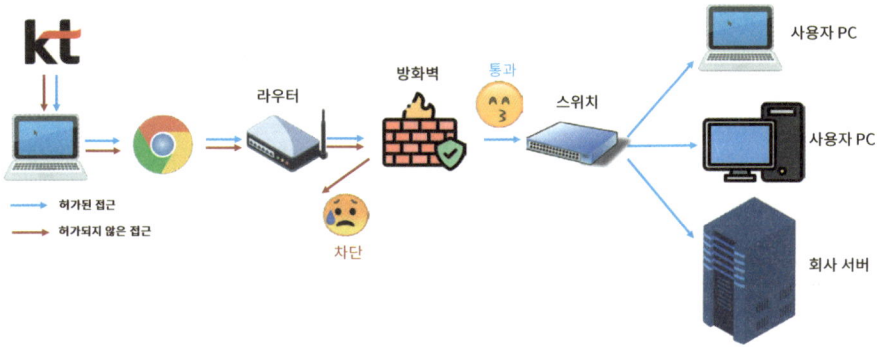

그림 9-9 기본적인 네트워크 보안 솔루션, 방화벽 개념도(출처: KT)

먼저 알아볼 것은 네트워크 보안의 기본 중의 기본인 방화벽입니다. 방화벽이 어떤 역할을 하는지는 2장에서 자세히 다룬 적이 있습니다. 방화벽의 핵심 기능은 정책에 따라 네트워크 트래픽을 통과시키거나 차단하는 것입니다. 예를 들어, 그림 9-9처럼 A 사용자가 KT 같은 ISP(Internet Service Provider)의 네트워크를 통해 외부에서 라우터를 거쳐 회사 내부 시스템에 접근하려고 합니다. 이때 방화벽은 A 사용자의 IP 주소를 확인하고, 미리 설정된 정책과 비교한 다음, 이 접근을 허용할지 아니면 차단할지를 결정합니다.

이렇게 방화벽은 내부 네트워크 앞단에 위치해, 외부에서 들어오는 접근 시도를 정책에 따라 통제함으로써 내부 인프라와 PC에 저장된 데이터를 보호하는 중요한 역할을 맡고 있습니다. 방화벽이 없다면 외부의 의심스러운 접근이 자유롭게 이루어질 수 있고, 회사 내부의 시스템과 PC들은 해커의 공격에 무방비로 노출될 겁니다. 그런데 문제는 방화벽이 있다 하더라도 해커들은 이 방화벽을 뚫고 들어올 수 있다는 점입니다.

IDS와 IPS

그래서 **IDS**(Intrusion Detection System)와 **IPS**(Intrusion Prevention System)가 필요합니다. 이 두 시스템은 방화벽을 통과한 네트워크 트래픽을 더 깊이 분석해, 정상적인 트래픽인지, 아니면 해커가 보낸 악성 트래픽인지를 판별하고, 악성 트래픽을 차단하는 역할을 하는데요. IDS와 IPS가 트래픽을 처리하는 방식에는 약간의 차이가 있습니다.

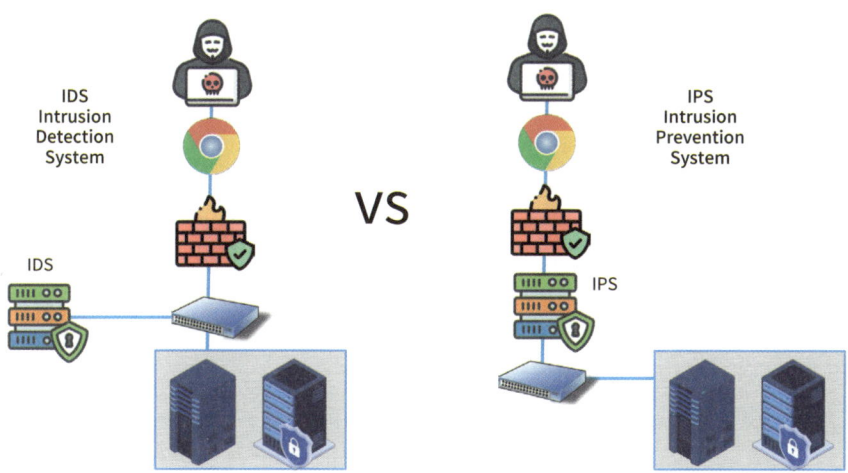

그림 9-10 네트워크 침입 탐지(IDS) 및 방지(IPS) 시스템

그림 9-10을 보면, IDS는 방화벽을 통과한 트래픽을 일단 모두 허용한 뒤, 그 트래픽의 복제본을 IDS로 보내 분석합니다. 그리고 이 트래픽이 악성이라고 판단되면, 그때서야 관리자가 조치를 취할 수 있도록 알리는 방식입니다. 반면, IPS는 방화벽을 통과한 트래픽을 모두 다시 한번 분석합니다. 그리고 IPS의 까다로운 기준을 통과한 트래픽만 내부 시스템으로 보냅니다. 이 덕분에 IPS는 악성 트래픽을 실시간으로 탐지하고, 차단할 수 있는 강력한 기능을 제공하게 됩니다.

방화벽, IDS, IPS 비교

그림 9-11은 방화벽, IDS, IPS의 역할을 비교한 표입니다. 이 세 가지 솔루션은 모두 네트워크 보안을 목적으로 하지만 각각의 역할이 조금씩 다릅니다. 일단 방화벽이 1차 관문이라면, IDS와 IPS는 2차 관문이라고 볼 수 있습니다.

	방화벽(Firewall)	IDS	IPS
목적	접근통제, 인가	침입 여부 감지	침입 이전에 방지
특징	수동적 차단 내부망 보호	로그, 시그니처 기반의 패턴 매칭	정책, 규칙 DB 기반의 비정상적 행위 탐지
패킷 차단	O	X	O
패킷 내용 분석	X	O	O
오용 탐지	X	O	O
오용 차단	X	X	O
이상 탐지	X	O	O
이상 차단	X	X	O
네트워크 동작 계층	L2, L3	L2 ~ L7	L2 ~ L7
장점	엄격한 접근통제 가능 인가된 트래픽만 허용	실시간 침입 여부 탐지 사후분석 후 대응 가능	실시간 대응 세션 기반 탐지 및 방지
단점	내부자 공격에 취약 네트워크 병목현상	변형 패턴은 탐지가 어려움	오탐 현상 발생 가능성 장비가 매우 비쌈

그림 9-11 방화벽, IDS, IPS의 차이

- **방화벽(Firewall)**: 방화벽은 IP 주소와 포트를 기반으로 미리 설정된 정책에 따라 네트워크 트래픽을 허용하거나 차단하는 1차 방어선입니다. 주로 네트워크의 경계를 보호하는 역할을 합니다.

- **IDS(Intrusion Detection System)**: IDS는 방화벽을 통과한 트래픽의 복제본을 분석해, 그 트래픽이 악성인지 아닌지를 판단합니다. 마치 엔드포인트에서 동작하는 AV나 EDR처럼, 이미 알려진 패턴을 기반으로 이상 행위를 탐지하는 것이 주된 목적입니다. 그런데 IDS는 악성 트래픽을 감지해도 관리자에게 알리는 역할만 하기에, 실제로 차단하려면 관리자가 방화벽 정책에 반영해야 합니다. 그리고 변형된 패턴을 탐지하기 어려운 단점이 있습니다(오탐률은 낮지만 미탐률은 높음).

- **IPS(Intrusion Prevention System)**: IPS는 네트워크 단에서 실시간으로 트래픽을 분석하고, 악성 트래픽으로 판단되면 바로 차단합니다. 그래서 IDS보다 더 안전하게 네트워크를 보호할 수 있지만, 트래픽을 한 번 더 분석하다 보니 서비스까지 전달되는 시간이 길어질 수 있습니다. 또 정상 트래픽을 악성 트래픽으로 오인해 차단하면 서비스 이용에 불편을 초래할 수도 있습니다(미탐률은 낮지만 오탐률은 높음).

따라서 기업은 상황에 따라 방화벽, IDS, IPS를 적절히 조합해서 사용할 수 있습니다. 예를 들어, 기본적인 네트워크 보안만 필요하다면 방화벽만으로도 충분할 수 있고, 보안을 한 단계 더 강화하고 싶지만 서비스 원활한 사용이 중요하다면 IDS를 추가할 수 있습니다. 반면, 보안이 최우선이라면 IPS를 고려해 볼 수 있습니다. 물론 방화벽에서 IDS, IPS로 갈수록 솔루션의 비용이 더 비싸긴 합니다.

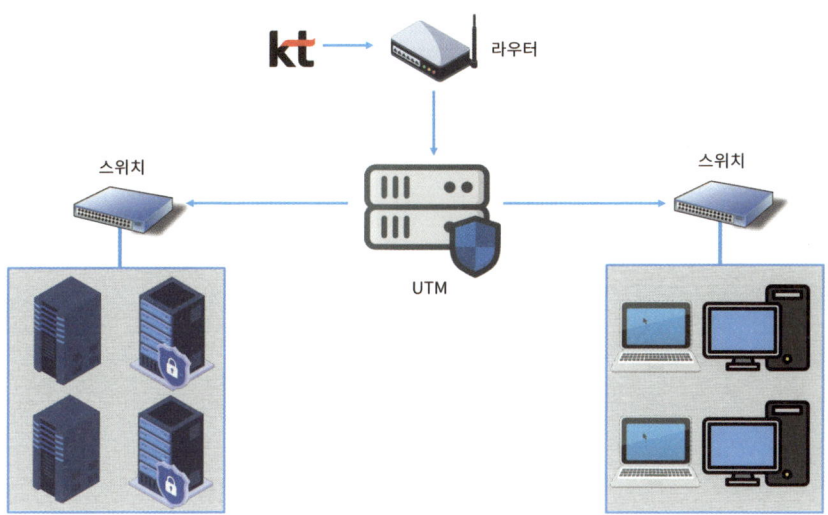

그림 9-12 방화벽, IDS, IPS 기능을 모두 가지고 있는 통합 네트워크 보안 솔루션, UTM(출처: KT)

최근에는 방화벽, IDS, IPS 같은 개별 보안 솔루션들을 하나로 통합한 **UTM**(Unified Threat Management) 솔루션이 활용되는 추세입니다. UTM은 말 그대로 통합 보안 관리 장비입니다. 방화벽의 기본 기능은 물론이고 가상 사설 네트워크(VPN)와 IDS, IPS 기능까지 한 장비에서 모두 제공합니다.

그림 9-12처럼, 외부에서 들어오는 트래픽이 UTM을 통해 들어오면, UTM은 방화벽 정책과 IDS, IPS 기능을 활용해서 이 트래픽을 통과시킬지 차단할지 결정합니다. 기업 입장에서는 따로따로 관리해야 했던 네트워크 보안 솔루션을 하나의 장비로 통합할 수 있습니다.

사실 이렇게 하나로 통합된 장비는 IDS나 IPS만을 전문으로 하는 장비들보다는 성능이 조금 떨어지거나 악성 트래픽 탐지 및 차단 능력이 부족할 수 있습니다. 그래서 기업은 네트워크 보안 수준과 예산을 고려해서, UTM으로 통합할지 아니면 별도의 IDS나 IPS 장비를 따로 사용할지를 결정해야 합니다.

하지만 UTM의 성능과 기능도 계속 발전하고 있어서, 요즘은 UTM 하나로 모든 네트워크 보안을 관리하는 것이 점점 더 일반적입니다. 관리자는 관리해야 할 장비가 적을수록 업무가 더 수월해지기 마련입니다.

> **퀴즈** / 다음 설명 중 OO에 들어갈 단어는 무엇일까요?
>
> ① **방화벽**: 가장 기본적인 네트워크 보안 솔루션. IP 주소를 사용해 OO 기반으로 OOO을 허용하거나 차단한다.
>
> ② **IDS**: 네트워크 침입 탐지 솔루션. OOO을 통과한 트래픽의 복제본을 분석해 악성 트래픽인지 아닌지 판단하고 관리자에게 결과를 통보하는 역할만 수행. 이후 관리자가 OOO 정책을 업데이트해서 악성 트래픽 차단이 가능하다.
>
> ③ **IPS**: 네트워크 침입 방지 솔루션. OOO을 통과한 트래픽을 IPS에서 한 번 더 분석해 악성 트래픽으로 탐지되면 직접 차단해서 OO 네트워크로 트래픽이 전달되지 못하게 조치한다.
>
> ④ **UTM**: 방화벽에 OOO, OOO, OOO 기능이 추가된 통합 네트워크 보안 솔루션이다.
>
> 정답
> ①번: 정책, 트래픽 / ②번: 방화벽, 방화벽 / ③번: 방화벽, 내부 / ④번: VPN, IDS, IPS

9.3 접근제어

RBAC

사용자가 기기를 통해 네트워크를 거쳐 서비스에 접속하게 되면, 비로소 원하는 정보를 조회하고 서비스의 다양한 기능을 사용할 수 있습니다. 그런데 서비스를 사용하려면 항상 바로 접속할 수 있는 건 아닙니다. 많은 서비스들은 사용자마다 개별적인 데이터를 보여주기 위해 로그인을 요구합니다. 이 로그인 과정을 통해 사용자의 ID와 비밀번호를 확인해서, 그 사용자가 정말 맞는지, 그리고 서비스에 접근할 수 있는 권한이 있는지를 판단하게 됩니다. 이런 과정을 **접근제어**라고 합니다.

다시 말해 서비스에 접속하려면 어떤 문을 통과해야 하는데, 이 문이 바로 로그인 과정인 셈입니다. 문지기 역할인 시스템이 사용자가 올바른 ID와 비밀번호를 입력했는지 확인한 후에 비로소 문을 열어주고, 서비스를 사용할 수 있게 해주는 것이죠.

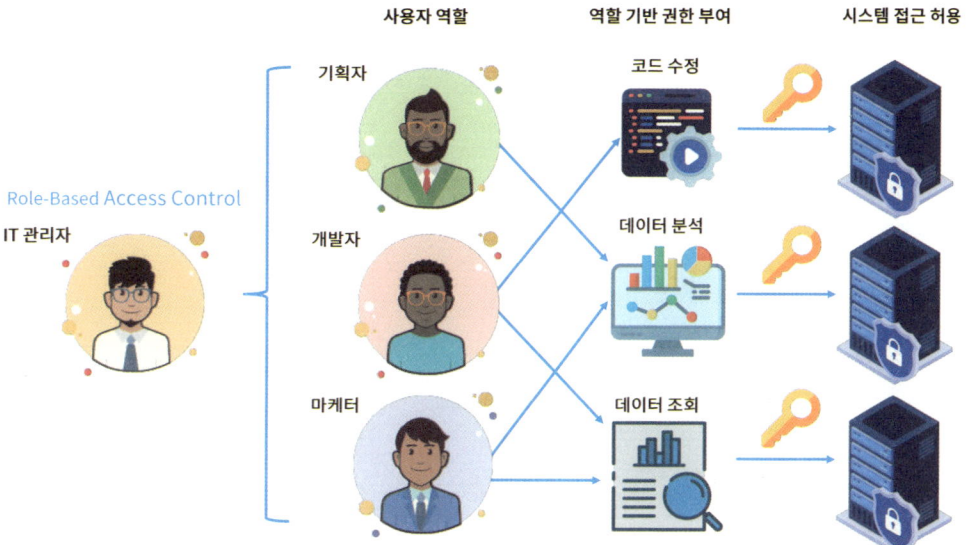

그림 9-13 기본적인 접근제어 방법인 RBAC

접근제어는 사용자의 상태에 따라 서비스 접근을 통제하는 기술입니다. 그림 9-13에서 볼 수 있듯이, 접근제어에는 RBAC(Role-Based Access Control)라는 역할 기반 접근제어 방법이 주로 사용됩니다. 이 방법은 사용자가 어떤 네트워크나 서비스에 접근하려 할 때, 그 사용자의 역할에 따라 접근을 허용하거나 차단하고, 허용된 경우에도 적절한 권한을 부여해 데이터를 안전하게 보호하는 방식입니다.

한 예로, 기획자는 시스템에 접근해서 데이터를 조회하고 분석할 수는 있지만, 데이터를 생성하거나 삭제하는 등의 수정 작업은 할 수 없습니다. 반면, 개발자는 데이터를 수정할 수 있는 권한은 있지만, 데이터를 분석하는 기능에는 접근할 수 없습니다. 마케터는 데이터를 조회하고 분석할 수는 있지만, 기획자와 마찬가지로 데이터를 수정할 수는 없습니다. 이렇게 사용자마다 역할에 따라 접근을 제어하고, 각기 다른 권한을 부여하는 것이 바로 **RBAC, 역할 기반 접근제어**입니다.

RBAC 기반 접근제어는 사용자가 서비스에 접근을 시도할 때(네트워크), 그리고 접근한 이후 데이터를 생성하거나 조회할 때(데이터베이스) 두 가지 측면에서 활용할 수 있습니다. 그럼 이 두 가지 기술을 어떻게 구현하는지 알아봅시다.

NAC

NAC(Network Access Control)는 네트워크 접근을 제어하는 솔루션으로, UTM 뒤에 위치합니다. UTM을 통과한 외부 트래픽이 내부 시스템이나 PC로 전달되기 전에, NAC에서 이 트래픽의 목적과 접근하려는 데이터에 따라 접근을 관리하는 역할을 합니다.

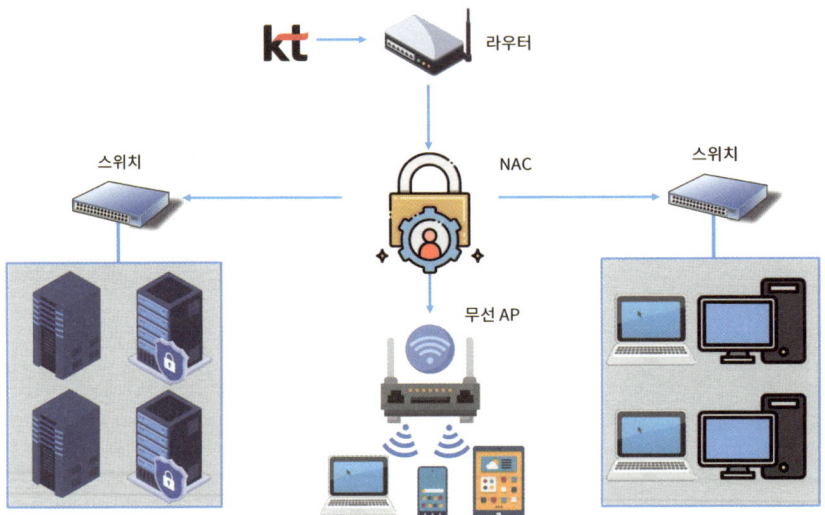

그림 9-14 네트워크 접근제어 솔루션, NAC의 기본 개념도(출처: KT)

NAC는 네트워크로 트래픽을 보내는 사용자 기기를 기준으로 접근을 허용하거나 차단합니다. 예를 들어, 주로 회사에서 지급된 기기만 사내 시스템에 연결된 네트워크에 접근할 수 있도록 허용하고, 그 외의 기기는 접근을 차단해서 회사 내부 시스템을 보호합니다. 즉, 사전에 회사로부터 허락된 기기만 네트워크에 접근할 수 있도록 제어하는 솔루션입니다.

이렇게 NAC를 활용하면 회사의 네트워크 보안을 한층 더 강화할 수 있습니다. 승인되지 않은 기기의 접근을 철저히 차단하고, 내부 시스템을 안전하게 관리할 수 있죠. 결국 기업은 UTM과 같은 솔루션을 통해 기본적인 네트워크 보안을 강화하고, NAC로 한 번 더 세밀하게 네트워크에 접근하려는 기기를 관리할 수 있습니다.

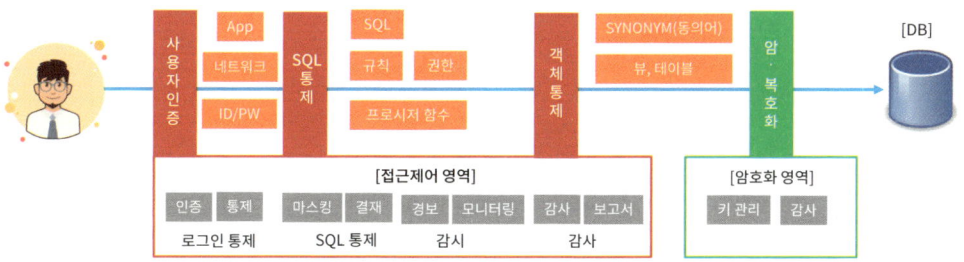

그림 9-15 데이터베이스의 접근을 RBAC 기반으로 제어하는 DBMS 접근제어

사용자가 요청한 트래픽이 네트워크를 통과하면 이제 서비스에 정상적으로 접근할 수 있게 됩니다. 그런데 서비스에서 사용하는 중요한 데이터는 데이터베이스에 저장됩니다. 이 데이터베이스에는 중요한 정보가 많이 포함되어 있기 때문에, 아무나 접근할 수 없도록 해야 하고, 접근하더라도 권한과 역할에 따라 최소한의 작업만 수행할 수 있도록 제한해야 합니다. 그래서 NAC를 통과한 기기라도 DBMS 접근제어를 통해 한 번 더 사용자의 요청을 검증하는 과정이 필요합니다.

DBMS는 기업 시스템에서 중요한 시스템 중 하나입니다. 데이터베이스에 저장된 정보는 개인정보를 비롯해 매우 중요한 정보일 가능성이 높기 때문에, 권한이 없는 사람의 접근을 일차적으로 차단해야 합니다. 그렇다면 권한이 있는 사람은 어떨까요? 권한이 있는 사람이라도 역할에 따라 최소한의 권한만 부여되어야 합니다. 데이터베이스에서 수행할 수 있는 작업도 역할과 권한에 따라 세밀하게 제어할 수 있어야 데이터가 함부로 지워지거나, 수정되지 않습니다.

이처럼 데이터베이스 접근을 제어하고, 역할에 따라 최소 권한만 부여하여 데이터를 안전하게 보호하는 솔루션을 **DBMS 접근제어 솔루션**이라고 부릅니다. 이 솔루션을 사용하면, 기업은 데이터베이스에 저장된 중요한 데이터를 더욱 안전하게 보호할 수 있습니다.

> **퀴즈** / 다음 설명 중 OO에 들어갈 단어는 무엇일까요?

> ① 접근제어: 네트워크나 데이터베이스와 같은 중요한 시스템에 접근하려는 사용자의 OO을 적절히 OO해서 권한을 가진 사용자만 접근을 허용한다.
> ② RBAC: 가장 보편적으로 사용되는 OO 기반 접근제어 방법이다.
> ③ NAC: OOO을 통과한 트래픽의 접근을 제어하기 위한 솔루션이다. 네트워크에 접근하려는 기기가 회사에서 허용한 기기인지 아닌지를 판단하고, 그 기기에서 요청한 트래픽 내용에 따라 사내 네트워크 접근을 허용하고 서비스에 대한 권한을 부여한다.
> ④ DBMS 접근제어: NAC를 통과한 트래픽을 가진 사용자가 데이터베이스에 접근하려 할 때, 사용자의 역할에 따라 OO OO만 부여함으로써 데이터베이스에 저장된 데이터를 안전하게 보호하기 위한 솔루션이다.
>
> 정답
> ①번: 접근, 통제 / ②번: 역할 / ③번: UTM / ④번: 최소 권한

9.4 IAM

ABAC

앞에서 NAC와 DBMS 접근제어가 RBAC 기반이라고 했죠? RBAC는 사용자의 역할에 따라 접근을 제어하는 방식인데, 이게 완벽하게 내부 시스템의 접근을 막아줄 수 있는 방법은 아닙니다.

이를테면 회사에서 지급한 노트북이 해커에게 도난을 당했다면 어떻게 될까요? 해커는 그 노트북을 이용해 회사의 중요한 시스템에 접근하려고 합니다. NAC는 이 노트북이 회사에서 지급한 것이니까 접근을 허용할 가능성이 높습니다. 그리고 만약 그 노트북의 원래 주인이 개발자라면, 해커는 DBMS 접근제어에서 데이터베이스를 수정할 수 있는 권한까지 얻을 겁니다. 그래서 RBAC만으로는 내부 시스템을 완벽하게 보호하기엔 좀 부족할 수 있다고 봅니다.

그래서 RBAC의 한계를 보완하면서 시스템 접근을 더 철저하게 통제할 필요가 생겼습니다. 바로 ABAC가 나올 차례입니다. **ABAC**는 Attribute-Based Access Control, 즉 **속성 기반 접**

근제어라고 부르는데요. 여기서 속성이라는 건, 사용자가 사용하는 기기의 종류, 그 사용자의 역할, 그리고 기기가 시스템에 접근하려는 장소와 시간 등을 모두 포함합니다.

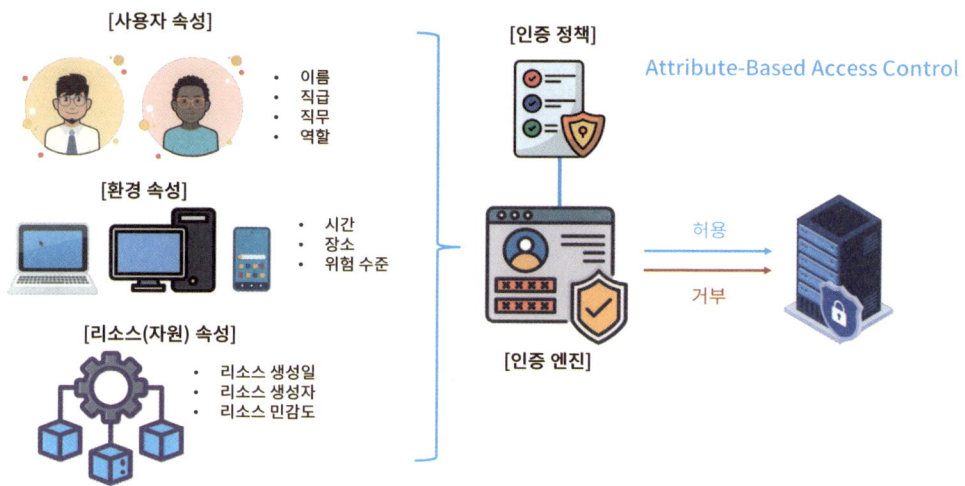

그림 9-16 RBAC에서 한 단계 더 진화한, 더욱 세밀한 접근제어가 가능한 ABAC

A 사용자는 평소 자신의 노트북을 사용해 오전 9시부터 오후 6시 사이에 내부 시스템에 접근합니다. 그런데 어느 날 A가 밤 10시에 접근을 시도하면 어떨까요? ABAC는 이 상황을 이상하게 여길 수 있습니다. 그래서 A가 정말 우리 회사 직원인지 확인하기 위해 '당신이 A라는 것을 증명하세요'라는 요청을 보냅니다. 이 요청을 통과하기 전까지는 A의 접근을 제한할 수 있습니다.

ABAC 방식으로 사용자의 시스템 접근을 더 철저하게 검증하는 솔루션이 바로 IAM입니다. IAM을 통해 우리는 시스템 보안을 한층 더 강화할 수 있습니다.

IAM

IAM(Identity Access Management)은 ABAC 속성 기반 접근제어 방식을 활용합니다. 여기서 Identity(아이덴티티, 신원)란 속성을 의미합니다. 사용자의 역할, 사용하는 기기의 정보, 그리고 언제 어디서 어떤 목적으로 시스템이나 서비스에 접근하는지에 따라 Identity를 다르게 인식해 접근을 통제하는 솔루션이 IAM의 기본 개념입니다.

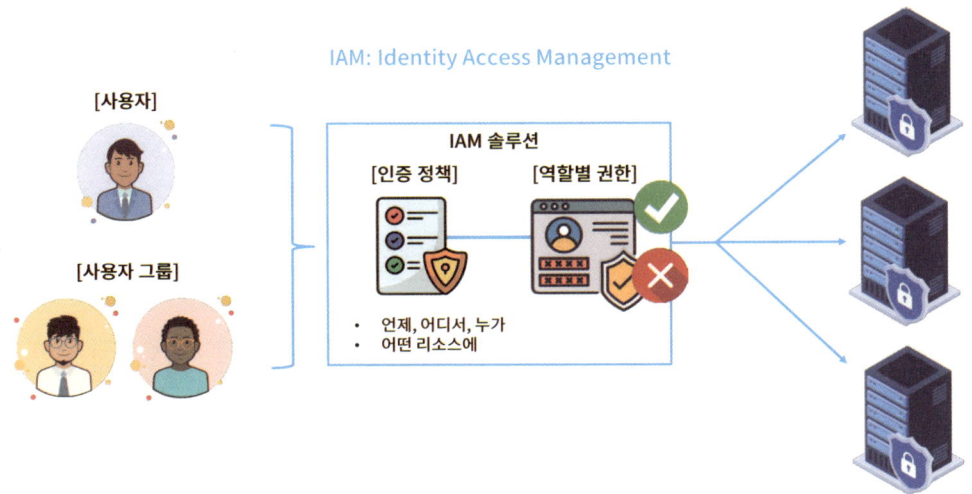

그림 9-17 IAM의 접근제어 기본 개념도

그림 9-17처럼 IAM은 기본적인 정책을 기반으로 시스템에 접근하려는 사용자가 신뢰할 수 있는 사용자인지 판단합니다. 만약 접근이 허용될 것 같은 사용자라도 평소와 다른 시간이나 장소에서 접근을 시도한다면, IAM은 '당신이 정말 우리 회사 직원이 맞는지 신원을 증명하세요'라는 검증 절차를 요구합니다. 이 검증을 통과해야만 비로소 접근이 허용되는 방식으로 작동하는 솔루션입니다.

그렇다면 기업이 왜 IAM 솔루션을 사용해야 할까요? 기업이 IAM을 사용해야 하는 첫 번째 이유는 당연히 기업 데이터를 안전하게 보호하기 위함입니다. 기업 내부 시스템에 저장된 데이터를 보호하려면, 이 시스템에 접근하려는 사용자를 철저하게 검증해야 합니다.

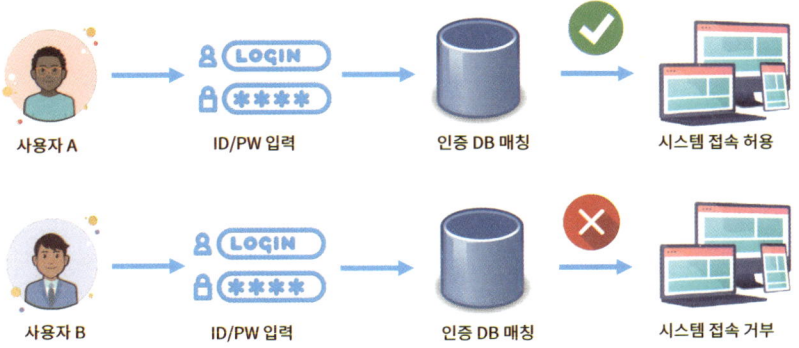

그림 9-18 사용자 신원을 검증해서 기업의 데이터를 안전하게 보호하는 IAM

그림 9-18을 살펴보면, 사용자 A가 사내 시스템에 접속하려고 ID/PW를 입력합니다. 그러면 IAM은 인증 DB에서 사용자 A가 입력한 ID/PW 정보를 확인합니다. 일치하는 정보가 있다면, 사용자 A의 시스템 접속을 허용합니다. 반면, 사용자 B가 입력한 ID/PW가 인증 DB에 없다면, 당연히 시스템 접속을 허용하지 않습니다.

다른 예로, 만약 사용자 A가 회사 사무실이나 집이 아닌 처음 가본 카페에서 시스템 접속을 시도했다면 어떨까요? IAM은 인증 DB에서 사용자 A의 ID/PW를 확인하더라도, 접속 위치가 평소와 다르다면 사용자 A에게 SMS 인증번호 같은 추가적인 신원 증명을 요구할 수 있습니다. IAM이 위치 변화를 감지하고, 사용자 A가 아닌 다른 사람이거나, 혹은 사용자 A의 ID/PW를 탈취한 해커일 가능성이 있다고 판단합니다.

이처럼 IAM을 사용하면, 시스템 접속 권한이 있는 사용자를 ID/PW뿐만 아니라 접속 위치나 시간대 등을 고려해 더욱 철저하게 검증할 수 있습니다.

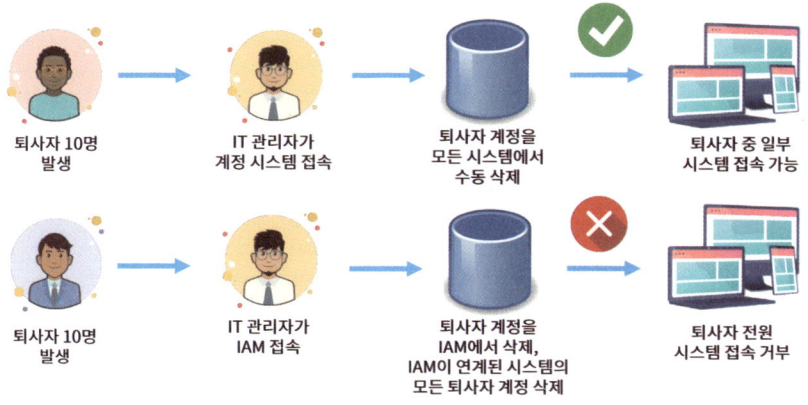

그림 9-19 관리자의 실수를 방지해서 권한이 없는 사람의 시스템 접속을 차단하는 IAM

IAM은 관리자의 실수를 방지하기 위해서도 꼭 필요합니다. 한 회사에서 5개의 시스템을 운영 중이고, 퇴사자가 10명 발생했다고 가정해봅시다. 이때 IT 관리자는 5개의 시스템 각각에 접속해 퇴사자 10명의 계정 정보를 일일이 삭제해야 합니다. 그러면 총 50개의 계정을 수동으로 삭제해야 하는데, 이 과정에서 실수가 발생할 가능성도 큽니다. 시스템의 수가 많아지고 퇴사자가 늘어날수록 실수로 계정을 삭제하지 않은 퇴사자가 생길 수 있습니다. 그러면 퇴사자가 여전히 사내 시스템에 접속할 수 있는 위험한 상황이 발생할 수 있습니다.

하지만 IAM을 사용하면 어떻게 될까요? 시스템이 5개든 10개든 상관없이 IAM 솔루션에 접속해서 퇴사자 10명의 계정 정보만 삭제하면 됩니다. IAM은 회사의 모든 시스템과 연결되어 있기 때문에, IAM에서 계정이 삭제되면 IAM과 연동된 모든 시스템에서 해당 사용자 계정이 자동으로 삭제됩니다. 덕분에 관리자가 삭제해야 할 계정의 수가 확 줄어들어, 퇴사자가 여전히 시스템에 접속할 수 있는 상황을 방지할 수 있습니다. IAM이 있다면 이런 관리자 실수로 인한 보안 위협도 막을 수 있는 것이죠.

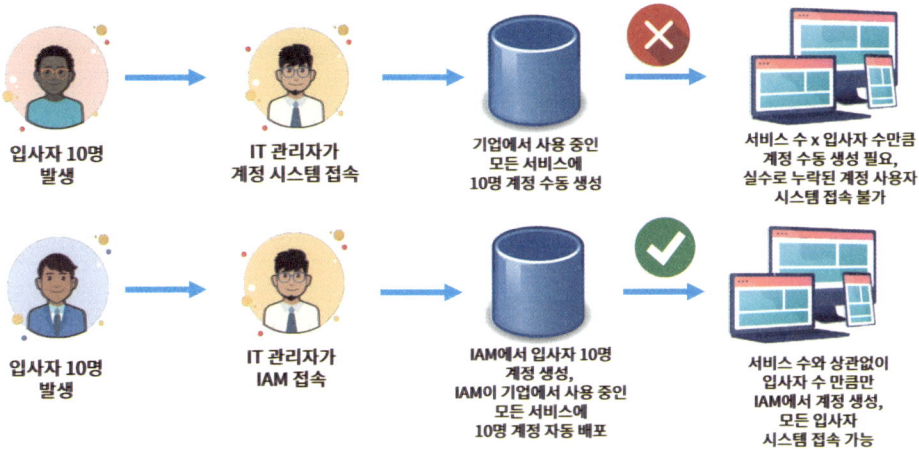

그림 9-20 입사자가 발생해 신규 계정을 생성할 때에도 유용하게 활용 가능한 IAM

입사자가 생겨서 새로운 계정을 만들어야 할 때도 IAM을 활용하면 정말 편리합니다. 만약 입사자 10명이 발생했을 때 IAM이 없다면, 5개의 시스템 각각에 계정 10개씩, 총 50개의 계정을 수동으로 생성해야 합니다. 이 과정에서 실수로 계정이 누락되면 입사자 중 일부가 특정 시스템에 접속하지 못하는 상황이 생길 수도 있습니다.

하지만 IAM에서는 단 10개의 계정만 생성하면, 이 계정 정보가 자동으로 5개의 시스템과 연동되어 각 시스템에 배포됩니다. 덕분에 관리자의 업무 부담이 크게 줄고, 계정 생성 누락으로 인한 문제가 발생할 가능성도 훨씬 낮아집니다. IAM 덕분에 입사자들이 모든 시스템에 문제 없이 접근할 수 있게 됩니다.

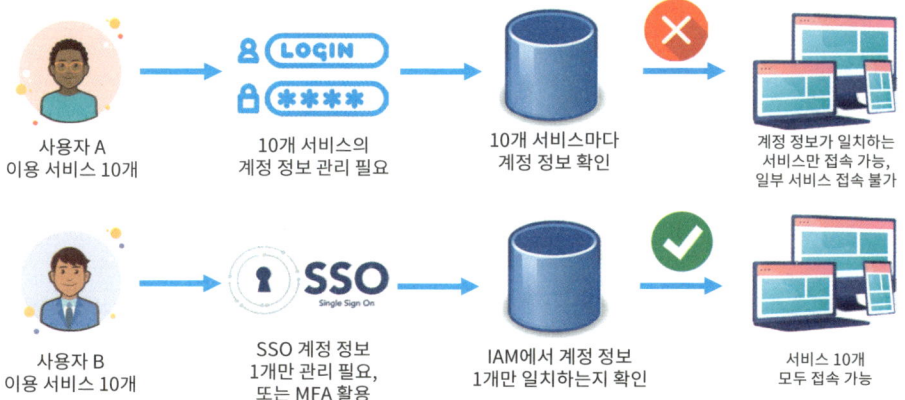

그림 9-21 다수의 서비스에 대한 로그인을 간편하게 처리할 수 있는 IAM

마지막으로 IAM은 특히 사용자들이 다양한 서비스를 많이 사용할 때 굉장히 유용합니다. 요즘은 한 명의 사용자가 업무적으로 사용하는 SaaS 종류가 점점 늘어나고 있습니다. 필자는 10개가 넘는 Saas를 사용 중입니다. 최근에는 커뮤니케이션 도구, 개발자나 마케터를 위한 도구, 디자이너 전용 소프트웨어까지, 정말 다양한 SaaS가 출시되었습니다. 이런 SaaS들을 많이 사용할 때 IAM의 SSO(Single Sign-On) 기능을 사용하면 사용자의 업무 편의성을 크게 높이면서도 보안을 확실하게 유지할 수 있습니다.

자, 사용자 A가 10개의 SaaS를 사용한다고 가정해봅시다. 이 경우 A는 각 SaaS마다 다른 ID/PW를 기억하고, 매번 로그인해야 합니다. 정말 번거로운 작업입니다. 그럼 모든 SaaS의 ID/PW를 하나로 통일해도 될까요? 그러면 보안에 상당히 취약해집니다. 만약 하나의 계정이 해킹당하면 나머지 9개 서비스도 모두 위험해지기 마련입니다.

그래서 어떤 사람들은 ID/PW를 기억하기 어려워서 엑셀 파일에 ID/PW를 적어두고, 필요할 때마다 확인하며 로그인하지만 이 방법 역시 보안적으로는 위험합니다.

하지만 IAM을 사용하면 어떨까요? 사용해야 할 SaaS가 10개든 100개든 상관없이, IAM에 접속하는 ID/PW만 기억하면 됩니다. 한번 IAM에 로그인하면, 그다음에는 IAM에 연결된 모든 SaaS에 ID/PW 입력 없이 바로 접속할 수 있습니다. 그리고 IAM에 접속할 때 PW 대신 SMS 인증이나 지문 인식, 얼굴 인식 같은 생체 인증을 활용할 수도 있습니다. 이런 방식을 **MFA**(Multi-Factor Authentication, 다중 인증)라고 합니다.

이처럼 IAM은 사용자의 다양한 속성 정보를 바탕으로 시스템 접근을 철저하게 통제하면서, 사용자가 많아지거나 시스템이 늘어나도 보안을 유지하고 관리자의 실수를 방지할 수 있습니다. 게다가 IAM 덕분에 사용자들은 ID/PW를 기억하는 부담이 줄어들고, 로그인도 훨씬 간편해져서 업무 효율도 높아집니다.

> **퀴즈** / 다음 설명 중 잘못된 것은 무엇일까요?
>
> ① ABAC: 사용자의 역할을 넘어 사용자가 활용하는 기기, 시스템 접속 장소 및 시간대 등 추가 정보를 속성으로 정의하여 좀 더 세밀하게 시스템 접근을 통제하는 방법이다.
> ② IAM: 속성값을 Identity, 사용자 신원으로 인식하여 시스템 접근을 제어하고 관리자와 사용자의 업무 편의성을 향상시켜주는 솔루션이다.
> ③ SSO: ID/PW를 보다 안전하게 보호하기 위해 별도의 격리된 공간에 ID/PW 데이터를 저장하는 기술이다.
> ④ MFA: ID/PW 외에 SMS 인증이나 생체 인증을 통해 사용자의 신원을 한 번 더 확인하고 검증하는 기술이다.
>
> **정답**
> ③번: SSO는 한 번만 ID/PW를 입력해 로그인하면, 그 이후 연결된 다른 시스템은 ID/PW 입력 없이 바로 클릭만으로 로그인할 수 있게 도와주는 기술입니다.

9.5 제로 트러스트

엔드포인트 보안부터 네트워크 보안, 접근제어, 그리고 IAM까지 각각 다른 영역에서 사용자의 데이터를 보호하는 다양한 솔루션들이 살펴보았습니다. 그런데 이 다양한 유형의 보안 솔루션이 하나로 합쳐지면 어떤 모습일까요? 정말 틈이 없는 보안 환경이 완성될 겁니다. 최근에는 이 모든 보안 영역을 아우르는 새로운 보안 모델이 주목받고 있습니다. 바로 **제로 트러스트**(Zero Trust)입니다.

제로 트러스트라는 말 자체가 조금 무섭게 들릴 수 있습니다. 말 그대로 Trust Zero(0), 즉 '신뢰가 없다'는 뜻이니까요. 이 보안 모델은 '우리는 그 누구도 무조건 믿을 수 없다'는 전제에서 출발합니다. 그래서 서비스에 접근하려는 모든 사람에게 '당신이 정말로 접근 자격이 있는지 증명해봐'라고 요구합니다. 이 제로 트러스트 모델은 앞서 설명한 네 가지 보안 영역을 통합해서 모든 엔드포인트, 네트워크, 시스템, 사용자를 항상 검증하고, 최소한의 권한만 부여하는 종합적인 보안 접근 방식을 제공합니다.

제로 트러스트가 적용된 보안 시스템을 경비가 철저한 현대식 건물을 생각해볼 수 있습니다. 이 건물에서는 누구도 예외 없이 신원을 확인해야 하고, 건물 내부의 각 구역을 지나갈 때마다 추가적인 보안 검사를 받아야 합니다. 또, 각 사람은 자신의 업무에 필요한 구역만 접근할 수 있고, 더 넓은 접근 권한이 필요할 경우 추가 인증 절차를 거쳐야 합니다. 이처럼 제로 트러스트는 신뢰를 전제로 하지 않고, 항상 모든 것을 검증하는 접근 방식으로 보안을 강화하자는 모델입니다.

그림 9-22 제로 트러스트 보안 모델이 필요한 이유

제로 트러스트 보안 모델이 이유는 서비스에 접근하려는 사람과 기기의 종류가 점점 다양해지고, 접근하는 장소와 시간대도 계속 늘어나기 때문입니다. 그림 9-22에서 보듯이, 개발자 A, 영업대표 B, IT 관리자 C는 사용하는 기기도 다르고, 주로 근무하는 장소도 다릅니다. 게다가 근무 시간대도 제각각입니다. 이렇게 각기 다른 유형으로 서비스에 접근하는 경우가 많다 보니, 이 중 하나라도 소홀하게 관리하면 해커의 공격에 노출될 위험이 커질 수 있습니다.

개발자 A는 평소 노트북을 사용해 사무실이나 집에서만 서비스에 접속한다고 가정해보겠습니다. 그런데 갑자기 급한 일이 생겨 외부 카페에서 접속하려고 합니다. 그런데 잠시 자리를 비운 사이, 누군가 노트북을 훔쳐갔습니다. 그리고 해커가 다른 카페에서 그 노트북으로 서비스를 접속하려 시도합니다. 서비스 입장에서는 평소에 개발자 A가 사용하던 노트북으로 접속을 시도하니 그냥 허용해줄 수 있을 것 같지만, 그렇지 않습니다.

이런 상황을 막기 위해서, 서비스는 '개발자 A가 접속하려는 건 맞는 것 같은데, 평소와 다른 장소에서 시도하니 혹시 해커가 노트북을 훔쳐서 접속하려는 건 아닐까?'라고 의심해야 합니다. 그리고 개발자 A에게 '정말 당신이 개발자 A가 맞는지 증명해봐!'라고 검증을 요구합니다. 이 검증을 통과해야만 접속을 허용하는 것이 바로 제로 트러스트 보안 모델입니다.

제로 트러스트 보안 모델의 필수 요소

제로 트러스트 보안 모델을 구현하려면 꼭 필요한 네 가지 요소가 있습니다. 그림 9-23에 나와 있는 이 요소들을 하나씩 살펴보겠습니다.

그림 9-23 제로 트러스트 보안 모델을 구성하는 필수 요소

- **사용자 및 엔드포인트 기기 검증**: 먼저 서비스에 접근하려는 사람이 회사의 직원인지, 사용하는 기기가 회사에서 승인된 것인지 철저하게 확인합니다. '누구'와 '무엇'이 접근하는지 확실히 알아야 합니다.
- **최소 권한 부여**: 검증을 통과한 사용자와 기기에게도 필요한 만큼의 최소한의 권한만 부여합니다. 필요 이상의 접근 권한은 주지 않습니다. 예외는 최대한 두지 않는 것이 중요합니다.
- **지속적인 모니터링**: 서비스 사용 중 생성되는 모든 데이터를 계속 모니터링하고 분석합니다. 이를 통해 이상한 행위가 감지되면 실시간으로 대응할 수 있습니다.
- **정책 관리 및 차단**: 만약 이상 행위가 발견되면, 그 결과를 즉시 정책 관리 서버로 전달합니다. 같은 문제가 반복되면, 자동으로 접근을 차단하는 방식으로 대응합니다.

이렇게 네 요소를 사용해 제로 트러스트 보안 모델이 작동합니다.

일반적인 보안 모델과 제로 트러스트 보안 모델 비교

제로 트러스트 보안 모델을 더 쉽게 이해하기 위해 기존의 전통적인 보안 모델과 비교해보겠습니다. 그림 9-24를 보면, 왼쪽에 있는 모델은 과거부터 지금까지 주로 사용되던 보안 모델입니다. 하나의 관문인 방화벽을 중심으로 외부의 공격을 막아내는 방식입니다. 이 관문이 뚫리면 어떻게 될까요? 하나의 PC가 해커의 악성코드에 감염되면 같은 네트워크 안에 있는 다른 PC들로 악성코드가 퍼질 위험이 생깁니다. 즉, 이 관문이 뚫리면 끝입니다. 방화벽이 최후의 방어선이 되는 것이죠.

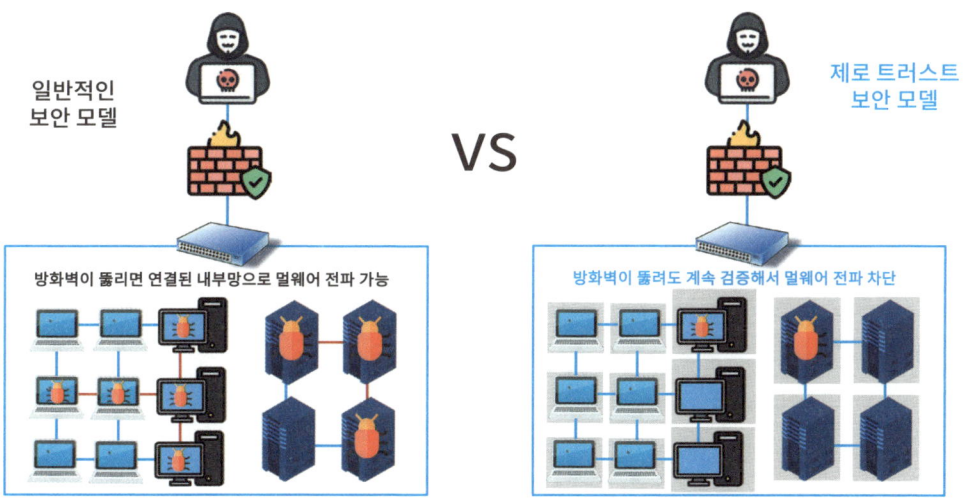

그림 9-24 전통적인 보안 모델 vs 제로 트러스트 보안 모델

하지만 제로 트러스트 보안 모델에서는 관문이 하나뿐이어도 문제가 없습니다. 그림 9-24의 오른쪽을 보면, 방화벽을 뚫고 들어온 해커가 PC 1대를 악성코드로 감염시킨 후 다른 PC에 접근하려고 할 때, 그 PC가 해커에게 '너 우리 회사 직원 맞아? 그럼 증명해봐'라고 검증을 요청합니다. 만약 해커가 이 검증을 통과하지 못하면, 더 이상 악성코드를 퍼뜨릴 수 없습니다. 비록 같은 네트워크 안에 있는 PC나 시스템이라도, 각각 개별적인 보안 정책으로 관리되기 때문에 모든 PC와 시스템이 각각 격리된 것처럼 보호됩니다.

제로 트러스트 보안 모델의 작동 방식

제로 트러스트 보안 모델이 어떻게 작동하는지 그림 9-25를 통해 쉽게 이해할 수 있습니다. 개발자 A는 회사 네트워크에서 업무 시스템에 접속하려고 ID와 비밀번호를 입력합니다. 이 정보가 인증 시스템으로 전송되고, 인증 시스템은 A의 계정 정보를 확인한 후 접속을 허용합니다. 여기까지는 전통적인 보안 방식과 비슷해 보입니다.

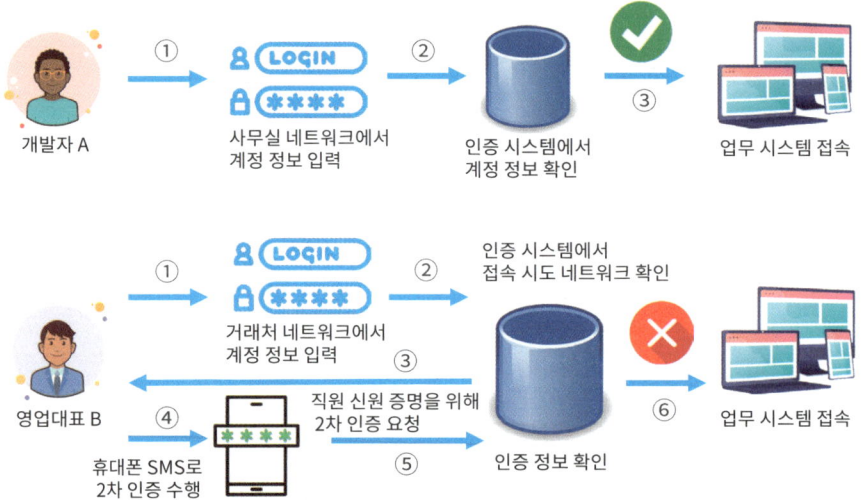

그림 9-25 제로 트러스트 보안 모델의 작동 방식 예시

하지만 영업대표 B의 경우는 어떨까요? B가 회사 외부, 즉 거래처 네트워크에서 업무 시스템에 접속하려고 ID와 비밀번호를 입력합니다. 인증 시스템은 B의 계정 정보를 확인하면서도, 이 사람이 정말로 회사의 영업대표 B가 맞는지 추가 검증을 요청합니다. B의 휴대폰으로 SMS 인증 번호를 보내서 추가로 입력하라고 요청하기도 합니다.

B가 이 인증 번호를 제대로 입력하면 그제야 업무 시스템에 접속할 수 있습니다. 이처럼 제로 트러스트 보안 모델은 언제나 한 번 더 확인하는 철저한 보안 방식을 취하고 있습니다.

그림 9-26 비밀번호를 사용하지 않는 패스워드리스 인증

최근에는 기술의 발달로 더 이상 비밀번호를 사용하지 않고 사용자를 인증할 수 있는 패스워드리스 인증 방식도 많이 활용됩니다. 업무적으로 사용하는 SaaS나 사내 서비스의 수가 많아지면서 각각의 서비스에 접속할 때마다 ID/PW를 입력하는 것은 많이 번거롭기 때문입니다. 게다가 비밀번호를 여러 개 사용하다 보면 서로 비슷한 혹은 동일한 비밀번호를 사용하게 됩니다. 계정 정보 하나가 유출되면 다른 여러 개의 서비스 계정도 해킹 당할 지도 모릅니다.

그래서 아예 비밀번호를 사용하지 않고 나만이 가지고 있는 정보인 지문이나 얼굴과 같은 생체 인증 수단을 비밀번호 대신 사용해서 인증을 받는 패스워드리스 인증 방식이 주목받고 있습니다. 사용자는 여러 개의 복잡한 비밀번호를 기억하지 않아도 되니 업무 편의성이 올라가고, 보안 담당자는 비밀번호를 사용하지 않으니 계정 정보가 유출될 위험도 낮출 수 있어 일석이조의 효과를 거둘 수 있습니다.

핵심 개념 정리

- **제로 트러스트**: 아무도 신뢰하지 않는다는 개념으로, 네트워크, 시스템, 서비스에 접근하는 사용자와 기기를 철저히 검증하고 최소 권한만을 부여하는 보안 모델.

- **전통적인 보안 모델 vs 제로 트러스트 보안 모델**: 제로 트러스트 보안 모델은 방화벽과 같은 관문이 뚫리더라도 네트워크에 있는 시스템마다 개별적인 보안 정책을 사용하여 서로 격리된 환경에 있는 것처럼 관리할 수 있기 때문에 전통적인 보안 모델보다 훨씬 안전한 환경 구축 가능.

- **제로 트러스트 보안 모델의 기본 작동 방식**: 서비스에 접속을 시도하는 사용자의 기기, 위치, 시간대 등이 평소와 달라질 경우 ID/PW와 같은 1차 검증을 통과했다 하더라도 SMS나 생체 인증과 같은 2차 인증 방법으로 사용자의 신원을 한 번 더 검증.

지금까지 IT 인프라에서 서비스를 운영하며 데이터를 안전하게 보호하는 다양한 보안 기술과 솔루션, 그리고 제로 트러스트와 같은 보안 모델에 대해 살펴봤습니다. 그런데 보안 조치가 너무 강력하면 사용자들이 불편해질 수도 있습니다. '너무 엄격한 보안 정책 때문에 오히려 일하기가 힘들다'는 불만이 나올 수 있거든요. 그렇다고 보안을 느슨하게 할 수도 없는 노릇입니다. 이럴 때 중요한 것은 보안과 사용자 편의성의 균형을 맞추는 것인데, 이 균형이 어디에 있을지는 기업의 상황에 따라 다를 수밖에 없습니다.

그럼 어느 쪽에 더 비중을 둬야 할까요? 저는 개인적으로 보안에 더 무게를 두는 편입니다. 보안이 조금 엄격해서 초기에는 불편하더라도, 시간이 지나면서 사용자들은 적응하게 마련이니까요. 그렇게 직원들이 어느 정도 적응을 하고 나면 다시 생산성을 높일 수 있을 것입니다. 영화 〈인터스텔라〉의 대사를 인용하자면, 우리는 방법을 찾을 것입니다. 늘 그랬듯이 말이죠.

CHAPTER

10

AI 인프라

마지막 장에서는 최근 IT 업계에서 뜨거운 주제인 AI에 대해 이야기해보려고 합니다. 특히 AI 기반의 애플리케이션이나 서비스를 구동시키기 위해 필요한 AI 인프라에 집중해 살펴봅니다. OpenAI에서 ChatGPT를 출시한 후 글로벌 빅테크 기업들을 필두로 수많은 기업들이 앞다투어 자체적인 AI 서비스를 내놓고 있습니다. AI 서비스를 안정적으로 운영하기 위한 IT 인프라 요소와 개발 환경 등에 대해 자세히 알아보겠습니다.

10.1 _ AI 인프라 핵심 구성 요소, GPU

10.2 _ AI 서비스 개발 환경

10.3 _ 자체 AI 서비스 개발 과정

10.1 AI 인프라 핵심 구성 요소, GPU

병렬 컴퓨팅을 위한 GPU

AI 서비스를 만들 때는 크게 세 가지 요소가 필요합니다. AI 모델과 이 모델을 학습시킬 데이터 그리고 데이터 학습을 빠르게 도와주는 하드웨어인 GPU도 필요합니다.

그림 10-1 일반 사용자 PC용 GPU와 기업의 서버용 GPU(출처: ASUS, NVIDIA)

GPU(Graphic Processing Unit)는 보통 그래픽카드라고 부르는 장치에 달려 있는 연산 장치입니다. 그래픽카드에는 GPU 외에도 메모리, 발열을 관리하는 히트싱크, 전원부, 그리고 다양한 연결 포트가 함께 장착되어 있습니다.

그래픽카드는 크게 두 가지 종류로 나뉩니다. 그림 10-1의 왼쪽에 있는 그래픽카드는 NVIDIA RTX 4090이라는 일반 사용자용 제품입니다. 이 카드에 장착된 GPU는 NVIDIA의 Ada Lovelace 아키텍처로 만들어졌고, GDDR이라는 메모리가 장착되어 있습니다. 반면 오른쪽의 그래픽카드는 NVIDIA H100 PCIe로, 일반 데스크톱 PC가 아니라 서버에 사용되는 제품입니다. 이 카드의 GPU는 NVIDIA Hopper 아키텍처로 만들어졌고, GDDR보다 훨씬 성능이 뛰어난 HBM(High Bandwidth Memory) 메모리가 장착되어 있습니다.

기업에서 AI를 개발할 때는 오른쪽의 서버용 GPU를 사용합니다. 서버용 GPU는 일반 사용자용 그래픽카드보다 성능이 매우 뛰어나고 크기도 더 크며, 가격도 비쌉니다. 그리고 서버 하나에 최대 8개의 서버용 GPU를 장착할 수 있는데, 이렇게 구성된 서버를 GPU 서버라고 부릅니다.

순차 컴퓨팅 vs 병렬 컴퓨팅

그렇다면 AI 모델을 학습하는 데 GPU가 주로 활용될까요? GPU는 병렬 컴퓨팅에 알맞은 장치라서 그렇습니다. 그럼 병렬 컴퓨팅이 무엇이고 어떤 특징이 있는지 알아보겠습니다.

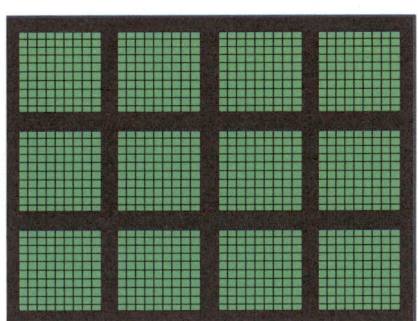

그림 10-2 CPU와 GPU의 코어 수 차이

컴퓨터가 일을 하려면 두뇌 역할을 하는 CPU가 필수입니다. AI 모델에 데이터를 학습시킬 때도 CPU를 사용할 수 있는데, 그럼에도 GPU를 주로 활용하는 이유는 CPU와 GPU가 각각 잘하는 분야가 다르기 때문입니다.

CPU와 GPU의 차이를 이해하기 위해 그림 10-2를 살펴보겠습니다. 일반적인 데스크톱 PC나 노트북에 들어 있는 CPU는 대개 4~8개의 코어를 가지고 있습니다. 연구소에 비유하자면, 각 코어는 박사급의 똑똑한 연구원이라고 할 수 있습니다. 이 연구원들은 각자 깊이 있는 연구를 집중적으로 수행할 수 있지만, 그 숫자가 많지는 않습니다.

반면 GPU는 코어 수가 많습니다. 그림 10-2에 나타낸 GPU는 1,080개의 코어를 가지고 있으며, 최신 GPU는 수천 개의 코어를 가지고 있습니다. 그런데 이 GPU의 코어는 CPU의 코어보다 크기가 작습니다. 그래서 각각의 코어는 단순한 작업을 빠르게 수행할 수 있지만, 동시에 여러 작업을 병렬로 처리할 수 있습니다. 이를 학교에 비유하면, GPU 코어는 수많은 초등학생과 같다고 할 수 있습니다. 이 학생들이 각자 작은 과제를 동시에 수행하는 방식인 셈이죠.

그림 10-3 CPU가 일하는 방식, 순차 컴퓨팅

CPU와 GPU의 차이를 좀 더 자세히 알아봅시다. 먼저 CPU는 그림 10-3 오른쪽에서 볼 수 있듯이 순차 컴퓨팅(Sequential Computing) 방식으로 작업을 처리합니다. 순차 컴퓨팅은 말 그대로 작업 순서대로 진행하는 방식입니다. 예를 들어, 30개의 계산 작업이 있을 때, CPU는 1번 작업을 먼저 처리하고, 그다음에 2번 작업을 처리하는 식으로, 1번 → 2번 → 3번 → … → 30번 순서로 일을 진행합니다.

이렇게 순차적으로 일을 처리하는 CPU는 복잡한 연산을 잘 처리하는 데 적합합니다. 앞서 CPU의 코어를 복잡한 문제를 능숙하게 해결하는 연구원에 비유한 것처럼, CPU의 코어도 복잡한 연산을 빠르고 정확하게 수행할 수 있습니다.

하지만 AI 모델을 학습시키는 과정은 복잡한 연산보다는 비교적 단순한 작업이 많습니다. 문제는 이 작업들을 처리해야 할 데이터 양이 매우 많다는 것입니다. 수십 개가 아니라 수천억 개의 데이터가 필요할 때, CPU로 순차적으로 작업을 진행하면 시간이 많이 걸립니다. 100개의 어려운 문제를 8명이 금방 풀 수 있겠지만, 1억 개의 쉬운 문제를 해결하려면 어떻게 될까요? 아무리 똑똑한 연구원들이라도 순서대로 문제를 풀어야 한다면 많은 시간이 필요할 것입니다.

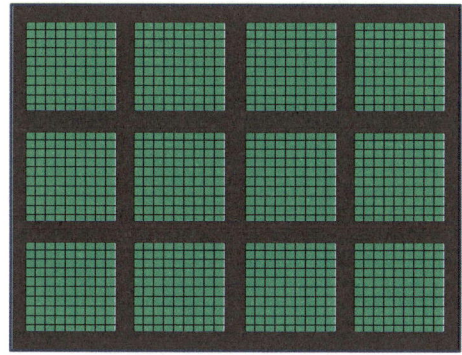

그림 10-4 GPU가 일하는 방식, 병렬 컴퓨팅

그래서 GPU가 필요합니다. GPU는 **병렬 컴퓨팅**(Parallel Computing) 방식으로 일을 처리합니다. GPU의 코어는 CPU의 코어보다 훨씬 작지만, 그 수가 어마어마하게 많습니다. 앞서 GPU의 코어를 초등학생에 비유한 것처럼, GPU의 병렬 컴퓨팅은 많은 초등학생이 동시에 아주 쉬운 문제를 해결하는 방식으로 이해하면 됩니다.

그림 10-4에서 볼 수 있듯이, 30개의 문제를 풀어야 할 때 CPU는 1번부터 30번까지 차례로 문제를 풉니다. 하지만 GPU는 30개의 문제를 동시에 한 번에 처리할 수 있습니다. 30개 문제를 동시에 풀 수 있을 만큼 많은 코어가 있기 때문입니다. 이런 식으로 여러 개의 작업을 동시에 처리하는 방식을 병렬 컴퓨팅이라고 합니다.

우리가 많이 사용하는 생성형 AI는 수천억 개 이상의 데이터로 학습을 합니다. 이 데이터 학습에 필요한 연산 작업은 복잡한 것보다 오히려 쉬운 연산이 많습니다. 하지만 문제는 연산 수가 상당히 많다는 것입니다. 그래서 코어 수가 적은 CPU의 순차 컴퓨팅 방식보다는, 코어가 아주 많은 GPU의 병렬 컴퓨팅 방식이 더 적합합니다.

예를 들어, '10 + 15 = 25'라는 문제를 푸는 데 걸리는 시간은 박사급 연구원이나 초등학생이나 별 차이가 없습니다. 그런데 이런 문제를 100개가 아니라 몇 억 개, 몇 천억 개 풀어야 한다면, 많은 사람이 동시에 문제를 푸는 게 훨씬 유리할 것입니다. 또 이런 수준의 문제는 초등학생도 충분히 풀 수 있습니다. 따라서 대량의 데이터가 필요한 AI 데이터 학습에는 CPU보다는 GPU가 많이 활용되는 것입니다.

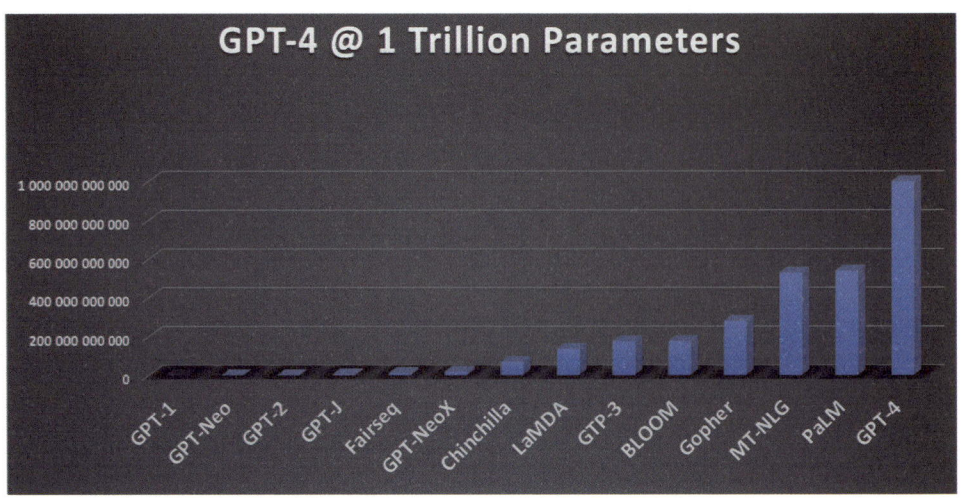

그림 10-5 GPT 모델이 발전하면서 학습하는 매개변수의 수도 급증함

2022년 말에 출시된 ChatGPT는 **LLM**(Large Language Model)이라는 AI 언어 모델이 적용된 챗봇입니다. GPT 모델은 그림 10-5에서 보듯이, GPT-1부터 GPT-4까지 계속 발전해왔습니다. 이 모델들은 엄청나게 많은 매개변수(Parameter)를 학습했는데, 특히 GPT-4 모델은 무려 1조 개에 이르는 매개변수를 학습했다고 합니다. 매개변수는 AI가 데이터에서 배우는 값을 의미하는데, 쉽게 말하면 AI가 학습하는 데이터의 양이라고 생각하면 됩니다.

여기서 중요한 것은, 이렇게 많은 데이터를 학습하는 데 CPU를 사용하면 GPU로 학습하는 것보다 훨씬 더 오랜 시간이 걸린다는 점입니다. 그래서 GPU를 활용해 학습 시간을 단축시키는 게 아주 중요합니다. 이 때문에 OpenAI, Microsoft, Meta와 같은 글로벌 빅테크 기업들은 자사의 데이터센터에 AI 모델 학습을 위한 GPU를 대량으로 확보하는 데 엄청난 투자를 하고 있습니다. AI 모델의 성능은 학습한 데이터의 양에 비례하기 때문입니다.

시간은 누구에게나 똑같이 주어집니다. 예를 들어, 1억 개의 데이터를 학습하는 데 A 기업은 1개월이 걸리고, B 기업은 6개월이 걸린다면 어떨까요? A 기업의 AI는 1년 동안 12억 개의 데이터를 학습할 수 있지만, B 기업의 AI는 고작 2억 개의 데이터만 학습하게 됩니다. 그러면 1년 후 어느 기업의 AI가 더 똑똑할까요? 당연히 12억 개의 데이터를 학습한 A 기업의 AI가 더 똑똑해질 겁니다. AI를 연구하는 글로벌 빅테크 기업들이 GPU에 많은 돈을 투자하는 이유가 바로 여기에 있습니다.

NVIDIA

AI 학습에 주로 사용되는 데이터센터 GPU, 서버용 GPU는 어떤 기업들이 만들까요? 가장 대표적인 제조사는 NVIDIA입니다. 그림 10-6의 제일 왼쪽에 있는 GPU는 NVIDIA의 H100으로, Hopper 아키텍처로 만들어졌습니다. 이 H100 GPU는 두 가지 형태로 제공됩니다. 하나는 서버의 메인보드에 장착하는 PCIe 슬롯 형태이고, 다른 하나는 커다란 기판에 장착된 SXM 형태입니다. AI 학습 성능을 향상시키는 데에 주로 사용되다 보니 AI 가속기라는 이름으로도 부르고 있습니다.

그림 10-6 NVIDIA의 데이터센터 GPU와 GPU 서버(출처: NVIDIA)

NVIDIA의 GPU와 함께, NVIDIA가 만든 CPU와 네트워크 기기 등 여러 부품들이 더해져, NVIDIA가 직접 설계한 GPU 서버가 그림 10-6의 중앙에 있는 NVIDIA DGX입니다. 이 서버는 NVIDIA가 처음부터 끝까지 책임지고 만든 제품입니다. 그리고 맨 오른쪽에 있는 NVIDIA HGX는 다른 서버 제조사들이 NVIDIA의 GPU를 사용하여 만든 GPU 서버로, NVIDIA가 검증한 제품입니다.

NVIDIA H100은 출시 당시 엄청난 AI 연산 성능으로 전 세계 AI 연구 기업들 사이에서 큰 인기를 끌었습니다. 많은 기업들이 이 GPU를 사기 위해 웃돈을 지불할 정도였죠. AI에 대한 관심이 폭발적으로 증가하면서 AI 학습용 GPU의 수요도 크게 늘어났고, 그에 따라 NVIDIA H100과 다른 NVIDIA 데이터센터 GPU들이 큰 주목을 받으며 품귀 현상이 일어났습니다. 그래서 NVIDIA는 잠시 동안 전 세계 시가총액 1위 기업에 오르기도 했습니다.

그리고 2024년 초에는 H100의 후속 제품인 Blackwell 아키텍처 기반의 GPU가 발표되었습니다. 이 GPU는 Hopper 아키텍처보다 성능이 크게 향상되었습니다. H100도 이미 뛰어난 성능을 자랑했지만, Blackwell 아키텍처 기반의 GPU는 그보다 더 뛰어난 성능을 제공합니다. 이 새로운 GPU는 2025년 초부터 시장에 공급될 예정이라, 당분간 데이터센터 GPU 분야에서 NVIDIA의 독주가 계속될 것으로 보입니다.

AMD

NVIDIA가 데이터센터 GPU 시장을 거의 독점하다시피 하고 있지만, 이 데이터센터 GPU를 만드는 또 다른 기업들이 있습니다. 그중 대표적인 기업이 AMD인데, AMD는 일반 사용자용 GPU 시장에서는 RADEON이라는 브랜드로 NVIDIA와 경쟁하고 있고, 데이터센터 GPU 시장에서도 Instinct라는 제품을 제공하고 있습니다.

그림 10-7 AMD의 데이터센터 GPU와 GPU 서버(출처: AMD, Dell Technologies)

그림 10-7에서 제일 왼쪽에 있는 게 AMD의 최신 데이터센터 GPU, Instinct MI300X입니다. 이 GPU는 NVIDIA H100과 마찬가지로 PCIe와 SXM 두 가지 형태로 제공됩니다. 반면, NVIDIA DGX처럼 NVIDIA가 직접 만든 서버가 아니라, NVIDIA HGX처럼 다른 서버 제조사에 AMD GPU를 장착한 형태의 서버도 공급되고 있습니다.

Instinct MI300X는 출시되자마자 HBM3 메모리 용량이 NVIDIA H100의 80GB보다 훨씬 많은 192GB를 자랑했습니다. 그런데 2024년 3월에 발표된 Blackwell 아키텍처 기반의 B200 GPU는 HBM3보다 성능이 더 뛰어난 HBM3e 메모리를 192GB 용량으로 장착한다고 해서, 메모리 용량에서의 우위가 사라졌죠. 그럼에도 AMD GPU는 가격이 NVIDIA GPU보다 저렴하게 공급되기 때문에, 많은 글로벌 빅테크 기업들이 NVIDIA GPU의 대안으로 많이 찾고 있습니다.

NVIDIA H100 같은 GPU가 주목받는 이유는 AI 모델의 데이터 학습에서 뛰어난 성능을 발휘하기 때문입니다. 2022년 말에 OpenAI가 공개한 ChatGPT도 NVIDIA의 A100 GPU 2만 개를 사용해서 데이터를 학습했다고 알려져 있습니다. 현재까지도 AI 데이터 학습에서는 NVIDIA GPU가 가장 성능이 뛰어나다고 평가받습니다.

그런데 많은 기업들이 자체 AI 비즈니스를 시작하면서 겪는 큰 문제 중 하나가 NVIDIA GPU의 공급 부족 현상입니다. NVIDIA H100과 같은 GPU를 AI에 엄청나게 투자하는 글로벌 빅테크 기업들이 대부분 사버려서, 다른 기업들은 GPU를 구매하기가 힘든 상황이 됐습니다. 게다가 가격도 비싸서 AI 학습 인프라를 구축하는 데 많은 비용이 들게 되는 것도 문제로 떠오르고 있습니다.

그림 10-8 AI 가속기를 개발하고 있는 또 다른 기업들(출처: Intel, 리벨리온, 퓨리오사)

그래서 이 문제를 해결하기 위해 Intel과 국내 스타트업들이 AI 가속기 시장에 뛰어들었습니다. 그림 10-8처럼, Intel은 최신 AI 가속기인 Gaudi 3를 선보였고, 국내 스타트업인 리벨리온과 퓨리오사도 자체 AI 가속기를 출시했습니다. 이들은 NVIDIA GPU보다는 성능이 다소 떨어질 수 있지만, 데이터 학습 효율이 훨씬 좋다고 강조하며 AI 반도체 시장에 도전장을 내밀었습니다. 그리고 많은 CSP와 글로벌 빅테크 기업들도 자체 AI 반도체를 개발하고 있습니다.

Intel, 그리고 다른 스타트업들이 주장하는 자신들의 제품이 가진 강점 중 하나는 AI 추론 성능 효율이 NVIDIA GPU보다 훨씬 좋다는 점입니다. 추론(Inference)이란, 데이터로 학습한

AI 모델이 결과물을 만들어내는 과정입니다. ChatGPT가 질문에 답하거나, DALL-E와 같은 생성형 AI가 이미지를 만드는 것처럼요. 이 분야에서 비싸고 거대한 NVIDIA GPU를 사용하는 것보다, 자신들의 AI 가속기를 활용하는 것이 훨씬 효율적이라고 주장합니다.

현재 시장에서는 NVIDIA의 독점 구조를 깨기 위한 다양한 움직임이 일어나고 있습니다. 향후 AI 가속기, AI 반도체 시장에서 NVIDIA의 위상이 어떻게 변할지 무척 궁금합니다.

핵심 개념 정리

- **CPU:** 일을 순서대로 처리하는 순차 컴퓨팅에 최적화됨.
- **GPU:** 다수의 일을 동시에 처리하는 병렬 컴퓨팅에 최적화됨.
- AI의 데이터 학습에 GPU가 필요한 이유는 비교적 단순한 연산이나 엄청나게 많은 양의 데이터를 학습해야 하기에 병렬 컴퓨팅으로 일하는 GPU가 제격임.
- 서버용 GPU, 데이터센터 GPU 기반의 AI 가속기 시장은 NVIDIA의 독주 체제에 AMD가 뒤를 쫓고 있으며, Intel을 비롯한 글로벌 빅테크 기업, 및 국내 스타트업들이 자체 제품을 출시하며 AI 반도체 시장에 참여함.

10.2 AI 서비스 개발 환경

AI 서비스 개발을 위한 소프트웨어

AI를 위한 하드웨어에 대해 알아봤으니, 이제 이 하드웨어 위에서 실제로 개발하고 운영하기 위한 소프트웨어를 살펴볼 차례입니다. AI 모델의 알고리즘을 만들고, 데이터를 학습시키고, 테스트하고, 실제 서비스를 만들어 AI 모델을 적용하려면 다양한 소프트웨어와 플랫폼이 필요합니다.

그림 10-9 AI 서비스 개발에 활용되는 대표적인 도구와 언어(출처: Pycharm, Microsoft, IntelliJ, Eclipse, Python, C++, Java, JavaScript, R)

AI 서비스 개발에 꼭 필요한 도구 중 하나가 바로 코딩을 할 수 있는 IDE(통합 개발 환경)입니다. IDE는 코드를 작성하고 관리하는 데 도움을 주는 도구로, 그림 10-9의 왼쪽에서 보이는 것들이 AI 서비스 개발에 자주 사용되는 IDE들입니다. 왼쪽부터 시계방향으로 PyCharm, Visual Studio Code(VS Code), IntelliJ, Eclipse입니다.

PyCharm은 주로 Python 언어로 코딩할 때 사용하는 IDE입니다. VS Code는 다양한 프로그래밍 언어를 지원하지만 특히 C, C#, C++ 언어로 많이 사용합니다. IntelliJ와 Eclipse는 주로 Java를 지원하며, VS Code에서도 Java로 코딩할 수 있습니다. JavaScript는 웹페이지나 웹 기반 서비스를 만들 때 사용합니다. PyCharm을 제외한 나머지 IDE에서도 JavaScript를 활용할 수 있습니다. R은 통계와 분석에 주로 쓰이는 언어로, R Studio라는 전용 IDE를 사용합니다. 각 IDE는 특정 언어나 작업에 맞춰 최적화되어 있어서 프로젝트에 따라 적절한 도구를 선택해야 합니다.

AI 서비스 개발을 위한 플랫폼

AI 서비스 개발에는 데이터 정제, 데이터 가져오기, AI 모델 학습 등 다양한 기능이 필요합니다. 이런 기능들을 처음부터 하나하나 개발하려면 시간이 많이 걸립니다. 그래서 라이브러리를 활용하는 게 좋습니다. 라이브러리는 개발에 필요한 여러 요소와 이를 바탕으로 만들어진 기능들을 모듈 형태로 모아둔 것입니다. 앞서 본 IDE 도구에서 이런 라이브러리를 설치해 활용할 수 있습니다. 그림 10-10의 왼쪽에 보이는 PyTorch, TensorFlow, Hugging Face 같은 대표적인 오픈소스 라이브러리를 IDE에 추가하면, AI 서비스 개발 시간을 훨씬 줄일 수 있습니다.

AI 개발을 위한 Library　　　　　　　　GPGPU 플랫폼

그림 10-10 AI 서비스 개발을 도와주는 라이브러리와 플랫폼(출처: PyTorch, TensorFlow, Hugging Face, NVIDIA, AMD, OpenCL)

그림 10-10의 오른쪽에는 GPGPU 플랫폼이 있습니다. **GPGPU**는 General Purpose GPU의 약자로, GPU를 일반적인 용도의 서비스에 활용할 수 있도록 돕는 개발 플랫폼입니다. NVIDIA CUDA는 NVIDIA가 만든 가장 대표적인 GPGPU 개발 플랫폼으로, AI 서비스를 개발할 때 NVIDIA GPU를 쓰려면 반드시 CUDA를 사용해야 합니다.

NVIDIA의 CUDA는 Compute Unified Device Architecture의 약자로, NVIDIA GPU가 하는 병렬 컴퓨팅을 다양한 일반 목적의 서비스 개발에 활용할 수 있게 해주는 플랫폼입니다. 2007년에 발표된 이후 AI 서비스 개발의 표준으로 자리 잡았고, 현재는 NVIDIA GPU만 지원합니다.

대부분의 AI 개발자들이 오랫동안 CUDA를 기반으로 AI 서비스를 개발해왔기 때문에, GPGPU 개발 플랫폼으로 CUDA를 계속 사용하는 이상 NVIDIA GPU를 벗어날 수 없습니다. 그래서 앞으로도 AI 서비스 개발에서 NVIDIA GPU의 독주가 계속될 것으로 예상됩니다. 설령 NVIDIA GPU보다 성능이 뛰어난 GPU가 다른 제조사에서 나온다고 해도, CUDA의 높은 의존성 때문에 그 제조사의 GPU를 사용하지 못할 수도 있습니다.

이러한 CUDA의 강력한 독주 체제에 맞서기 위해 나온 오픈소스 GPGPU 플랫폼이 바로 OpenCL입니다. OpenCL은 Apple이 주도해서 2009년에 오픈소스로 공개되었습니다. 이 OpenCL을 기반으로 AMD GPU에 최적화된 GPGPU 개발 플랫폼이 ROCm입니다. ROCm은 Radeon Open Compute의 약자로, OpenCL처럼 누구나 무료로 다운로드해 사용할 수 있는 오픈소스 플랫폼입니다. 그리고 Intel도 Gaudi라는 개발 플랫폼을 제공하고 있습니다.

이렇게 반 CUDA 진영의 플랫폼이 나타나는 이유는, AI에 활용되는 NVIDIA의 데이터센터 GPU, AI 가속기 비용이 천정부지로 치솟고 있기 때문입니다. AI 모델의 학습과 추론을 위해 사용해야 하는 NVIDIA GPU 가격이 너무 비싸다 보니 좀 더 저렴하면서 성능도 괜찮은 AMD나 Intel과 같은 기업의 AI 가속기 수요가 증가하고 있습니다. 그래서 이런 NVIDIA가 아닌 다른 기업의 GPU를 활용하기 위해 필요한 소프트웨어 플랫폼 역시 개방 플랫폼을 모토로 지속적으로 개발, 발전되고 있습니다.

그림 10-11 사용하는 프로그래밍 언어와 GPU에 따라 개발 환경이 달라질 수 있음

지금까지 프로그래밍 언어, 라이브러리, GPGPU 플랫폼에 대해 알아봤습니다. AI 서비스 개발할 때는 이 도구들을 어떻게 활용하느냐가 중요합니다. 기업들이 AI 서비스 개발 시간을 단축하고 더 효율적인 개발 환경을 만들기 위해선 적절한 도구와 라이브러리를 선택하는 게 중요합니다.

Python 언어로 NVIDIA GPU를 사용해 개발하려면 PyCharm, PyTorch, 그리고 NVIDIA CUDA가 필요합니다. PyCharm은 Python 개발에 최적화된 IDE이고, PyTorch는 AI 모델 개발과 학습에 널리 사용되는 라이브러리입니다. NVIDIA CUDA는 NVIDIA GPU를 활용하는 데 필수적인 플랫폼입니다.

C++ 언어와 AMD GPU를 사용할 때는 VS Code와 AMD ROCm이 필요합니다. VS Code는 다양한 언어를 지원하는 IDE로, C++ 개발에 적합합니다. AI 서비스에서 AMD GPU의 성능을 최대한 활용하려면 AMD ROCm이 필수입니다.

마지막으로 Hugging Face와 TensorFlow는 NVIDIA CUDA와 AMD ROCm 모두에서 활용 가능한 라이브러리입니다. Hugging Face는 자연어 처리(NLP) 분야에서 유용한 도구를 제공하고, TensorFlow는 다양한 AI 모델 개발과 학습에 널리 사용되고 있습니다. 이 두 라이브러리가 GPU 플랫폼에 관계없이 사용 가능하다는 점에서, AI 서비스 개발자라면 반드시 알아야 할 도구들이라고 할 수 있습니다.

> **퀴즈** / 다음 설명 중 OO에 들어갈 단어는 무엇일까요?
>
> ① AI 서비스 개발에 주로 활용되는 OOO는 PyCharm, VS Code, IntelliJ, Eclipse가 있으며 이 도구들이 지원하는 언어는 Python(PyCharm 전용), C언어, Java, JavaScript, R 등의 언어가 사용된다.
>
> ② AI 개발 효율성을 높이기 위해 AI 서비스 전용 OOOOO와 OOOOO 플랫폼이 활용되며, 대표적인 OOOOO로 PyTorch, TensorFlow, Hugging Face가 있고, OOOOO 플랫폼에는 NVIDIA GPU 전용의 CUDA, AMD GPU 전용의 ROCm, 그리고 오픈소스인 OpenCL이 있다.
>
> 정답
> ①번: IDE / ②번: 라이브러리, GPGPU, 라이브러리, GPGPU

10.3 자체 AI 서비스 개발 과정

앞서 다룬 하드웨어 인프라와 소프트웨어, 라이브러리, 플랫폼을 활용하면 기업은 AI 서비스를 개발할 수 있습니다. 그런데 AI 서비스를 개발할 때는 몇 가지 중요한 단계를 거쳐야 합니다. 각 단계별로 해야 할 일들은 어떤 것들이 있는지, 자체적인 AI 서비스 개발에 필요한 요소들을 살펴보겠습니다.

데이터셋 준비

AI의 경쟁력은 얼마나 많은 데이터를 학습했느냐에 달려 있습니다. 기업들은 각자 고유의 데이터를 갖고 있지만, 이 데이터를 AI가 학습할 수 있는 형태로 정제하는 작업이 필요합니다. 이렇게 정제된 데이터를 **데이터셋**(Dataset)이라고 합니다. 다음은 데이터셋 준비를 위한 단계입니다.

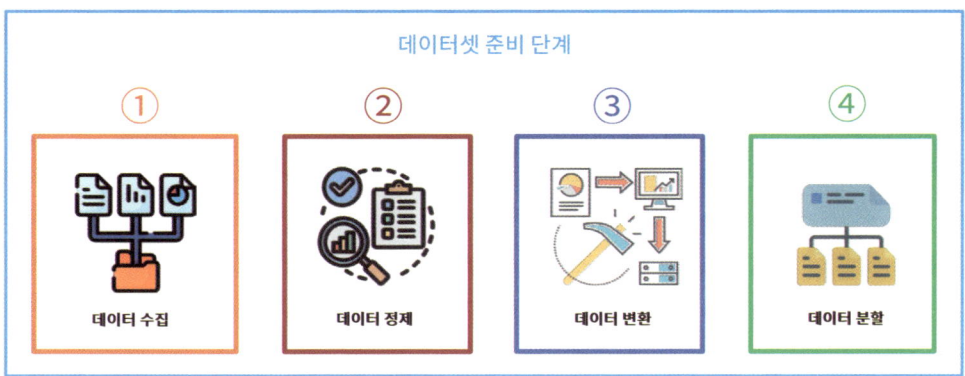

그림 10-12 1단계, AI 학습에 필요한 데이터셋을 준비

- **데이터 수집**: 기업이 보유한 다양한 소스에서 데이터를 수집합니다. 여기에는 정형 데이터(텍스트, 데이터베이스 테이블 등)와 비정형 데이터(이미지, PDF 등)가 모두 포함됩니다. 이렇게 다양한 소스에서 데이터를 모은 후, 다음 단계로 넘어갑니다.

- **데이터 정제**: 수집한 데이터를 AI가 학습할 수 있도록 정제합니다. 이 과정에서는 데이터를 같은 형식으로 변환하거나, 오류나 불필요한 부분, 중복된 값을 제거하는 작업이 포함됩니다. 또한, AI가 데이터를 잘 이해할 수 있도록 라벨이나 태그를 추가하는 것도 이 단계에서 이뤄집니다.

- **데이터 변환**: 정제된 데이터를 AI 모델에 맞게 변환합니다. 예를 들어, 텍스트 데이터를 숫자 벡터로 변환하거나, 이미지 데이터를 픽셀 값으로 바꾸는 작업이 필요합니다.

- **데이터 분할**: 변환된 데이터를 학습용(train set), 검증용(validation set), 테스트용(test set)으로 나눕니다. 이렇게 나누는 이유는 AI 모델의 성능을 평가하고, 데이터 과적합(overfitting)을 방지하기 위함입니다.

좋은 데이터셋을 준비하는 건 AI 모델의 정확도를 높이고, 성능을 크게 향상시키는 데 중요한 역할을 합니다. 그래서 AI 서비스를 개발할 때, 가장 먼저 해야 할 일이 바로 이 데이터셋을 준비하는 것입니다.

AI 모델 생성

데이터셋이 준비되었으면, 이제 이 데이터를 가지고 AI 모델을 만듭니다. 그런데 AI 모델을 만드는 건 꽤 전문적인 작업이라서 보통 데이터 과학자들이 이 일을 맡습니다. 그만큼 진입 장벽이 높은 작업입니다.

OpenAI GPT API 활용
- GPT-4o
- GPT-4
- GPT-3.5 Turbo
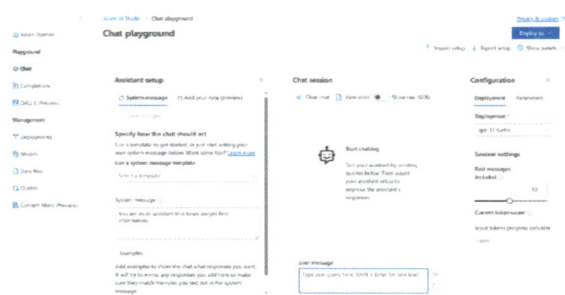

그림 10-13 2단계, 데이터를 학습시킬 AI 모델 생성(출처: OpenAI, Microsoft)

회사에 데이터 과학자들이 없다고 해서 걱정할 건 없습니다. ChatGPT를 만든 OpenAI는 이미 엄청난 데이터로 훈련시킨 GPT 모델을 누구나 쉽게 사용할 수 있도록 GPT API를 제공합니다. 그리고 Microsoft도 자사의 클라우드 서비스인 Azure를 통해 OpenAI의 AI 모델을 활용해 기업들이 맞춤형 AI 모델을 쉽게 만들 수 있게 도와주고 있습니다.

게다가 NVIDIA도 NIM(NVIDIA Inference Microservice)이라는 플랫폼을 통해 자신들이 만든 다양한 데이터로 학습한 AI 모델을 제공합니다. 추가로 Meta의 Llama, Anthropic의 Claude 같은 많은 테크 기업들이 자신들의 AI 모델을 활용할 수 있는 길을 열어주었습니다. 그래서 기업들은 이제 직접 AI 모델을 만드는 부담을 덜 수 있게 되었습니다.

이렇게 이미 학습된 AI 모델들은 많은 데이터로 훈련되어 있어서, 기업들은 이 모델들을 바탕으로 자신들만의 멋진 AI 서비스를 만들 수 있습니다. 챗봇, 이미지 인식, 추천 시스템 등 다양한 분야에서 활용할 수 있습니다.

정리하면, AI 모델을 직접 개발하는 건 여전히 복잡하지만 요즘에는 다양한 빅테크 기업들이 제공하는 학습된 AI 모델 덕분에 기업들이 훨씬 더 쉽게 AI 서비스를 만들 수 있게 되었습니다. 이 덕분에 AI 기술이 더 많이 사용되고, 새로운 혁신적인 서비스들이 계속해서 나올 수 있는 겁니다.

파인 튜닝

데이터셋과 AI 모델이 준비되었다면, 이제 **파인 튜닝**(Fine Tuning)을 해야 합니다. 파인 튜닝이란, 이미 학습된 AI 모델을 우리 회사의 데이터로 다시 학습시키는 작업을 말합니다. 예를 들어, OpenAI의 GPT-4 모델을 사용해서 우리 회사의 데이터를 넣어 학습시키면, GPT-4는 이제 우리 회사의 특화된 정보로 대답해주는 맞춤형 모델이 됩니다.

그렇다면 왜 파인 튜닝이 필요할까요? 외부에서 공개된 AI 모델을 활용할 계획이라면 반드시 파인 튜닝을 통해 기업 고유의 데이터와 요구사항을 반영한 모델로 만들어야 합니다. 파인 튜닝을 통해 AI 모델은 일반적인 데이터가 아닌, 특정 기업에 대한 지식과 필요에 맞춘 맞춤형 모델로 발전하게 됩니다.

그림 10-14 3단계, AI 모델에 기업의 자체 데이터셋을 학습시키는 파인 튜닝(출처: OpenAI, NVIDIA, Meta, Anthropic)

파인 튜닝 과정은 일반적으로 다음과 같은 단계로 진행됩니다.

- **모델 선택**: 먼저 파인 튜닝할 기본 AI 모델을 선택합니다. OpenAI의 GPT, Meta의 Llama, Anthropic의 Claude 같은 공개된 모델 중 하나를 골라서 시작합니다.

- **데이터셋 준비**: 우리 회사의 데이터셋을 준비합니다. 이 데이터는 모델이 학습해야 할 기업 특화 지식을 포함하는 것이 좋고, 준비된 데이터는 모델이 실제로 사용할 수 있는 정보로 가득 차 있어야 합니다.

- **모델 학습**: 준비된 데이터셋을 가지고 선택한 모델을 다시 학습시키는 과정입니다. 이 단계에서 모델은 우리 회사의 데이터 패턴을 익히고, 이를 바탕으로 더 정확한 예측이나 응답을 할 수 있게 발전합니다.

- **모델 검증 및 테스트**: 파인 튜닝이 완료된 모델을 검증하고 테스트해야 합니다. 이 과정을 통해 모델이 제대로 학습되었는지, 필요한 기능을 제대로 수행하는지 확인할 수 있습니다.

이렇게 파인 튜닝은 기존 AI 모델을 기업 맞춤형으로 바꾸는 중요한 과정이라고 할 수 있습니다. 물론, 데이터만 넣으면 쉽게 끝나는 작업은 아닙니다. 데이터 과학자 같은 전문 인력이 필요하고, 그들의 도움이 있어야 파인 튜닝이 원활하게 진행될 수 있습니다. 하지만 처음부터 AI 모델을 개발하는 것보다는 상대적으로 접근하기 쉬운 방법입니다. 많은 기업들이 이런 공개된 AI 모델을 활용해 자체 AI 서비스를 만들어가고 있습니다.

그림 10-15 4단계, 서비스에 AI 모델 적용(출처: 롯데쇼핑 & 스캘터랩스, 채널코퍼레이션)

세 단계를 거치면, 우리 회사만의 데이터를 학습한 AI 모델이 탄생합니다. 이제 이 모델을 실제 서비스에 적용하면 됩니다.

예를 들어, 기업에서 운영하는 챗봇 서비스가 있습니다. 기존의 챗봇은 기업의 서비스에 대해 문의하는 사람들에게 미리 정해진 형태의 답변만을 제공하고, 챗봇의 정책에 없는 질문이 들어오면 사람에게 연결해주는 방식으로 운영되었습니다.

이제 우리 회사의 데이터를 학습한 GPT 모델을 이 챗봇에 적용하면 어떻게 될까요? 챗봇은 사용자들이 어떤 질문을 하더라도, 실제 사람에게 문의를 넘기지 않고 모두 스스로 답변을 생성할 수 있습니다. 마치 사람이 답변하듯 능숙하게 응대할 수 있는 것이죠. 그럼 기업은 고객 서비스(CS) 인력을 많이 두지 않아도 되고, 기존의 인력을 다른 업무에 배치해서 더 효율적으로 활용할 수 있게 됩니다. 이렇게 되면 챗봇이 더 스마트해지고, 기업의 운영 효율성도 높아집니다.

그림 10-16 자체 AI 서비스 개발을 도와주는 기업들

여기서 소개한 각 단계의 작업을 직접 수행하기 어렵다면, 외부 기업에 AI 서비스 구축을 의뢰할 수도 있습니다. 그림 10-16에 나열한 기업들은 자체 AI 모델을 개발해 자사 서비스에 적용하고 있을 뿐만 아니라, 외부 기업들이 자사의 AI 모델을 활용해서 자신만의 고유한 AI 서비스를 개발하도록 돕는 서비스도 제공하고 있습니다.

즉, 우리 회사에 데이터 과학자 같은 전문 인력이 부족하고, 신규로 채용하기도 어렵거나, 현재 보유한 개발자들이 AI 서비스 개발에 대한 전문가가 아니라면, 그림 10-16에 있는 회사들에게 AI 서비스 개발을 의뢰하는 것이 좋습니다. AI 서비스의 성능과 경쟁력도 중요하지만 그보다 더 중요한 건 AI를 접목한 서비스를 빠르게 시장에 내놓는 것입니다. 그리고 자체 AI 서비스 개발에 드는 비용보다 외부 기업에 의뢰하는 비용이 더 저렴할 수도 있습니다.

따라서 우리 회사의 상황을 잘 살펴본 다음, AI 서비스를 개발할 때 직접 개발하는 것과 외부의 AI 전문 기업에 도움을 받는 것을 비교해서 적절한 방법을 선택하는 것이 중요합니다.

> **퀴즈** / 다음 설명 중 OO에 들어갈 단어는 무엇일까요?
>
> ① AI 서비스를 개발하기 위해서는 데이터셋 마련 → AI 모델 생성(준비) → OO OO → 서비스에 AI 적용 단계를 거쳐야 한다.
> ② AI 서비스 개발의 4단계를 직접 수행하기 위한 전문 인력이 없다면 OO의 AI 서비스 전문 기업들의 도움을 받을 것을 추천한다.
>
> 정답
> ①번: 파인 튜닝 / ②번: 외부

AI를 접목한 다양한 서비스가 출시되면서 기업의 생산성은 점점 더 높아지고, IT 환경은 빠르게 AI를 중심으로 변화하고 있습니다. 과거 검색 엔진이 주목받았던 시절에는 인터넷 검색 기능사라는 자격증이 있었는데 최근에는 생성형 AI를 잘 다루기 위한 프롬프트 엔지니어링 분야도 크게 주목받고 있죠. 여기에 AI 에이전트라는 나 대신 알아서 척척 일을 처리해주는 똑똑한 AI 비서도 출현했고, 이 AI 에이전트들이 서로 자기들끼리 통신해서 스스로 판단해 일을 하는 단계까지 발전해나가고 있습니다. 그리고 이러한 AI의 진화는 Physical AI, 로봇 분야까지 빠르게 접목되고 있는 모양새입니다.

생성형 AI의 출현을 산업 혁명에 비유하면서 마치 AI가 그동안 해결하지 못했던 다양한 문제를 모두 해결해줄 수 있을 것처럼 AI에 대한 관심은 폭발적이지만, 아직은 다소 과한 면도 있다고 봅니다. 하지만 분명한 것은 AI가 모든 IT 이슈를 집어삼키고 있다는 것이고, 앞으로 모든 산업 분야에서 AI를 접목시켜 나가야 한다는 것은 분명해 보입니다. 그렇지 않으면 생존을 위협받는 시대가 되었거든요. 지금까지 학습한 지식들이 AI라는 거대한 파도를 잘 타기 위한 기본기가 되어 줄 것이라 믿습니다.

CHAPTER

11

부록
슬기로운 IT 장애 대처 방법

자, 길고 긴 IT 인프라 세계의 기초 지식 탐구 여정이 끝났습니다. 하지만 아직 갈 길이 남았습니다. 사실 IT 인프라 세계의 본격적인 탐험은 지금부터 시작이라 봐야 할 정도로 정말 광범위합니다. 그래도 1장부터 10장까지 지나오면서 쌓아온 지식이 큰 도움이 되리라 생각합니다.

끝으로 이번 부록 장에서는 지금까지 학습한 지식을 실제 회사에서 어떻게 활용할 수 있는지 체험해보는 시간을 준비했습니다. IT 인프라 장애 상황을 가정하고, 어떻게 바람직하게 해결할 것인지 몇 가지 시나리오를 토대로 간접적으로 경험해 봅시다.

11.1 _ 운영자와 개발자의 커뮤니케이션

11.2 _ 장애 발생 시 해결 방안 도출

11.1 IT 운영자와 개발자의 커뮤니케이션

회사의 IT 인프라를 직접 다루는 직무는 크게 IT 운영자와 개발자로 나눌 수 있습니다. IT 운영자는 IT 인프라를 설치하고, 운영하며, 관리하고 보안을 책임지는 역할을 맡습니다. 반면 개발자는 이 IT 인프라를 활용해 서비스를 개발하고 테스트하며 배포하는 일을 담당합니다. 그래서 실제 IT 인프라에서 장애가 발생할 경우, 이 두 직무의 사람들이 주로 커뮤니케이션을 하게 됩니다.

하지만 문제는 장애 상황이 발생했을 때 두 직무 간의 커뮤니케이션이 원활하지 않으면 빨리 해결하기 어렵다는 점입니다. 사실 모든 직무에서 비슷할 수 있지만, 문제를 해결할 때 가장 중요한 건 바로 커뮤니케이션입니다. 당사자 간의 의사소통이 잘 이루어지면 장애가 발생해도 더 빨리 해결할 수 있을 겁니다. 그럼 다음의 상황이 벌어졌을 때 어떻게 커뮤니케이션하는 것이 좋을까요?

시나리오 1. 오전에 테스트 서버를 요청했는데 왜 아직도 생성이 안 됐어요?

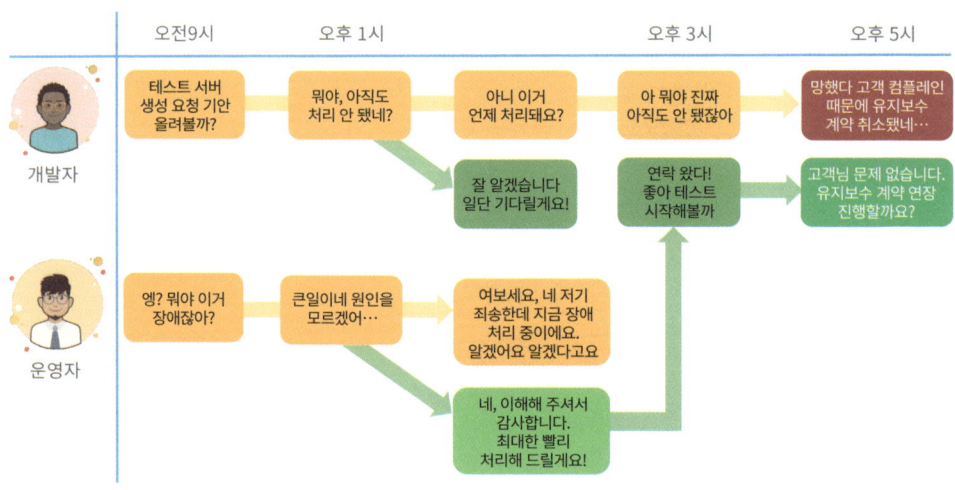

그림 11-1 테스트 서버 개발 요청 vs 시스템 장애 발생 상황

오전 9시

개발자

출근하자마자 그룹웨어 전자결재로 기안을 상신한다.

"좋아, 기안을 일찍 올렸으니 오후부터는 작업할 수 있겠지?"

- **제목**: 신규 서비스 개발 테스트를 위한 테스트 서버 요청의 건
- **시스템 사양**: vCPU x2, Memory 16GB, Storage 500GB
- **소프트웨어**: OS – CentOS / Webserver – Tomcat / DB – MySQL + 기타 필요한 사항들 기재

운영자

기안 확인 후 비고란에 메모를 남긴다.

"됐다. 이제 작업 시작해볼까?"

메모: 요청하신 내용 접수했으며, 테스트 서버 배포까지 약 3시간 소요 예정, 오후에 확인 요망.

오후 1시

아직까지 테스트 서버 회신이 없자, IT팀과 통화를 시도한다.

"안녕하세요 차장님, 저 개발팀 A입니다. 제가 오전 9시 30분쯤에 테스트 서버 요청 기안을 올렸는데 아직도 회신이 없어서요. 언제쯤 완료될까요?"

개발자에게 상황을 설명한다.

"A 님 죄송해요. 오전에 갑자기 서비스 장애가 생겨서 아직 요청하신 테스트 서버 배포는 시작도 못했어요. 죄송하지만 장애부터 해결해야 할 것 같은데, 급하세요? 오늘 테스트 서버 배포 못할 수도 있을 것 같아요."

(짜증을 내며) "아니, 평소에 테스트 서버 배포되는 시간 다 감안해서 일부러 출근하자마자 결재 올렸는데, 오늘 완료가 안 될 수도 있다는 게 말이 돼요? 저 이거 오늘 테스트 못하면 클라이언트한테 박살나요. 담당자 성향 아시죠?"

(난감해 하며) "네, 알죠. 저도 빨리 해드리고 싶은데, 당장 우리 서비스 장애 상황부터 해결해야 하지 않을까요? A 님이 이해 좀 해주세요. 죄송해요. 장애 해결하는 대로 최대한 빨리 요청하신 테스트 서버 배포하겠습니다."

(결국 선을 넘게 되는데…) "IT팀 사정 잘 알겠는데, 저희 개발팀 사정도 제발 좀 봐주세요. 서비스 운영 서버랑 테스트 서버 배포하는 건 인프라가 다르잖아요. 오늘 내로 테스트 못해서 클라이언트 불만이 접수되고 컴플레인 걸면, 주간회의 때 보고하겠습니다."

(짜증을 참으며) "네, 지금 장애 발생한 서비스 운영 인프라랑 테스트 서버 배포하는 건 인프라가 다르긴 하죠. 알겠습니다. 최대한 빨리 테스트 서버 배포하고 결재 올리신 거 완료한 다음 연락 드리겠습니다."

자, 이런 상황이라면, IT 운영자는 정말 개발자가 요청한 테스트 서버 배포를 빨리 작업해줄까요? IT 운영자라면 그냥 개발자의 요청은 무시하고 장애 해결에 집중할 겁니다. 그런데 다시 개발팀에서 연락이 오면? 장애 해결 중이라 기다려달라고만 말하겠죠. 개발팀에서 주간회의에 보고해도 괜찮습니다. IT 팀 입장에서는 장애 상황 해결이 더 급한 문제거든요. 그래서 주간회의 때 이 사안이 보고되더라도 오히려 IT 팀은 책임을 면할 가능성이 높을 겁니다.

사실 이런 상황은 개발자가 자기 무덤을 파는 꼴이라고 볼 수 있습니다. 어쨌든 키는 IT 운영자가 쥐고 있잖아요? 근데 이렇게 자신의 입장만 강하게 어필하며 막무가내로 나오면 IT팀 입장에서는 '지금 나랑 싸우자는 거야? 그래 한번 해보자!'라는 마음이 들 수밖에 없어요. 그럼 어떻게 커뮤니케이션하면 좋을까요?

(IT팀 입장에 공감하며) "장애 상황 때문에 IT팀 전체가 정신없으시겠어요. 그런데 차장님 정말 죄송한데, 오늘 중으로 테스트 못하면 클라이언트가 컴플레인 걸지도 모릅니다. 바쁘시겠지만 오늘 중으로만 테스트 서버 배포 가능할까요? 늦게라도 배포해주시면 제가 야근해서라도 테스트는 끝내겠습니다"

(상황을 이해해준 개발자에게 고마운 마음 한가득) "사정을 봐주셔서 감사할 따름입니다. 최대한 빨리 장애 해결하고 기안 올리신 테스트 서버 배포부터 처리할게요. 조금만 더 기다려주세요. 배포 완료되면 바로 전화 드리겠습니다!"

자, 어떤가요? 비록 개발자가 한 수 접고 들어간 상황으로 보이긴 하지만 결국 개발자도 원하는 테스트 업무를 진행할 수 있을 것이고, IT 운영자도 개발자에게 미안한 마음이 들어 어떻게든 빨리 장애를 해결하고 테스트 서버 배포해주려고 노력할 겁니다.

시나리오 2. 이건 우리 서비스 문제가 아닙니다. 코드 문제는 없는데요?

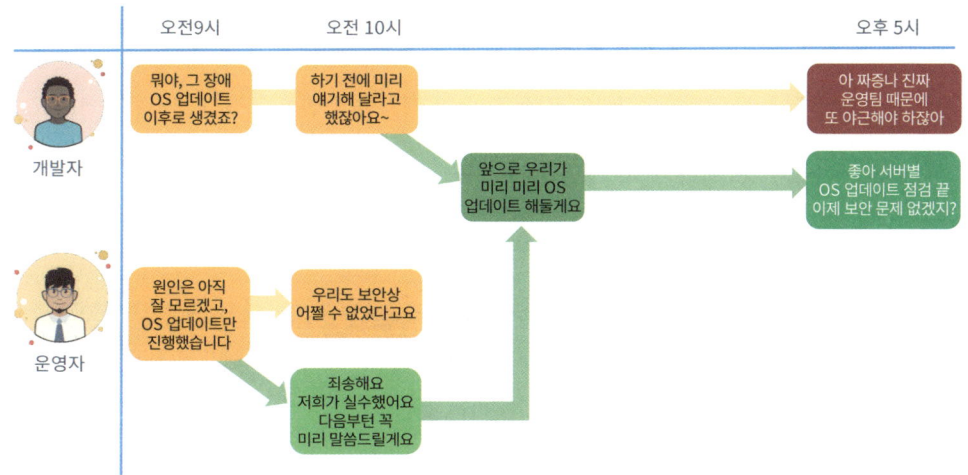

그림 11-2 'OS 업데이트는 우리가' vs '보안상 어쩔 수 없었다' 상황

오전 9시(본부 주간회의 중)

	(장애 상황 보고 중) "지난 주 수요일에 발생했던 서비스 장애를 유지보수 업체와 함께 점검한 결과, 저희 인프라 쪽 문제는 아니었던 것으로 확인됐습니다. 정확한 원인은 파악 중인데, 업체에서 코드 점검을 해보라고 합니다. 설정값이 잘못되어 있는 것 같다고 의견을 보내왔습니다.
	(깜짝 놀라며) "네? 무슨 말씀이세요. 저희 서비스 최근에 코드 변경한 것 없는데요? 기능을 업데이트한 것도 없습니다. 그 전 주와 상태 똑같은데요. 장애 전날까지 문제없이 운영됐던 것 아닌가요?"
	(당시 상황 설명 중) "저도 그래서 업체 담당자랑 서버, 스토리지, 네트워크 설정값 다 체크했는데 이상 없었어요. 달라진 건 OS랑 서버 펌웨어 최신 버전으로 업데이트 한 것뿐이고요. 그래도 해결이 안 되어서 어쩔 수 없이 지난 달 백업해둔 버전으로 복구해서 지금 운영 중이긴 합니다."
	(또 깜짝 놀라며) "OS랑 서버 펌웨어 최신 버전으로 업데이트했다고요? 언제죠? 혹시 웹 서버 쪽도 다 업데이트 하신 건가요? 그 이후로 장애 난 거 아닌가요?"
	(뜨끔하며) "그게 원인인지는 잘 모르겠어요. 아무튼 업데이트 하고 나서인지, 아니면 더 시간이 지나서인지는 모르겠는데, 업데이트 이후 장애가 발생한 것은 맞습니다. 그리고 보안 때문에 펌웨어는 항상 최신 버전으로 업데이트 해야 해요. 취약점이 발견됐는데 그냥 냅둘 건가요? 해커에게 공격 당하면 어쩌려고요."

(짜증을 내며) "아니 웹 서버 펌웨어 업데이트하면 연결된 다른 서버들 코드 다 수정해야 하는 거 몰라요? 커뮤니티 버전 사용하고 있어서 우리가 직접 다 관리해야 한단 말입니다. 개발팀에서 지난 번에 알려드렸잖아요. 웹 서버는 웬만하면 건들지 말라고, 우리가 알아서 하겠다고..."

이런 상황이면 앞으로 어떻게 될까요? 사실 IT팀이 개발팀의 권고를 무시했거나 깜빡하고 웹 서버 펌웨어 업데이트를 독단으로 처리했기 때문에 장애가 발생한 것으로 봐야 합니다. 그런데 IT 팀은 '우리 잘못 아닌데? 업체랑 체크할 거 다 해봤는데? 보안 때문에 펌웨어 업데이트는 항상 최신 버전으로 유지해야 하는데?'라는 입장인 거죠.

그런데 IT팀에서 이렇게 나오면 개발팀 입장에서는 짜증이 날 수밖에 없습니다. 자신들이 이런 펌웨어 업데이트 하기 전에 미리 알려달라고, 우리가 알아서 하겠다고 얘기했음에도 불구하고 장애가 발생했고, IT팀은 나몰라라 하고 있으니까요.

하지만 이렇게 각자 '우리 책임 아님, 난 모름'이라는 자세를 유지하면 당장 문제가 해결된다 하더라도 추후 같은 문제가 반복해서 발생할 가능성이 높습니다. 그리고 그때에는 문제 해결에 더 오랜 시간이 걸릴 수도 있겠죠. 피해는 고스란히 서비스 사용자들의 몫입니다. 그럼 어떻게 커뮤니케이션하는 것이 좋을까요?

(실수를 인정하며) "죄송해요. 사실 최근에 워낙 보안 때문에 말이 많아서 미리 조치해야 한다는 생각에 아무 생각 없이 펌웨어 업데이트를 한 것 같아요. 이거 업데이트 한다고 '별 문제 있겠어?'라고 생각하기도 했고요. 다음부터는 업데이트 하기 전에 꼭 개발팀에 물어봐서 확인받을게요."

(IT팀 상황에 공감하며) "네, 압니다. 저도 들어보니 저희 경쟁사도 최근에 해커 공격으로 피해 좀 입었다면서요? 그런 상황이니 보안에 민감하실 수 있다고 봐요. 제 생각에는 이번 장애는 웹 서버 펌웨어 업데이트 하면서 발생한 것 같네요. 최근에 Tomcat 서버 최신 버전에서 업데이트 이후 503 에러 뜨는 사례가 커뮤니티에 자주 올라오더라고요. 그거 제가 회의 끝나고 점검할테니 펌웨어 업데이트 할 시점이 정해지면 알려주세요. 보안을 위해서라도 최신 버전 업데이트는 해야 하니까요."

어때요? 자신의 실수를 인정하고 상대방의 입장에 **공감**하는 방식으로 소통하면, 서로 얼굴 붉힐 일도 줄어들고 같은 문제로 장애가 발생할 가능성도 낮아집니다. **바람직한 커뮤니케이션의 핵심은 상대방의 입장을 먼저 이해해주는 것입니다.**

사실 회사에서 문제가 생기면 책임을 회피하려는 모습이 종종 보입니다. 책임을 지는 건 잘못을 인정하는 일이니까 손해를 볼까 걱정되기도 하고요. 하지만 당장은 손해처럼 보여도 나중에 만회할 기회는 충분히 생길 수 있어요. IT 인프라 운영도 결국 사람의 일이니까요. 같은 부탁이라도 상대방의 태도에 따라 기분이 나쁘면 도움을 주고 싶지 않잖아요? 이건 IT 인프라 운영뿐만 아니라 모든 조직 생활에서 중요한 태도라고 생각합니다.

결론은, IT 인프라 장애가 발생했을 때 문제를 빨리 해결하고 같은 문제가 반복되지 않게 하려면, **관계자들이 서로의 입장을 이해하고 공감하는 커뮤니케이션을 해야 한다는 것입니다.** 커뮤니케이션의 핵심 키워드는 공감이라는 걸 꼭 기억하세요.

11.2 장애 발생 시 해결 방안 도출

이제부터는 실제 기업에서 일어날 수 있는 IT 인프라 장애 시나리오를 바탕으로, **문제를 점검해야 할 사항**과 문제를 해결한 뒤 **재발 방지 대책을 세우는 방법**을 단계별로 알아보겠습니다. 이 과정에서 필요한 점들을 살펴보면서, 장애를 잘 관리하고 재발 방지에 힘써보자고요.

그림 11-3 일반적인 장애 발생 시 대응 프로세스

시나리오 1. 기업 내부에서 사용하는 그룹웨어에 장애 발생

장애 인지

- 2024년 7월 29일(월) 10:00부터 수도권 일부 지점에서 내부 그룹웨어 시스템 접근이 불가하다는 문제가 지점 직원으로부터 유선으로 접수됨

장애 해결을 위한 점검 포인트

- **장애 발생 시점 확인:** 담당자 님, 언제 그 문제를 확인하셨나요? 대략적인 시간을 알려주세요. 출근했을 때부터 문제가 있었나요, 아니면 일하다가 갑자기 안 됐나요?

- **비즈니스 영향도 파악:** 혹시 담당자 PC에서만 접속이 안 되는 건가요? 다른 동료분들은 괜찮나요? 접속이 잘 되나요? 지점 직원들 PC가 다 먹통인 것인지 일부 PC만 접속이 안 되는 건지 확인이 필요합니다.
- **장애 종류 확인:** 그룹웨어 접속만 안 되는 건가? 혹시 다른 기능에도 문제가 있는 건 아닌가? 지점의 네트워크 장비들이 뭐가 있지?
- **장애 원인 파악:** 지점과 본사 간의 VPN 연결에 문제가 있는 것 같은데, 회선과 트래픽 상태, 미인가 작업 여부, 정전 등 건물 자체의 문제가 있는지 파악해보자.

장애 해결 및 보고

- 2024년 7월 29일(월) 10:00에 일부 지점에서 VPN 네트워크 트래픽 폭주로 인한 본사 그룹웨어 접근 불가 확인
- 2024년 7월 29일(월) 11:00에 VPN 회선 대역폭 확대, 이상 트래픽 유발 사용자 접근 차단 시행
- 2024년 7월 29일(월) 12:00부터 장애 해결 후 시스템 정상화 공지

재발 방지 대책 마련 및 제안

- **상세한 장애 상황 처리 결과 보고:** 장애로 인한 피해 현황, 장애 원인 분석 및 조치 사항, 처리 결과 보고
- **재발 방지 대책 마련:** 본사 및 전체 지점 간 VPN 대역폭 1.5배 확대, 트래픽 관리 방안(사용자별 트래픽 점유 상한선 정책 적용) 및 역할 기반 접근제어 방안 마련, 네트워크 상태 상시 모니터링 필요성 제시
- **솔루션 제안:** 통합 관제 서비스 SIEM(Security Information and Event Management) 도입 제안

이 시나리오에서 다룬 **그룹웨어 접속 장애**는 꽤 자주 발생할 수 있는 문제입니다. 사실 저도 이런 문제를 겪어본 적이 있답니다. 그룹웨어뿐만 아니라 회사에서 사용하는 다른 다양한 서비스에서도 이런 접속 장애가 일어날 수 있어요.

이런 장애가 발생했을 때 가장 먼저 확인해야 할 건 **장애 발생 범위**입니다. 이 정보를 알면 장애로 인해 어떤 피해가 발생했는지, 그리고 그 심각도에 따라 우선순위를 정해서 신속하게 대응할 수 있죠. 여러 가지 장애가 동시에 발생했을 때는 어떤 문제부터 해결해야 할지 막막할 수 있는데요, 이럴 땐 **비즈니스에 미치는 영향이 큰 장애부터 해결**하는 게 좋습니다.

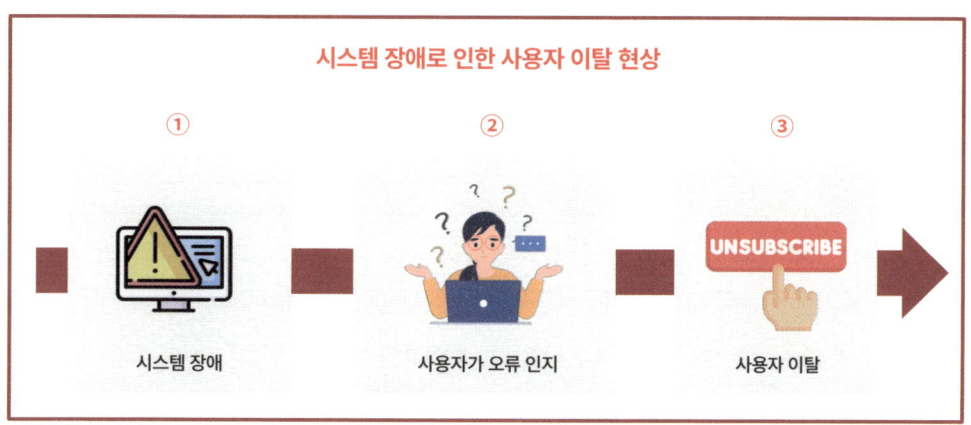

그림 11-4 시스템 장애로 사용자가 떠나는 상황만은 막아야

이러한 장애 해결 프로세스는 외부 고객들이 사용하는 서비스에서도 똑같이 적용할 수 있어요. 다만 여기서 주의할 점은 장애를 인지할 때는 이미 상황이 심각하게 확산되었을 가능성이 높습니다. 사용자가 서비스에 불편을 겪으면, 서비스 제조사에 알리기보다는 대개 서비스 이용을 중지하고 다른 대체 서비스를 찾아버리는 경우가 많거든요. 이럴 경우 서비스 제조사는 장애 상황을 뒤늦게 발견해 조치를 취하더라도 사용자는 이미 떠나버린 상황일 수 있습니다.

그래도 소를 잃어버렸다고 해서 외양간을 고치지 않을 수는 없습니다. 남아 있는 사용자들을 지키기 위해서라도 외양간은 꼭 고쳐야 하니까요. 그리고 재발 방지 대책을 마련하는 것도 매우 중요합니다. 예를 들어, 통합 관제 서비스를 통해 서비스 운영 상태를 항상 모니터링하는 체계를 갖추면, 장애가 심각해지기 전에 미리 조치를 취할 수 있습니다.

그리고 장애를 예방하기 위한 조치도 필요합니다. 우리가 매년 건강검진과 예방접종을 받는 것처럼, 기업의 IT 인프라도 미리 대비하고 예방 조치를 마련해 피해를 최소화할 수 있습니다. 어떤 예방 조치를 취할지는 기업의 상황에 따라 다르겠지만, 중요한 것은 미리 준비하는 것이 피해를 줄일 수 있다는 뜻입니다.

이 책을 마무리하며

지금까지 학습한 기초 지식을 토대로 우리가 일상에서 별 생각 없이 사용하는 IT 서비스들이 어떤 환경에서 운영되고 있는지, 이제 머릿속에 그릴 수 있겠죠? 그리고 그 서비스가 문제없이 잘 작동하기 위해 어떤 기술들이 필요한지, IT 인프라 담당자들이 얼마나 많은 부분을 관리하는지 잘 알게 됐으리라 믿습니다.

책의 형태로 방대한 내용을 텍스트로 설명하다 보니 이해하기 어려운 부분도 있었을 겁니다. 하지만 처음부터 끝까지 잘 따라왔다면, 1장 서버부터 10장 AI 인프라까지 여정에서 쌓아온 다양한 IT 인프라의 기초는 충분히 다진 셈입니다. 이제 그 기초 위에 튼튼한 건물을 짓기 위해서는 여러분 스스로의 노력이 필요합니다. 여러분은 충분히 할 수 있습니다. 자신감을 가져도 좋아요.

그리고 여러분이 실제로 IT 인프라 관리 업무를 하다가 궁금한 점이 생길 수 있을 겁니다. 그럴 때 구글에 검색해도 원하는 답변을 찾기 어렵고, ChatGPT에게 물어봐도 너무 원론적인 답변만 해줘서 답답하기도 하죠? 괜찮아요. 그럴 때 활용하라고 있는 서비스가 쉐어드IT(www.sharedit.co.kr)입니다.

쉐어드IT에 방문해서 묻고 답하기 게시판에 질문을 올리면, 현업에서 10년 이상 IT 인프라를 운영하고 관리해온 전문가 분들이 친절하게 답변을 받을 수 있습니다. 그리고 나중에는 여러분이 다른 IT 운영 새내기 분들의 질문에 답변해줄 수 있으면 좋겠군요. 지식은 널리 공유되어야 그 진가를 발휘하는 법이니까요.

지금 이 순간에도 보이지 않는 곳에서 IT 서비스가 문제없이 잘 작동되도록 노력하고 계신 모든 IT 관리자, DevOps 엔지니어, 개발자 분들께 감사의 말씀을 전합니다. 이 책이 이제 막 IT 인프라 운영, 개발 업무를 시작한 많은 분들의 기초 지식 함양에 조금이라도 도움이 되면 정말 기쁠 것 같습니다. 중간에 포기하지 않고 끝까지 읽어주신 독자 여러분, 감사합니다!

찾아보기

찾아보기

번호

1U 서버	30
2-Tier 아키텍처	171
2U 서버	30
3-2-1 법칙	124
3-Tier 아키텍처	147
3-Way Handshake	76
4U 서버	31
8U 서버	32

A – E

ABAC	264
Active/Active 미러링	223
Active/Standby 클러스터링	224
Agile	203
AIOps	244
AKS	195
Amazon EKS	195
AMD	284
Anycast	64
AP	68
Apache HTTP Server	47
Apache Tomcat	47
APM	228
Application Server	21
ARPANET	53
Automation	241
AV	251
Backup	119
Bandwidth	67
Block Storage	115
Bottleneck	169
Broadcast	62
CentOS	44
CI/CD	209
Circuit Exchange Method	54
Client	12
Cluster	195
Column-Family Type	140
Container	191
Contents	13
COW	122
CRM	184
CRUD	133
CSP	183
DARPA	53
DAS	108
Database	130
Database Server	22
Data Center	146
DB 서버	22
DBMS	131
Debian	43
DevOps	206
DMZ	91
Docker	193
Document Type	139
Downtime	225
EDR	254
ERP	184
Ethernet	69

F – J

Failback	226
Failover	225
File Storage	114
FileZilla	48
Fine Tuning	293
Firewall	80
Form Factor	29

찾아보기

FTP	48	L4	76
Full Backup	120	L4 스위치	78
GKE	195	L7	83
GPU	278	L7 스위치	83
GPU 서버	32	LAN	87
Graph Type	141	Linux	43
HCI	168	Logs	238
HDD	101	Low Code	212
High Availability	220	MAC 주소	68
Hosting	180	MAC Address Table	71
HTTPS	59	Mainframe	34
Hub	67	Malware	248
Hypervisor	151	Metrics	238
IaaS	184	Microsoft Defender	252
IaC	242	Microsoft IIS	47
IAM	265	Monitoring	227
IBM z/OS	41	Monolithic	200
IDE	287	Multicast	63
IDS	257	NAC	262
IMAP	49	NAS	108
Incremental Backup	120	NginX	47
Infra as a Code	242	NIC	65
IP 주소	72	NMS	232
IPS	257	No Code	213
JBOD	106	NoSQL DB	138
JSON	140	NVIDIA	283
		NVMe SSD	101

K – N	
Key-Value Type	138
Kubernetes	194
L1	65
L2	68
L2 스위치	70
L3	72
L3 스위치	75

O – R	
Observability	237
openSUSE	45
Orchestrator	195
OS	41
OSI 7 참조 모델	61
PaaS	184

찾아보기

Packet Exchange Method	56	Ubuntu	43
Parallel Computing	281	UDP	77
Payload	62	Unicast	63
PDU	62	UNIX	36
Physical Server	151	UNIX OS	42
Playbook	243	Unstructured Data	114
Protocol	59	UTM	259
RAID	102	UTP	69
Ransomware	249	VDI	158
RBAC	261	Virus	248
RDBMS	135	VM	152
Red Hat Openshift	195	VPN	95
RHEL	44	WAF	84
Router	73	WAN	89
ROW	123	WannaCry	250
		Waterfall	200
		Web Server	20

S – Z

SaaS	184	WildFly	47
SAN	111	Windows Server	45
SATA SSD	101	Workstation	34
SDDC	173	Worm	248
Sequential Computing	280	x86 서버	36
Server	12	XDR	254
SLE	44	XML	140
SMTP	49	XSS	85
Snapshot	121	Zero Trust	270
SQL Injection	85		
Structured Data	114		
SUSE Linux	45		
Tape	100		
TCP	76		
TCP/IP 참조 모델	60		
Traces	238		
Trojan	249		
TSS	52		

찾아보기

ㄱ — ㅂ

용어	페이지
가상 머신	152
가상화	148
고가용성	220
관계형 데이터베이스	133
그래픽카드	278
근거리 통신망	87
네트워크	52
네트워크 가상화	160
네트워크 계층	60, 72
다운타임	225
대역폭	67
데비안	43
데스크톱 가상화	157
데이터 링크 계층	68
데이터베이스	130
데이터베이스 서버	22
데이터센터	146
도커	193
동적 콘텐츠	18
라우터	73
랙 마운트형 서버	29
랜섬웨어	249
로그	238
로드밸런싱	79
리버스 프록시 서버	23
마이크로서비스	204
멀웨어	248
멀티캐스트	63
멀티 클라우드	188
메인프레임	34
메트릭	238
모놀리식	200
모니터링	227
무선 AP	68
물리 계층	65
물리 서버	151
바이러스	248
방화벽	80
백업	119
병렬 컴퓨팅	281
병목현상	169
복구	119
브로드캐스트	62
블랙리스트	81
블레이드 서버	33
블록 스토리지	115
비정형 데이터	114
비휘발성	100

ㅅ — ㅈ

용어	페이지
사용자 계층	83
상용 소프트웨어	40
서버	12
서버 가상화	150
센트OS	44
순차 컴퓨팅	280
스냅샷	121
스케일 아웃	168
스케일 업	168
스토리지	100
스토리지 가상화	163
시분할 시스템	52
씬 클라이언트	158
아파치 톰캣	47
악성코드	248
애니캐스트	64
애자일	203
애플리케이션 계층	83
애플리케이션 서버	21
어플라이언스	126

찾아보기

엔드-투-엔드	239	쿠버네티스	194
엔드포인트 보안	248	클라우드	178
오브젝트 스토리지	117	클라이언트	12
오케스트레이터	195	클러스터	195
오픈소스 소프트웨어	39	타워형 서버	34
오픈 텔레메트리	239	트랜스포트 계층	76
온프레미스	146	트레이스	238
옵저버빌리티	235	트로이목마	249
와일드플라이	47	파인 튜닝	293
우분투	43	파일 스토리지	114
운영체제	41	패킷	56
워너크라이	250	패킷 교환 방식	56
워크스테이션	34	퍼블릭 클라우드	186
워터폴	200	페이로드	62
원거리 통신망	89	페일백	226
웜	248	페일오버	225
웹 방화벽	84	폐쇄망	88
웹 서버	20	포워드 프록시 서버	25
웹 애플리케이션	16	폼팩터	29
유니캐스트	63	풀 백업	120
이더넷 프로토콜	69	프라이빗 클라우드	187
인클로저	33	프로그램	13
자동화	241	프로토콜	59
접근제어	260	하이퍼바이저	151
정적 콘텐츠	17	허브	67
정형 데이터	114	헤더	56
제로 클라이언트	158	호스팅	180
제로 트러스	270	화이트리스트	81
증분 백업	120	회선 교환 방식	54

ㅋ - ㅎ

캐시 서버	25
커넥션 브로커	158
컨테이너	190
콘텐츠	13